गुलिस्तां - उर्दू शायरी का

गुलिस्तां - उर्दू शायरी का

के. एन. सिंह

रिसर्च इंडिया प्रेस
नई दिल्ली

ISBN : 978-81-89131-77-7

मूल्य : 1325/-

प्रथम संस्करण : 2013

प्रकाशक :
रिसर्च इंडिया प्रेस
ई-6/34, संगम विहार
नई दिल्ली-110062
दूरभाष : 011-26047013, मोबाइल : 9818085794
E-mail: researchindiapress@gmail.com

टाईपसैटिंग
जी. आर. शर्मा
मो. : 9968281826

विषय सूची

प्रस्तावना

इस काव्य संग्रह के सृजन के पीछे मुख्य धारणा है उर्दू शायरी के शौकीनों को उर्दू शायरी की प्रगाढ़ता, गहराई और अनुपम सौंदर्य से परिचय कराना। संग्रहकर्ता ने इसी उद्देश्य से अपने मित्र एवं परामर्शदाता श्री एच. एस. धीमान के सहयोग से लगभग दो वर्ष पूर्व एक वेबसाइट sheroshayari.org सृजित की थी।

उक्त साइट को देखने वालों की संख्या से पता चलता है कि उनको हमारा प्रयास अच्छा लगा है। इस प्रतिक्रिया ने हमें यह संकलन प्रकाशित करने के लिए प्रोत्साहित किया। इसके पीछे एक अन्य महत्वपूर्ण उद्देश्य ऐसे पाठकों को भी इस संकलन से लाभान्वित करना था जिनके पास इन्टरनेट की सुविधा उपलबध नहीं है। इस साइट को बनाने के लिए हमारी कल्पना को ऊर्जित करने की प्रमुख धारणा इस तथ्य की खोज थी कि उर्दू शायरी के प्रेमियों को विभिन्न विषयों के अन्तर्गत वर्गीकृत अपनी पसंदीदा नज्मों को चुनने की सुविधा के लिए उपलब्ध साइटों पर कोई गंभीर प्रयास नहीं किया गया है। यही स्थिति मौजूदा उपलब्ध उर्दू काव्य संग्रहों की भी है। यह पुस्तक, उक्त साइट में दिए गए शेरों का छोटा और संशोधित रूप है। ये संशोधन अपने सम्मानित और विद्वान दर्शकों के कुछ मूल्यवान सुझावों को ध्यान में रखकर किए गए हैं। मेरा विश्वास है कि यह छोटा-सा प्रयास उर्दू कविताओं के घटते गौरव को पुनः स्थापित करने में लम्बी दूरी तक जाएगा और उसे उसी प्रसिद्धि पर पहुचायेगा जो उसे पूर्व में प्राप्त थी और आज भी ये जिसकी पात्र हैं।

इस संग्रह के शेरों को 48 विषयों में रखा गया है। वास्तव में यह देवनागरी लिपि में हिन्दी का अपनी तरह का पहला ऐसा संग्रह है जिसे इस प्रकार डिजाइन किया गया है कि उर्दू काव्य के अधिक से अधिक शौकीनों को इसका लाभ मिल सके। इन शेरों के विषयों का चयन इनमें निहित अर्थ के आधार पर किया गया है, चाहे इनमें संबंधित विषय से जुड़े शब्द हो या न हों। तदनुसार, बिना यह बात ध्यान में रखे कि इन शेरों में प्यार-मोहब्बत के मूल शब्द आए हैं या नहीं, मोहब्बत (प्रेम) की भावना को व्यक्त करने वाले सभी शेरों को इसी विषय के अन्तर्गत रखा गया है। उदाहरण के लिए, 'मोहब्बत' के संबंध में मिर्जा गालिब का यह मशहूर शेर **"हमने माना कि तगाफुल न करोगे लेकिन, खाक हो जायेंगें हम तुमको खबर होने तक"** मुहब्बत के अंतर्गत रखा गया है, हालांकि, मुहब्बत का कहीं भी प्रयोग नहीं हुआ है।

तीन विषयों नामतः आशियाना, महफिल और शम्मा-परवाना को उपर्युक्त पैरा में दर्शायी अवधारणा में मामूली संशोधन करके रखा गया है। इन तीन विषयों के अधीन शेरों को इन्हीं विषयों से संबंधित मूल शब्दों के आधार पर चयनित किया गया है। यह

अपवाद इसलिए रखा गया है ताकि इन अत्यंत लोकप्रिय विषयों से संबंधित नज्मों को तलाशने वाले लोगों को ये नज्में एक ही जगह मिल सकें। इसके साथ ही इन नज्मों (तीन विषयों के अन्तर्गत आने वाली नज्में) को मूल अर्थ के आधार पर बनाए गए अन्य विषयों में भी दर्शाया गया है। इस संग्रह की कुछ विषेशताएं हैं:–

(क) संकलनकर्त्ता इस तथ्य से अवगत है कि पुस्तकों अथवा उर्दू–काव्य संग्रहों की कमी नहीं है किन्तु इनमें पसंदीदा शेरों – नज़्मों को विभिन्न विषयों के अन्तर्गत रखने के लिए कोई गंभीर प्रयास किए गए दिखाई नहीं देते। अतः, इस संकलन की खास बात यह है कि नज्मों को अलग–अलग विषयों के अन्तर्गत संजोया गया है। इससे पंसदीदा नज्मों को ढूंढने में सुविधा होगी और उन्हें याद रखने में भी आसानी होगी।

(ख) इस संग्रह की एक अन्य विशेष्ता है इसकी चयनात्मकता। इस संग्रह में केवल ऐसी नज्में शामिल की गई हैं जो आसानी से समझी जा सकती हैं और जो अपनी गहनता, सौंदर्य और माधुय के कारण बेमिसाल हैं।

(ग) सभी नज्में वर्ण–क्रमानुसार (in alphabetical order) रखी गई हैं। ऐसा पाठकों की सुविधा के लिए किया गया है। इससे उन्हें किसी विषय से संबंधित नज्मों को ढूढ़ने और याद रखने में आसानी होगी।

(घ) यह सुनिश्चित करने के लिए कि उर्दू शब्दावली का कम ज्ञान रखने वाले पाठकों को नज्मों का अर्थ समझने में कठिनाई न हो, विभिन्न नज्मों में प्रयुक्त उर्दू शब्दों के अर्थ नज्मों के नीचे हिन्दी अथवा उर्दू अथवा दोनों भाषाओं में दिए गए हैं।

कुछ ऐसी नज्में हैं जो अपने अर्थ के आधार पर एक से अधिक विषयों के अन्तर्गत आती हैं। ऐसी नज्मों को एक से अधिक विषयों में रखा गया है। उदाहरण के लिए **"हमनें कॉंटों को भी नरमी से छुआ है लेकिन लोग बेदर्द हैं फूलों को मसल देते हैं"** नज्म पहली और दूसरी पंक्ति में व्यक्त अर्थ के आधार पर इंसानियत, गैर–इंसानियत और जमाना विशयों के अन्तर्गत रखी गई है।

मैं 48 विषयों में से दो विषयों का विशेष उल्लेख करना चाहूँगा। यह विषय हैं, विडम्बना और जमाना (वर्तमान रूप में संसार)। इन दोनों शब्दों के बारे में पाठक बखूबी परिचित हैं। वर्तमान समय में इन दोनों विषयों की प्रासंगिकता बहुत ज्यादा बढ़ गई है। यह सर्वविदित है कि जीवन विडम्बनाओं से भरा है क्योंकि यहां सब कुछ हमारी अपेक्षाओं के अनुरूप नहीं होता है। हम कुछ होने की आशा करते हैं और उसके विपरीत हो जाता है और ऐसी ही घटनाएं मानव के दुखः और दर्द का प्रमुख कारण होती हैं। समय, भाग्य और परिस्थितियां विडम्बनापूर्ण स्थितियां बनाने में अपनी–अपनी भूमिका निभाती है। ऐसी स्थितियों को ही भाग्य की विडम्बना कहा जाता है। इसी स्थिति को उर्दू काव्य में बड़े प्रभावी ढंग से दर्शाया गया है जैसाकि पाठक इस विषय में दिए गए शेरों/नज्मों को पढ़ने पर पायेगें।

अन्य विषय 'जमाना' वर्तमान समय में मानवीय पतन (चरित्र और नैतिक पतन) को दर्शाने के लिए बनाया गया है। ऐसा लगता है कि मानव ने स्वयं को दानव बना दिया है। जन मानस इतना घृणित, कुत्सित और धनलोलुप हो गया है कि इसने अपनी अर्न्तरात्मा तक बेच दी है और इस संसार को वास्तव में नरक बनाने के लिए हर कार्य कर रहा है। नैतिक पतन और सभ्यता की झूठी संकल्पना ने हरेक को ऊपर से नीचे गिरा दिया है। विलियम शैक्सपियर ने अपने एक नाटक में कहा था, **'Something is rotten in the State of Denmark'**. यही आलम आज की दुनिया का भी है। वर्तमान व्यवस्था में मानव की भौतिकवादी प्रवृतियों ने 'सब कुछ और विशेष रूप से आदर्श सामाजिक मूल्यों' को निगल लिया है और ऐसा प्रतीत होता है कि वर्तमान में विश्व की सभ्यता केवल किसके पास "क्या है और कितना है" के सिद्धान्त से संचालित हो रही है। यह पहलू भी उर्दू काव्य में उत्कृष्ट ढंग से दर्शाया गया है और इस विषय को चयनित किया गया है कि पाठक अपने समय की क्रूर वास्तविकताओं से रू–ब–रू हो सकें और नैतिक मूल्यों और उन आदर्शों जिन्हें हम प्राचीन काल से संजोए हुए हैं, पर आधारित एक संवदेनशील और स्वस्थ समाज बनाने में अपनी भूमिका निभा सकें। विडम्बना (व्यंग्य) और जमाना जैसा ही अन्य विषय 'गैर–इंसानियत' (मानवीय मूल्यों का ह्रास) है जिसमें समाज के गिरते नैतिक मूल्यों से संबंधित नज्में शामिल है।

इस पुस्तक में दी गई नज्मों का संग्रह अन्य संग्रहों, उर्दू काव्य के अन्य शौकीनों के मौखिक वृतांतों सहित अन्य स्त्रोतों पर आधारित है। इसलिए सम्भव है कि शायरों के नामों अथवा नज्मों के विवरण में कुछ त्रुटियों हों। यदि कोई त्रुटि नज़र आए तो पाठकों से इस संबंध में ई–मेल द्वारा लिखित सहयोग प्रार्थित है। इस संग्रह के अन्य पहलुओं पर भी आपके मूल्यवान सुझावों का स्वागत है।

वेबसाइट **sheroshayari.org** (ऊपर संदर्भित) और वेबसाइट के आधार पर यह पुस्तक दो व्यक्तियों – मेरे और मेरे मित्र एच. एस. धीमान के प्रयासों और कल्पना का परिणाम है। यह सत्य है कि इस संकलन को तैयार करने में मुख्य रूप से मेरी भूमिका रही है, फिर भी श्री एच. एस. धीमान ही वह व्यक्ति हैं जिन्होंने इस संकलन को पहले इंटरनेट और बाद में इस संग्रह के माध्यम से सार्वजनिक क्षेत्र में लाने के लिए मुझे प्रोत्साहित किया। मुझे लगातार प्रेरणा, सहायता और मार्गदर्षन देने के लिए मैं उन्हें हार्दिक धन्यवाद देता हूँ। मैं और श्री एच.एस. धीमान दोनों ही भारत सरकार के सेवानिवृत अधिकारी हैं।

पाठकों के समक्ष इस पुस्तक को प्रस्तुत करते हुए मैं अपने को सौभाग्यशाली मानता हूँ और आषा करता हूं कि वे इसे पसन्द करेंगे।

(के.एन. सिंह)

मोबाइलः 9868115933

ई मेलः– kashinsingh@gmail.com

आदमी (Man)

अमल से जिन्दगी बनती है, जन्नत भी जहन्नुम भी,
यह खाकी अपनी फितरत से न नूरी है, न नारी है।

-मोहम्मद इकबाल

1. अमल- कर्म, काम, कार्य **2. फितरत**- आदत, स्वभाव **3. नूरी**- स्वर्ग के योग्य **3. नारी**- नरक के योग्य

•••

आज है किस मंजिल पै इंसान,
दिल में अंधेरा, रूख पै उजाले।

•••

आदम को मत खुदा कहो, आदम खुदा नही,
लेकिन खुदा के नूर से आदम जुदा नहीं।

1. आदम - मानव, आदमी, इंसान **2. नूर** - (i) प्रकाश, ज्योति, आभा, रौशनी, (ii) शोभा, छठा, रौनक

•••

इस जहाँ में आदमी हैं शुमार से बाहर,
कहत है फिर भी आदमीयत की।

-जोश मल्सियानी

1. शुमार - गिनती, गणना **2. कहत** - कमी, अभाव

•••

आदमियों से भरी है यह सारी दुनिया मगर,
आदमी को आदमी होता नहीं है दस्तयाब ।

-फैज अहमद फैज

दस्तयाब - उपलब्ध, प्राप्त

•••

इक नहीं मांगी खुदा से आदमीयत की रविश,
और हर शै के लिए बंदे दुआ करते रहे।

-दीवाना मोहन सिंह

1. रविश - चलन, सलीका **2. शै** - चीज

•••

इन्सान ने महरोमाह की राहें तो देख ली,
खुद उसकी अंजुमन में चरागाँ न हो सका।

1. महरोमाह – सूरज और चाँद **2. अंजुमन** - महफ़िल **3. चरागाँ**– जलते हुए चरागों की कतारें, दीपावली

उनकी बेजा भी सुनू, आप बजा भी न कहूँ,
आखिर इन्सान हूँ मैं भी, कोई दीवार नहीं।

-आर्ज़ू लखनवी

1. **बेजा** - अनुचित या नामुनासिब (बातें) 2. **बजा** - उचित, मुनासिब (बातें)

•••

कहाँ तक बढ़के पहूंचे है, कहाँ तक इल्मोफन साकी
मगर आसूदा इन्साँ का, न तन साकी, न मन साकी।

1. **इल्मोफन** - ज्ञान-विज्ञान और कला या फन 2. **साकी** - शराब पिलाने वाला या पिलाने वाली

3. **आसूदा** - संतुष्ट

•••

गो सकूं की जुस्तजू भी उम्र भर होती रही, दिल की दुनिया मुंतशिर ही मुंतशिर होती रही।
अहरमन की बंदगी जिक्रे खुदा के साथ –साथ, हर जमाने में बअन्दाजे - दिगर होती रही।

-असर सहबाई

1. **गो** - यद्यपि, अगरचे 2. **जुस्तजू** – तलाश 3. **मुंतशिर** - (i) बिखरना, तितर-बितर, अस्त-व्यस्त (ii) परेशान, उद्विग्न 4. **अहरमन** – शैतान 5. **बंदगी** - पूजा, इबादत 6. **बअन्दाजे–दिगर** - अलग-अलग ढंग से

•••

'जफर' आदमी उसको न जानिएगा, हो वो कैसा ही साहिबे-फहमो-जका।
जिसे ऐश में यादे - खुदा न रहा, जिसे तैश में खौफे - खुदा न रहा।

-'जफर'

1. **साहिबे-फहमो-जका**- समझ-बूझ वाला, विवेकशील, समझदार 2. **ऐश**- भोग-विलास, खाने-पीने का आनन्द, विषयवासना 3. **तैश**- क्रोध, कोप, गुस्सा

•••

जहने-फितरत में थीं जितनी नाकुशूदा उलझनें,
एक मर्कज पर सिमट आईं तो इन्सां बन गया।

-अब्दुल हमीद अदम

1. **जहन** - (i) दिमाग, अक्ल, बुद्धि (ii) स्मरणशक्ति, याददास्त 2. **फितरत**- प्रकृति 3. **नाकुशूदा** - न सुलझने वाली 4. **मर्कज**- बिन्दु, केन्द्र जानवर, आदमी, फरिश्ता, खुदा, आदमी की है सैकड़ों किस्में।

•••

नहीं अपने किसी मकसद से खाली कोई भी सिज्दा,
खुदा के नाम से करता है इंसां बंदगी अपनी।

-ख्वाजा हाली

1. **सिज्दा** -ईश्वर के लिए सर झुकाना, नमाज में सर जमीन पर रखना

बंदगी यूँ तो इन्सान की फितरत है लेकिन,
नाज जिस पै करें सिजदे वह जबीं पैदा कर।

-जिगर मुरादाबादी

1. **बंदगी** - पूजा, इबादत 2. **फितरत** - आदत, स्वभाव, प्रकृत 3. **जबीं** - माथा, भाल, ललाट

•••

यह इन्सां फूल भी है, खार भी है, यह मोम भी है और तलवार भी है।
हर एक दिल में है इसकी हुकूमत, इसी से इक जहाँ बेजार भी है।

-साहिर लुधियानवी

1. **खार** - कांटा 2. **बेजार** - परेशान

•••

यारब यह भेद क्या है कि राहत की फिक्र ने,
इन्साँ को और गम में गिरिफ्तार किया है।

•••

ये चलती फिरती सूरतें जो देखते हैं आप,
कितने हैं इनमें वाकई इन्साँ न पूछिए।

•••

सिज्दे करते भी हैं इंसां खुद दरे-इंसां पै रोज,
और फिर कहते भी है, बंदा खुदा होता नहीं।

-अर्श मल्सियानी

1. **दर** - चौखट, दहलीज, दरवाजा

•••

हम खुदा थे गर न होता दिल में कोई मुद्दआ,
आरजूओं ने हमारी हमको बंदा कर दिया।

1. **मुद्दआ**-(i) स्वार्थ, गरज (ii) मतलब, आशय (iii) उद्देश्य, मंशा

•••

हर कदम पै नित नये साँचे में ढल जाते हैं लोग,
देखते ही देखते कितने बदल जाते हैं लोग।

-शायर हिमायत अली

– – – – – –

आरज़ू (Desires)

अच्छा है डूब जाये सफीना हयात का,
उम्मीदो-आरज़ूओं का साहिल नहीं रहा।

-'असर' लखनवी

1. **सफीना**- नाव, नौका, किश्ती 2. **हयात**-जिन्दगी 3. **साहिल**- किनारा, तट

•••

अरमां को दबाते हैं तो मुसीबत में है जां और,
शोला को दबाते हैं तो उठता है धुंवा और।

-आनन्द नारायण मुल्ला

•••

आने लगा हयात को अंजाम का खयाल,
जब आरज़ूएं फैलकर इक दाम बन गईं।

-बाकी सिद्दकी

1. **हयात** - जिंदगी 2. **अंजाम** - परिणाम 3. **दाम** - पाश, फंदा, जाल

•••

आसान नहीं इस दुनिया में, ख्वाबों के सहारे जी लेना,
संगीन-हकीकत है दुनिया, यह कोई सुनहरी ख्वाब नहीं।

-'सागर' निजामी

संगीन-हकीकत - कड़वी सच्चाई वाली

•••

इनके पीछे न चलो, इनकी तमन्ना न करो,
साये फिर साये हैं, कुछ देर में ढल जायेंगे।

-शहरयार

•••

इश्क है इक निशाते-बेपायाँ,
शर्त यह है कि आरज़ू न हो।

-असर लखनवी

1. **निशात** - आनन्द, खुशी 2. **बेपायाँ** - जिसका अन्त न हो, असीम, बेहद

•••

कम न थी ये आलमे-हस्ती किसी सूरत मगर,
वुसअतें दिल की बढ़ीं इतनी कि ज़िन्दां हो गयीं।

-जिगर मुरादाबादी

1. **आलम** - संसार, दुनिया 2. **हस्ती** (i) अस्तित्व, दुनिया (ii) जीवन, प्राण, जिन्दगी 3. **वुसअत** - विशालता, लम्बाई-चौड़ाई (तमन्नाओं की) 4. **ज़िन्दां**-कारागार, कैदखाना, कारागृह

किस तरह तुमको बना लूँ मैं शरीके-जिन्दगी, मैं तो अपनी जिन्दगी का बार उठा सकता नहीं।
यास की तारीकियों में डूब जाने दो मुझे, अब मैं शम्ए-आरजू की लौ बढ़ा सकता नहीं।

-'साहिर' लुधियानवी

1. बार- बोझ, भार **2. यास**- निराशा, नाउम्मेदी **3. तारीकी**- अंधेरा, अंधियारा, अंधकार

•••

छुप के आई हजार पर्दों में,
आर्जू फिर भी बेलिबास रही।

•••

ताबे - नाकामी नहीं तो आरजू करता है क्यों,
आरजू है मौत के साहिल से टकराने का नाम।

-आनन्द नारायण 'मुल्ला'

1. **ताबे-नाकामी** - नाकामी या नाकामयाबी बर्दाश्त करने की ताकत **2. साहिल** - किनारा, तट

•••

तूफान - ए- गम की तुन्द हवाओं के बावजूद, एक शमए-आरजू है जो अब तक नहीं बुझी।
'शाद' बात क्या है कि बज्मे- हयात में, शमएं तो जल रही हैं मगर रौशनी नहीं।

-नरेश कुमार शाद

1. **तुन्द** - (i) तीव्र, प्रचंड, पुरजोर, तेज (ii) कुपित, गुस्से में **2. बज्मे-हयात** - जीवन की महफिल

•••

दिल को बर्बाद किए जाती है, गम बदस्तूर किये जाती है,
मर चुकी सारी उम्मीदें 'अख्तर' आरजू है कि जिये जाती है।

-अख्तर अंसारी

बदस्तूर - पहले की तरह, पूर्ववत्

•••

किस-किस पै जान दीजिए, किस-किस को चाहिए,
गुम हो गया हूँ, बज्मे - तमन्ना में आके मैं।

-जिगर मुरादाबादी

बज्म - महफिल

•••

कौन है जो नहीं हाजतमंद, किस किस की हाजत रवा कर कोई.
जब तवक्को ही उठ गई 'गालिब', क्यों किसी का गिला करे कोई।

-मिर्जा गालिब

1. हाजतमंद - इच्छुक, अभिलाषी, ख्वाहिशमंद (ii) निर्धन, मोहताज **2. हाजत** - इच्छा, अभिलाषा, ख्वाहिश मनोकामना **3. तवक्को** - उम्मीद, आशा, भरोसा

खत्म कर देगी किसी दिन ये तमन्ना-ए-हयात,
रात-दिन कोशिश में जीने की मरा जाता हूँ मैं।
जिन्दगी के दाम इतने गिर गये कुछ गम नहीं,
मौत की बढ़ती हुई कीमत से घबराता हूँ मैं।

-नीरज जैन

हयात - जिन्दगी

•••

ख्वाब बुनिए, खूब बुनिए, मगर इतना सोचिए,
इसमें है ताना ही ताना, या कहीं बाना भी है।

-असर लखनवी

•••

न मौजें. न तूफां, न माझी, न साहिल, मगर मन की नैया बही जा रही है।
चला जा रहा है वफा का मुसाफिर, जिधर भी तमन्ना लिये जा रही है।

1. साहिल - किनारा, तट **2. वफा** - (i) प्रतिज्ञा-पालन (ii) भक्ति, वफादारी (iii) निर्वाह, निबाह (iv) स्वामी या मित्र के साथ तन, मन, धन से निबाहना और कड़े से कड़े समय पर उसका साथ देना।

•••

नाकामियों के बाद भी छूटा न हाथ से,
क्या जाने किस खयाल से दामाने-आरज़ू।

•••

पीछे-पीछे हसरतों का सिलसिला,
और आगे-आगे है परीशानी मेरी।

-दिल शाहजहांपुरी

हसरत - (i) निराशा, नाउम्मेदी (ii) अभिलाषा, लालसा, इच्छा

•••

मर चुकी सारी उम्मीदें 'अख्तर',
मगर आरज़ू है कि जिए जाती है।

•••

हजारों ख्वाहिशें ऐसी कि हर ख्वाहिश पै दम निकले,
बहुत निकले मेरे अरमाँ लेकिन फिर भी कम निकले।
निकलना खुल्द से आदम का सुनते आये थे लेकिन,
बड़े बेआबरू होकर तेरे कूचे से हम निकले।

-मिर्जा गालिब

1. खुल्द- स्वर्ग, जन्नत **2. बेआबरू**- अपमानित, तिरस्कृत **3. कूचा** - गली

हम खुदा थे गर न होता दिल में कोई मुद्दआ,
आरजूओं ने हमारी हमको बंदा कर दिया।

मुद्दआ - (i) स्वार्थ, गरज (ii) मतलब, आशय (iii) उद्देश्य, मंशा

•••

हसरतों का सिलसिला कब खत्म होता है 'जलील',
खिल गए जब गुल तो पैदा और कलियां हो गईं।

-'जलील' मानिकपुरी

•••

है हसूले – आरजू का नाम तर्क - आरजू,
मैंने दुनिया छोड़ दी तो मिल गई दुनिया मुझे।

-सीमाब अकबराबादी

1. **हसूले-आरजू** - ख्वाहिश की प्राप्ति 2. **तर्के-आरजू** - ख्वाहिश का छोड़ना

आशियाना (Nest)

अगर शोलाजन आशियाँ है तो क्या है,
बना लूँगा ऐसे हजार आशियाँ मैं।

-निहाल सेहरारवी

1. **शोलाजन** - जलता हुआ, जिससे शोले निकल रहे हों 2. **आशियाँ** - घोसला, नीड़

•••

अदू सैयाद-ओ -गुलचीं क्यों हुए मेरे नशेमन के,
ये तिनके भी है इस काबिल, जिन्हें बर्बाद करते हैं।

-साकिब लखनवी

1. **अदू** - दुश्मन, शत्रु 2. **सैयाद** - बहेलिया, चिड़ीमार, आखेटक 3. **गुलचीं** - फूल चुनने वाला, माली 4. **नशेमन** - आशियाना, नीड़, घोंसला

•••

असीर करके हमें क्यों रिहा किया सैयाद,
वो हमसफीर भी छूटे, वो बाग भी न मिला।

-'जलाल' लखनवी

1. **असीर** - बंदी, कैदी, कारावासी 2. **सैयाद** - बहेलिया, चिड़ीमार 3. **हमसफीर** - (i) बाग में साथ चहचहाने वाली चिड़ियाँ (ii) मित्र, दोस्त

•••

आशियाँ फूंका है बिजली ने जहाँ सौ मर्तबा,
फिर उन्हीं शाखों पै, तरहे-आशियाँ रखता हूँ मैं।

-निहाल सेहरारवी

तरहे-आशियाँ - घोसले की नींव या बुनियाद

•••

इधर-उधर, यहाँ-वहाँ हैं बिजलियाँ ही बिजलियाँ,
चमन-चमन कहाँ फिरूँ मैं आशियाँ लिये हुए।

•••

इसी वास्ते है पैहम नजर, इस पै बिजलियों की,
है सजी हुई गुलों से, मेरी शाखे -आशियाना।

1. **पैहम**- लगातार, अनवरत 2. **शाखे–आशियाना** - डाली जिस पर आशियाना बना हो

•••

एक शरारा भी आशियाँ को जला देता है,
नादां है तू शोलों को हवा देता है।

शरारा - चिनगारी, अग्निकण

कनाअत न कर आलमे-रंगो-बू पर, चमन और भी, आशियां और भी है।
तू शाही है परवाज है काम तेरा, तेरे सामने आसमां और भी है।

-मोहम्मद इकबाल

1. कनाअत- संतोष **2. आलम**- जगत्, संसार, दुनिया **3. रंगो-बू**-फूलों का रंग और उनकी सुगंध (यानी दुनिया की रंगीनियाँ) **4. शाही**- बाज पक्षी, श्येन **5. परवाज**-उड़ान

•••

कफस से छूटकर पहुँचे न हम दीवारे-गुलशन तक,
रसाई आशियाँ तक किस तरह बेबालोपर होती।

-जलील मानिकपुरी

1. कफस - पिंजड़ा **2. रसाई** – पहुँच **3. बेबालोपर** - जिसके पास जीविका का कोई साधन न हो

•••

कफस से छूटने पै शाद थे हम कि लज्जते-जिन्दगी मिलेगी,
यह क्या खबर थी कि बहारे-गुलशन लहू में डूबी हुई मिलेगी।

-अब्दुल हमीद 'अदम'

कफस - पिंजड़ा, कारावास

•••

कभी आशियाँ की तमन्ना मुसलसल,
कभी आशियाँ तक गये, लौट आये। -कमर शेरवानी

•••

कभी गुलशन में रहते थे, कफस में अब गुजरती है,
खता सैयाद की क्या है, हमारा आबो-दाना है।

1. कफस - पिंजड़ा **2. सैयाद** - बहेलिया, चिड़ीमार

•••

कफस में खींच ले जाए मुकद्दर या निशेमन में,
हमें परवाजे-मतलब है, हवा कोई भी चलती हो।

-सीमाब अकबराबादी

1. **कफस** - पिंजड़ा, कारागार **2. निशेमन** - घोंसला, नीड़ **3. परवाज** – उड़ान

•••

कफस में जी नहीं लगता है, आह फिर भी मेरा,
यह जानता हूँ कि तिनका भी आशियाँ में नहीं।

-'अजीज' लखनवी

कफस- पिंजरा, कारागार।

कफस में रहके भी हम तो उन्हें भुला न सके,
क्या हमें भी याद किया आशियाँ वालों ने।

-अदीब सहारनपुरी

1. **कफस** - पिंजडा 2. **आशियाँ** - घोंसला, नीड

•••

कभी बिजली, कभी गुलचीं, कभी सैयाद की नजरें,
गुजरगाहे - हवादिस था, हमारा आशियाँ क्या था।

-'शौकत' थानवी

1. **गुलचीं** - फूल तोड़ने वाला, माली 2. **सैयाद** - बहेलिया, चिड़ीमार 3. **गुजरगाह** - निकलने-पैठने का स्थान, मार्ग, रास्ता, पंथ 4. **हवादिस** - दुर्घटनाए

•••

किधर है बर्के- सोजां काश यह हसरत भी मिट जाती,
बनायें तिनके चुन-चुनकर हम अपना आशियाँ कब तक।

-दिल शाहजहाँपुरी

बर्के-सोजां - कौंधती बिजली

•••

किधर है बर्के- सोजां काश यह हसरत भी मिट जाती,
बनायें तिनके चुन-चुनकर हम अपना आशियाँ कब तक।

-दिल शाहजहाँपुरी

बर्के-सोजां - कौंधती बिजली

•••

कौन इस तर्जे-जफा-ए-आसमाँ की दाद दे,
बाग सारा फूँक डाला, आशियाँ रहने दिया।

-'अदीब' सहारनपुरी

जफा - सितम, अत्याचार

•••

खताओं पर खताएं हो रही थी नावकअफगन से,
इधर तीरों से बनता जा रहा था आशियाँ अपना।

1. **खता** - गलती 2. **नावकअफगन** - तीर चलाने वाला, तीरंदाज

•••

खलिश ने दिल को मेरे कुछ मजा दिया ऐसा,
कि जमा करता हूँ मैं खार आशियां के लिये।

-त्रिलोकचन्द महरूम

1. **खलिश** - (i) चुभन, दर्द की टीस (ii) चिन्ता, फिक्र, उलझन 2. **खार** - कांटा

खुशी में अपनी खुशबख्ती कहाँ मालूम होती है,
कफ़स में जाके कद्रे - आशियाँ मालूम होती है।

-आनन्दारायण मुल्ला

1. **खुशबख्ती** - खुशकिस्मती, खुशनसीबी 2. **कफस** - पिंजड़ा

•••

गुल भी हैं गुलिस्ताँ भी हैं मौजूद,
इक फकत आशियाँ नहीं मिलता।

-अर्श' मल्सियानी

•••

चमन को याद करके देर तक आंसू बहाता हूँ,
कोई तिनका जो मिल जाता है उजड़े आशियाने का।

-'शाद' अजीमाबादी

•••

चमन में यूँ तो कहने को बहुत हैं आशियाँ लेकिन,
गिरेगी जिसपै कल बिजली वह मेरा आशियाँ होगा।

•••

चार तिनके ही सही पर ऐ सैयाद
मेरी दुनिया थी आशियाने में। -कैस शैखपुरी

सैयाद - बहेलिया, चिड़ीमार, आखेटक

•••

छीन ली फ़िक्र-ए-निशेमन ने मेरी आजादियाँ,
जज्बा-ए-परवाज महदूदे-गुलिस्ताँ हो गया।

-सीमाब अकबराबादी

1. **निशेमन** - घोंसला, नीड 2. **परवाज** - उड़ान 3. **महदूद** - सीमित

•••

जल के आशियाँ अपना खाक हो चुका कब का,
अब तक यह आलम है, रौशनी से डरते हैं।

•••

जल भी जाये निशेमन तो परवा नहीं,
बिजलियों से मेरा दोस्ताना तो है।

निशेमन - घोसला, नीड़, आशियाना

जहाँ जुल्मत का मंजर, आंधियों का आशियाना है,
वहाँ 'आजाद' पैगामे - चरागाँ ले के आया है।

-जगन्नाथ 'आजाद'

1. **जुल्मत** - अंधेरा, अँधियारा 2. **आशियाना** - (i) ठिकाना, स्थान (ii) घोसला, नीड़, कुलाय 3. **पैगाम** - संदेश, समाचार 4. **चरागाँ** - जलते हुए चरागों की कतारें, दीपावली

•••

जुनूने-तामीर है सलामत तो बर्के-बाराँ का हमको क्या गम,
चमन की हर शाख पर बना लेंगे बहारों का आशियाना।

-सागर निजामी

1. **जुनूने-तामीर** - निर्माण की धुन 2. **बर्के-बाराँ** - कौंधती बिजली

•••

तिनकों से खेलते ही रहे आशियाँ में हम,
आया भी और गया भी, जमाना बहार का। -'फानी' बदायुनी

•••

तुमको खबर न हुई और जलके खाक हुआ,
वह दिल जो तेरी मुहब्बत का आशियाना था।

-रविश सिद्दकी

•••

दो गुल कफस में रखके न सैयाद दे फरेब,
देखा ही जैसे हमने नहीं आशियाँ कभी।

-आनन्द नारायण 'मुल्ला'

1. **गुल** -फूल। 2. **कफस** -पिंजड़ा। 3. **सैयाद** -बहेलिया, चिड़ीमार

•••

दौराने - असीरी नजरों में हर वक्त नशेमन रहता था,
जब छूट के आये गुलशन में, हम अपना ठिकाना भूल गये।

-'जेब' बरेलवी

असीरी - कैद, कारावास 2. **नशेमन** - घोंसला, नीड़

•••

न गुल अपना न खार अपना, न जालिम बागबाँ अपना,
बनाया आह किस गुलशन में हमने आशियाँ अपना।

बागबाँ - माली

•••

नशेमन ही के लुट जाने का गम होता तो क्या गम था,
यहां तो लूटने वालों ने गुलशन बेच डाला है।

नशेमन - घोसला, कुलाय, नीड़

निगाहे-शौक को शाखे-निहाले-गुल की तलाश,
हवाए-तुन्द की यह जिद कि आशियाँ न बने।

1. **निगाहे-शौक** - अभिलाशा, उत्कंठा या ख्वाहिश की निगाह 2. **शाखे-निहाले-गुल** - फलों से सजी हुई डाली 3. **हवाए-तुन्द** - तेज हवा

निशेमन पर निशेमन इस कदर तामीर करता जा,
कि बिजली गिरते-गिरते आप खुद बेजार जो जाये।

1. **तामीर** - निमार्ण, बनाना 2. **बेजार** - परेशान

•••

पड़े है जो मुन्तशिर तिनके, उठा- उठा के सजा रहा हूँ,
खबर करे कोई बिजलियों को कि फिर निशेमन बना रहा हूँ।

-'नैयर' अकबराबादी

1. **मुन्तशिर** - बिखरे हुए 2. **निशेमन** - आशियाना, घोंसला, नीड़

•••

फलक को जिद है जहाँ बिजलियाँ गिराने की,
हमें भी जिद है वहीं आशियाँ बनाने की।

1. **फलक**- आकाश, आसमान, अर्श 2. **आशियाँ** - घोंसला,आशियाना, नीड़

•••

बस ऐ बहार तेरी अब जरूरत नहीं रही,
बुलबुल ने कर दिया है निशेमन सुपूर्द-जाग।

सुपूर्द-जाग - कौए को सुपूर्द

•••

बहाना मिल न जाये बिजलियों को टूट पड़ने का,
कलेजा काँपता है आशियाँ को आशियाँ कहते।

-'असर' लखनवी

•••

बिजलियाँ अपना जोर दिखाती रहीं,
और हम आशियाना बनाते रहे।

•••

बिजली की ताक झाँक से तंग आ गई है जान,
ऐसा न हो कि फूँक दूँ खुद आशियाँ को मैं।

-जलील मानिकपुरी

•••

माना कि फिक्रे- बर्को - गमे – बागबाँ नहीं,
फिर भी कफस, कफस ही तो है आशियाँ नहीं।

1. **बागबाँ** -बिजली की चिंता और माली का डर 2. **कफस** -पिंजड़ा

मुद्दतों से मेरे गुलशन का यही अहवाल है,
बिजलियाँ गिरती रहीं और आशियाँ बनते रहे।

1. **अहवाल** - हाल 2. **आशियाँ** - घोसला, नीड

•••

मुमकिन नहीं चमन में दोनों की जिद हो पुरी,
या बिजलियाँ रहेगीं या आशियाँ रहेगा।

•••

मेरी नजरों में खाक आशियाँ भी आशियाँ होंगे,
जिन्हें हैं बिजलियों का खौफ, फिक्रे-आशियां कर लें।

खाक -बर्बाद

•••

मेरे कैद का दिलशिकन मामला था,
बहार आ गई थी, आशियाँ बन गया था।

-साकिब लखनवी

दिलशिकन - दिल को तोड़ने वाला, रंज पहुंचाने वाला

•••

यह सोचते रहे और बहार खत्म हुई,
कहाँ चमन में आशियाना बने या न बने।

-'असर' लखनवी

•••

यहाँ तंगिए - कफस है वहाँ खत्म आशियाना
न यहाँ मेरा ठिकाना, न वहा मेरा ठिकाना
इक शाखे-सिरनगूँ पर रख लेंगे चार तिनके के
न बुलन्द शाख होगी, न जलेगा आशियाना ।

1. **तंगिए-कफस** -पिंजड़े की तंग जगह 2. **शाखे-सिरनगूँ** -झुकी हुई डाल

•••

ये ताइराने-चमन किस तरह से हों दिलशाद
कदम - कदम पै ही तकदीर इनकी फूट गई
रिहा हुए कफस से तो आशियाना गुम था
जो आशियाना बनाया तो शाख टूट गई।

1. **ताइराने-चमन** -चमन के पंछी 2. **दिलशाद** -खुश, प्रसन्न 3. कफस - पिंजड़ा

•••

रस्मे-दुनिया है, कोई खुश हो, कोई नाशाद हो,
जब उजड़ जाए चमन तो कफस आबाद हो।

1. **नाशाद** - जो खुश न हो, अप्रसन्न, खिन्न 2. **कफस** -(i) पिंजड़ा (ii) कारागार

रहा बर्के-तपां से साबिका तकदीर में इतना,
कि अब अपना निशेमन हम बनाते हैं शरारों में।

-आसी उल्दानी

1. **बर्के-तपां** - कौंधती बिजली 2. **साबिका** - वास्ता, संबंध 3. **निशेमन** - घोसला, नीड़, कुलाय 4. **शरारों** - अग्निकण, चिंगारी

वह ताइरे–असीर कहाँ जायें क्या करें,
आजाद होके जिसको नसीब आशियाँ न हो।

-असर लखनवी

1. **ताइरे-असीर** - (पिंजड़े में) कैद पंछी

•••

हमको फंसना था कफस में क्या गिला सैयाद का,
बस तरसते ही रहे हैं आब और दाने के हम।

-'नजीर' अकबराबादी

1. **कफस** – पिंजड़ 2. **सैयाद** -बहेलिया, आखेटक, चिड़ीमार 3. **आब** -पानी

•••

हमने अपने आशियाँ के वास्ते,
जो चुभे दिल में वही कांटे चुने।

-रियाज खेराबादी

•••

हमने बना लिया है, नया फिर से आशियाँ,
जाओ यह बात फिर किसी तूफां से कहो।

-कतील शिफाई

1. **आशियाँ** - घोसला, नीड़, कुलाय

•••

हिफाजत करने वाले खिरमनों के मुतमईन बैठें,
तजल्ली बर्क की महदूद मेरे आशियाँ तक है।

-'अजीज' लखनवी

1. **खिरमन** - खलियान, भूसा निकाला हुआ या भूसा मिला हुआ अन्न का ढेर जो खलियान में रखा होता है। 2. **मुतमईन** - (i) बेफिक्र, निश्चिन्त (ii) संतुष्ट, (iii) आनन्दपूर्वक, खुशहाल 3. **तजल्ली** - (i) रौशनी, प्रकाश, नूर (ii) तेज, प्रताप, जलाल 4. **बर्क** - (i) बिजली, चपला, तड़ित (ii) विद्युत, प्रयोग में आने वाली बिजली 5. **महदूद** – सीमित

हुजूमे - तबाही से मैं खेलता हूँ,
तबाही का हर–सू निशां है तो क्या है?
बना लूँगा ऐसे हजार आशियाँ मैं,
अगर शोलाजन आशियाँ है तो क्या गम।

-निहाल सेहरारवी

1. **हुजूमे–तबाही** -तबाहियों के हुजूम 2. **हर–सू** -चारों ओर 3. **शोलाजन** - जलता हुआ, आग की लपटों पर

इन्तिजार (Wait)

आंखों ने जरे-जर्रे पर सिज्दे लुटाये हैं,
क्या जाने, जा छुपा मेरा पर्दानशीं कहाँ।

-अख्तर शीरानी

पर्दानशीं - पर्दे में रहने वाली

•••

आने में सदा देर लगाते ही रहे तुम,
जाते रहे हम जान से आते ही रहे तुम।

-रासिख अजीमाबादी

•••

इक मैं कि इन्तिजार में घड़ियाँ गिना करूँ,
इक तुम कि मुझसे आंख चुराकर चले गये।

-जोश मल्सियानी

•••

इन्तिजारे-फस्ले-गुल में खो चुके आंखों के नूर
और बहारे-बाग लेती ही नहीं आने का नाम।

फस्ले-गुल - बहार का मौसम, वसन्त ऋतु

•••

उनकी वह आमद-आमद है, अपना यहाँ ये आलम,
इक रंग जा रहा है, इक रंग आ रहा है।

-जिगर मुरादाबादी

आमद-आमद - किसी के आगमन की धूमधाम, किसी के आने की खबर

•••

उनके आने की बंधी थी, आस जब तक हमनशीं,
सुबह हो जाती थी अक्सर जानिबे - दर देखते।

-असर लखनवी

1. **हमनशीं** - साथ बैठने वाला, मित्र 2. **जानिबे–दर** - दरवाजे की ओर

•••

उम्रे - दराज माँगकर लाये थे चार दिन, दो आरजू में कट गये, दो इन्तिजार में
कितना है बदनसीब 'जफर' दफ्न के लिये,दो गज जमीं भी न मिली कू-ए-यार में।

-बहादुर शाह 'जफर'

1. **दराज** - लंबी, तवील 2. **कू-ए-यार** - प्रेमिका की गली

उम्र कैसे कटेगी 'सैफ' यहाँ,
रात कटती नजर नहीं आती। -सैफ

•••

कभी - कभी तो बहुत इन्तिजार रहता है,
एक ऐसे शख्स का जो मुझे जानता भी नहीं।

-मंजूर हाशमी

•••

कहते हैं मौत से बदतर है इन्तिजार,
मेरी तमाम उम्र कटी इन्तिजार में। -मजाज लखनवी

•••

कहीं आके मिटा न दें इन्तिजार का लुत्फ
कहीं कुबूल न हो जाये इल्तिजा मेरी।

-हसरत मोहानी

•••

कोई आया न आयेगा मगर,
क्या करूँ, गर न इन्तिजार करूँ।

-फिराक गोरखपुरी

•••

क्या जानूँ आज किसका मुझे इन्तिजार है,
पलकों की इक झलक भी मुझे नागवार है।

-नदीम कासिमी

1. नागवार - जो पसंद न हो, जो अच्छा न लगे

•••

खुदा गवाह है कि अब काटे से नहीं कटती,
यह इन्तिजार की रातें, ये इन्तिजार के दिन।

-जोश मलीहाबादी

•••

गजब किया तेरे वादे पै ऐतबार किया,
तमाम रात कयामत का इन्तिजार किया।

-मिर्जा दाग

•••

चिरागे-जिन्दगी बुझा जा रहा है,
वह जाने-इन्तिजार आये न आये।

-सिकन्दर अली 'वज्द'

जाने-इन्तिजार - वह प्रेमिका या व्यक्ति जिसका इन्तिजार हो।

तमाम उम्र यूँ ही हो गयी बसरअपनी,
शबे-फिराक गयी, रोजे-इन्तिजार आया।

-नासिख

1. **शबे-फिराक** - विरह की रात 2. **रोजे-इन्तिजार** - इन्तिजार का दिन

•••

तमाम उम्र तेरा इन्तिजार कर कर लेंगे,
मगर यह रंज रहेगा कि जिन्दगी कम है। -शाहिद सिद्दकी

•••

ता फिर न इन्तिजार में नींद आये उम्र भर,
आने का अह्द कर गये, आये जो ख्वाब में।

-मिर्जा 'गालिब'

1. **अह्द** –(i) प्रतिज्ञा, इकरार, वचन, कौल (ii) युग, काल, जमाना (iii) समय, वक्त
2. **ख्वाब** - स्वप्न, सपना

•••

तेरे आने की उम्मीद कहाँ मगर,
कैसे कहूँ कि इन्तिजार नहीं।

•••

न जाने किस लिये उम्मीदवार बैठा हूँ,
एक ऐसी राह पर, जो उनकी रहगुजर भी नहीं।

-फैज अहमद फैज

•••

न कोई वादा, न कोई यकीन, न कोई उम्मीद,
मगर हमें तो तेरा इन्तिजार करना था।

-फिराक गोरखपुरी

•••

पुतलियों की आखिरी गर्दिश की साअत आ गई,
आने वाले आ कि कब तक रास्ता देखा करूँ।

-माहिर-उल-कादिरी

1. **गर्दिश** - (i) चक्कर, फिराव (ii) दुर्भाग्य, बदकिस्मती 2. **साअत** - पल, समय

•••

बीत जाती है एक पल में कभी जिन्दगी की हजारहा घड़ियाँ,
एक लमहे के इन्तिजार में कभी सर्फ होती है सैकड़ों सदियाँ।

-जांनिसार अख्तर

1. **हजारहा** – हजारों 2. **सर्फ** - व्यतीत, खर्च, व्यय

बेखुदी ले गई कहाँ हमको,
देर से है इन्तिजार अपना। -मीरतकी मीर

बेखुदी - बेसुधी, बेखबरी

•••

माना कि तेरे दीदका काबिल नहीं हूँ मैं,
तू मेरा शौक देख, इन्तिजार देख। -मोहम्मद इकबाल

दीद-दर्शन, दीदार

•••

मिलने से भी अजीज है मिलने की आरजू,
है वस्ल से भी जियादा मजा इन्तिजार में।

वस्ल - मिलन

•••

मैं उसी मोड़ पै बरसों से खड़ा हूँ कि जहाँ,
एक आवाज सी आई थी कि हम आते हैं।

•••

यह न थी हमारी किस्मत कि विसाले-यार होता, अगर और जीते रहते यही इन्तिजार होता।
तेरे वादे पै जिये हम तो ये जान झूठ जाना, कि खुशी से मर न जाने अगर एतबार होता।
कोई मेरे दिल से पूछे तेरे तीरे-नीमकश को, ये खलिश कहाँ से होती जो जिगर के पार होता।
कहूँ किससे मैं कि क्या है शबे-गम बुरी बला है, मुझे क्या बुरा था मरना अगर एतबार होता।
-मिर्जा गालिब

1. **विसाल** - मिलन, संयोग 2. **तीरे - नीमकश** - वह तीर जो घाव में से आधाखींच कर छोड़ दिया गया हो 3. **खलिश** - (i) दर्द, चुभन, दर्द की टीस (ii) चिन्ता, फिक्र, उलझन 4. **शबे-गम** - विरह की रात

•••

लाजिम था कि देखो मेरा रस्ता कोई दिन और,
तन्हा गये थे क्यों, अब रहो तन्हा कोई दिन और।
-मिर्जा गालिब

लाजिम - (i) आवश्यक, जरूरी अनिवार्य, लाजिमी (ii) उचित, मुनासिब

•••

वादे के दिन गुजर गये, फिर भी हैं मुंतजिर
कुछ हमको इन्तिजार का आजार हो गया। -असर लखनवी

1. **मुंतजिर** - इन्तिजार करने वाला 2. **आजार** - रोग, बीमारी

•••

हम कब के मर चुके थे जुदाई में ऐ अजल,
जीना पड़ा कुछ और तेरे इन्तिजार में। -हफीज जौनपुरी

1. **अजल** - मौत

––––––

इन्सानियत (Goodness of Human Nature)

अंधेरे माँगने आये थे रौशनी की भीख,
हम अपना घर न जलाते तो क्या करते?

•••

अपना दर्दे-दिल समझने की यहाँ फुर्सत किसे,
हम तो औरों का तड़पना देखकर तड़पा किये।

-आनन्द नारायण 'मुल्ला'

•••

अपनी फिक्र न कुछ करें प्रभू-प्रेम के दास,
सुई नंगी खुद रहे, सबके सिये लिबास।

•••

आदमियत और शै है, इल्म है कुछ और चीज,
कितना तोते को रटाया, पर वह हैवां ही रहा।

हैवां - जानवर, पशु, चौपाया

•••

इलाही उनके हिस्से का भी गम मुझको अता कर दे,
कि उन मासूम आंखों में नमी देखी नहीं जाती।

अता - (i) प्रदान, दान (ii) पुरस्कार

•••

इश्क के रूतबे के आगे आस्मां भी पस्त है,
सर झुकाया है फरिश्तों ने बशर के सामने।

-'नसीम'

1. पस्त - (i) नीचा (ii) लघु, छोटा (iii) अधम, नीच,कमीना **2. बशर** - मनुष्य, मानव, आदमी

•••

उनको इन्साँ मत समझ, हो सरकशी जिनमें 'जफर'
खाकसारी के लिये है खाक से इन्साँ बना।

-बहादुर शाह 'जफर'

1. सरकशी - (i) उद्दंडता, उज्जड़पन, अशिष्टता (ii) अवज्ञा, हुक्मउदूली (iii) विद्रोह, बगावत
2. खाकसारी - विनम्रता **3. खाक** - (i) धूल, रज, गुबार, गर्द (ii)मिट्टी (iii) भूमि, जमीन

•••

उम्मीदे-सुलह क्या हो किसी हकपरस्त से,
पीछे वो क्या हटेगा जो हद से बढ़ा न हो। -यगाना चंगेजी

हकपरस्त - सत्यनिष्ट, सत्य का पुजारी, धर्मात्मा

करूँ मैं दुश्मनी किससे कोई दुश्मन भी हो अपना,
मुहब्बत ने नहीं दिल में जगह छोड़ी अदावत की।

अदावत - दुश्मनी, शत्रुता

•••

कसरते-गम में लुत्फे-गमख्वारी, सागरे-मय का काम देती है,
वक्त पर इक लफ्जे-हमदर्दी, इब्ने-मरियम का काम देता है।

-अब्दुल हमीद 'अदम'

1. **कसरत** - प्राचुर्य, बाहुल्य, अधिकता 2. **लुत्फ** - (i)आनन्द, मजा (ii) करूणा, तरस (iii) दया, रहम, अनुकम्पा, मेहरबानी 3. **सागरे-मय** - शराब का प्याला 4. **गमख्वारी** – हमदर्दी 5. **इब्ने-मरियम** – मरियम का पुत्र हजरत ईसा, ईसा मसीह जो ईसाई धर्म के संस्थापक थे और जो फूंक से मुर्दों को जिला देते थे।

•••

कितने कांटों की बद्दुआ ली है
चन्द कलियों की जिन्दगी के लिए। -शहीद फातिमी

•••

कितने हसीन लोग थे जो मिलकर एक बार,
आंखों में जज्ब हो गये, दिल में समा गये।

-अब्दुल हमीद 'अदम'

जज्ब - (i) आत्मसात, एक में समाया हुआ (ii) आकर्षण, कशिश

•••

कीजिए और कोई जुल्म अगर जिद है यही,
लीजिए और मेरे लब पै दुआएं आईं

-जिगर मुरादाबादी

•••

किसी का रंज देखूँ यह नहीं होता मेरे दिल से,
नजर सैयाद कि झपके तो कुछ कह दूँ अनादिल से।

1. **सैयाद** - बहेलिया, चिड़ीमार, आखेटक, शिकारी 2. **अनादिल** - अंदलीब का बहुवचन, बुलबुले

•••

किसी के काम न आए तो आदमी क्या है,
जो अपनी ही फिक्र में गुजरे वह जिन्दगी क्या है? -'असर' लखनवी

•••

किसी चमन में बस इस खौफ से न गुजर हूआ,
किसी कली पै न भूले से पांव रख दूं।

-नदीम कासिमी

कुछ और तो नहीं मेरे गरीब दामन में,
अगर कबूल हो तो जिन्दगी दे दूँ।

•••

कुछ लोगों से जब तक मुलाकात न हुई थी,
मैं भी यह समझा था, खुदा सबसे बड़ा है।

•••

कोई हद ही नहीं शायद मुहब्बत के फसाने की,
सुनाता जा रहा है, जिसको जितना याद होता है।

•••

खाकसारी का है गाफिल बहुत ऊँचा मर्तबा,
यह वह जमीं है जिसमें कोई आसमां नहीं।

-'अलम' मुजफ्फरनगरी

1. **खाकसारी** - विनम्रता 2. **गाफिल** - असावधान, बेखबर 3. **मर्तबा** - पद, दर्ज़ा

•••

खिज़्रे-मंजिल से कम नहीं ऐ दोस्त,
एक हमदर्द अजनबी का खुलूस।

-रविश सिद्दकी

1. **खिज़्रे-मंजिल** - राह दिखने वाला 2. **खुलूस** - सच्चा प्यार

•••

खुद ही सरशारे – मये - उल्फत नहीं होना 'असर',
इससे भर-भर कर दिलों के जाम छलकाना भी है।

-'असर' लखनवी

सरशारे-मये-उल्फत - मोहब्बत की मदिरा से लबालब या परिपूर्ण

•••

खूने – दिल जाया न हो मुझको तो इतनी फिक्र है,
अपने काम आया तो क्या, गैरों के काम आया तो क्या?

-आनन्द नारायण 'मुल्ला'

•••

गुलों ने खारों के छेड़ने पर सिवा खामोशी के दम न मारा,
शरीफ उलझें अगर किसी से तो फिर शराफत कहाँ रहेगी।

-'शाद' अजीमाबादी

•••

घर से तो बहुत दूर है मंदिर का रास्ता,
आओ किसी रोते हुए चेहरे को हसाएं।

'जफर' आदमी उसको न जानियेगा,
हो वो कैसा भी साहिबो-फहमो-जका।
जिसे ऐश में यादे- खुदा न रहा,
जिसे तैश में खौफे- खुदा न रहा।

-'जफर'.

1. **साहिबो-फहमो-जका** - बुद्धि और विवेक वाला, अत्यन्त बुद्धिमान 2. **तैश** - क्रोध, कोप, गुस्सा

•••

जब तक कि गमे-इन्साँ से 'जिगर' इन्साँ का दिल मामूर नहीं,
जन्नत ही सही दुनिया लेकिन जन्नत से जहन्नुम दूर नहीं।

-'जिगर' मुरादाबादी

1. **मामूर** - आबाद, भराहुआ, बसा हुआ 2. **जन्नत** - स्वर्ग, बहिश्त 3. **जहन्नुम** - नरक, दोजख, बहुत ही कष्ट और दुख की जगह

•••

जहाँ भी हेगा वहीं रौशनी लुटायेगा,
किसी चराग का कोई मकां नहीं होता।

मकां - (i) ठहरने का स्थान, मकान, घर (ii) मंजिल, पड़ाव

•••

जिस गम से तस्कीं मिलती हो, उस गम का मुदावा कौन करे,
जिस दर्द में लज्जत हो पिन्हा, उस दर्द का दरमाँ क्या होगा।

-जगन्नाथ आजाद

1. **तस्कीं** - (i) पीड़ा और दर्द में कमी, आराम (ii) संतोष, इत्मीनान 2. **मुदावा** - दवा, इलाज 3. **लज्जत** - आनन्द, लुत्फ 4. **पिन्हा** - छुपा हुआ 5. **दरमाँ** - उपचार, चिकित्सा, इलाज

•••

जो गमे-हबीब से दूर थे, वो खुद अपनी आग में जल गये,
जो गमे-हबीब को पा गये तो गमों से हंस के निकल गये।

-शायर लखनवी

गमे-हबीब – दोस्त या मित्र का ग़म

•••

जो चाहो फकीरी में इज्जत से रहना, न रखो अमीरी से मिल्लत जियादा।
फरिश्ते से बेहतर है इन्सान बनना, मगर इसमें पड़ती है मिहनत जियादा।

-ख्वाजा हाली

1. फकीरी - गरीबी 2. **मिल्लत** - संबंध, लगाव

तमाम उम्र इसी एहतियात में गुजरी,
कि आशियाना कहीं शाखे-गुल पर बार नहीं।

-अंजुमन नाजिमी

1. **शाखे-गुल** - फूलों की डाली 2. **बार** - बोझ, भार

•••

तरदामनी पै शैख हमारी न जाइओ,
दामन निचोड़ दे तो फरिश्ते वुजू करें।

1. **तरदामनी** - दामन बचाकर न निकल सकना, यानी पाप या गुनाह में लिप्त होना 2. **शैख** - धर्मगुरू, धर्माचार्य (ii) कुल का नायक 3. **वुजू** - नमाज के लिए नियमपूर्वक हाथ-पांव और मुंह धोना

•••

तही दस्तों का दर्जा अहले - दौलत से जियादा है,
सुराही सर झुका देती है जब खाली जाम आता है।

1. **तही** - खाली 2. **दस्तों** - हाथों 3. **अहले-दौलत** - दौलत वाले

•••

तुम अपना रंजोगम अपनी परीशानी मुझे दे दो,
मुझे अपनी कसम, यह दुख, यह हैरानी मुझे दे दो।
मैं देखूं तो सही, यह दुनिया तुझे कैसे सतात है,
कोई दिन के लिये तुम अपनी निगहबानी मुझे दे दो।
ये माना मैं किसी काबिल नहीं हूँ इन निगाहों में,
बुरा क्या है अगर इस दिल की वीरानी मुझे दे दो।

-साहिर लुधियानवी

निगहबानी - देखरेख

•••

तू जिसे जर्रा समझकर कर रहा है पायमाल,
देख उस जर्रे के सीने में कहीं दुनिया न हो।

-'शफा' ग्वालियरी

1. **पायमाल** - (i) पाँव तले रौंदना , पद-दलित(ii) दुर्दशाग्रस्त, मुसीबतजदा 2. **जर्रा** - (i) कण, बहुत ही बारीक रेज़ा (ii) अति तुच्छ, बहुत ही हकीर

•••

तेरी हमदर्द नजरों से मिला ऐसा सुकूं मुझको,
मैं ऐसा सुकूं मरकर भी शायद पा नहीं सकता।

-जाँनिसार अख्तर

हमदर्द - दुख-दर्द बांटने वाली या वाला

'दाग' दुश्मन से भी झुककर मिलिए,
कुछ अजीब चीज मिलनसारी है।

-दाग

●●●

दुश्मनी जम कर करो मगर इतना याद रहे,
जब भी फिर दोस्त बन जायें, शर्मिन्दा न हो।

●●●

दुश्मन भी हो तो दोस्ती से पेश आये हम,
बेगानगी से अपना नहीं आश्ना मिजाज।

-आतिश

1. **बेगानगी** - (i) परायापन (ii) अनजानापन, ज्ञान का न होना, बेइल्मी 2. **आश्ना** - परिचित, वाकिफ

●●●

दूसरों पैं जब तबसिरा कीजिए,
सामने आइना रख लिया कीजिए।

तबसिरा - आलोचना

●●●

नशा पिला के गिराना तो सबको आता है,
मजा तो जब है कि गिरतों को थाम ले साकी।

-अब्दुल हमीद 'अदम'

●●●

नूह का तूफाँ भी उसको गर्क कर सकता नहीं,
जो बराये-खल्क जीता है वह मर सकता नहीं।

1. **नूह** - एक पैगम्बर जिनके समय में बड़ा तूफान आया था, जिसमें सारा संसार नष्ट हो गया था, कुछ आदमी बचे थे, जिनकी संतान इस समय हैं 2. **गर्क** - डूब जाना 3. **बराये-खल्क** - जनता या अवाम के लिए

●●●

परीशाँ होने वालों को सुकूं कुछ भी मिल भी सकता है,
परीशां करने वालों की परीशानी कभी नहीं जाती।

●●●

पामाल होते–होते भी खुशबू लुटा गया,
सीखा नहीं बशर ने फूलों का चलन अभी। -असर लखनवी

1. **पामाल** - पैरों तले रौंदा जाना 2. **बशर** - मनुष्य, मानव, आदमी

फरिश्ते से बेहतर है इन्सान बनना,
मगर इसमें पड़ती है मिहनत जियादा। -ख्वाजा हाली

•••

फैसला होता है यहाँ नेकी -ओ-बदी का हरदम,
दिल को इस सीने में छोटी-सी अदालत समझो।

•••

बेचैनियाँ समेटकर सारे जहान की,
जब कुछ न बन सका तो मेरा दिल बना दिया।

•••

मर्तबा पेशे - खुदा होता है उतना ही बुलंद,
जिस कदर चलता है इन्साँ इन्साँ से झुककर।

1. मर्तबा - (i) प्रतिष्ठा, इज्जत (ii) पद, दर्जा **2. पेशे-खुदा** - ईश्वर के सामने

•••

महरूम है जो नरममिजाजी से बशर,
दरअसल वह नेकी से ही महरूम है।

1. महरूम - वंचित **2. नरममिजाजी** - मधुर और कोमल स्वर, मृदुल स्वभाव **3. बशर** - मनुष्य, मानव, आदमी।

•••

माँगते हैं जमाने की खुशियाँ,
खुद तरसते हैं इक हंसी को हम।

•••

मिटा दे अपनी हस्ती को गर कुछ मर्तबा चाहिए,
कि दाना खाक में मिलकर गुले-गुलजार होता है। -मोहम्मद इकबाल

1. मर्तबा - प्रतिष्ठा, इज्जत

•••

मुझे दिल दिया तो तड़प भी दे, जो हो दूसरों का शरीके - गम।
मुझे ऐसे दिल की तलब नहीं, जो किसी के काम न आ सके।

•••

मुस्कुराहट में छिपाते हैं जो अपने गमों को,
वो अपनी हालत पै औरों को रूला देते हैं।

•••

मुहब्बत है मुझे बुलबुल के गमअंगेज नालों से,
चमन में रह के मैं फूलों का शैदा हो नहीं सकता। -'चकबस्त' लखनवी

1. गमअंगेज - ग़म या दर्द बढाने वाला, व्यथा पैदा करने वाला, शोकप्रद **2. नाला** -आर्तनाद, फ़रियाद, चीख,शोर रोना-पीटना **3. शैदा** - (i) चाहने वाला, आशिक (ii) मुग्ध, मोहित, आसक्त (iii) पागल, दीवाना

मेरा तो फर्ज चमनबंदी-ए-जहाँ है फकत,
मेरी बला से बहार आये या खिजाँ गुजरे।

-'जिगर' मुरादाबादी

1. **चमनबंदी-ए-जहाँ** - संसार रूपी बाग की देख-रेख 2. **खिजाँ** - पतझड़ की ऋतु

•••

मौत उसकी है करे जिसका जमाना अफसोस,
यूँ तो दुनिया में सभी आते है मरने के लिए।

-'महमूद' रामपुरी

•••

मेरे सरकश तरानों की हकीकत है तो इतनी है,
कि मैं जब देखता हूँ भूख के मारे किसानों को।
गरीबों, मुफलिसों को, बेकसों को, बेसहारों को,
सिसकती नाजनीनों को, तड़पते नौजवानों को।
हुकूमत के तशद्दुद को, इमारत के तदब्बुर को,
किसी के चीथड़ों को और शहनशाही खजानों को
तो दिल ताबे-निशाते-बज्मे-इशरत ला नहीं सकता।

-साहिर लुधियानवी

1. **सरकश** - विद्रोही, बागी 2. **मुफलिसों** – गरीबों 3. **नाजनीनों**-सुन्दरियों 4. **तशद्दुद** - सख्ती, जुल्म, अत्याचार 5. **इमारत** – धनाढ्यता (यानी मालदार लोग) 6. **तदब्बुर** – सोच 7. **ताबे-निशाते-बज्मे-इशरत** - महफिलों में प्राप्त होने वाले सुख और ऐश को सहने की शक्ति

•••

मैं अब वाकिफ हुआ हूँ, है कमाले-इश्क वो मंजिल,
जहाँ इन्सान को महसूस होती है कमी अपनी।

-'अलम' मुजफ्फरनगरी

कमाले-इश्क - मुहब्बत की पूर्णता

•••

मैं वो साफ ही न कह दूँ, जो है फर्क तुझमें, मुझमें,
तेरा दर्द दर्दे - तन्हा, मेरा गम, गमे - जमाना।

-जिगर मुरादाबादी

•••

यारब किसी से छीनकर मुझको खुशी न दे,
जो दूसरों पै बार हो, वह जिन्दगी न दे।

बार - बोझ, वजन

यह एक दस्तूर है मेरा कि अपने कद्रदानों को,
शरीके - ऐश करता हूँ, शरीके-गम नहीं करता।

•••

रूह को चमका, खुदी को तोड़कर जीने बना,
दो ही तदबीरें हैं दुनिया में संवरने के लिए।

1. **खुदी** - यह भाव कि बस हमीं हम हैं, अहंकार, अभिमान, घमंड 2. **तदबीर** - (i) उपाय, तरकीब (ii) उपचार, इलाज

•••

लेदे के अपने पास फकत इक नजर तो है,
क्यों देखें जिन्दगी को, किसी की नजर से हम।
माना कि इस हमीं को न गुलजार कर सके,
कुछ खार कम तो कर गए गुजरे जिधर से हम।

गुलजार - (i) उद्यान, बाग (ii) वह स्थान जहाँ चहल-पहल और रौनक हो

•••

वह काम कर बुलन्द हो जिससे मजाके-जीस्त,
दिन जिन्दगी के गिनते नही माहो-साल में।

-'असर' लखनवी

मजाके-जीस्त - जीवन की रसिकता

•••

'सफी' रहते हैं जानो-दिल फिदा करने पर आमादा,
मगर उस वक्त जब इन्सॉं को इन्सॉं देख लेते हैं। -'सफी'

•••

सीख ले फूलों से गाफिल मुद्दआ -ए- जिन्दगी,
खुद महकना ही नहीं गुलशन को महकाना भी है। -'असर' लखनवी

मुद्दआ -(i) मक्सद, अर्थ, मतलब, आशय, उद्देश्य (ii) तात्पर्य, खुलासा

•••

समझते थे मगर फिर भी न रखीं दूरिया हमने,
चरागों को जलाने में जला ली उंगलियाँ हमने।

•••

सबका दर्द वही बाँटेंगे जो दुख सहने वाले है,
साया करने वाले बादल, सर पै धूप संभाले हैं।

•••

सिर्फ जिन्दा रहने को जिन्दगी नहीं कहते,
कुछ गमे - मुहब्बत हो कुछ गमे-जहाँ यारों।

-शायर हिमायत अली

सदाकत खुद-ब-खुद करती है शोहरत इस जमाने में,
कभी खुशबू भी कहती है, मुझे तुम सूंघ कर देखो।

सदाकत - सच्चाई, सत्यता

•••

शम्अ एक मोम के पैकर के सिवा कुछ भी नहीं,
आग जब तन पै लगाई है तो जान आई है।

-आनन्द नारायण 'मुल्ला'

पैकर - (i) देह, शरीर, (ii) आकृति, शक्ल

•••

हक उसी को है मुस्कराने का,
जिसके दिल में गम है जमाने का। -नरेश कुमार 'शाद'

•••

हजार चाँद–सितारों का खून होता है,
तब इक सुबह फिजाओं में मुस्कुराती है।

•••

हमने कांटों को भी नरमी से छुआ है लेकिन,
लोग बेदर्द हैं फूलों को मसल देते हैं।

•••

हम तो बिक जाते हैं उन अहले-करम के आगे
करके एहसान भी जो नीची नजर रखते हैं।

अहले-करम -मेहरबानी या कृपा करने वाला

•••

हम वो पेड़ है जो छांव बाटकर अपनी,
शदीद धूप में खुद साये को तरसते हैं।

शदीद - तेज, तीव्र, कड़ी, प्रचण्ड

•••

हमें भी याद रखें जब लिखें तारीख गुलशन की,
कि हमने भी लुटाया है चमन में आशियाँ अपना।

-आजीज इन्दौरवी

तारीख – इतिहास

•••

हवा - ए - दहर बिगाड़े लाख फूलों को,
न हो वह रंग, शराफत की कुछ बू तो होगी।

-'शाद' अजीमाबादी

हवा-ए–दहर – (i) काल, समय, वक्त, जमाना

हविसे-गुल में बढ़ाया न मैंने कभी हाथ,
न किसी खार से उलझा दामन मेरा।

-त्रिलोक चन्द महरूम

1. **हविस** - (i) उत्कंठा, लालसा (ii) लोभ, लालच **2. गुल** - फूल

●●●

हुस्ने-फरोगे-शमए-सुखन दूर है 'असद',
पहले दिले–गुदाख्ता पैदा करें कोई।

-मिर्जा गालिब

1. **हुस्ने-फरोगे-शमए-सुखन** - शाइरी या कविता की शम्अ की रोशनी का सौन्दर्य
2. **गुदाख्ता** - पिघलने वाला या द्रवणशील (यानी संवेदनशील)

●●●

हुस्ने-सीरत पर नजर कर हुस्ने-सूरत को न देख,
आदमी है नाम का गर खू नहीं इन्सान की।

-'आर्जू' लखनवी

सीरत - (i) स्वभाव, प्रकृति आदत (ii) अख्लाक, चरित्र।

●●●

है जज्बे –बाहमी से कायम निजाम सारा,
पोशीदा है यह नुक्ता तारों की जिन्दगी में।

-मोहम्मद इकबाल

1. **बाहमी** - पारस्परिक, आपस का **2. निजाम** - प्रबंध, व्यवस्था **3. पोशीदा** - छुपा हुआ
4. नुक्ता - रहस्य, मर्म

– – – – – –

खुदगर्ज़ी (Self-centredness)

अब इससे क्या गरज कि रहबर खुदगरज निकला,
पराई आस जो तकते है, अक्सर ख्वार होते हैं।

-जोश मल्सियानी

1. **रहबर** - रास्ता दिखाने वाला, पथप्रदर्शक 2. **खुदगरज** - केवल अपना स्वार्थ सिद्ध करने वाला, स्वार्थी, खुदमत्लब, स्वार्थपर 3. **ख्वार** - अपमानित, तिरस्कृत, जलील

•••

आज आलम में है सन्नाटा तो है मेरी तलाश,
कल इसी दुनिया को शिकायत थी मेरी फरियाद से।

1. **आलम** - संसार, दुनिया 2. **फरियाद**- सहायता के लिए पुकार, दुहाई, शिकायत, आर्तनाद, दुख की आवाज

•••

'इकबाल' कोई महरम अपना नहीं जहां में,
मालूम क्या किसी को दर्दे –निहाँ हमारा।

-मोहम्मद इकबाल

1. **महरम** - मित्र, दोस्त, राजदार 2. **दर्दे–निहाँ**- छुपा हुआ दर्द

•••

इन्सानियत की रौशनी गुम हो गई कहाँ,
साए हैं आदमी के मगर आदमी कहाँ।

•••

ऐ आसमान तेरे खुदा का नहीं खौफ,
डरते हैं ऐ जमीं तेरे आदमी से हम ।

-जोश मलीहाबावी

•••

कभी मौजे-दरिया ने मुड़कर न देखा,
सफीना लगा कौन थक कर किनारे।

-आनन्द नारायण 'मुल्ला'

सफीना - नाव, नौका

•••

कहने को यूँ जहाँ में हजारों हैं यार-दोस्त,
मुश्किल के वक्त एक है, परवरदिगार दोस्त। -असीर

•••

किसी के काम न जो आए वह आदमी क्या है,
अपनी ही फिक्र में गुजरे, वह जिन्दगी क्या है? 'असर' लखनवी

जिन्दगी अपने आइने में तुझे अपना चेहरा नजर नहीं आता,
जुल्म करना तो तेरी आदत है, जुल्म सहना मगर नहीं आता।

-नरेश कुमार 'शाद'

•••

जीती-जागती दुनिया में भी,
चलते – फिरते मुर्दे देखे।

-फिराक गोरखपुरी

•••

तुझे अपना समझ कर हाले-दिल कुछ कह दिया मैंने,
वर्ना किसी को दास्ताने-गम सुनाने कौन जाता है।

•••

दरिया को अपने मौज की तुगयानियों से काम,
कश्ती किसी की पार हो या दरमियाँ रहे।

-ख्वाजा हाली

तुगयानी- सैलाब, बाढ़

•••

दिखावे के है ये सब दुनिया के मेले,
भरी बज्म में हम रहे हैं अकेले।

•••

दिल से अर्जां नहीं दुनिया में कोई शै 'साहिर',
बेदिली मगर हमने, इससे भी सस्ती देखी।

-अमरनाथ साहिर

1. अर्जां - सस्ती, कम दामों का 2. शै – चीज 3. बेदिली - उदासीनता

•••

दुनिया में न कर किसी से बेइन्साफी,
दुनिया से मगर न रख उम्मीदे-इन्साफ।

-त्रिलोकचन्द महरूम

•••

देखा है जिन्दगी को कुछ इस करीब से,
हरे तमाम लगने लगे हैं अजीब से। साहिर लुधियानवी

•••

नहीं अपने किसी मकसद से खाली कोई भी सिज्दा,
खुदा के नाम से करता है इंसां बंदगी अपनी।

सिज्दा - ईश्वर के लिए सर झुकाना, नमाज में सर जमीन पर रखना

पलकों से गिर न जाये, यह मोती संभाल लो,
दुनिया के पास देखने वाली नजर नहीं।

•••

'फिराक' इक-इक से बढ़कर चारासाजे-दर्द हैं लेकिन,
ये दुनिया है, यहाँ हर दर्द का दरमां नहीं मिलता।

-फिराक गोरखपुरी

1. चारासाजे-दर्द - दर्द का इलाज़ करने वाला **2. दरमां** - उपचार, इलाज, चिकित्सा

•••

बेगानावार ऐसे वो गुजरे करीब से,
जैसे कि उनको मुझसे कोई वास्ता न था।

-अंदलीब मालीगाँवी

बेगानावार - बेगानों की तरह

•••

भरी दुनिया में कोई भी नजर आता नहीं अपना,
'अदीब' इक दौर ऐसा भी गुजर जाता है इंसा पर। -अदीब

•••

मैं अपना दर्दे-दिल कहता हूँ, वह मुंह फेर लेते है,
खुदाबंदा! यह कैसे दर्दे-दिल के कद्रदाँ निकले।

-'असर' लखनवी

खुदाबंदा - हे ईश्वर

•••

मैं तो कहने को हाले-दिल कह दूँ,
सुनने वाला मगर नजर नहीं आता।

•••

मिजाजे-गम से जिन्हें आगही नहीं होती,
खुशी के वक्त भी उनको खुशी नहीं होती।
फसुर्दा देख के तुमको ख्याल आता है,
फसुर्दगी में भी कम दिलकशी नहीं होती।
शरीक-ए-दर्द बनाने चले हो'शाद' किसे,
शरीक-ए-दर्द यह दुनिया कभी नहीं होती।

-नरेश कुमार शाद

1. आगही - परिचय, पहचान **2. फसुर्दा** - खिन्न, मलिन, उदास, मुरझाया हूआ **3. फसुर्दगी** - खिन्नता, उदासी, कुम्हलाहट मुरझा जाना **4. शरीक ए-दर्द** - अपने दर्द में शामिल करना, अपना दर्द दूसरों में बांटना

लफ्जों के सौदागर उठाकर अपनी-अपनी झोली चल पड़े,
सौदा हमारा हो गया, तुम चुप रहे, हम चुप रहे।

•••

वक्ते–पीरी दोस्तों की बेरूखी का क्या गिला,
बच के चलता है हर इक गिरती हुई दीवार से।

वक्ते-पीरी - बुढापा में

•••

वहीं हजारों बहिश्तें भी हैं खुदाबंदा,
सिसक-सिसक के कटी मेरी जिन्दगी जहां।

-बहार

1. **बहिश्त** - स्वर्ग 2. **खुदाबंदा** - हे ईश्वर, हे खुदा

•••

समझ तो ली है दुनिया की हकीकत लेकिन,
मगर अब अपना दिल बहला रहा हू।

•••

सीना-ए-नय पै जो गुजरती है,
वह लबे-नयनवाज क्या जाने।

1. **सीना-ए-नय** - बांसुरी की छाती या वक्षस्थल 2. **लबे–नयनवाज** - बांसुरी बजाने वाले के होंठ

•••

हजारों साल नर्गिस अपनी बेनूरी पै रोती है,
बड़ी मुश्किल से होता है चमन में दीदावर पैदा।

-मोहम्मद इकबाल

1. **नर्गिस** - एक फूल 2. **बेनूरी** –बेरौनकी 3. **दीदावर** - जौहरी, पारखी, किसी चीज का गुण-दोष अच्छी तरह समझने वाला

•••

हर कदम पै नित नये साँचे में ढल जाते हैं लोग,
देखते ही देखते कितने बदल जाते हैं लोग।

-शायर हिमायत अली

•••

हर मोड़ पै मिल जाते हैं हमदर्द हजारों,
शायद हमारी बस्ती में अदाकार बहुत हैं।

होता नहीं है कोई बुरे वक्त में शरीक,
पत्ते भी भागते हैं खिजां में शजर से दूर।

-असीर

1. **खिजां** - पतझड़ का **मौसम 2. शजर** - पेड़, वृक्ष

हर चारागर को चारागरी से गुरेज था,
वरना हमें जो दुख थे बहुत लादवा न थे।

-फैज अहमद फैज

1. **चारागर** - दर्द का इलाज़ करने वाला, चिकित्सक 2. **चारागरी** – इलाज़ 3. **गुरेज** - घृणा, नफरत (ii) बचाव 4. **लादवा** – लाइलाज

ख़ुदा (God)

अपना तो आशिकी का किस्सा-ए-मुख्तसर है,
हम जा मिले खुदा से दिलबर बदल-बदल कर।

1. **किस्सा-ए-मुख्तसर** - संक्षिप्त कहानी 2. **दिलबर** - दिल उदा ले जाने वाला, प्रेमपात्र, माशूक (यहाँ पर इसका अभिप्राय उस हर इंसान से है जिससे हम प्यार करते हैं)

•••

अब तो चलते हैं बुतकदे से ऐ 'मीर',
फिर मिलेंगे गर खुदा लाया।

-मीरतकी मीर

•••

आदम को मत खुदा कहो, आदम खुदा नही,
लेकिन खुदा के नूर से, आदम जुदा नहीं।

•••

आशिकी से मिलेगा खुदा,
बंदगी से खुदा नहीं मिलता। -दाग

•••

इक नहीं मांगी खुदा से आदमीयत की रविश,
और हर शै के लिए बंदे दुआ करते रहे।

1. **रविश**- शैली, तर्ज, आचार-व्यवहार

•••

इन्सान की बदबख्ती अन्दाज से बाहर है,
कमबख्त खुदा होकर भी बंदा नजर आता है।

1. **बदबख्ती** - वदनसीबी, बदकिस्मती 2. **कमबख्त** - अभागा, भाग्य का मारा, वदकिस्मत

•••

इलाही कैसे होते है जिन्हें है बंदगी की ख्वाहिश,
हमें तो शर्म दामनगीर होती है खुदा होते हुए।

-मीरतकी मीर

1. इलाही – हे खुदा, 2. दामनगीर – दामन पकड़ने वाला, दामन पकड़कर रोकने वाला

•••

कह दे ये कोई जाकर दुनिया के बागबाँ से,
गुल मुतमइन नहीं हैं, तरतीबे- गुलिस्ताँ से।

-एहसन दानिश

कहने को यूँ जहाँ में हजारों हैं यार- दोस्त
मुश्किल के वक्त एक है, परवरदिगार दोस्त।

-असीर

•••

कुछ लोगों से जब तक मुलाकात न हुई थी
मैं भी यह समझा था, खुदा सबसे बड़ा है।

•••

खिरदमंदों से क्या पुछूँ कि मेरी इब्तिदा क्या है
कि मैं इस फिक्र में रहता हूँ मेरी इन्तिहा क्या है,
खुदी को कर बुलन्द इतना कि हर तकदीर से पहले
खुदा बंदे से खुद पूछे बता तेरी रजा क्या है?

-मोहम्मद इकबाल

1. **खिरदमंद** - बुद्धिमान, अक्लमद 2. **इब्तिदा** - प्रारम्भ, आरम्भ, शुरूआत 3. **इन्तिहा** - अंत, आखिरी हद या छोर 4. **रजा** - इच्छा, तमन्ना, ख्वाहिश

•••

खुदा तौफीक देता है उन्हें जो यह समझते हैं,
कि खुद अपने ही हाथों से बना करती हैं तकदीरें।

-'अफसर' मेरठी

1. **तौफीक** - (i) दैव योग से ऐसे कारण पैदा हो जाना जिससे अभिलषित वस्तु की प्राप्ति में सुगमता हो, ईश्वर की कृपा, दैवानुग्रह (ii) सामर्थ्य, शक्ति (iii) योग्यता, पात्रता, अहलियत

•••

खुदा और नाखुदा मिलकर डुबो दें यह तो मुमकिन है,
मेरी वजहे - तबाही सिर्फ तूफां हो नहीं सकता।

-सीमाब अकबराबादी

नाखुदा - मल्लाह, नाविक, केवट, कर्णधार

•••

खुदा तो इक तरफ, खुद से भी कोसों दूर होता है,
बशर जिस वक्त ताकत के नशे में चूर होता है।

1. **बशर** - मानव, आदमी, मनुष्य

•••

खुदा या नाखुदा अब जिसको चाहो बख्श दो इज्जत,
हकीकत में तो कश्ती इत्तिफाकन बच गई अपनी।

-गोपाल मित्तल

1. **कश्ती** - नौका, नाव

खुदाबंदा मेरी गुमराहियों पर दरगुजर फरमां,
मै उस माहौल में रहता हूँ जिसका नाम दुनिया है।

-'अकबर' हैदरी

1. **खुदाबंदा** - हे ईश्वर, हे खुदा 2. **गुमराहियों** - गलतियों, गुनाहों, रास्ता भूलना 3. **दरगुजर** - दोष देखकर उसे अनदेखा कर देना, चश्मपोशी

•••

खुदी की इब्तिदा यह थी कि अपने आप में गुम थे,
खूदी की इन्तिहा ये है कि खुदा को याद करता हूँ।

1. **खुदी** - यह भाव कि बस हमीं हम है, अहंकार, गर्व, घमंड 2. **इब्तिदा** - शुरूआत, आरम्भ

•••

खुलूसे-दिल से हो सिज्दे तो उन सिज्दों का क्या कहना,
सरक आया वहीं काबा, जहां हमने जबीं रख दी।

1. **खुलूसे-दिल से** - सच्चे दिल से, निष्कपट दिल से 2. **काबा** - मक्के की एक इमारत जिसे मुसलमान ईश्वर का घर मानते हैं 3. **जबीं** - माथा, भाल

•••

छोड़ा नहीं खुदी को, दौड़े खुदा के पीछे,
आसां को छोड़ बंदे, मुश्किल को ढूंढते हैं।

खुदी - अहंकार, अभिमान, यह भाव कि हमीं हम है

•••

'जफर' आदमी उसको न जानिएगा, हो वो कैसा ही साहिबे-फहमो-जाका।
जिसे ऐश में यादे - खुदा न रहा, जिसे तैश में खौफे - खुदा न रहा।

-'जफर'

1. **साहिबे-फहमो-जका** - समझ-बूझ वाला, विवेकशील, समझदार 2. **ऐश** - भोग-विलास, खाने-पीने का आनन्द, विषयवासना 3. **तैश** - क्रोध, कोप, गुस्सा

•••

जहाँ सिज्दे को मन आया वहीं पर लिया सिज्दा,
न कोई संगे - दर अपना न कोई आस्तां अपना।

1. **सिज्दा** -ईश्वर के लिए सर झुकाना, नमाज में जमीन पर सर रखना 2. **संगे–दर** - चौखट 3. **आस्तां** - दहलीज़, ड्योढ़ी, चौखट.

•••

जाहिद शराब पीने दे मस्जिद में बैठकर,
या वो जगह बता दे जहां पर खुदा नहीं।

जाहिद - संयम, नियम और जप-तप करने वाला व्यक्ति

जिन्दगी अपनी जब इस शक्ल से गुजरी 'गालिब',
हम भी क्या याद करेंगे कि खुदा रखते थे।

-मिर्जा 'गालिब'

•••

तिफ्ल-ए-शीरख्वार को ज्यों-ज्यों शऊर हो चला,
जितना खुदा के पास था, उतना ही दूर हो चला।

1. **शीरख्वार** -दूध मुंहा बच्चा 2. **शऊर** - (i) विवेक, समझ, अच्छे-बुरे की पहचान (ii) सभ्यता, तमीज (iii) शिष्टता, सलीका

•••

तेरा करम तो आम है दुनिया के वास्ते,
मैं कितना ले सका, यह मुकद्दर की बात है।

1. **करम** - कृपा, मेहरबानी

•••

दावर के सामने बुते–काफिर को क्या कहें,
दोनों की शक्ल एक है, किसको खुदा कहूँ
मारो भी तुम, जिलाओ भी तुम तुमको क्या कहूँ,
तुमको खुदा कहूँ या खुदा को खुदा कहूँ।

-रियाज खैराबादी

1. दावर - ईश्वर 2. **बुते-काफिर** - बेहद हसीन औरत (के लिए प्रयुक्त)

•••

बंदे न होंगे जितने खुदा हैं खुदाई में,
किस-किस खुदा के सामने सिज्दा करे कोई।

•••

यही हुस्नो - इश्क का राज है कोई राज इसके सिवा नहीं
जो खुदा नहीं तो खुदी नही, जो खुदी नहीं तो खुदा नहीं।

-जिगर मुरादाबादी

खुदी - (i) अस्तित्व, स्वयं के होने का भाव, यह भाव कि बस हमीं हम हैं यह भाव कि बस हमीं हम हैं, (ii) गर्व, अहंकार, अभिमान, घमंड

•••

रकीबों ने रपट लिखवाई है यह जा के थाने में,
कि 'अकबर' नाम लेता है खुदा का इस जमाने में।

-अकबर इलाहाबादी

रकीब - प्रतिद्वंद्वी, एक स्त्री से प्रेम करने वाले दो व्यक्ति परस्पर रकीब होते हैं।

रिन्दाने-जहां से ये नफरत, ऐ हजरते-वाइज क्या कहना,
अल्लाह के आगे बस न चला, बंदों से बगावत कर बैठे।

-फैज अहमद 'फैज'

1. **रिन्दाने-जहां** - मैकशी की दुनिया यानी शराब पीने वाले 2. **हजरते-वाइज** - धर्मोपदेशक महोदय

•••

सिज्दे करते भी हैं इंसां खुद दरे-इंसां पै रोज,
और फिर कहते भी है, बंदा खुदा होता नहीं।

-अर्श मल्सियानी

•••

हम खुदा थे गर न होता दिल में कोई मुद्दआ,
आरजूओं ने हमारी हमको बंदा कर दिया।

मुद्दआ - (i) स्वार्थ, गरज (ii) मतलब, आशय (iii) उद्देश्य, मंशा

•••

हर जर्रा चमकता है, अनवारे –इलाही से,
हर सांस यह कहती है, हम हैं तो खुदा भी है।

-अकबर इलाहाबादी

1. **अनवार** - प्रकाशपुंज, जगमगाहट, रोशनियां ('नूर' का बहुबचन) 2. **इलाही** - ईश्वर, खुदा, मेरा ईश्वर, मेरा खुदा

– – – – – –

खुद्दारी (Self-respect)

अलग हम सबसे रहते हैं मिसाले - तारे- तंबूरा,
जरा छेड़े से मिलते हैं मिला ले जिसका जी चाहे।

मिसाल –(i) सम्मान, बराबर (ii) उदाहरण, नजीर आदर्श, नमूना

•••

एक तुम हो कि वफा तुमसे न होगी, न हुई,
एक हम कि तकाजा न किया है, न करेंगे।

-हसरत मोहानी

1. **वफा** - मित्र के साथ तन, मन और धन से निबाहना, वफादारी, निबाह, निर्वाह
2. **तकाजा** - माँग, किसी काम के लिए किसी से बराबर कहना

•••

खाली है मेरा सागर तो सही, साकी को इशारा कौन करे,
खुद्दारिये - साइल भी कुछ है, हर बार तकाजा कौन करे।

-आनन्द नारायण मुल्ला

1. **सागर** - शराब का पिलाया, पानपात्र 2. **साइल** - (i) मांगने वाला, भिक्षुक (ii) प्रार्थी. दरख्वास्त करने वाला 3. **तकाजा** - माँग, दिए हुए रूपए या वस्तु की मांग, किसी काम के लिए किसी से बराबर कहना

•••

छोड़ दीजे मुझको मेरे हाल पर,
जो गुजरती है गुजर ही जायेगी।

-असर लखनवी

•••

जो नजर की इल्तिजा समझा नहीं,
हाथ उसके सामने फैलायें क्या?

-'शातिर' हाकिमी

इल्तिजा - प्रार्थना, दरख्वास्त

•••

तुझे यह नाज कि जन्नत की भीक मांगूगा,
मुझे यह जिद् कि तकाजा मेरा उसूल नहीं।

-मंजूर अहमद मंजूर

तकाज़ा - मांग, दिये हुए रूपये या वस्तु की मांग (ii) आवश्यकता, जरूरत (iii) किसी काम के लिए किसी से बराबर कहना

दर्द मन्नतकश-ए-दवा न हुआ, मैं न अच्छा हुआ बुरा न हुआ।
जम्अ करते हो क्यों रकीबों को, इक तमाशा हुआ, गिला न हुआ।

-मिर्जा 'गालिब'

1. मन्नतकश-ए-दवा - दवा के लिए प्रार्थना या मिन्नत करना **2. रकीब-** किसी स्त्री से प्रेम करने वाले दो व्यक्ति परस्पर रकीब होते हैं, प्रतिद्वंद्वी

•••

दिल रहे या न रहे, जख्म भरें या न भरें,
चारासाजों की खुशामद मुझे पसंद नहीं।

-नातिक लखनवी

1. चारासाजों - चिकित्कों यानी दर्द का इलाज़ करने वालों की वह चाहे दोस्त हों या प्रेमिका हो.

•••

न पूछो क्या गुजरती है, दिले- खुद्दार पर अक्सर,
किसी बेमेहर को जब मेहरबां कहना ही पड़ता है।

-जगन्नाथ आजाद

1. दिले-खुद्दार - स्वाभिमानी दिल **2. बेमेहर** - (i) निष्ठुर, जिसमें ममता न हो (ii) निर्दयी, बेरहम

•••

परीशां हाल हैं लेकिन हमें है पासे - खुद्दारी,
हमारा सर किसी के आस्तां पर खम नहीं होता।

-शंकर जोधपुरी

1. पास - (i)शील, संकोच, लिहाज **2. आस्तां** -चौखट, दहलीज **3. खम** - झुकना

•••

पेशे - अरबाबे - करम वह हाथ क्या फैलाता,
जिसको तिनके का भी एहसान गवारा न हुआ।

-साकिब लखनवी

1. पेशे-अरबाबे-करम - मेहरबानी या दया दिखाने वालों के सामने

•••

मुझको यह पासे-जब्त कि मुंह खोलना गुनाह,
उनकी यह आरजू कि इल्तिजा करे कोइ।

-हबीब अहमद सिद्दकी

1. पास -(i) शील, संकोच, लिहाज (ii)रक्षा, हिफाज़त

2. जब्त -सहनशीलता, बर्दाश्त

मेरे अरमानों को काश इतनी समझ हो 'वहशत',
कि वह उन आंखों से मुरव्वत का तकाजा न करें।

-'वहशत' कलकतवी

1. **मुरव्वत** - लिहाज, शील, संकोच, रिआयत 2. **तकाजा** - माँग

●●●

यह गवारा न किया दिल ने कि मांगू तो मिले,
वरना साकी को पिलाने से इन्कार न था।

-'साकिब' लखनवी

●●●

लेदे के अपने पास फकत इक नजर तो है, क्यों देखें जिन्दगी को, किसी की नजर से हम।
माना कि इस हमीं को न गुलजार कर सके, कुछ खार कम तो कर गए गुजरे जिधर से हम।

1. **गुलजार** - (i) उद्यान, बाग (ii) वह स्थान जहाँ चहल-पहल और रौनक हो

●●●

सफीना जब तेरे होते हुए भी डूब सकता है,
उठायें फिर तेरे एहसान क्यों ऐ नाखुदा कोई।

-फारिंग सीमाबी

1. **सफीना** - नाव, नौका 2. **नाखुदा** - मल्लाह, नाविक

●●●

हैं अगर बेदर्दियाँ अपनों की दिल को नागवार,
नागवार उससे सिवा गैरों की हैं गमख्वारियाँ।

-ख्वाजा हाली

1. **बेदर्दी** - निर्दयता, बेरहमी 2. **नागवार** - जो पसन्द न हो, जो अच्छी न लगे 3. **सिवा** - अधिक, जियादा 4. **गमख्वारी** - सहानुभूति, हमदर्दी, गमगुसारी

ख़ुशी और ग़म (Joys and Sorrows)

अभी आस टूटी नहीं है खुशी की, अभी गम उठाने को जी चाहता है।
तबस्सुम हो जिसमें निहाँ जिन्दगी का, वह आंसू बहाने को जी चाहता है।

-अंदलीब मालीगाँवी

1. **तबस्सुम** - मुस्कान, मुस्कुराहट 2. **निहाँ** - छुपा हुआ

•••

असीराने - कफस को वास्ता क्या इन झमेलों से,
चमन में कब खिजां आई, चमन में कब बहार आई।

-नूह नारवी

1. **असीराने–कफस** - पिंजड़े में बंद 2. **खिजां** - पतझड़ की ऋतु

•••

आदमी को सिर्फ वहम है, पास उसके ही इतना गम है,
पूछो हंसते हुए चेहरों से, आंख भीतर से कितनी नम है

•••

इक नई बुनियाद डालेंगे तजस्सुम की 'शफा',
हर गुबारे - कारवाँ में कारवाँ ढूंढेंगे हम।

-शफा ग्वालियरी

1. **तजस्सुम** - खोज, तलाश 2. **गुबार** - धूल, रज, गर्द

•••

इशरतकदे को खाना – ए - वीरां बनायेंगे,
छोटे से अपने घर को बियाबाँ बनायेंगे।

-मिर्जा गालिब

1. **इशरतकदा** - आनन्द महल, रंगशाला, रंगमहल 2. **खाना-ए-वीरां** - वीरान घर 3. **बियाबाँ** - जंगल, कानन

इशरते-कतरा है दरिया में फना हो जाना,
दर्द का हद से बढ़ना है दवा हो जाना।

1. **इशरते-कतरा** - बूँद की खुशी 2. **फना** - नष्ट

•••

इसी दुनिया में दोजख है, इसी दुनिया में जन्नत है,
इसी दुनिया में होते हैं, सभी के फैसले यारों।

दोजख - जहन्नुम, नरक

उजाले जश्ने-बहाराँ के खूब हैं लेकिन,
अंधेरे बीते हुए शब के याद आते हैं।

-कृष्ण बिहारी 'नूर'

1. जश्ने-बहाराँ - बहारों (यानी खुशियों) के जश्न **2. शब** - रात, रजनी, यामिनी, रात्रि

•••

उम्मीदी - नाउम्मेदी का वहम होना वही जाने,
कि जिसने कश्तियों को डूबते देखा हो साहिल पर।

साहिल - किनारा, तट

•••

उस अश्क की तासीर से अल्लाह बचाये,
जो अश्क आंखों में रहे और न बरसे।

•••

एक लम्हा भी मसर्रत का बहुत होता है,
लोग जीने का सलीका ही कहाँ रखते हैं।

मसर्रत - आनन्द, खुशी

•••

एक हंगामे पै मौकूफ है घर की रौनक,
नौहा-ए-गम ही सही, नग्मा-ए-शादी न सही।

-मिर्जा गालिब

1. मौकूफ - आधारित, निर्भर **2. नौहा-ए-गम** - गमी का शोक, गमी में रोना-पीटना **3. शादी** - (i) हर्ष, आनन्द (ii) विवाह, व्याह

•••

एक हँसती हुई परेशानी,
वाह क्या जिन्दगी हमारी है।

•••

ऐ शम्अ तेरी उम्र तवाई है एक रात,
रोकर गुजारा दे इसे, या हँसकर गुजार दे।

-अब्राहम जौक

1. तवाई - तवील, लंबी

•••

ऐ दिल जो हो सके तो लुत्फे - गम उठा ले,
तन्हाइयों में रो ले, महफिल में मुस्कुरा ले।
जिस दिन यह हाथ फैले अहले-करम के आगे,
ऐ काश उसके पहले हमको खुदा उठा ले।

'-शमीम' जयपुरी

1. अहले-करम - मेहरबानी करने वाले

कट गई यह बह्‌रे-गमे मौजों से हँसते- खेलते,
बहते-बहते देख आखिर आ लगे साहिल से हम।

-फिराक गोरखपुरी

1. **बह्‌रे-गम** - गमों का सागर 2. **मौज** - लहर, तरंग 3. **साहिल** - तट, किनारा

•••

कफस में खींच ले जाये मुकद्दर या नशेमन में,
हमें परवाजे-मतलब है, हवा कोई भी चलती हो।

-सीमाब अकबराबादी

1. **नशेमन** – आशियाना, घोंसला, नीड़ 2. **परवाज** – उड़ान

•••

कहाँ दूर हट के जायें हम दिल की सरजमीं से,
दोनों जहाँ की सैरें हासिल है सब यहीं से।

-जिगर मुरादाबादी

सरजमीं - (i) पृथ्वी, जमीन (ii) देश, मुल्क

•••

कांटों से घिरा रहता है चारों तरफ से फूल,
फिर भी खिला ही रहता है, क्या खुशमजाज है।

•••

कारगाहे-हयात में ऐ दोस्त यह हकीकत मुझे नजर आई,
हर उजाले में तीरगी देखी, हर अंधेरे में रौशनी पाई।

-जिगर मुरादाबादी

1. **कारगाह** - कार्यालय, काम करने का स्थान 2. **हयात** – जिन्दगी 3. **तीरगी** - अंधेरा, अंधकार

•••

कितनी बेकैफ कट रही है हयात,
एक मुद्दत से दिल उदास नहीं। -कृष्ण मोहन'मोहन'

1. **बेकैफ** - आनन्दरहित, बिना मस्ती के, जिसमें मस्ती न हो 2. **हयात** - जिन्दगी

•••

कुछ लोग जमाने में ऐसे भी होते है,
महफिल में जो हंसते हैं तन्हाई में रोते हैं। -सागर

•••

कुछ हसीं ख्वाब और कुछ आँसू,
उम्र भर की मेरी यही कमाई है।

-मजहर इमाम

ख्वाब - (i) सपना (ii) नींद

कौन हंस-हंस के जिया है और कौन गाता है मर्सिया,
यह तो वो बतायेंगे, जिन्होने मुस्कुराकर विष पिया है।

मर्सिया - शोकगीत

•••

क्या जरूरत क्यों जफाएँ बागबाँ तेरी सहें,
जां तुझे गुलशन मुबारक, हमको वीराने बहुत।

-'राही' शिहाबी

1. जफा - जुल्म, अत्याचार, जोरजबरदस्ती **2. बागबाँ** - माली, उद्यानपाल

•••

खलिश ने दिल को मेरे कुछ मजा दिया ऐसा,
कि जमा करता हूँ मैं खार आशियां के लिये।

-त्रिलोकचन्द महरूम

1. खलिश - (i) चुभन, दर्द की टीस (ii) चिन्ता, फिक्र, उलझन **2. खार** - कांटा

•••

खिजाँ आयेगी तो आयेगी ढलकर बहारों में,
कुछ इस अन्दाज से नज्मे-गुलिस्ताँ कर रहा हूँ।

-शफक टौंकी

नज्म - प्रबन्ध, व्यवस्था

•••

खुदा गवाह है जिसको नसीब हो जाए,
हर एक दिल को गमे- जाविदां नहीं मिलता।

-'असर' सहबाई

गमे-जाविदां - शाश्वत गम, न खत्म होने वाला गम

•••

खुशी के साथ रंजो-गम के भी एहसास बाकी है,
गुलों के शाख पर पत्ते नहीं, कांटे भी होते हैं।

-'साजन' पेशावरी

•••

खुशी न गम के लिये है, न गम खुशी के लिये है,
यह फरेबे–गुसलसल है जिन्दगी के लिये।

फरेबे-गुसलसल - न खत्म होने वाला धोखा या छल या बहाना

•••

खुशी में अपनी खुशबख्ती कहाँ मालूम होती है,
कफस में जाके कद्रे-आशियाँ मालूम होती है।

-आनन्दारायण मुल्ला

1. खुशबख्ती - खुशकिस्मती, खुशनसीबी **2. कफस** - पिंजड़ा

खुशी, खुशी में, न गम में कोई मलाल मुझे,
बना दिया है मुहब्बत ने बेमिसाल मुझे।

-'अलम' मुजफ्फरनगरी

मलाल - कष्ट, तकलीफ

•••

खूगरे - दर्द अगर हो इन्साँ तो,
रंज में भी मजा मिलता है राहत का।

-'असर' लखनवी

खूगरे–दर्द - दर्द सहने का आदी

•••

गम अगर दिल को रास आ जाए,
तो फिर शादमानी ही शादमानी है।

-आनन्द नारायण 'मुल्ला'

शादमानी - प्रसन्नता, हर्ष, खुशी

•••

गम और खुशी में फर्क न महसूस हो जहाँ, मैं दिल को उस मुकाम पै लाता चला गया।
बर्बादियों का सोग मनाना फिजूल था, बर्बादियों का जश्न मनाता चला गया।

-'साहिर' लधियानवी

•••

गम नहीं तो लज्जते-शादी नहीं,
बेअसीरी लुत्फे -आजादी नहीं।

-असर लखनवी

1. **लज्जत** - (i) स्वाद, मजा (ii) आनन्द, लुत्फ 2. **शादी** - हर्ष, आनन्द 3. **बेअसीरी** - बिना कैद

•••

गमे-दौराँ से बस इतना तअल्लुक है 'अदम' मेरा,
गमे-दौराँ की जानिब मुस्करा के देख लेता हूँ।

-मिर्जा गालिब

1. **तअल्लुक** - सम्बन्ध 2. **जानिब** - ओर

•••

गमे-हस्ती का 'असद' किससे जुज-मर्ग इलाज,
कि शम्अ हर रंग में जलती है सहर होने तक।

-मिर्जा गालिब

1. **जुज-मर्ग** - मौत के अलावा 2. **सहर** - सुबह, सबेरा

गुल भी अजीज हैं हमें, कांटे भी हैं अजीज,
वाकिफ नहीं तमीजे - बहारो-खिजां से हम।

- 'असीर' बीकानेरी

तमीज - (i) विवेक, दो वस्तुओं में अंतर समझने की बुद्धि, पहचान, परख (ii) शिष्टता, सभ्यता, तहजीब

•••

गुलशन की आरजू में, गुलों की तलाश में,
कांटो से भी हुई है, मुझे रगबत कभी-कभी।

-असर अजमेरी

1. **रगबत** - (i) लगाव, दिलचस्पी (ii) इच्छा, अभिलाषा, चाह

•••

गुलों के साये में अक्सर 'रियाज' तड़पा हूँ,
करार कांटों पै कुछ ऐसा पा लियां मैंने।

-रियाज श्यामनगरी

•••

जाने-अफसाना यही कुछ हो अफसाने का नाम, जिन्दगी है दिल की घड़कन तेज हो जाने का नाम।
कतरा–कतरा जिन्दगी के जहर का पीना है गम, और खुशी हे दो घड़ी पीकर बहक जाने का नाम।

-आनन्द नारायण 'मुल्ला'

जाने-अफसाना - कहानी की जान

•••

जिन्दगी के राहों में गम भी साथ चलते है,
कोई गम में हंसता है, कोई गम में रोता है।

-'खातिर' गजनवी

•••

जिन्दगी क्या जो बसर हो चैन से,
दिल में थोड़ी. सी तमन्ना चाहिए।

-'जलील' मानिकपुरी

•••

जिसमें धड़का लगा रहे गम का,
क्या करूँ लेके ऐसे राहत को।

-'अख्तर' अंसारी

•••

जो दर्द से वाकिफ हैं वह खूब समझते हैं,
राहत में तुझे खोया, तकलीफ में पाया है।

-'अख्तर' अंसारी

दिल गया रौनके-ह्यात गई,
ग़मे गया सारी कायनात गई।

-'जिगर' मुरादाबादी

1. रौनक - (i) शोभा, छटा, सुहानापन (ii) चमक-दमक, तड़क-भड़क (iii) प्रसन्नता और हर्ष की लहर **2. कायनात** - (i) ब्रह्मांड (ii) दुनिया, संसार

●●●

दुनिया से यास जाने को दिल चाहता नहीं,
वल्लाह क्या कशिश है इस उजड़े दियार में।

-यगाना चंगेजी

1. वल्लाह - खुदा की कसम, ईश्वर की शपथ **2. कशिश** - आकर्षण, दिलकशी, खिंचाव **3. दियार** - स्थान, मुकाम

●●●

न खिजाँ में है कोई तीरगी, न बहार में कोई रौशनी,
ये नजर-नजर के चराग हैं, कहीं जल गये, कहीं बुझ गये।

-'शायर' लखनवी

1. खिजाँ - पतझड़ की ऋत **2. तीरगी** - अंधेरा, अंधकार

●●●

पहलू-ए-गुल में खार भी है कुछ छुपे हुए,
हुस्ने - बहार देख तो दामन बचाके देख।

-दिल शहजहाँपुरी

पहलू - पार्श्व, बगल

●●●

फूल वही, चमन वही, फर्क नजर - नजर का है,
अहदे-बहार में क्या था, दौरे-खिजाँ में क्या नहीं।

-'जिगर' मुरादाबादी

1. अहदे-बहार - बहार का मौसम **2. दौरे-खिजाँ** - पतझड़ ऋतु

●●●

महवे – तलाशे - राहत तू यह भी जानता है,
कहते हैं जिसको राहत वह गम की इन्तिहा है।

-'अफसर' मेरठी

महवे-तलाशे-राहत - सुख-चैन की तलाश में लीन

मिजाजे-गम से जिन्हें आगही नहीं होती, खुशी के वक्त भी उनको खुशी नहीं होती।
फसुर्दा देख के तुमको ख्याल आता है, फसुर्दगी में भी कम दिलकशी नहीं होती।
शरीक-ए-दर्द बनाने चले हो 'शाद' किसे, शरीक-ए-दर्द यह दुनिया कभी नहीं होती।

-नरेश कुमार शाद

1. **आगही** - परिचय, पहचान 2. **फसुर्दा** - खिन्न, मलिन, उदास, मुरझाया हुआ 3. **फसुर्दगी** - खिन्नता, उदासी, कुम्हलाहट, मुरझा जाना 4. **शरीक-ए-दर्द** - दर्द अपने दर्द में शामिल करना, अपना दर्द दूसरों में बांटना

•••

मेरे दर्द में निहाँ है वह निशाते-जाविदानी,
कि निचोड़ दूँ जो आहें, टपक पड़े तबस्सुम।

-'नाजिश' प्रतापगढ़ी

1. **निहाँ** - छिपा हुआ, निहित 2. **निशाते-जाविदानी** - शाश्वत आनन्द, हमेशा रहने वाली खुशी 3. **तबस्सुम** - मुस्कान, मुस्कुराहट

•••

मेरे लबों का तबस्सुम तो सबने देख लिया,
जो दिल पै बीत रही है, वह कोई क्या जाने।

-'इकबाल' सफीपुरी

1. **लब** - होंठ 2. **तबस्सुम** - मुस्कान

•••

मैं जिन्दगी का साथ निभाता चला गया, हर फिक्र को धुएं में उड़ाता चला गया।
जो मिल गया उसी को मुकद्दर समझ लिया, जो खो गया मैं उसको भुलाता चला गया।
गम और खुशी में फर्क न महसूस हो जहाँ, मैं दिल को उस मुकाम पै लाता चला गया।
बर्बादियों का सोग मनाना फिजूल था, बर्बादियों का जश्न मनाता चला गया।

-'साहिर' लुधियानवी

•••

मैं हंसता हूँ मगर ऐ दोस्त अक्सर हसने वाले भी,
छुपाए होते हैं दाग और नासूर अपने सीने में।

-'अख्तर' अंसारी

नासूर - घाव जो हमेशा रिस्ता रहता है और कभी अच्छा नहीं होता।

•••

यह तो नहीं कि गम नहीं,
लेकिन मेरी आंख नम नहीं।

-'फिराक' गोरखपुरी

यारब यह भेद क्या है कि राहत फिक्र ने,
इन्साँ को और गम में गिरिफ्तार किया है। -'जोश' मल्सियानी

•••

रंज से खूगर हुआ इन्साँ तो मिट जाता है रंज,
मुश्किलें मुझ पर पड़ी इतनी कि आसाँ हो गइं।

-मिर्जा गालिब

1. **खूगर** - आदी, अभ्यस्त, जिसे किसी बात की आदत हो 2. **रंज** - कष्ट, तकलीफ, पीड़ा, दर्द

•••

रहे असीर तो शिकवा हुए असीरी के,
रिहा हुआ तो मुझे गम है रिहाई का।

-जलील मानिकपुरी

1. **असीर** - बंदी, कैदी 2. **असीरी** - कैद, कारावास

•••

लब पर तबस्सुम आँखों में आँसू,
हम लिख रहे है अफसाना-ए-हस्ती।

-तस्कीन मुहम्मद 'यासीन'

1. **लब** - ओष्ठ, होंठ 2. **तबस्सुम** - मुस्कान, मुस्कुराहट 3. **अफसाना-ए-हस्ती** - जीवन की दास्तान

•••

सब जिसको असीरी कहते हैं वह है तो असीरी ही लेकिन,
वह कौन-सी आजादी है यहाँ, जो आप खुद अपना दाम नहीं।

-जिगर मुरादाबादी

1. **असीरी** - कैद, कारावास 2. **दाम** - जाल, फंदा, पाश

•••

सुबहे - इशरत, शामे - गम के बाद आती है नजर,
राज यह समझा है मैंने जाके जिन्दानों के पास।

-'अलम' मुजफ्फरनगरी

1. **सुबहे-इशरत** - आनन्द या खुशी की सुबह 2. **जिन्दान** - जेल, कारागार, कैदखानों

•••

हमनशीं! मुझको नहीं राहत से कोई दुश्मनी मगर,
दिल को क्या कहिए कि जालिम खूगरे-आलाम है।

-नादिर-उल-कादिरी

1. **हमनशीं** - साथ बैठने वाला, मित्र 2. **खूगर** - आदी, अभ्यस्त 3. **आलाम** - मुसीबतें, कष्ट, तकलीफें

हमने अपने आशियाँ के वास्ते,
जो चुभें दिल में वही कांटे चुने।

-'रियाज' खैराबादी

•••

हर इक जर्रे में जिसके सैकड़ों गुलशन हैं पोशीदा,
जुनूं की राह में इक ऐसा भी वीराना आता है।

-'अलम' मुजफ्फरनगरी

1. **ज़र्रा** - कण, रज 2. **पोशीदा** – छिपा हुआ 3. **जुनूं** - (शौक़ या ख्वाहिशों को पूरा करने का) उन्माद या पागलपन 4. **वीराना** - वीरान या निर्जन स्थान, वन, जंगल

•••

हर खिजाँ के गुबार में हमने कारवाने - बहार देखा है,
कितने पशमीनापोश जिस्मों में रूह को तारतार देखा है।

-अफसर मेरठी

1. **खिजाँ** - पतझड़ ऋतु 2. **गुबार** - धूल, रज, धुलि 3. **कारवाने–बहार** - बहार का काफिला 4. **पशमीनापोश** - बेहतरीन ऊनी कपड़ों में छिपे या लिपटे 5. **तारतार** - टुकड़े-टुकड़े, रेजा-रेजा

•••

हुए जो खूगरे - गम ऐश का उन पर असर क्या हो?
खुशी को वो खुशी समझें जो गम को गम समझते हैं।

-जोश मल्सियानी

खूगरे-गम - गम सहने के आदी

•••

हो दौरे-गम कि अहदे-खुशी, दोनों एक हैं,
दोनों गुजश्तनी हैं, खिजां क्या, बहार क्या?

-त्रिलोक चन्द 'महरूम'

1. **दौरे-गम** - गमों का दौर 2. **अहदे-खुशी** - खुशी का वक्त 3. **गुजश्तनी** - बीत जाने वाला, गुजरने योग्य 4. **खिजां** - पतझड़ की ऋतु

– – – – –

गमख्वारी (Sympathy)

इलाही उनके हिस्से का भी गम मुझको अता कर दे,
कि उन मासूम आंखों में नमी देखी नहीं जाती।

1. **इलाही** - खुदा 2. **अता** - प्रदान

•••

ईमां गलत, उसूल गलत, इद्देआ गलत,
इन्सां की दिलदेही अगर इन्सां न कर सके।

1. **ईमां** - धर्म, मजहब 2. **इद्देआ** - इच्छा, चाह 3. **दिलदेही** - दिलासा, सांत्वना, ढाढस

•••

कसरते-गम में लुत्फे-गमख्वारी, सागरे-जाम का काम देती है,
वक्त पर एक लफ्जे-हमदर्दी, इब्ने-मरियम का काम देता है।

-अब्दुल हमीद अदम

1. **कसरते-गम** - गम की अधिकता 2. **लुत्फ** - दया, रहम, अनुकंपा, मेहरबानी 3. **गमख्वारी** – हमदर्दी 4. **सागर** - शराब का पियाला 5. **इब्ने–मरियम** - मरियम के पुत्र हज़रत ईसा मसीह, जो दीन-दुखियों के पिता कहलाते हैं।

•••

किसी का रंज देखूँ यह नहीं होता मेरे दिल से,
नजर सैयाद कि झपके तो कुछ कह दूँ अनादिल से।

1. **सैयाद** - बहेलिया, चिड़ीमार, आखेटक, शिकारी 2. **अनादिल** - अंदलीब का बहुवचन, बुलबुले

•••

खिज़्रे-मंजिल से कम नहीं ऐ दोस्त,
एक हमदर्द अजनबी का खुलूस।

-रविश सिद्दकी

1. **खिज़्रे-मंजिल** - मंजिल का रास्ता दिखाने वाला 2. **हमदर्द** - गमख्वार,गमगुसार, दुखदर्द बांटने वाला 3. **खुलूस** - सच्चा प्यार

•••

गमे-दुनिया में, गमे-यार भी शामिल कर लो,
नशा बढ़ता है, शराबें जो शराबों में मिलें।

•••

घर से तो बहुत दूर है मंदिर का रास्ता,
आओ किसी रोते हुए चेहरे को हंसाएं।

जो तू गमख्वार हो जाये तो गम क्या,
जमाना क्या, जमाने के सितम क्या।

-त्रिलोकचन्द महरूम

गमख्वार - हमदर्द, सहानुभूति करने वाला दुख-दर्द बांटने वाला

•••

तुम अपना रंजोगम अपनी परीशानी मुझे दे दो,
मुझे अपनी कसम, यह दुख, यह हैरानी मुझे दे दो।
मैं देखूं तो सही, यह दुनिया तुझे कैसे सताती है,
कोई दिन के लिये तुम अपनी निगहबानी मुझे दे दो।
ये माना मैं किसी काबिल नहीं इन निगाहों में,
बुरा क्या है अगर इस दिल की वीरानी मुझे दे दो।

-साहिर लुधियानवी

निगहबानी - देखरेख

•••

दुनिया ने तेरी याद से बेगाना कर दिया,
तुमसे भी दिलफरेब हैं गम रोजगार के।

-फैज अहमद फैज

1. बेगाना - (i) पराया (ii) अनजान **2. रोजगार** - (i) समय, वक्त (ii) युग, अहद

•••

मरीजे-गम को तसल्लियों से कहीं सिवा दे रहा है तसकीं,
वह चमकता हुआ सा आंसू जो दीदा-ए-चारासाज में है।

-आनन्द नारायण मुल्ला

1. मरीजे-गम - विरह संतप्त व्यक्ति **2. सिवा** - अधिक **3. तसकीं** - (i) सान्त्वना, ढाढस, दिलासा (ii) संतोष, इत्मीनान (iii) पीड़ा और दर्द में कमी,आराम **4. दीदा-ए-चारासाज** - चिकित्सक (यानी माशूक या दोस्त) की आँख

•••

मैं देखूँ तो सही यह दुनिया तुझे कैसे सताती है,
कोई दिन के लिए तुम अपनी निगहबानी मुझे दे दो।

-साहिर लुधियानवी

निगहबानी - देखरेख, संरक्षण

•••

मैं वो साफ ही न कह दूँ जो है फर्क तुझमें मुझमें,
तेरा दर्द, दर्दे-तन्हा, मेरा गम, गमे-जमाना।

-जिगर मुरादाबादी

मेर सरकश तरानों की हकीकत है तो इतनी है,
कि मैं जब देखता हूँ भूख के मारे किसानो को ।
गरीबों, मुफलिसों को, बेकसों को, बेसहारों को,
सिसकती नाजनीनों को, तड़पते नौजवानों को।
हुकूमत के तशद्दुद को, इमारत के तदब्बुर को,
किसी के चीथड़ों को और शहनशाही खजानों को
तो दिल ताबे-निशाते-बज्मे-इशरत ला नहीं सकता।

-साहिर लुधियानवी

1. **सरकश** - विद्रोही, बागी 2. **मुफलिसों** - गरीबों 3. **नाजनीनों** - सुन्दरियों 4. **तशद्दुद** - सख्ती, जुल्म, अत्याचार 5. **इमारत** - धनाढ्यता या मालदारी(यानी धनी लोग) 6. **तदब्बुर** - सोच 7. **ताबे-निशाते-बज्मे-इशरत** - महफिलों में प्राप्त होने वाले सुख और ऐश को सहने की शक्ति

•••

मुझे दिल दिया तो तड़प भी दे, जो हो दूसरों का शरीके-गम।
मुझे ऐसे दिल की तलब नहीं, जो किसी के काम न आ सके।

•••

यह माना किसी काबिल नहीं हूँ इन निगाहों में,
बुरा क्या है अगर इस दिल की वीरानी मुझे दे दो।

-साहिर लुधियानवी

•••

सदफ की क्या हकीकत है, अगर उसमें न हो गौहर,
न क्यों कर आबरू हो आंख की मौकूफ आंसू पर।

-अमीर मीनाई

1. **सदफ** - सीप 2. **गौहर** - मोती, मुक्ता, मुक्तक 3. **आबरू** - (i) प्रतिष्ठा, इज्जत (ii) सतीत्व, इस्मत (iii) कीर्ति, यश, नेकनामी 4. **मौकूफ** - आधारित, निर्भर

•••

हम वो पेड़ है जो छांव बाटकर अपनी,
शदीद धूप में खुद साये को तरसते हैं।

शदीद - तेज, तीव्र, कड़ी, प्रचण्ड

– – – – – –

गुरूर (Pride/conceit)

खुदा तो इक तरफ, खुद से भी कोसों दूर होता है,
बशर जिस वक्त ताकत के नशे में चूर होता है।

बशर - मानव, आदमी, मनुष्य

•••

खुदी की इब्तिदा यह थी कि अपने आप में गुम थे,
खूदी की इन्तिहा ये है खुदा को याद करता हूँ।

1. **खुदी** - यह भाव कि बस हमीं हम है, अहंकार, गर्व, घमंड 2. **इब्तिदा** - शुरूआत, आरम्भ

•••

गुल से लिपटी हुई तितली को गिराकर देखो,
आँधियों तुमने दरख्तों को गिराया होगा

•••

छोड़ा नहीं खुदी को, दौड़े खुदा के पीछे,
आसां को छोड़ बंदे, मुश्किल को ढूंढते हैं।

खुदी - अहंकार, अभिमान, यह भाव कि हमीं हम हैं

•••

जख्म तलवार के गहरे भी हो तो मिट जाते हैं,
लफ्ज तो दिल में उतर जाते हैं भालों की तरह।

- सागर पालनपुरी

•••

जमीं के तह में भी उसको न जगह मिल पाई,
जो आसमान को पांव की धूल कहता था।

•••

जिन्हें तह पै भी चलने का शऊर नहीं,
उन्हीं का है यह तकाजा कि आसमाँ लेलो।

•••

जो पहुंचे चुके हैं मंजिल पर, उनको तो नहीं कुछ नाजे-सफर,
चलने का जिन्हें मक्दूर नहीं रफ्तार की बातें करते हैं।

-शकील बदायुनी

1. **मक्दूर** - शक्ति, ताकत

ग़ैर-इन्सानियत (Loss of Human Values)

अपने वो रहनुमा हैं कि मंजिल तो दरकनार,
कांटे रहे-तलब में बिछाते, चले गए।

-असर लखनवी

1. रहनुमा - मार्ग दिखाने वाला, प्रथ-प्रदर्शक **2. दरकनार** - मंजिल तो दूर

•••

अपनों की दोस्ती ने सिखाया है यह सबक,
गैरों की दोस्ती भी इनायत से कम नहीं।

-'जोश' मल्सियानी

1. सबक - सीख, पाठ **2. इनायत** – मेहरबानी

•••

अब दुनिया की रीति यही है, किसकी मेहनत किसका फल,
काटने वाले और ही होंगे, हम तो बोने वाले हैं।

•••

अरबाबे-सितम की खिदमत में इतनी ही गुजारिश है मेरी,
दुनिया से कयामत दूर सही दुनिया की कयामत दूर नहीं।

-जिगर मुरादाबादी

अरबाबे-सितम - सितम (जुल्म) ढाने वाला

•••

आदमियों से भरी है यह सारी दुनिया मगर,
आदमी को आदमी होता नहीं है दस्तयाब ।

-फैज अहमद फैज

दस्तयाब - उपलब्ध, प्राप्त

•••

आदमी हैं शुमार से बाहर,
कहत है फिर भी आदमीयत की।

-जोश मलसीयानी

1. शुमार - गिनती, गणना **2. कहत** - कमी, अभाव

•••

आप गैरों की बात करते हैं, हमने अपने भी आजमाए हैं,
लोग कांटों से बचके चलते हैं, हमने फूलों से जख्म खाए हैं।

-'बेताब' अलीपुरी

आराम के थे साथी क्या-क्या जब वक्त पड़ा तो कोई नहीं,
सब दोस्त हैं अपने मतलब के दुनिया में किसी का कोई नहीं

•••

इन्सान का लहू पीना यह रस्म आम है,
अंगूर की शराब का पीना हराम है।

•••

उन गुलों से तो कांटे अच्छे,
जिनसे होती है तौहीने- गुलशन।

•••

एक शख्स मिला था कड़ी धूप में मुझे,
पानी की आरजू में लहू बेचता हुआ।

•••

ऐ आसमान तेरे खुदा का नहीं खौफ,
डरते हैं ऐ जमीं तेरे आदमी से हम ।

-जोश मलीहाबावी

•••

कत्ले-इन्साँ हो रहा है चन्द सिक्कों के लिए,
इस कदर दौलत का भूखा आदमी पहले न था।

•••

कभी मौजे-दरिया ने मुड़कर न देखा,
सफीना लगा कौन थक कर किनारे।

-आनन्द नारायण मुल्ला

सफीना - कश्ती, नौका

•••

कहने को यूँ जहाँ में हजारों हैं यार-दोस्त,
मुश्किल के वक्त एक है, परवरदिगार दोस्त।

-असीर

•••

कौन - सी चोट कौन कर बैठे,
अब तो मैं हर किसी से डरता हूँ।

-मुनव्वर लखनवी

•••

क्यूं न दमके जरपरस्तों के महल,
खून है इनमें मजदूर का मिला हुआ।

-'साजन' पेशावरी

जरपरस्तों - धनवानों

खुलूसे-रहज़न ने मुझे इतना गिरवीदा बनाया है,
कि अब फरेबे-रहनुमा खाने की गुंजाइश बहुत कम है।

-अब्दुल हमीद 'अदम'

1. **खुलूसे-रहज़न** - लूटेरे या गैरों का निष्कपट प्यार 2. **गिरवीदा** - आसक्त, मुग्ध, मोहित, लट्टू 3. **फरेबे-रहनुमा** - राह दिखाने वाले द्वारा या अपनों द्वारा दिया जाने वाला धोखा

•••

गनीमत है कफस, फिक्रे-रिहाई क्यों करें हमदम,
नहीं मालूम अब कैसी हवा चलती हो गुलशन में।

-साकिब लखनवी

1. **कफस** - पिंजड़ा, कारागार 2. **फिक्रे-रिहाई** - रिहाई की चिन्ता 3. **हमदम** - दोस्त, मित्र, हर समय का साथी

•••

गले पर छुरी ही क्यों नहीं फेर देते,
असीरों को बेबालोपर करने वाले।

-यगाना चंगेजी

1. **असीरों को** - पिंजड़े में कैद परिन्दों को 2. बेबालोपर - (i) जिसके पास जीविका का कोई साधन न हो, जीविका-विहीन (ii) बेबस, निस्सहाय

•••

गैरों को क्या पड़ी है रूसवा मुझे करें,
इन साजिशों में हाथ किसी आशना का है।

आशना- अपना, परिचित

•••

जड़ मेरी आज उसी शख्स ने काट दी,
थक के बैठा था कल जो मेरी छांव में।

•••

गैरों की बात छोड़िए गैरों से क्या मिला,
अपनों ने क्या दिया हमें, अपनों से क्या मिला।

•••

घटे अगर तो बस इक मुश्ते-खाक है इन्सां,
बढ़े अगर तो वुसअते-कौनेन में समा न सके।

-जिगर मुरादाबादी

1. **मुश्ते-खाक** - (i) मुट्ठी भर खाक (धूल) (ii) मनुष्य, आदमी 2. **वुसअते-कौनेन** - दोनों जहाँ की विशालता

जब- जब इसे सोचा है, दिल थाम लिया मैंने,
इन्सान के हाथों से जो इन्सान पै गुजरी है।

-फिराक गोरखपुरी

•••

जब डूब रहा था कोई, कोईभी न था साहिल पै,
इक भीड़ थी साहिल पर, जब डूब गया था कोई।

साहिल - किनारा, तट

•••

जहाँ इन्सानियत वहशत के आगे जिबह होती है,
वहां जिल्लत है दम लेना वहां बेह्तर है मर जाना।

-गुलजार देहलवी

1. वहशत - (i) भय, डर (ii) पागलपन

•••

जिन खताओं पर दरे-जन्नत हूआ आदम पै बंद,
वो खतायें ही बिना-ए-बज्मे-इम्काँ हो गईं।

-निहाल सेहारवी

1. **खता** - (i) दोष, अपराध (ii) त्रुटि, भूल (iii) कुसूर, अपराध 2. **दरे-जन्नत** - स्वर्ग का दरवाजा 3. **बिना-ए-बज्मे-इम्काँ** - महफिल के अस्तित्व का आधार या बुनियाद

•••

जीती-जागती दुनिया में भी,
चलते - फिरते मुर्दे देखे।

-फिराक गोरखपुरी

•••

डूबने वाले की मइयत पै लाखों रोने वाले हैं,
फूट-फूट के जो रो रहे हैं,वे ही डुबोने वाले हैं।

मइयत - अर्थी

•••

तख्लीके - कायनात के दिलचस्प जुर्म पर,
हंसता तो होगा आप भी यजदां कभी-कभी।

-अबुल हमीद अदम

1. तख्लीक - रचना, उत्पति, सृजन, पैदा करना 2. कायनात (i) संसार, जगत (ii) सृष्टि, ब्रह्मांड 3. यजदां - नेकी का खुदा, ईश्वर

तुम जिस्म के खुशगरम लिबासों पै हो शादाँ,
मैं रूह को मोहताजे - कफन देखता हूँ।

शादाँ - खुश, प्रसन्न

•••

तुम्हारी तहज़ीब आप ही अपने खंजर से खुदकुशी करेगी,
जो शाख-ए-नाजुक पै आशियाना बनेगा, नापाईदार होगा।

नापाईदार - अदृढ़, जो मजबूत न हो, अस्थायी

•••

दीवार क्या गिरी मेरे कच्चे मकान की,
लोगों ने मेरे सहन से रस्ते बना लिए। -नरेश कुमार शाद

सहन - आँगन

•••

नशेमन ही के लुट जाने का गम होता तो क्या गम था,
यहां तो लूटने वालों ने गुलशन बेच डाला है।

नशेमन - घोंसला, नीड़

•••

परीशाँ होने वालों को सुकूं कुछ भी मिल भी सकता है,
परीशां करने वालों की परीशानी कभी नहीं जाती।

•••

बहाना मिल न जाए बिजलियाँ को टूट पड़ने का,
कलेजा कांपता है आशियाँ को आशियाँ कहते ।

-असर लखनवी

•••

बहार आते ही खुद अहले-चमन ने जिस तरह लूटा,
खिजाँ ने की न होगी उस तरह गुलशन की पामाली।

1. अहले-चमन - चमन वालों ने **2. पामाली** - बर्बादी

•••

बिजली की ताकझाँक से तंग आ गई है जान,
ऐसा न हो कि फूँक दूँ खुद आशियाँ को मैं।

-'जलील' मानिकपुरी

•••

बहुत जी चाहता है ये फकत नुक्से- बसीरत हो,
बड़ी सुरअत से दुनिया खो रही है दिलकशीअपनी।

1. नुक्से-बसीरत - देखने की गलती, दृष्टिदोष **2. सुरअत** - शीघ्रता, तेजी, जल्दी **3. दिलकशी** - मनोहरता, सुन्दरता, खुशनुमाई

ये चलती फिरती सूरतें जो देखते हैं आप,
कितने हैं इनमें वाकई इन्साँ न पूछिये।

•••

लूट लेता हैं वही राह में मौका पाकर,
बात अक्सर जो किया करता है रहबर जैसे।

रहबर - रास्ता दिखाने वाला, पथप्रदर्शक

•••

वही इन्साँ जिसे सरताजे – मख्लूकात होना था,
वही अब सी रहा है अपनी अज्मत का कफन साकी।

-जिगर मुरादाबादी

1. सरताजे-मख्लूकात - सारी सृष्टि का शिरोमणि, संसार में जितनी चीजें हैं, उनका स्वामी
2. अज्मत - (i) महत्व, अहमीयत, बड़प्पन(ii) सम्मान, आदर, इज्जत

•••

हजारों नगमा-ए-दिलकश मुझे आते हैं ऐ बुलबुल,
मगर दुनिया ही हालत देखकर चुप हो गया हूँ मैं।

-आसी उल्दानी

दिलकश - मनोहर, चिताकर्षक, दिल को अपनी ओर खींचने वाला।

ज़माना [Modern Times (as opposed to older ones)]

अक्ल बारीक हुई जाती है,
रूह तारीक हुई जाती है।

-जिगर मुरादाबादी

1. **बारीक** - (i) महीन, पतला (ii) सूक्ष्म, लतीफ 2. **तारीक** - अंधकारमय, अंधियारा

•••

अच्छी सीरत को देखता है कौन,
अच्छी सूरत पै जान देते हैं सब।

-बिस्मिल भरतपुरी

सीरत - (i) स्वभाव, आदत, प्रकृति (ii) अख्लाक, सुशीलता, सदाचार

•••

अदू सैयाद-ओ-गुलचीं क्यों हुए मेरे नशेमन के,
ये तिनके भी है इस काबिल, जिन्हें बर्बाद करते हैं।

-साकिब लखनवी

1. **अदू** - दुश्मन, शत्रु 2. **सैयाद** - बहेलिया, चिड़िमार, आखेटक 3. **गुलचीं** - फूल चुनने वाला, माली 4. **नशेमन** - आशियाना, नीड, घोंसला

•••

अपने वो रहनुमा हैं कि मंजिल तो दरकनार,
कांटे रहे - तलब में बिछाते, चले गए।

-असर लखनवी

1. **रहनुमा** - मार्ग दिखाने वाला, प्रथ-प्रदर्शक 2. **मंजिल तो दरकनार**- मंजिल तो दूर

•••

अपनों की दोस्ती ने सिखाया है यह सबक,
गैरों की दोस्ती भी इनायत से कम नहीं।

-'जोश' मल्सियानी

1. **सबक** - सीख, पाठ 2. **इनायत** – मेहरबानी

•••

अब दुनिया की रीति यही है, किसकी मेहनत किसका फल,
काटने वाले और ही होंगे, हम तो बोने वाले हैं।

असीराने –कफस की आपबीती पूछते क्या हो,
यहां ऐ 'अम्न' कज्जकों से बदतर पासबाँ देखे।

-अम्न लखनवी

1. असीराने-कफस - पिंजरे में कैद पंछी **2. कज्जक** - लूटेरे, डाकू **3.** पासबाँ - प्रहरी, रक्षक

•••

अहरमन की बंदगी, जिक्रे-खुदा के साथ-साथ,
हर जमाने में ब-अन्दाजे-दिगर होती रही।

-'असर' सहबाई

1. **अहरमन** - शैतान **2. बंदगी** - पूजा, इबाबदत, आराधना **3. ब-अन्दाजे-दिगर** - अपने-अपने दंग से

•••

अहले-चमन को कैदे -कफस की है आरजू,
सैयाद से भी बढ़के सितम बागबाँ के हैं।

-ताजवर नजीबाबादी

1. अहले-चमन - चमन में रहने वाले **2. कैदे-कफस** - पिंजड़े में कैद (पंछी) **3. सैयाद** - बहेलिया **4. सितम** - जुल्म, अत्याचार

•••

अहले - जुबां भी आखिर गूंगे बने हुए हैं,
जिन्दा रहेंगे कब तक, मुर्दा जमीर लेकर।

अहले-जुबां - जुबान वाले यानी खुदा ने जिन्हें बोलने के लिए जुबान दी है

•••

आज किस सतह पे है जेहनीयते-आम अफसोस,
रोकता है जो खताओं से वही खतावार है।

-आनन्द नारायण मुल्ला

जेहनीयते -आम - आम लोगों की सोच

•••

आज है किस मंजिल पै इंसान,
दिल में अंधेरा, रूख पै उजाले।

•••

आदमियों से भरी है यह सारी दुनिया मगर,
आदमी को आदमी होता नहीं है दस्तयाब ।

-फैज अहमद फैज

दस्तयाब - उपलब्ध, प्राप्त

आदमी हैं शुमार से बाहर,
कहत है फिर भी आदमीयत की।

-जोश मलसीयानी

1. **शुमार** - गिनती, गणना 2. **कहत** - कमी, अभाव

•••

आराम के थे साथी क्या –क्या जब वक्त पड़ा तो कोई नहीं,
सब दोस्त हैं अपने मतलब केदुनिया में किसी का कोई नहीं।

-आर्जू लखनवी

•••

आसमानों से फरिश्ते जो उतारे जाएँ
वह भी इस दौर में सच बोलें तो मारे जाएं।

•••

इक नहीं मांगी खुदा से आदमीयत की रविश
और हर शै के लिए बंदे दुआ करते रहे।

-दीवाना' मोहन सिंह

1. **रविश** - शैली, तर्ज, आचार-व्यवहार

•••

इधर सैयाद फिरते थे उधर सैयाद फिरते थे,
कुछ अंदाज से मेरे गुलिस्तां में बहार आई।

-जगन्नाथ आजाद

1. **सैयाद** - बहेलिया 2. **गुलिस्तां** - बगिया, बगीचा, उपवन

•••

इधर-उधर, यहाँ-वहाँ हैं बिजलियाँ ही बिजलियाँ,
चमन-चमन कहाँ फिरूँ मैं आशियाँ लिये हुए।

•••

इन्सान ने महरोमाह की राहें तो देखली,
खुद उसकी अंजुमन में चरागाँ न हो सका।

1. **महरोमाह** - चांद, सूरज 2. **अंजुमन** – महफिल 3. **चरागाँ** - रोशनी, प्रकाश

•••

इन्सान का लहू पीना यह रस्म आम है,
अंगूर की शराब का पीना हराम है।

•••

इन्सानियत की रौशनी गुम हो गई कहाँ,
साए हैं आदमी के मगर आदमी कहाँ।

इन उजालों ने तो तहज़ीब मिटाकर रख दी
इससे तो अच्छा था हर सम्त अंधेरा होता

•••

इस दौर में इन्सान का चेहरा नहीं मिलता,
कब से नकाबों की तहें खोल रहा हूँ।

•••

इस नये दौर में देखे हैं वो रहजन मैंने, जो बहारों को गुलिस्तां से चुरा ले जाएं
दे निगाहों को धोखा तो पता भी न चले, चाँदनी अंजुमे - ताबाँ से उठा ले जाएं

1. रहजन - लुटेरा, डाकू, रास्ते में लूट लेने वाला **2. अंजुमे – ताबाँ** - आकाश के प्रकाशमान तारे

•••

इलाही आबरू रखना बड़ा नाजुक जमाना है,
दिलों में बुग्ज रहता है बजाहिर दोस्ताना है।

1. इलाही - हे खुदा **2. बुग्ज** - रंजिश, वैमनस्य

•••

इसी वास्ते है पैहम नजर, इस पै बिजलियों की,
है सजी हुई गुलों से, मेरी शाखे -आशियाना।

1. पैहम - लगातार, अनवरत **2. शाखे–आशियाना** - डालियां जिस पर घोंसला बना हो

•••

उसे तो अपने गुलदस्ते की रौनक ही से मतलब है,
कहाँ गुलचीं के फुरसत है कि दर्दे-गुलसिताँ समझे।

-नीरज जैन

गुलची- फूल तोड़ने वाला माली

•••

एक शख्स मिला था कड़ी धूप में मुझे
पानी की आरजू में लहू बेचता हुआ।

•••

एक से लगते हैं सब ही कौन अपना, कौन गैर
बेनकाब आये कोई तो, हम .दर-ए-दिल वा करें। -खलील

1. दर-ए-दिल - दिल का दरवाज़ा **2. वा** –खोलना

•••

एक ही उल्लू काफी है बर्बाद गुलिस्तां करने को।
हर शाख पै उल्लू बैठा है अंजामे-गुलिस्तां क्या होगा?

•••

कत्ले - इन्साँ हो रहा है चन्द सिक्कों के लिए,
इस कदर दौलत का भूखा आदमी पहले न था।

कहां से बढ़के पहुंचे हैं कहां तक इल्मो-फन साकी
मगर आसूद इन्साँ का न तन साकी, न मन साकी।

-जिगर मुरादाबादी

•••

कहीं सागर लबालब हैं, कहीं खाली पियाले हैं
यह कैसा दौर है साकी, यह क्या तकसीम है साकी।

सागर - शराब का पिया -**तकसीम** - बंटवारा, विभाजन, हिस्सा आदि बांटना, बांट

•••

कांटे किसी के हक में, किसी को गुलो-समर,
क्या खूब एहतिमामे-गुलिस्ताँ है आज कल।

-'जिगर' मुरादाबादी

1. **गुलो-समर** - फूल और फल 2. **एहतिमाम** - प्रबन्ध

•••

कोई उल्फत का दीवाना, कोई मतलब का दीवाना
यह दुनिया सिर्फ दीवानों का घर मालूम होती है।

-सीमाब' अकबरबादी

उल्फत - प्यार, मुहब्ब्

•••

कोई पागल, कोई खब्ती, कोई सौदाई
महफिले-यार शफाखाना है बीमारों का।

-कौसर बारानवी

खब्ती - विक्रित्बुद्धी **सौदाई** - पागल, विक्षिप **शफाखाना** - चिकित्सालय, अस्पताल

•••

कौन-सी चोट कौन कर बैठे,
अब तो मैं हर किसी से डरता हूँ। -मुनव्वर लखनवी

•••

क्या लाए हो खुलूसे-मुहब्बत, खुलूसे-दिल,
इस जीन्स का तो कोई भी खरीदार नहीं है।

1. **खुलूसे-मुहब्बत** - सच्ची या निष्कपट मुहब्बत 2. **खुलूसे-दिल** - निष्कपट दिल, निर्मल दिल 3. **जीन्स** - चीज

खत्म कर देगी किसी दिन ये तमन्ना-ए-हयात,
रात-दिन कोशिश में जीने की मरा जाता हूँ मैं।
जिन्दगी के दाम इतने गिर गये कुछ गम नहीं,
मौत की बढ़ती हुई कीमत से घबराता हूँ मैं। -नीरज जैन

1. **हयात** - जिन्दगी

खुदाबंदा मेरी गुमराहियों पर दरगुजर फरमां,
मैं उस माहौल में रहता हूँ जिसका नाम दुनिया है।

-अकबर हैदरी

1. **खुदाबंदा** - हे ईश्वर, हे खुदा 2. **दरगुजर** - नजरअंदाज, दोष देखकर उसे अनदेखा कर देना, चश्मपोशी

•••

'खुमार' अहले - दुनिया को यह भी गरां है,
लब पै जो थोड़ी-सी हँसी बाकी रह गई है। -'खुमार' अंसारी

1. **अहले-दुनिया** - दुनिया वाले 2. **गरां** - भारी, वजनी, कीमती

•••

खूबियाँ लाख किसी में हों तो जाहिर न करें,
लोग करते हैं बुरी बात का चर्चा कैसा।

•••

गनीमत है कफस, फिक्रे- रिहाई क्यों करें हमदम,
नहीं मालूम अब कैसी हवा चलती हो गुलशन में।

-साकिब लखनवी

1. **कफस** - पिंजड़ा, कारागार 2. **फिक्रे-रिहाई** - रिहाई की चिन्ता 3. **हमदम** - दोस्त, मित्र, हर समय का साथी

•••

गरीब लहरों पै पहरे बिठाये जाते हैं,
समंदरों की कोई तलाशी नहीं लेता।

•••

गुजरती है बशर की जिंदगी किन-किन खयालों में,
जो ऐसा हो तो वैसा हो, जो वैसा हो तो ऐसा हो।

-'नूह' नारवी

बशर – मनुष्य

•••

गुनहगारों में शामिल हैं,गुनाहों से नहीं वाकिफ,
सजा को जानते हैं हम, खुदा जाने खता क्या है।

-चकबस्त लखनवी

•••

गुलचीं ने तो कोशिश कर डाली, सूनी हो चमन की हर डाली,
कांटों ने मुबारक काम किया, फूलों की हिफाजत कर बैठे।

-शकील बदायुनी

गुलचीं - माली, फूल तोड़ने वाला

घर में मिलेंगे उतने ही छोटे कदों के लोग,
दरवाजे जिस मकान के जितने बुलंद हैं।

•••

जड़ मेरी आज उसी शख्स ने काट दी,
थक के बैठा था कल जो मेरी छांव में।

•••

जब डूब रहा था कोई, कोई भी न था साहिल पै,
इक भीड़ थी साहिल पर, जब डूब गया था कोई।

•••

जब-जब इसे सोचा है दिल थाम लिया मैंने,
इन्सान के हाथों से इन्सान पै जो गुजरी।

-फिराक गोरखपुरी

•••

जमाने की अदावत का सबब थी दोस्ती जिसकी,
अब उनको दुश्मनी है हमसे दुनिया इसको कहते हैं।

-बेखुद देहलवी

1. **अदावत** – दुश्मनी 2. **सबब** – कारण

•••

जितना मल्लाह का डर है मुझको,
उतना तूफान का डर नहीं है।

•••

जिन्दगी अपने आइने में तुझे अपना चेहरा नजर नहीं आता,
जुल्म करना तो तेरी आदत है, जुल्म सहना मगर नहीं आता।

-नरेश कुमार 'शाद'

•••

जिन्हें जमीं पै भी चलने का शऊर नहीं,
उन्हीं का है यह तकाजा कि आसमाँ लेलो।

•••

जीती-जागती दुनिया में भी,
चलते – फिरते मुर्दे देखे।

-फिराक गोरखपुरी

•••

जो पहुंचे चुके हैं मंजिल पर, उनको तो नहीं कुछ नाजे-सफर,
चलने का जिन्हें मक्दूर नहीं रफ्तार की बातें करते हैं।

-शकील बदायुनी

मक्दूर - शक्ति, ताकत

जोशे - तकसीम वारिसों का न पूछो,
जिद ये है कि मां की लाश कटके बंटे।

-आनन्द नारायण 'मुल्ला'

जोशे–तकसीम - बंटवारे का जुनून

•••

डाली गई न अपने गिरेबान पै नजर,
दुनिया हमारे दाग मगर देखती रही।

-साजन पेशावरी

1. **गिरेबान** - दामन, कमीज का गला

•••

तुझे अपना समझ कर हांले-दिल कुछ कह दिया मैंने,
वर्ना किसी को दास्ताने-गम सुनाने कौन जाता है।

•••

तुझे ऐ ताइरे -शाखे –नशेमन क्या खबर इसकी,
कमी सैयाद को भी बागबाँ कहना ही पड़ता है।

-जगन्नाथ आजाद

1. **ताइरे-शाखे–नशेमन** - डाल पर बने घोसले में बैठी पक्षी 2. **सैयाद** – बहेलिया 3. **बागबाँ** - बाग की रखवालीकरने वाला, माली

•••

तुम्हारे साथ मरेंगे जो हमसे कहते थे,
उठा के ले गए गुलशन से आशियाने को।

-महशर हमरोही

आशियाना - घोंसला,नीड़

•••

तूने तो जिस्म ही बेचा है एक फाके को टालने के लिए,
लोग यजदां को बेच देते हैं अपना मतलब निकालने के लिए।

-नरेश कुमार शाद

यजदां - खुदा, ईश्वर

•••

तूफान में गिरा मैं कोई पेड़ तो नहीं,
शाखों की तरह लोग मुझे काटने लगे।

•••

दिल से अरजाँ नहीं दुनिया में कोई भी शै 'साहिर',
बेदिली हमने मगर इससे भी सस्ती देखी।

-'साहिर'

1. अरजाँ - सस्ती 2. शै - चीज 3. **बेदिली** - उदासीनता, उचाटपन

दीवार क्या गिरी मेरे कच्चे मकान की,
लोगों ने मेरे सहन से रस्ते बना लिए।

-नरेश कुमार शाद

सहन – आँगन

•••

दुश्मनों से पशेमान होना पड़ा,
दोस्तों का खुलूस आजमाने के बाद।

'-खमार' बारहबंकवीं

1. **पशेमान**- शर्मिंदा, लज्जित 2. **खुलूस** - निष्कपट प्यार, सच्चा प्यार जिसमें स्वार्थ न हो

•••

दुश्मनों से प्यार होता जायेगा,
दोस्तों को आजमाते जाइए।

•••

देख साजन क्या जमाना आ गया,
आदमी से आदमी बेजार है।

-साजन पेशावरी

बेजार - परेशान, अप्रसन्न, नाखुश

•••

देखा है जिन्दगी को कुछ इस करीब से,
चेहरे तमाम लगने लगे हैं अजीब से। -साहिर लुधियानवी

•••

दोषी हैं लक्ष्मण न राम का कुसूर,
इस दौर का तो राम ही लंका में बस गया।

•••

दोस्त या अजीज हैं खुदफरेबियों के नाम,
आज आप के सिवा कोई आप का नहीं।

•••

दोस्ती और इस जमाने में,
जिक्र करते हैं किस जमाने का।

-नरेश कुमार 'शाद'

•••

न आने दिया राह पर रहबरों ने,
किये लाख मंजिल ने हमको इशारे।

-'अर्श' मल्सियान

रहबर-रास्ता दिखने वाला, पथप्रदर्शक

न जाने किधर जा रही है यह दुनिया,
किसी का यहां कोई हमदम नहीं है।

•••

नई दुनिया में कुछ बीते दिनों के भी निशाँ होंगे,
अजाइबखानों में रखेंगे, दीनों को ईमानों को।

-साहिर लुधियानवी

1. दीन-धर्म, मजहब **2. ईमान** - ईमानदारी, अकीदा

•••

नहीं अपने किसी मकसद से खाली कोई भी सिज्दा,
खुदा के नाम से करता है इंसौ बंदगी अपनी।

सिज्दा -इश्वर के लिए सर झुकाना, नमाज़ में सर ज़मीन पर रखना

•••

नाअहल हैं वह अहले-सियासत की नजर में,
वादे से कभी जिसको मुकरना नहीं आता।

-जोश मल्सियानी

1. **नाअहल** - अयोग्य, नाकाबिल, अपात्र, गैर-मुस्तहक **2. अहले-सियासत** - राजनीतिज्ञ, कूटनीतिज्ञ, पालिटिसियन

•••

पलकों से गिर न जाए ये मोती संभाल लो,
दुनिया के पास देखने वाली नजर नहीं।

-रसीद सीमी

•••

फिराक इक-इक से बढ़कर चारासाजे -दर्द हैं लेकिन,
यह दुनिया है यहाँ हर दर्द का दरमां नहीं मिलाता।

-फिराक गोरखपुरी

1. **चारासाजे-दर्द** - दर्द का इलाज करने वाला, चिकित्सक **2. दरमां** -इलाज करने वाला, चिकित्सक

•••

बंदे न होंगे जितने, खुदा है खुदाई में,
किस-किस खुदा के सामने सिज्दा करे कोई।

1. **खुदाई** - संसार, दुनिया **2. सिज्दा** - ईश्वर के लिए सर झुकाना, नमाज में जमीन पर सर रखना

•••

बकद्रे-होश हर इक को यहाँ रंज मिलता है,
सुकून से रहते है यहाँ सिर्फ दीवाने।

बकद्रे-होश - संवेदनशील

बफैजे – मस्लेहत ऐसा भी होता है जमाने में,
कि रहजन को अमीरे-कारवां कहना ही पड़ता है।

-जनगन्नाथ आजाद

1. **बफैजे-मस्लेहत** - दुनियादारी के कारण 2. **रहजन** –लुटेरा, डाकू 3. **अमीरे-कारवां** - कारवों का सरदार

•••

बरसी वहीं वहीं पर समन्दर थे जिस जगह,
ऊपर से हुक्म था तो घटाएं भी क्या करें।

•••

बस ऐ बहार तेरी अब जरूरत नहीं रही,
बुलबुल ने कर दिया है निशेमन सुपुर्द-जाग।

सुपुर्द-जाग - कौए को सुपुर्द

•••

बुलबुले-नादाँ जरा रंगे-चमन से होशियार,
फूल की सूरत बनाए सैकड़ों सैयाद हैं।

-आनन्द नारायण 'मुल्ला'

सैयाद – बहेलिया

•••

बुलबुलो-गुल पै जो गुजरी हमको उससे क्या गरज,
हम तो गुलशन में फकत रंगे - चमन देखा किए।

-असगर गौण्डवी

•••

मल्बूस खुशनुमा हैं, मगर खोखले हैं जिस्म,
छिलके सजे हुए है, फलों की दुकान पर।

1. **मल्बूस** - वस्त्र, वसन, लिबास 2. **खुशनुमा** - जो देखने में अच्छा लगे, नेत्र-प्रिय, प्रियदर्शन, मनोरम, सुन्दर, हसीन

•••

मेरा अज्म इतना बुलन्द है मुझे पराये शोलों का डर नहीं,
मुझे खौफ आतशे-गुल से है, कहीं ये चमन को जला न दें

-शकील बदायुनी

1. **अज्म** - साहस, हिम्मर 2. **आतशे-गुल** - फूल रूपी अंगारों का डर (यानी अपनों से डर)

•••

मैं जिसके हाथ में एक फूल देकर आया था,
उसी के हाथ का पत्थर मेरी तलाश में है।

-कृष्ण बिहारी नूर

यह इन्किलाबे - दौरे– जमाना तो देखिए,
मंजिल पै वो मिले जो शरीके-सफर न थे।

-अनवर साबरी

1. **इन्किलाबे-दौरे-जमाना** - जमाने का बदलाव, परिवर्तन या उलट-फेर, समय का उलट-फेर 2. **शरीके-सफर** - सफर में शामिल

•••

यह चलती-फिरती सूरतें जो देखते हैं आप,
कितने है इनमें वाकई इंसाँ न पूछिए।

-कमर जाफरी

•••

यह दुनिया है, यहाँ हर काम चलता है सलीके से,
यहाँ पत्थर को भी लाले-गरां कहना ही पड़ता है।

-जगन्नाथ आजाद

1. **लाले-गरां** - कीमती लाल (एक रत्न)

•••

यह दोस्तों का रवैया, यह दुश्मनों का सुलूक,
सच पूछो तो दोनों में कोई फर्क नहीं है।

-जगन्नाथ आजाद

•••

ये शाख काटी वो शाख काटी इसे उजाड़ा उसे उजाड़ा,
यही है शेवा जो बागबां का तो हम गुलिस्तां से जा रहे हैं।

-नफीस सन्देलवी

शेवा - ढंग, तर्ज, तरीका

•••

रहजनों से तो भाग निकला था,
अब मुझे रहबरों ने घेरा है।

1. **रहजन** - लुटेरा, डाकू, रास्ते में पथिकों को लूट लेने वाला 2. **रहबर** -पथप्रदर्शक, आगे-आगे चलने वाला,रास्ता बताने वाला

•••

रहबर या तो रहजन निकले या हैं अपने आप में गुम,
काफले वाले किससे पूछें किस मंजिल तक जाना है।

-अर्श मल्सियानी

1. **रहजन** - डाकू, लुटेरा, रास्ते में पथिकों को लूट लेने वाला

रहबरो-रहज़न यही दो आफतें थी राह की,
राहरौ दो आफतों के दर्मियाँ मारा गया।

-अब्दुल हमीद 'अदम'

1. राहरौ- राहगीर, पथिक, मुसाफिर **2. रहजन**-लुटेरा, डाकू, रास्ते मेंपथिकों को लूट लेने वाला

•••

राहबर रहज़न न बन जाए कहीं इस सोच में,
चुप खड़ा हूँ भूलकर रस्ते में मंजिल का पता।

-आरजू लखनवी

1. राहबर - रास्ता दिखानेवाला, पथप्रदर्शक **2. रहज़न** - लुटेरा, डाकू, रास्ते में पथिकों को लूट लेने वाला

•••

लूट लेता हैं वही राह में मौका पाकर,
बात अक्सर जो किया करता है रहबर जैसे।

रहबर - रास्ता दिखाने वाला, पथप्रदर्शक

•••

लोग लोगों का खून पीते हैं,
हमने तो सिर्फ मैकशी की है।

-नरेश कुमार शाद

मैकशी - मदिरापान, शराब पीना

•••

वफा-ओ-मेहर-ओ-मुहब्बत सदाकतो- इंसाफ,
खबर नहीं है कि ये बातें हैं किस जमाने की।

1. मेहर - दया, रहम, करूणा, तरस **2. सदाकत** - सच्चाई, सत्यता

•••

वह की खुलूस की तौहीन अहले-दुनिया ने,
जुबाँ पै लफ्जे- मुहब्बत गराँ गुजरता है।

-निहाल सेहरारवी

1. अहले-दुनिया ने - दुनिया वालों ने **2. गराँ** - भारी

•••

वहीं हजारों बहिश्तें भी हैं खुदाबंदा ,
सिसक-सिसक के कटी मेरी जिन्दगी जहां।

-बहार

1. बहिश्त - स्वर्ग, जन्नत **2. खुदाबंद** - हे इश्वर, हे खुदा

वही इन्सां जिसे सरताजे –मख्लूकात होना था,
वही अब सी रहा है अपनी अज्मत का कफन साकी।

-जिगर मुदाराबादी

1. **सरताजे–मख्लूकात** - सभी प्राणियों का शिरोमणि 2. **अज्मत** - बड़प्पन, महानता

•••

सभी कुछ तो रहा है इस तरक्की के जमाने में,
मगर यह क्या गजब है आदमी इंसाँ नहीं होता।

-खुमार बाराबंकवी

•••

सलीके से जिन्हें एक घूंट भी पीना नहीं आता,
वह इतने हैं कि सारे मैकदे में छाए बैठे हैं।

मैकदा – शराबखाना

•••

सहारा न देती अगर मौजे- तूफां,
डुबो ही दिया था हमें नाखुदा ने। -मकीन अहसन कलीम

1. **मौज** - लहर, तरंग 2. **नाखुदा** - मल्लाह, कर्णधार

•••

सिज्दे करते भी है इंसां खुद दरे-इन्सां पै रोज,
और फिर कहते भी हैं बंदा खुदा होता नहीं।

-अर्श मल्सियानी

1. **सिज्दा** - इश्वर के लिए सर झुकाना, नमाज़ में जमीन पर सेर रखना 2. **दरे-इन्सां पै** - इंसान की चौकठ या दहलीज पर

•••

सुनेगा कौन मेरी चाकदामानी के अफसाने,
यहाँ सब अपने-अपने पैरहन की बातें करते हैं।

1. **चाकदामानी** - दामन का तार-तार होना या फटना (यानी दुख, तकलीफ, परीशानियाँ) 2. **पैरहन** - वस्त्र, वसन, लिबास

•••

हजारों नग्मा -ए- दिलकश मुझे आते हैं ऐ बुलबुल,
मगर दुनिया की हालत देखकर चुप हो गया हूँ मैं। -आसी उल्दानी

•••

हमको राहे-जिन्दगी में इस कदर रहजन मिले,
रहनुमा पर भी गुमाने– रहनुमा होता नहीं। -अर्श मल्सियानी

1. **रहजन** - लुटेरा, डाकू,रास्ते में पथिकों को लूट लेने वाला, बाटमार 2. **रहनुमा** - पथप्रदर्शक, रास्ता बताने वाला 3. **गुमाने–रहनुमा** - रास्ता दिखाने वाला होने का ख्याल

हमने एक शाम चरागों से सजा रखी है,
शर्त लोगों ने हवाओं से लगा रखी है।

•••

हमने कांटों को भी नरमी से छुआ है लेकिन,
लोग बेदर्द हैं फूलों को मसल देते है।

•••

हमारे अहृद के इन्सान है जहीन बहुत,
जमीर बेचकर शोहरत खरीद लेते हैं।

1. अहृद - समय,जमाना,युग **2. जहीन** - अक्लमंद, होशियार

•••

हमीं से सीखकर चालें,
हमीं पै वार करते हैं।

•••

हर एक सम्त जहाँ पत्थरों की बारिश है,
वहाँ यह हुक्म कि शीशे का कारोबार करें।

सम्त - ओर, दिशा, तरफ

•••

हर जीन्स के ख्वाहाँ मिले बाजारे-जहां में,
लेकिन न मिला कोई खरीदारे-मुहब्बत।

1. जीन्स - चीज **2. ख्वाहाँ** - चाहने वाला, ख्वाहिश रखने वाला

•••

हर मोड़ पै मिल जाते हैं हमदर्द हजारों,
शायद हमारी बस्ती में अदाकार बहुत हैं।

•••

हर लिया है किसी ने सीता को,
जिन्दगी है कि राम का बनवास।

-फिराक गोरखपुरी

•••

हरीफ बनके मुकाबिले में जब आ सका न जहाँ,
तो दोस्त बनके पशे–पुश्त वार किया।

-आनन्द नारायण 'मुल्ला'

1. हरीफ - जिससे मुकाबला हो, (i) प्रतिद्वन्द्वी (ii) शत्रु, दुश्मन **2. पशे-पुश्त** - पीठ पीछे

हवाएं बदल गई हैं इस कदर जमाने की,
दुआएं माँग रहा हूँ होश में न आने की।

•••

है चमक तेरी जबीं पर जरा दिल भी देख जाहिद,
जो जगह है रौशनी के लिए वहीं रौशनी नहीं।

1. जबीं - माथा 2. जाहिद - जितेन्द्रिय, संयमी, संयम-नियम औरजप-तप करने वाला व्यक्ति

•••

होता नहीं है कोई बुरे वक्त में शरीक,
पत्ते भी भागते हैं खिजां में शजर से दूर।

-असीर

1. खिजां - पतझड़ का मौसम 2. शजर - पेड़, वृक्ष

——————

ज़िन्दगानी (Life)

अगर कांटा निकल जाये चमन से
तो फूलों का निगहबाँ कौन होगा

1. **निगहबाँ** - संरक्षक, मुहाफ़िज़, देख-रेख करने वाला

•••

अपने ही दिल के आग में आखिर पिघल गई,
शम्ए–हयात मौत के सांचे में ढल गई।

•••

अमल से जिन्दगी बनती है, जन्नत भी, जहन्नुम भी,
यह खाकी अपनी फितरत से न नूरी है, न नारी है।

-मोहम्मद इकबाल

1. **अमल** - कार्य, कर्म 2. **खाकी** - मिट्टी का पुतला 3. **नूरी** - स्वर्ग के योग्य 4. **नारी** - नरक के योग्य

•••

अश्क भी पीते हैं हम और बादा-ए-गुलफाम भी,
जिन्दगी अक्सर बदल लेती है अपने जाम भी।

1. **अश्क** - आँसू 2. **बादा-ए-गुलफाम** - गुलाबी रंग की शराब

•••

आने लगा हयात को अंजाम का खयाल,
जब आरजूएं फैलकर इक दाम बन गईं।

-बाकी सिद्दकी

1. **हयात** - जिन्दगी, जीवन 2. **दाम** - जाल, पाश, फंदा

•••

आसान नहीं इस दुनिया में ख्वाबों के सहारे जी लेना,
संगीन-हकीकत है दुनिया, यह कोई सुनहरा ख्वाब नहीं।

-सागर' निजामी

1. **संगीन**- सख्त, कड़ा, कठोर।

•••

इन्सान की बदबख्ती अन्दाज से है बाहर,
कमबख्त खुदा होकर बंदा नजर आता है।

1. **बदबख्ती** - दुर्भाग्य, बदकिस्मती

इशरतकदे को खाना-ए-वीरां बनायेंगे,
छोटे-से-अपने घर को बयाबां बनायेंगे। -मिर्जा गालिब

1. **इशरतकदा** - रंगभवन, रंगमहल, यशमहल, इशरतखाना या इश्रतगाह 2. **खाना-ए-वीरां** - वीरान घरबार 3. **बयाबां** - वन, जंगल, अरण्य, कानन

•••

इश्के - लामहदूद जब तक रहनुमा होता नहीं,
जिन्दगी से जिन्दगी का हक अदा होता नहीं।

-जिगर मुरादाबादी

1. **लामहदूद** - जिसकी कोई हद न हो, असीमित, बेहद, जो घेरा न जा सके, जिसकी सीमाएँ निश्चित न हो। 2. **रहनुमा** - पथप्रदर्शक, रास्ता बताने वाला, आगे-आगे चलने वाला

•••

इस जमीं पै जिन्का था दबदबा कि बुलंद अर्श पै नाम था,
उन्हें यूँ फलक ने मिटा दिया कि मजार तक का निशां नहीं।

-चकबस्त लखनवी

1. **दबदबा** - (i) रोबदाब, प्रताप, तेज, प्रभाव (ii) आतंक 2. बुलंद – ऊँचा 3. अर्श - आकाश, फलक, आसमान 4. **फलक** - आकाश, गगन, अंबर, ब्योम

•••

इसी दुनिया में दोजख है, इसी दुनिया में जन्नत है,
इसी दुनिया में होते हैं, सभी के फैसले यारों।

दोजख - जहन्नुम, नरक

•••

उजाले जश्ने-बहाराँ के खूब हैं लेकिन,
अंधेरे बीते हुए शब के याद आते हैं।

-कृष्ण बिहारी 'नूर'

1. **जश्ने-बहाराँ** - बहारों (यानी खुशियों) के जश्न 2. **शब** - रात, रजनी, यामिनी, रात्रि

•••

उठ गया कैस, उठ गई लैला,
पर्दा अब तक न उठा महफिल का। -मुज्तर मुजफ्फरी

•••

उठा सके आदमी तो पहले नजर से अपनी नकाब उठाए,
जमाने भर की तजल्लियों से नकाब उल्टी हुई मिलेगी।

-नवाब झांसवी

1. **नकाब** - पर्दा, घूँघट, ओट, आड़ 2. **तजल्ली** - (i) आभा, प्रकाश, नूर, रौशनी (ii) प्रताप, जलाल (iii) अध्यात्मज्योति, नूरे-हक

उम्र फानी है तो मौत से डरना कैसा,
इक न इक रोज यह हंगामा हुआ रखा है।

1. **फानी** - नश्वर, नाशवान, मिट जाने वाला; न रहने वाला 2. **हंगामा** - (i) उपद्रव, फसाद (ii) विप्लव, उथल-पुथल

•••

उम्र भर रेंगते रहने से तो बेहतर है,
एक लमहा जो तेरी रूह में वुसअत भर दे।

-'साहिर' लुधियानवी

वुसअत - (i) शक्ति, ताकत, सामर्थ्य (ii) उदारता (iii) विस्तार

•••

उसी को हम जहाँ में रहरवे-कामिल समझते हैं,
जो हस्ती को सफर और कब्र को मंजिल समझते हैं।

1. **रहरव** - बटोही, मुसाफिर, पथिक 2. **कामिल** - निपुण, दक्ष, होशियार, समझदार

•••

एक हंगामे पै मौकूफ है घर की रौनक,
नौहा-ए-गम ही सही, नग्मा-ए-शादी न सही।

1. **हंगामा** - (i) कोलाहल, शोरगुल (ii) उथल-पुथल, विप्लव 2. **मौकूफ** - निर्भर, आधारित, मुनहसिर 3. **नौहा-ए-गम** - किसी की मृत्यु पर रोना-पीटना 4. **नग्मा-ए-शादी** - शादी का गीत या गान

•••

एक पर्दा है गमों का जिसको कहते हैं खुशी,
हम तबस्सुम में निहाँ अश्के-रवां रखते हैं।

-'अख्तर' अंसारी

1. **तबस्सुम** - मुस्कान, मुस्कुराहट, स्मित 2. **निहाँ** - गुप्त, छुपा हुआ 3. **अश्के-रवां** - बहते आँसू या अश्रु

•••

एक लम्हा भी मसर्रत का बहुत होता है,
लोग जीने का सलीका ही कहाँ रखते हैं।

1. **मसर्रत** - खुशी, सुख-चैन

•••

कभी मौजे-दरिया ने मुडकर न देखा,
सफीना लगा कौन थक कर किनारे।

-आनन्द नारायण 'मुल्ला'

1. **सफीना** - नाव, नौका

कम न थी ये आलमे - हस्ती किसी सूरत मगर,
वुसअतें दिल की बढ़ीं इतनी कि ज़िन्दा हो गयीं।

-जिगर मुरादाबादी

1. आलम - संसार, दुनिया **2. हस्ती** (i) अस्तित्व, दुनिया (ii) जीवन, प्राण, जिन्दगी **3. वुसअतें** - विशालताएं, लम्बाई-चौड़ाई (तमन्नाओं की) **4. ज़िन्दां** - कारागार, कैदखाना, कारागृह

•••

कहने को लफ्ज दो हैं उम्मीद और हसरत,
लेकिन निहाँ इसी में दुनिया की दास्तां हैं।

1. हसरत - (i) निराशा, नाउम्मेदी (ii) दुख, कष्ट, मुसीबत (iii) लालसा, इच्छा

•••

कही किसी से न रूदादे-जिन्दगी मैंने,
गुजार देने की शै थी, गुजार दी मैंने।

1. रूदाद - कहानी, दास्तान, अफसाना **2. शै** - चीज

•••

कांटों का भी हक है आखिर,
कौन छुड़ाए दामन अपना।

-जिगर मुरादाबादी

•••

काँटों की जुबाने-तिश्ना से गुलशन की हकीकत को पूछो,
याराने – चमन इन फूलों को तो हंसना, हंसाना आता है।

-'अलम' मुफ्फरनगरी

1. तिश्ना - प्यासा, तृषित, पिपासित, अतृप्त **2. याराने-चमन** - चमन से दोस्ती करने वाले

•••

कारगाहे-हयात में ऐ दोस्त यह हकीकत मुझे नजर आई,
हर उजाले में तीरगी देखी, हर अंधेरे में रौशनी पाई।

-'जिगर' मुरादाबादी

1. कारगाह - कार्यालय, काम करने का स्थान **2. हयात** - जिंदगी, हस्ती, जीवन, जिन्दगानी **3. तीरगी** - अंधेरा, अंधकार, तिमिर

•••

कितनी बेकैफ कट रही है हयात,
एक मुद्दत से दिल उदास नहीं।

-कृष्ण मोहन'मोहन'

1. बेकैफ - आनन्दरहित, बिना मस्ती के, जिसमें मस्ती न हो **2. हयात** - जिन्दगी

कितनी लतीफ, कितनी हसीं, कितनी मुख्तसर,
इक नौशिगुफ्ता फूल की नकहत है जिन्दगी।

-'शकील'बदायुनी

1. लतीफ - (i) कोमल, नर्म (ii) मृदुल, नाजुक (iii) शुद्ध, पवित्र, पाकसाफ **2. मुख्तसर** –कम, न्यून, थोड़ा (ii) संक्षिप्त , सार (iii) खुलासा **3. नौशिगुफ्ता** - नव-मुकलित, नव-विकसित, नया-नया खिला हुआ **4. नकहत** - सुगंध,खुशबू

•••

किसका कुर्ब, कहाँ की दूरी, अपने आप में गाफिल हैं,
राज अगर पाने का पूछो, खो जाना ही पाना है।

-'अर्श' मल्सियानी

1. कुर्ब - समीपता, नजदीकी, निकटता **2. गाफिल** - (i) संज्ञाहीन, बेहोश (ii) असावधानी, बेखबर (iii) आलसी, काहिल

•••

किसको रोता है उम्र भर कोई,
आदमी जल्द भूल जाता है।

•••

किसी के काम न जो आए वह आदमी क्या है,
जो अपनी ही फिक्र में गुजरे, वह जिन्दगी क्या है?

-'असर' लखनवी

•••

कुछ लग्जिशों से काम जहाँ के संवर गये,
कुछ जुरअतें हयात पै इल्जाम बन गईं। -'बाकी' सिद्दकी

1. लग्जिश - (i) फिसलन (ii) त्रुटि, भूल, गलती (iii) अपराध, कुसूर **2. जुरअत** - (i) साहस, हिम्मत (ii) उत्साह, हौसला (iii) धृष्टता, दुस्साहस, बेबाकी **3. हयात** – जिन्दगी **4. इल्जाम** – (i) दोष, अपराध, जुर्म (ii) कोई बात अपने ऊपर या दूसरे पर आरोपित करना

•••

कुछ हसीं ख्वाब और कुछ आंसू,
उम्र भर की मेरी यही कमाई है।

-मजहर इमाम

ख्वाब - (i) सपना, स्वप्न (ii) सोने की क्रिया

•••

कैदे – हयातो – बंदे - गम अस्ल में दोनों एक हैं,
मौत से पहले आदमी गम से नजात पाये क्यों?

-मिर्जा 'गालिब'

1. कैदे-हयात - जीवन की कैद **2. बंदे-गम** - गमों की कैद

कोई सोता हो जैसे डूबती कश्ती के तख्ते पर,
अगर कुछ है तो बस इतनी ही दुनिया की हकीकत है।

कश्ती - नाव, नौका

•••

कौन है यह नाशनासे-लज्जते-तूफाने-गम,
डूबने वालों को साहिल से सदा देने लगा।

-त्रिलाकचन्द महरूम

1. नाशनास - न पहचानने वाला, अपरिचित **2. लज्जत** - (i) स्वाद, मजा (ii) आनन्द, लुत्फ
3. साहिल - तट, किनारा

•••

खलिश ने दिल को मेरे कुछ मजा दिया ऐसा,
कि जमा करता हूँ मैं खार आशियां के लिये।

-त्रिलोकचन्द महरूम

1. खलिश - (i) चुभन, दर्द की टीस (ii) चिन्ता, फिक्र, उलझन **2. खार** - कांटा

•••

खुदा गवाह है दोनों हैं दुश्मने - परवाज,
गमे-कफस हो या राहत हो आशियाने की।

-गोपाल मित्तल

1. परवाज- उड़ान **2. गमे-कफस**- पिंजड़े या कारागार में रहने का गम

•••

खुदा जाने ये दुनिया जल्वागाह-ए-नाज़ है किसकी,
हजारों उठ गए लेकिन वही रौनक है महफ़िल की

जल्वागाह-ए-नाज़ - नाज़-ओ-अदा का जलवा दिखने का स्थान

•••

जिन्दगी अपने आइने में तुझे अपना चेहरा नजर नहीं आता,
जुल्म करना तो तेरी आदत है, जुल्म सहना मगर नहीं आता।

-नरेश कुमार 'शाद'

•••

जिन्दगी इक आसुओं का जाम था,
पी गये कुछ और कुछ छलका गये।

•••

जिन्दगी और जिन्दगी की यादगार,
पर्दा और पर्दे के पीछे कुछ परछाइयाँ। -'चकबस्त' लखनवी

जिन्दगी कशमकशे-इश्क के आगाज का नाम,
मौत अंजाम इसी दर्द के अफसाने का।

-'अर्श' मल्सियानी

1. **कशमकश** - (i) खींचातानी, आपाधापी (ii) असमंजस, संकोच, दुविधा, पसोपेश (iii) संघर्ष, लड़ाई (iv) दौड़-धूप 2. **आगाज** - आरम्भ, शुरूआत

•••

जिन्दगी की राहों में, गम भी साथ चलते हैं,
कोई गम में हँसता है, कोई गम में रोता है।

-'खातिर' गजनवी

•••

जिन्दगी के दाम इतने गिर गये कुछ गम नहीं,
मौत की बढ़ती हुई कीमत से घबराता हूँ मैं।

-नीरज जैन

•••

जिन्दगी क्या किसी मुफलिस की कबा है,
जिसमें हर घड़ी दर्द के पैबन्द लगे जाते हैं।

-फैज अहमद फैज

1. **मुफलिस**-दरिद्र, निर्धन, कंगाल, धनहीन 2. **कबा**-दोहरा लंबा अँगरखा, चोगा, गाउन

•••

जिन्दगी क्या है अनासिर का जुहूरे-तर्तीब,
मौत क्या है, इन्हीं अजजाँ का परीशां होना।

-'चकबस्त' लखनवी

1. **अनासिर** - पंचभूत या पंचतत्व-आग, पानी, हवा, मिट्टी और आकाश 2. **जुहूर** - जाहिर होना, प्रकट होना 3. **तर्तीब** - (i) चन्द चीजों का यथास्थान ठीक-ठीक रखना, सज्जा, दरूस्ती (ii) क्रम, सिलसिला 4. **अजजाँ** - अंश, खंड, टुकड़े 5. **परीशां** - (i) अस्त-व्यस्त, तितर-बितर (ii) व्याकुल, आतुर, बेचैन

•••

जिन्दगी क्या है आज, इसे ऐ दोस्त,
सोच लें और उदास हो जायें।

-'फिराक' गोरखपुरी

•••

जिन्दगी क्या जो बसर हो चैन से,
दिल में थोड़ी. सी तमन्ना चाहिए।

-'जलील' मानिकपुरी

जिन्दगी तो गई शबाब के साथ,
जिन्दगी का खुमार बाकी है।

-फिराक गोरखपुरी

1. **शबाब** - जवानी, युवावस्था2. **खुमार** - नशे की उतार की अवस्था जिसमें हल्का सिरदर्द होता है।

•••

जिन्दगी निकली मुसलसल इम्तिहाँ-दर-इम्तिहाँ,
जिन्दगी को दास्तां ही दास्तां समझा था मैं।

-'जिगर' मुरादाबादी

मुसलसल - लगातार, निरंतर

•••

जिन्दगी पर डाल दी जिसने हकीकतबीं निगाह,
जिन्दगी उसकी नजर में बेहकीकत हो गई।

-'जिगर' मुरादाबादी

1. **हकीकतबीं** - हर बात में सच्चाई को देखने वाला 2. **बेहकीकत** - (i) निराधार, बेबुनियाद (ii) असत्य, झूठ, तुच्छ

•••

जिन्दगी बैठी थी अपने हुस्न पै फूली हुई,
मौत ने आते ही सारा रंग फीका कर दिया।

-हरिचन्द 'अख्तर'

•••

जिन्दगी है मगर गर्मिए-रफ्तार का नाम,
मंजिलें साथ लिये राह पै चलते रहना।

-'शकील' बदायुनी

गर्मिए-रफ्तार - चलते रहने के कारण उत्पन्न गर्मी

•••

जिन्दगी है रूह को महदूद कर लेने का नाम,
मौत है इन्सान का लामहदूद हो जाने का नाम।

-'जोश' मलीहाबादी

1. **महदूद**- सीमित, हद के भीतर 2. **लामहदूद**- असीमित, जिसकी कोई सीमा या हद न हो

•••

जिस शक्ल में जीस्त को तुम चाहो ढाल लो,
फूलों का सेज है, यही कांटों का तख्त है।

1. **जीस्त** - जिन्दगी

जीने की हवस बढ़ जाती है कुछ शायद उम्र के ढलने से,
लौ देती जितनी जितनी ही, यह शम्‌अ पिघलती जाती है।

-'मुनव्वर' लखनवी

हवस - (i) उत्कंठ, लालसा (ii) लोभ, लालच

•••

जीस्त भी इक हसीना से कम नहीं यारों,
प्यार है उससे तो फिर नाज उठाते जाइए।

-वजीर अफसर

1. जीस्त - जिन्दगी, जीवन

•••

ठहरता नही जिन्दगी का सफीना, यही इस जहाँ का है अक्सर करीना।
है बेताब-ओ-बेचैन रहना ही जीना,यह हर लहजा करती हैं मौजें इशारे।

-अफसर मेरठी

1. सफीना - नाव, नौका, कश्ती **2. करीना** - ढंग, तर्ज **3. मौज** - लहर

•••

तिफ्ल-ए-शीरख्वार को ज्यों-ज्यों शऊर हो चला,
जितना खुदा के पास था, उतना ही दूर हो चला।

1. तिफ्ल-ए-शीरख्वार - दूध पीने वाला बच्चा, दूधमूंहा, स्तनपायी

•••

तुझको है फिक्रे-तनआसानी 'असर',
जिन्दगी कुर्बानियों का नाम है।

-'असर' लखनवी

तनआसानी - आरामतलबी, शारीरिक सुख

•••

दिल के लिये हयात का पैगाम बन गईं,
बैचैनियाँ सिमट के तेरा नाम बन गईं।

1. हयात - जिन्दगी, जीवन

•••

दिल गया रौनके-हयात गई,
गम गया सारी कायनात गई।

-'जिगर' मुरादाबादी

1. रौनक - (i) शोभा, छटा, सुहानापन (ii) चमक-दमक, तड़क-भड़क (iii) प्रसन्नता और हर्ष की लहर **2. कायनात** - (i) ब्रह्मांड (ii) दुनिया, संसार

दिल बुझा शम्ए-कायनात गई,
जिन्दगी की उजाली रात गई।

-आनन्द नारायण 'मुल्ला'

1. **शम्ए-कायनात** - संसार की रौशनी या दुनिया की रौनक

•••

दिल बेनियाजे-आरजू-ए-इल्तिफात है,
शायद इसी का सुकूने- हयात है। -'शकील' बदायुनी

1. **बेनियाजे-आरजू-ए-इल्तिफात**- मेहरबानी की ख्वाहिश सेउदासीन या निस्पृह 2. **सुकूने-हयात** - जिन्दगी का सुख-चैन

•••

देखा है जिन्दगी को कुछ इस करीब से,
चेहरे तमाम लगने लगे हैं, अजीब से।

-साहिर लुधियानवी

•••

न मौजें, न तूफां, न माझी, न साहिल,मगर मन की नैया बही जा रही है।
चला जा रहा है, वफा का मुसाफिर, जहाँ भी तमन्ना लिये जा रही है।

1. **साहिल**- किनारा, तट 2. **वफा**- (i) निर्वाह, निबाह (ii) वफादारी, निष्ठा

•••

निकली यह कहके आलमे-पीरी में तन से रूह,
बस अब हमारे रहने के काबिल यह घर नहीं।

-'शाद' अजीमाबादी

आलमे-पीरी – वृद्धावस्था

•••

पहलू-ए-गुल में खार भी हैं कुछ छुपे हुए,
हुस्ने-बहार देख तो दामन बचा के देख।

-'दिल' शाहजहाँपुरी

•••

फलक देता है जिसको ऐश उसको गम भी देता है,
जहाँ बजते हैं नक्कारे, वहीं मातम भी होते हैं।

-'दाग' देहलवी

फलक - आकाश, आसमान, अर्श

•••

फूल बनने की खुशी में मुस्कुरायी थी कली,
क्या खबर थी यह तबस्सुम मौत का पैगाम है?

तबस्सुम- मुस्कान।

बहुत कुछ पांव फैलाकर भी देखा 'शाद' दुनिया में,
मगर आखिर जगह हमने न दो गज के सिवा पाई। -'शाद' अजीमाबादी

•••

बहुत मुश्किल है कैदे-जिन्दगी में मुतमइन होना,
चमन भी इक मुसीबत था कफस भी इक मुसीबत है।

-सीमाब अकबराबादी

1. मुतमइन - (i) संतुष्ट, जिसे इत्मीनान हो (ii) निश्चिन्त, बेफिक्र **2. कफस** - (i) पिंजड़ा (ii) कारागार

•••

बहुत हसीं सही सोहबतें गुलों की मगर,
जिन्दगी वो है जो कांटों के दरमियां गुजरे।

•••

बागे-हस्ती में सबक लें फूल से अहले-नजर,
जिसने कि की उम्र तबस्सुम से बसर कांटों में। -'कौसर'

1. अहले-नजर- पारखी, समझदार **2. तबस्सुम**- मुस्कान, मुस्कुराहट, स्मित

•••

बादे-फना फिजूल है नामोनिशां की फिक्र,
जब हम नहीं रहे तो रहेगा मजार क्या?

बादे-फना - मृत्यु के बाद

•••

मिटता है फौते-फुर्सते-हस्ती का गम कोई,
उम्रे-अजीज सर्फे-इबादत ही क्यों न हो?

-मिर्जा 'गालिब'

1. फौते-फुर्सते-हस्ती- जीवन की सूक्षम अवधि का खत्म होना **2. उम्रे-अजीज**- प्यारी उम्र **3. सर्फे-इबादत** - पूजा या उपासना या आराधना करने में व्यतीत

•••

मुकाम ऐसा इक आता है राहे-जिन्दगानी में,
जहाँ मंजिल भी राहे-कारवां मालूम होती है।

-हबीब अहमद सिद्दकी

•••

मुझे हर खाक के जर्रे पर यह लिक्खा नजर आया,
मुसाफिर हूँ अदम का और फना है कारवाँ मेरा।

-'असर' लखनवी

1. खाक - धूल, रज **2. ज़र्रा** - (i) कण, अणु, बारीक रेज़ा ii) अति तुच्छ, बहुत ही हकीर **3. अदम** - परलोक, यमलोक, जहाँ मनुष्य मर कर जाता है **4. फना** - मृत्यु, मौत, मरण

मेरी हस्ती शौके-पैहम मेरी फितरत इज्तिराब,
कोई मंजिल हो मगर गुजरा चला जाता हूँ मैं।

-'जिगर' मुरादाबादी

1. पैहम- निरंतर, लगातार 2. इज्तिराब- व्याकुलता, बेचैनी, बेताबी, आतुरता

•••

मैं जिन्दगी का साथ निभाता चला गया, हर फिक्र को धुएं में उड़ाता चला गया।
जो मिल गया उसी को मुकद्दर समझ लिया, जो खो गया मैं उसको भुलाता चला गया।
गम और खुशी में फर्क न महसूस हो जहाँ, मैं दिल को उस मुकाम पै लाता चला गया।

•••

मैं मैकदे की राह से होकर निकल गया,
वरना सफर हयात का काफी तवील था।

- अब्दुल हमीद 'अदम'

1. मैकदा- शराबखाना 2. हयात- जिन्दगी 3. तवील- लंबा

•••

मौत अंजामे- जिन्दगी है मगर,
लोग मरते हैं जिन्दगी के लिये।

-'साहिल' मानिकपुरी

•••

मौत जब तक नजर नहीं आती,
जिन्दगी राह पर नहीं आती।

-'जिगर' मुरादाबादी

•••

मौत है वह राज जो आखिर खुलेगा एक दिन,
जिन्दगी है वह मुअम्मा, कोई जिसका हल नहीं।

-अफसर मेरठी

मुअम्मा - प्रतियोगिता, पहेली

•••

मौतो-हस्ती की कशाकश में कटी उम्र तमाम,
गम ने जीने न दिया, शौक ने मरने न दिया।

1. कशाकश - खींचा-खींची, आपाधापी

•••

यह बज्मे-फलक इससे होगी न सूनी,
अगर टूट जायेंगे दो चार तारे।

-'अफसर' मेरठी

1. बज्म- महफ़िल 2. फलक - आकाश, आसमान, अम्बर

यह माना जिन्दगी है चार दिन की,
बहुत होते हैं यारों चार दिन भी।

-फिराक गोरखपुरी

●●●

यह है बहते हुए दरिया की आवाज,
वहीं जाना है आये थे जहाँ से।

-साकिब लखनवी

●●●

यारब यह भेद क्या है कि राहत फिक्र ने,
इन्साँ को और गम में गिरिफ्तार किया है।

-'जोश' मल्सियानी

●●●

ये सारी लज्जतें हैं मेरे शौके-नामुकम्मल तक,
कयामत थी अगर पैमाना यह, लबरेज हो जाता।

-'जिगर' मुरादाबादी

लबरेज - लबालब, ऊपर तक भरा हुआ, परिपूर्ण

●●●

रस्ते में हर कदम पै खराबात हैं 'अदम',
यह हाल है तो किस तरह दामन बचाइए।

-अब्दुल हमीद 'अदम'

1. खराबात - मदिरालय, शराबखाना

●●●

रस्मे-दुनिया है कोई खुश हो, कोई आबाद हो,
जब उजड़ जाये चमन तो कफस आबाद हो।

कफस – पिंजड़ा

●●●

लब पर तबस्सुम आँखों में आँसू,
हम लिख रहे है अफसाना-ए-हस्ती।

-तस्कीन मुहम्मद 'यासीन'

1.लब - ओष्ठ, होंठ **2. तबस्सुम** - मुस्कान, मुस्कुराहट **3.अफसाना-ए-हस्ती** - जीवन की दास्तान

●●●

वर्ना क्या था तर्तीबे-अनासिर के सिवाय,
खाश कुछ बेताबियों का नाम इंसाँ हो गया।

-'जिगर' मुरादाबादी

1. तर्तीबे-अनासिर - पंचभूतों या पंच तत्वों-आग, पानी, हवा, आकाश, मिट्टी- का मेल या इकट्ठा होना **2. बेताबी** - व्याकुलता, बेचैनी

शमअ एक मोम के पैकर के सिवा कुछ भी नहीं,
आग जब तन पै लगाई है तो जान आई है।

1. **पैकर** - (i) देह, शरीर (ii) आकृति, शक्ल

•••

संवारना है अगर तुमको गुलशने-हस्ती,
तो पहले कांटों में उलझाओ जिन्दगानी को।

•••

समझ तो ली है दुनिया की हकीकत,
मगर अब अपना दिल बहला रहा हूँ।

•••

समझ सके हैं वही हयात का मकसद,
मुसीबतों में भी जो मुस्कुराये है।

-ताहिरा

1. **हयात** - जिन्दगी, जिन्दगानी

•••

सुनता हूँ बड़े शौक से अफसाना-ए-हस्ती,
कुछ ख्वाब है कुछ अस्ल है कुछ तर्जे-अदा है।

-असगर गौण्डवी

1. **अफसाना** - दास्तान, कहानी

•••

सुनेगा कौन मेरी चाकदामानी के अफसाने,
यहाँ सब अपने-अपने पैरहन की बातें करते हैं।

1. **चाकदामानी** - दामन की फटन जो प्रेम के आवेश में फाड़ा जाता है, (यानी गम, तकलीफ) 2. **पैरहन** - (i) वस्त्र, वसन, लिबास (ii) कुर्ता, कमीज

•••

सुबहे-इशरत, शामे-गम के बाद आती है नजर,
राज यह समझा है मैंने जाके जिन्दानों के पास।

-'अलम' मुजफ्फरनगरी

1. **सुबहे-इशरत** - आनन्द या खुशी की सुबह 2. **जिन्दान या ज़िन्दां** - जेल, कारागार, कैदखाना

•••

हम उसी जिन्दगी के दर पै हैं,
मौत है जिसके पासबानों में।

1. **दर** - दरवाजा, द्वार 2. **पासबान** - द्वारपाल, निगरानी करने वाला

हमने अपने आशियाँ के वास्ते,
जो चुभें दिल में वही कांटे चुने।

-'रियाज' खेराबादी

•••

हयात एक मुस्तकिल गम के सिवाय कुछ भी नहीं शायद,
खुशी भी याद आती है तो आंसू बन के आती है।

-'साहिर' लुधियानवी

1. **हयात** – जिन्दगी 2. **मुस्तकिल** - (i) अटल, दृढ़, स्थायी, चिरस्थायी (ii) निरन्तर, लगातार

•••

हर मुकाम के आगे मुकाम है मेरा,
हयात जौके-सफर के सिवाय कुछ भी नहीं।

-मोहम्मद इकबाल

1. **हयात** - जिन्दगी, जिन्दगानी 2. **जौके-सफर** - सफर (यानी चलते रहना) का शौक

•••

हर खिजाँ के गुबार में हमने कारवाने-हयात देखा है,
कितने पशमीनापोश जिस्मों में रूह तार-तार देखा है।

-अफसर मेरठी

1. **खिजाँ** - पतझड़ की ऋतु 2. **गुबार** - धूल, रज 3. **कारवाने-हयात** - जीवन का कारवाँ 4. **पशमीनापोश** - कीमती दुशालों में ढके

•••

हर इक शख्स अदम से तने-उरियाँ लेकर,
शहरे-हस्ती में खरीदारे - कफन आता है।

1. **अदम** - परलोक, यमलोक 2. **तने-उरियाँ** - नंगा शरीर

•••

हसरतों का सिलसिला कब खत्म होता है 'जलील',
खिल गये जब गुल तो पैदा और कलियाँ हो गईं।

-'जलील' मानिकपुरी

•••

हो दौरे-गम कि अहदे-खुशी, दोनों एक हैं,
दोनों गुजश्तनी हैं, खिजां क्या, बहार क्या?

-त्रिलोक चन्द 'महरूम'

1. **दौरे-गम** - गमों का दौर 2. **अहदे-खुशी** - खुशी का वक्त 3. **गुजश्तनी** - बीत जाने वाला, गुजरने योग्य 4. **खिजां** - पतझड़ की ऋतु

– – – – – –

ज़िंदादिली

(A Tendency of Mind to Remain Happy in All Situations)

अगर खो गया इक निशेमन तो क्या गम, मुकामाते-आहो-फुगाँ और भी है।
कनाअत न कर आलमे-रंगो-बू पर, चमन और भी आशियाँ और भी हैं।
तू शाही है परवाज है काम तेरा, तेरे सामने आसमाँ और भी है।

-मोहम्मद इकबाल

1. **निशेमन** - आशियाना, घोंसला, नीड़ 2. **मुकामात** - (i) स्थान, जगह (ii) पड़ाव, मंजिल (iii) प्रतिष्ठा, इज्जत 3. **फुगाँ** - आर्तनाद, फरियाद, नाला 4. **कनाअत** - पर्दा 5. **आलमे-रंगो-बू** – रंग और खुशबू की दुनिया (यानी दुनिया की रंगीनियाँ) 6. **शाही** - बाज पक्षी, श्येन 7. **परवाज** – उड़ान

•••

अगर छुट गये कारवाँ से तो क्या गम,
कभी शामिले – कारवाँ भी रहे हैं। -मुजीब

•••

अच्छा है दिल के पास रहे पासबाने-अक्ल,
लेकिन कभी-कभी इसे तन्हा भी छोड़ दें।

-मोहम्मद इकबाल

पासबान - द्वारपाल, प्रहरी

•••

अपनी तबाहियों का मुझे कोई गम नहीं,
तुमने किसी के साथ मुहब्बत निभा तो दी।

-साहिर लुधियानवी

•••

अभी आस टूटी नहीं है खुशी की, अभी गम उठाने को जी चाहता है।
तबस्सुम हो जिसमें निहाँ जिन्दगी का, वह आंसू बहाने को जी चाहता है।

-'अदीब' मालीगाँवी

1. **तबस्सुम** - मुस्कान, मुस्कुराहट 2. **निहाँ** - छुपा हुआ।

•••

असीरों के हक में यही फैसला है,
कफस को समझते रहें आशियाना।

-दिल शाहजहांपुरी

1. **असीर** - बंदी, कैदी 2. **कफस** - पिंजड़ा, कैद 3. **आशियाना** - घोंसला, नीड़

आज तारीकिए–माहौल से दम घुटता है,
कल खुदा चाहेगा 'तालिब' तो सहर भी होगी।

-तालिब देहलवी

1. **तारीकी**- अंधकार, अंधेरा, धुंधलापन 2. **सहर** - सुबह, सबेरा

●●●

आता है जज्बे-दिल को यह अंदाजे - मैकशी,
रिन्दों में रिन्द भी रहें, दामन भी तर न हो।

-जोश मल्सियानी

1. **जज्बे-दिल** - दिल की कशिश 2. **अंदाजे-मैकशी** - शराब पीने का अंदाज 3. **रिन्द** - शराबी

●●●

आदमी को सिर्फ वहम है, पास उसके ही इतना गम है,
पूछो हंसते हुए चेहरों से, आंख भीतर से कितनी नम है।

●●●

इक तबस्सुम हजार शिकवों का,
कितना प्यारा जवाब होता है।

तबस्सुम - मुस्कान, मुस्कुराहट

●●●

1. **जुल्मत** - अंधियारा, अंधेरा, अंधकार, तिमिर 2. **वाबस्ता** - जुड़ा रहना 3. **साया-ए-जुल्फे-परीशाँ** – बिखरी जुल्फों का साया

●●●

इक नई बुनियाद डालेंगे तजस्सुम की 'शफा',
हर गुबारे - कारवाँ कारवाँ ढूंढेंगे हम।

-शफा ग्वालियरी

1. **तजस्सुम** - खोज, तलाश 2. **गुबार** - धूल, रज, गर्द।

●●●

इशरतकदे को खाना -ए- वीरां बनायेंगे,
छोटे से अपने घर को बियाबाँ बनायेंगे।

-मिर्जा गालिब

1. **इशरतकदा** - आनन्द महल, रंगभवन , रंगशाला, रंगमहल 2. **खाना-ए-वीरां** - वीरान घर 3. **बियाबाँ** - जंगल, कानन

●●●

इशरते-सोहबते-खूबाँ ही गनीमत समझो,
न हुई 'गालिब' अगर उम्रे-तबीई न सही।

-मिर्जा गालिब

1. **इशरते-सोहबते-खूबाँ** - हसीनों की सोहबत का आनन्द 2. **तबीई** – प्राकृतिक

उजाला तो हुआ कुछ देर को सहने-गुलिस्ताँ में,
बला से फूँक डाला बिजलियों ने आशियाँ मेरा।

-मिर्जा गालिब

सहन - आँगन

•••

उनको देखे से जो आ जाती है मुंह पर रौनक, वह समझते हैं कि बीमार का हाल अच्छा है।
हमको मालूम है जन्नत की हकीकत लेकिन, दिल को खुश रखने को 'गालिब' ये ख्याल अच्छा है।

-मिर्जा गालिब

•••

उनपै हँसिये शौक से जो माइले–फरियाद हैं,
उनसे डरिये जो सितम पर मुस्कुराकर रह गये।

-'असर' लखनवी

1. माइल - आसक्त, आशिक, प्रवृत्त, झुकाव रखने वाला आमादा **2. फरियाद** - (i) सहायता के लिए पुकार, दुहाई (ii) शिकायत, परिवाद (iii) आर्तनाद, दुख की आवाज (iv) नालिश, न्याय याचना। **3. सितम** - जुल्म, अत्याचार

•••

उम्र भर रेंगते रहने से तो बेहतर है,
एक लमहा जो तेरी रूह में वुसअत भर दे।

-'साहिर' लुधियानवी

वुसअत - (i) शक्ति, ताकत, सामर्थ्य (ii) उदारता (iii) विस्तार

•••

उम्र फानी है तो फिर मौत से क्या डरना,
इक न इक रोज यह हंगामा हुआ रखा है।

-मिर्जा 'गालिब'

फानी - नश्वर, नाशवान, मिट जाने वाला, न रहने वाला।

•••

एक हंगामे पै मौकूफ है घर की रौनक,
नौहा-ए-गम ही सही, नग्मा-ए-शादी न सही।

-मिर्जा गालिब

1. मौकूफ - आधारित, निर्भर **2. नौहा-ए-गम** - गमी का शोक, गमी मेंरोना-पीटना **3. शादी** - (i) हर्ष, आनन्द (ii) विवाह, व्याह

•••

एक लमहा भी मसर्रत का बहुत होता है,
लोग जीने का सलीका ही कहाँ रखते हैं।

1. मसर्रत - आनन्द, हर्ष, खुशी

एक हँसती हुई परेशानी,
वाह क्या जिन्दगी हमारी है।

•••

एहतिरामे-खिजाँ करो यारों,
यह नवेदे-बहार होती है।

-अब्दुल हमीद 'अदम'

1. **एहतिरामे-खिजाँ** - पतझड़ ऋतु का स्वागत 2. **नवेदे-बहार** - बहार के आने की शुभ सूचना, बहार के आगमन की खुशखबरी

•••

ऐ गमे – दुनिया न हो नाराज,
मुझको आदत है मुस्कुराने की।

-अब्दुल हमीद अदम

•••

ऐ मौत आ के हमको खामोश तो कर गई तू,
मगर सदियों दिलों के अंदर, हम गूंजते रहेंगे।

-फिराक गोरखपुरी

•••

कट गई यह बहरे-गमे मौजों से हँसते-खेलते,
बहते-बहते देख आखिर आ लगे साहिल से हम।

- फिराक गोरखपुरी

1. **बहरे-गमे** - गमों का सागर 2. **मौज** - लहर, तरंग 3. **साहिल** - तट, किनारा

•••

कफस में खींच ले जाये मुकद्दर या नशेमन में,
हमें परवाजे-मतलब है, हवा कोई भी चलती हो।

-सीमाब अकबराबादी

1. **नशेमन** - आशियाना, घोंसला, नीड़ 2. **परवाज** - उड़ान

•••

कभी शाखे-सब्जा-ओ- बर्ग पर, कभी गुंचा-ओ-गुलो -खार पर,
मैं चमन में चाहे जहाँ रहूँ, मुझे हक है फस्ले-बहार पर।

-जिगर मुरादाबादी

1. **शाखे-सब्जा** - हरियाली से भरी टहनी 2. **बर्ग** -पत्ता, पत्ती 3. **गुंचा** -कली 4. **फस्ले** - बहार – बसन्त ऋतु, बहार का मौसम

कर्ज की पीते थे मय, लेकिन समझते थे कि हाँ,
रंग लायेगी हमारी फाकामस्ती एक दिन।

-मिर्जा गालिब

1. **मय** - शराब, मदिरा 2. **फाकामस्ती** - फाकों (निराहार, उपवास, अनशन) में बसर करना।

•••

कल जो अपने थे अब पराये है, क्या सितम आसमाँ ने ढाये है,
दिल दुखा होंठ मुस्कराये है, हमने ऐसे भी गम उठाये हैं।

-'बेताब' अलीपुरी

•••

कहाँ दूर हट के जायें, हम दिल की सरजमीं से,
दोनों जहां की सैरें, हासिल है सब यहीं से।

-जिगर मुरादाबादी

सरजमीं - (i) पृथ्वी, जमीन (ii) देश, मुल्क

•••

कांटों पर अगर चलना ही पड़े, मायूस न हो जाना राही
जब फूल हों दिल के दामन में, फिर क्या है जो इंसां कर न सके।

•••

कांटों से घिरा रहता है चारों तरफ से फूल,
फिर भी खिला ही रहता है, क्या खुशमजाज है।

•••

किसको होती है अता इस शान की बर्बादियाँ,
आशियाँ हम क्या बचाते, बिजलियाँ देखा किए।

1. **अता** – प्राप्त 2. **आशियाँ** - घोंसला, नीड़

•••

कुछ इस अदा से यार ने पूछा मेरा मिजाज,
कहना ही पड़ा शुक्र है परवरदिगार का।

-'जलील' मानिकपुरी

1. **परवरदिगार** - ईश्वर, परमात्मा, खुदा

•••

कुछ दिन की और कश्मकशे-जीस्त है 'असर',
अच्छी बुरी गुजरनी थी, जैसी गुजर गई।

-'असर' लखनवी

1. **कश्मकश** - (i) खींचातानी, आपाधापी (ii) संघर्ष, लड़ाई (iii) दौड़धूप, पराक्रम 2. **जीस्त** - जिन्दगी

कुछ लोग जमाने में ऐसे भी होते हैं,
महफिल में जो हंसते हैं तन्हाई में रोते हैं।

-सागर

•••

कुछ हसीं ख्वाब और कुछ आँसू,
उम्र भर की मेरी यही कमाई है।

-मजहर इमाम

1. ख्वाब - (i) सपना (ii) नींद

•••

कोई कशिश तो है इस गरीबखाने में,
तमाम दहर के आलाम आये बैठे हैं।

-अब्दुल हमीद 'अदम'

1. कशिश - (i) आकर्षक, खिंचाव (ii) रोचकता, दिलकशी **2. दहर** - दुनिया, संसार **3. आलाम** – अलम का बहुवचन, कष्ट-समूह, दुख, तकलीफ, गम

•••

कौन हंस-हंस के जिया है और कौन गाता है मर्सिया,
यह तो वो बतायेंगे, जिन्होने मुस्कुराकर विष पिया है।

मर्सिया-गमों के गीत, शोकगीत

•••

क्या जरूरत, क्यों जफाएं बागबां तेरी सहें,
जा तुझे गुलशन मुबारक, मुझको वीराने बहुत।

- राही शिहाबी

1. जफा - जुल्म, सितम **2. बागबां**- माली

•••

क्या मुस्तकिल इलाज किया दिल के दर्द का,
वह मुस्कुरा दिये, मुझे बीमार देखकर।

-अब्दुल हमीद 'अदम'

1. मुस्तकिल - (i) चिरस्थायी, पायदार, पक्का (ii) अटल, दृढ़, निश्चय

•••

खताओं पर खतायें हो रही थीं नावक-अफगन से,
इधर तीरों से बनता जा रहा था आशियाँ मेरा।

1. नावक-अफगन - तीरन्दाज, तीर चलाने वाला **2. आशियाँ** - घोंसला, नीड़

•••

खलिश ने दिल को मेरे, कुछ मजा दिया ऐसा,
कि जमा करता हूँ खार आशियानों के लिये।

-त्रिलोकचन्द 'महरूम'

1. खलिश - पीड़ा, दर्द, टीस **2. खार** - कांटा

खा – खा के शिकस्त फतह पाना सीखो, गिरदाब में कहकहा लगाना सीखो।
इस दौरे-तलातुम में अगर जीना है, खुद अपने आप को तूफान बनाना सीखो।

- नजीर बनारसी

1. शिकस्त - हार **2. फतह** - जीत, विजय **3. गिरदाब** - भंवर **4. दौरे-तलातुम** - पानी का मौजें मारना , बाढ़, तुग्यानी

•••

खामोशी में मुसीबत और भी संगीन होती है,
तड़प ऐ दिल तड़पने से जरा तस्कीनहोती है।

-शाद अजीमाबादी

1. संगीन - सख्त, कड़ा, कठोर **2. तस्कीन**-(i) सांत्वना, ढाढस, दिलासा (ii) संतोष, इत्मीनान (iii) पीड़ा और दर्द में कमी, आराम

•••

खिजाँ आयेगी तो आयेगी ढलकर बहारों में,
कुछ इस अन्दाज से नज्मे-गुलिस्ताँ कर रहा हूँ मैं।

-शफक टौंकी

नज्म - प्रबन्ध, व्यवस्था

•••

खुद अपनी बेबसी की उड़ाई है यूँ हँसी,
आये जो अश्क आंखों में हम मुस्करा दिये।

-मौज

•••

खूब था पहले से होते जो हम अपने बादाख्वाह,
कि भला चाहते हैं, और बुरा होता है।

-मिर्जा गालिब

1. खूब - सुन्दर, उत्तम **2. बादाख्वाह** - बुरा चाहने वाला

•••

गम और खुशी में फर्क न महसूस हो जहाँ, मैं दिल को उस मुकाम पै लाता चला गया।
बर्बादियों का सोग मनाना फिजूल था, बर्बादियों का जश्न मनाता चला गया।

-'साहिर' लधियानवी

•••

गमे – जहाँ हो, गमे - यार हो कि तेरे सितम,
जो आये, आये कि हम दिल कुशादा रखते हैं।

-फैज अहमद 'फैज'

1. सितम - अत्याचार, जुल्म **2. कुशादा** - चौड़ा, फैला हुआ, विस्तृत (यानी फराखदिल, दरियादिल, उदार हृदय)

गमे-दौराँ से बस इतना तअल्लुक है 'अदम' मेरा,
गमे-दौराँ की जानिब मुस्करा के देख लेता हूँ।

-मिर्जा गालिब

1. तअल्लुक – सम्बन्ध **2. जानिब** - ओर

•••

गमे-नाकामिये-हयात ही सही,
देने वाले ने कुछ दिया तो है।

-'मुनव्वर' लखनवी

गमे-नाकामिये-हयात - जीवन की नाकामियों का गम

•••

गमे - हस्ती का 'असद' किससे जुज-मर्ग इलाज,
कि शम्अ हर रंग में जलती है सहर होने तक।

-मिर्जा गालिब

1. जुज-मर्ग - मौत के अलावा 2. सहर - सुबह, सबेरा

•••

गमे - हस्ती के बियाबानों से,
कुछ हमीं थे जो गजलख्वाँ निकले।

-मिर्जा गालिब

1. बियाबान - जंगल, वन **2. गजलख्वाँ** - गजल गाते हुए

•••

'गालिब' बुरा न मान जो वाइज बुरा कहे,
ऐसा भी कोई है कि सब अच्छा कहें ।

-मिर्जा गालिब

1. वाइज – धर्मोपदेशक

•••

गिरते हैं शहसवार ही मैदाने -जंग में,
वो तिफ्ल क्या गिरेंगे, जो घुटनों के बल चलें।

1. शहसवार - घोड़े की बहुत अच्छी सवारी करने वाला **2. तिफ्ल** - बालक, बच्चा

•••

गुजरे हुए जमाने का अब तजकिरा क्या,
अच्छा गुजर गया बहुत अच्छा गुजर गया।

तजकिरा - जिक्र, चर्चा

•••

गुलों के साये में अक्सर 'रियाज' तड़पा हूँ,
करार कांटों पै कुछ ऐसा पा लिया मैंने।

-'रियाज' श्यामनगरी

चार दिन की बात है क्या दुश्मनी, क्या दोस्ती,
काट दो इसको खुशी से यार हंसते-हंसते।

-गुमनाम भरतपुरी

•••

जफा सैयाद की अह्ले-वफा ने रायगां कर दी,
कफस की जिन्दगी वक्फे-खयाले-आशियाँ कर दी।

-आनन्द नारायण मुल्ला

1. **जफा** - जुल्म, अत्याचार 2. **सैयाद**- बहेलिया, चिड़ीमार, आखेटक 3. **अह्ले-वफा** - वफा निभाने वाला 4. **रायगां** - व्यर्थ, बेकार 5. **कफस**- पिंजड़ा 6. **वक्फे-खयाले-आशियाँ** - आशियाँ केखयाल में व्यतीत

•••

जब कोई ताजा चोट खाते हैं,
अह्ले-दिल फिर भी मुस्कराते हैं।

-नरेश कुमार 'शाद'

1. **अह्ले-दिल** - दिल वाले

•••

जमाना उसकी तबाही पै किस लिये राये,
जो आप अपनी तबाही पै मुस्कुराता है।

•••

जमाना जो आतिशफिशाँ है तो क्या गम,
हम आतिशकदे को गुलिस्ताँ करेंगे।

-'शकील' बदायुनी

1. **आतिशफिशाँ** - आग बरसाने वाला 2. **आतिशकदा** - अग्निशाला, वह स्थान जहाँ चुल्हा या भट्ठी जलती हो

•••

जल भी जाये नशेमन तो परवा नहीं,
बिजलियों से मेरा दोस्ताना तो है।

नशेमन - आशियाना, घोंसला

•••

जहाने-रंगो-बू में क्यों तलाशे-हुस्न हो मुझको,
हजारों जलवे रख्शिंदा है मेरे दिल के पर्दे में।

-'शकील' बदायुनी

1. **जहाने-रंगो-बू** - रंग और खुशबू की दुनिया 2. **जलवा** - नज्जारा , दृश्य, तमाशा 3. **रख्शिंदा**- चमकने वाले, दीप्त, प्रकाशमान

जिन्दगी कब है साजगार हमें,
फिर भी कमबख्त से प्यार है हमें।

-नरेश कुमार 'शाद'

1. **साजगार** - अनुकूल, मुआफिक, जो बात रास आ जाए, मुबारक

•••

जिन्दगी जिन्दादिली का नाम है,
मुर्दादिल क्या खाक जिया करते हैं।

-नासिख

•••

जिन्दगी की राहों में, गम भी साथ चलते हैं,
कोई गम में हँसता है, कोई गम में रोता है।

-'खातिर' गजनवी

•••

जिसके होठों पै तबस्सुम है मगर आँखें नम हैं, उसने गम अपना जमाने से छुपाया होगा।
जुबां खामोश है लेकिन मेरी आंखों में लिखा है, कि हाले-दिल पढ़ा जाता है, बतलाया नहीं जाता।

तबस्सुम - मुस्कान, स्मित

•••

जोफ में ताना-ए - अग्यार का शिकवा क्या है,
बात कुछ सर तो नहीं है कि उठा भी न सकूँ।

-मिर्जा गालिब

1. **जोफ** - निर्बलता कमजोरी, बीमारी की कमजोरी 2. **अग्यार** - अस्वजन, गैर लोग (ii) प्रतिद्वंदी जन, रकीब लोग

•••

तआरूफ रोग हो जाए तो उसको भूलना बेहतर,
तअल्लुक बोझ बन जाये तो उसको छोड़ना अच्छा।
वह अफसाना जिसे तकमील तक लाना न हो मुमकिन,
उसे इक खूबसूरत मोड़ देखकर छोड़ना अच्छा।

-साहिर लुधियानवी

1. **तआरूफ** - एक दूसरे को पहचानना, परिचय, जान-पहचान 2. **तअल्लुक** - (i) स्वजनता, रिश्तेदारी (ii) संबंध, संपर्क, लगाव 3. **तकमील** - पूर्ति, समाप्ति

•••

तर्के - तअल्लुकात खुद अपना कसूर था,
अब क्या गिला कि उसको हमारी खबर नहीं।

-गोपाल मित्तल

1. **तर्के-तअल्लुकात** - संबंधों का त्याग

तुमसे बेजा है मुझे अपनी तबाही का मिला,
इसमें कुछ शाइबए-खूबिए-तकदीर भी था।

-मिर्जा गालिब

1. **बेजा** - (i) अनुचित, नामुनासिब (ii) असंगत, बेतुका2. **शाइबए-खूबिए-तकदीर** -तकदीर की खूबी का हाथ

•••

तुम्हारे महबूब हजारों होंगे, हमारे शैदा भी लाखों लेकिन,
न तुमको शिकवा, न मुझको शिकवा, गिला करोगे, गिला करेंगे।

शैदा - (i) मुग्ध, मोहित, आसक्त (ii) आशिक, चाहने वाला (iii) उन्मत्त, पागल

•••

तू गम दे या खुशी, तुझे इख्तियार है,
हम बेनियाज हो गये,दामन पसारकर। - अनवर मिर्जापुरी

बेनियाज - निस्पृह, जिसे किसी से कुछ लेने की इच्छा न हो

•••

तूले – गमे - हयात से घबरा न ऐ 'जिगर',
ऐसी भी कोई शाम है जिसकी सहर न हो।

-'जिगर' मुरादाबादी

1. **तूल**- (i) लम्बाई, दीर्घता, आयाम (ii) ढेर, अम्बार 2. **हयात**- जिन्दगी 3. **सहर** - सुबह, सबेरा

•••

दिल गया, रौनके-हयात गई,
गम गया, सारी कायनात गई।

-जिगर मुरादाबादी

•••

दिल गवारा नहीं करता शिकस्ते - उम्मीद,
हर तगाफुल पै नवाजिश का गुमाँ होता है।

-'रविश'सिद्दकी

1. **शिकस्त** - (i) हार, पराभव, पराजय (ii) टूट-फूट, शिकस्तगी 2. **तगाफुल** - (i) उपेक्षा, बेतवज्जुही (ii) असावधानी, गफ्लत, ढील, बिलम्ब, देर 3. **नवाजिश** - कृपा, अनुकंपा, दया, मेहरबानी 4. **गुमाँ** - (i) शंका, शुबह (ii) भ्रम,बदगुमानी, कुधारणा

•••

दिल दे तो इस मिजाज का परवरदिगार दे,
जो रंज की घड़ी भी खुशी से गुजार दे।

-मिर्जा 'दाग'

1. **परवरदिगार** - इश्वर, परमात्मा, खुदा

दिल नाउम्मीद तो नहीं, नाकाम ही तो है,
लंबी है गम की शाम, मगर शाम ही तो है। -फैज अहमद फैज

•••

दिल वो रखता हूँ जो कभी उनकी,
बदमजाजी से बदमजा न हुआ। -'नसीम' जयपुरी

1. **बदमजाजी** - चिडिचिड़ापन, बुरा स्वभाव, स्वभाव का गुस्सैल होना 2. **बदमजा** – (i) खिन्न, मलिन, उदास, अफ्सुर्दा (ii) जिसमेंस्वाद न हो, कुस्वाद

•••

दूनिया से यास जाने को दिल चाहता नहीं,
वल्लाह क्या कशिश है इस उजड़े दियार में। -यगाना चंगेजी

1. **वल्लाह** - खुदा की कसम. ईश्वर की शपथ 2. **कशिश** - आकर्षण, दिलकशी, खिंचाव 3. **दियार** - स्थान, मुकाम

•••

देखना है तो मेरा रंग खिजाँ में देखो,
फस्ले-गुल में तो हर चीज निखर जाती है।

1. खिजाँ - पतझड़ की ऋतु 2. **फस्ले-गुल**- वसंत ऋतु, बहार

•••

न खतरा है खिजाँ का, न उम्मीदे - बहारे - गुल,
नशेमन में कफस जैसी फरागत हो नहीं सकती।

-'अलम' मुजफ्फरनगरी

1. **खिजाँ** - पतझड़ की ऋत 2. **नशेमन** - आशियाना, घोंसला, नीड़ 3. **कफस** - पिंजड़ा, कारागार 4. **फरागत** - (i) सुख, आराम, चैन (ii) मुक्ति, नजात (iii) अवकाश फुर्सत

•••

न खिजाँ में है कोई तीरगी, न बहार में कोई रौशनी,
ये नजर-नजर के चराग हैं, कहीं जल गये, कहीं बुझ गये।

-'शायर' लखनवी

1. **खिजाँ** - पतझड़ की ऋत 2. **तीरगी** - अंधेरा, अंधकार

•••

न तीर कमां में है, न सैयाद कमीं में,
गोशे में कफस के मुझे आराम बहुत है।

-मिर्जा गालिब

1. **कमां** - धनुष, धनु, तीर चलाने का यंत्र 2. **सैयाद** - चिड़ीमार, बहेलिया, शिकारी 3. **कमीं** - वह गुप्त स्थान जहाँ किसी की ताक में छिपकर बैठा जाए, आड़, घात में, शिकार की ताक में छिपकर बैठने का स्थान4. **गोशा** - कोना 5. **कफस** - पिंजड़ा, कारागार

न मौजें, न तूफां, न माझी, न साहिल, मगर मन की नैया बही जा रही है।
चला जा रहा है वफा का मुसाफिर, जिधर भी तमन्ना लिये जा रही है।

1. **साहिल** - किनारा, तट 2. **वफा** - (i) प्रतिज्ञा-पालन (ii) भक्ति, वफादारी (iii) निर्वाह, निबाह (iv) स्वामी या मित्र के साथ तन, मन, धन से निबाहना और कड़े से कड़े समय पर उसका साथ देना

•••

न लुटता दिन को तो कब रात को यूँ बेखबर सोता,
रहा खटका न चोरी का, दुआ देता हूँ रहजन को।

-मिर्जा गालिब

1. **रहजन** - लुटेरा, बाटमार

•••

नग्माहाए-गम को भी ऐ दिल गनीमत जानिए,
बेसदा हो जायेगा यह साजे-हस्ती एक दिन।

-मिर्जा गालिब

1. **नग्माहाए-गम** - गमों के गीत 2. **बेसदा** - बेआवाज, खामोश

•••

नहीं है इताबे-जमाना खिताब के काबिल,
तेरा जवाब यही है कि मुस्कराये जा।

1. **इताब** - कोप, क्रोध, गुस्सा 2. **खिताब** - उपाधि, मान्यता

•••

निगाहे-शौक को शाखे-निहाले-गुल की तलाश,
हवाए-ए-तुन्द की यह जिद कि आशियाँ न बने।

-'दिल' शाहजहाँपुरी

1. **शौक** - चाह, चाहत, अभिलाषा, उत्कंठा 2. **शाखे-निहाले-गुल** - फूलों से लदी हरी-भरी टहनी या डाली 3. **हवाए-ए-तुन्द** – तेज हवा, झक्कड़, झंझावात, आँधी 4. **आशियाँ** - घोंसला

•••

निशेमन जलने का हम क्यों असर लें,
मिला जब वक्त फिर तामीर कर लेंगे।

1. **निशेमन** - घोंसला, नीड़ 2. **तामीर** - निर्माण, बनाना

•••

पजमुर्दा होके फूल गिरा शाख से तो क्या,
वह मौत है हसीन, जो आये शबाब में।

-असर लखनवी

1. **पजमुर्दा**- (i) मुर्झाना, (ii) खिन्न, उदास 2. **शबाब**- युवावस्था, जवानी

पढ़े जो गौर से तारीख के वरक हमने,
आँधियों में भी जलते हुए चराग मिले।

1. तारीख - इतिहास **2. वरक** - पन्ने

•••

पस्त कहता नहीं मैं पस्ती को,
अपनी तबिअत बुलंद रखता हूँ। -'अख्तर' अंसारी

1. पस्त - (i) नीचा (ii) लघु, छोटा (iii) नीच, अधम, कमीना **2. पस्ती** - (i) निचाई, निशेब (ii) नीचता, कमीनगी

•••

पाल ले इक रोग नादां जिन्दगी के वास्ते,
वरना सेहत के सहारे जिन्दगी कटती नहीं।

•••

फस्ले-गुल की बरहनगी है वह,
लोग जिसको खिजाँ समझते हैं। -अब्दुल हमी अदम

1. फस्ले-गुल - वसन्त ऋतु **2. बरहनगी** - नग्नता, नंगापन **3. खिजाँ** - पतझड़ की ऋतु

•••

फितरत के हसीं नज्जारों में, पुरकैफ खजाने और भी हैं,
मैखाना अगर वीराँ है तो क्या, रिन्दों के ठीकाने और भी हैं।
-'शकील' बदायुनी

1. फितरत- (i) प्रकृति, कुदरत (ii) स्वभाव, आदत **2. पुरकैफ**- भरपूरमस्ती से भरा हुआ **3. मैखाना**- शराबखाना **4. रिन्द**- शराबी

•••

फितरत गुलो-बुलबुल की जो थी, वही अब भी है,
सौ बार खिजाँ आयी, सौ बार बहार आई।

1. फितरत - स्वभाव, आदत **2. खिजाँ** - पतझड़ की ऋतु

•••

फिर देख उसका रंग निखरता है किस तरह,
दोशीजए - खिजाँ को खिताबे - बहार दे। -अब्दुल हमीद 'अदम'

1. दोशीजए–खिजाँ- पतझड़ रूपी जवान और अल्हड़ कन्या **2. खिताब** - संज्ञा, उपाधि, नाम

•••

फूल चुनना भी अबस, सैरे - बहारां भी अबस,
दिल का दामन ही जो कांटों से बचाया न गया।
-मुईन अहसन 'जज्बी'

1. अबस - व्यर्थ

फूल वही, चमन वही, फर्क नजर - नजर का है,
अहदे-बहार में क्या था, दौरे-खिजाँ में क्या नहीं।

-'जिगर' मुरादाबादी

1. **अह्दे-बहार**- बहार का मौसम 2. **दौरे-खिजाँ**- पतझड़ ऋतु

•••

बढ़ने दिये नहीं कभी दुनिया के हौसले,
जब कभी चोट खाये हैं, हम मुस्कराये हैं।

•••

बर्क क्या बर्बाद कर सकती है मेरा आशियाँ,
बल्कि यूँ कहिए कि रौशन आशियाँ हो जायेगा।

1. **बर्क** - बिजली, चपला, सौदामिनी 2. **आशियाँ** - घोंसला

•••

बहला रहे हैं अपनी तबिअत खिजाँ-नसीब,
दामन पै खींच-खींच कर नक्शा बहार का।

-'दिल' शाहजहाँपुरी

1. खिजाँ - पतझड़ की ऋतु

•••

बहुत से लोग बस अपने दुखों की गीत गाते है,
कि होली हो या दिवाली सदा मातम मनाते हैं।
मगर दुनिया उन्हीं की रागिनी पै झूमती देखी,
जो जलती चिता पर बैठकर वीणा बजाते हैं।

•••

बागे - हस्ती में सबक लें, फूल से अहले - नजर,
जिसने कि, की उम्र, तबस्सुम से बसर खारों में।

-कौसर

1. **अहले-नजर** - समझदार, पारखी 2. **तबस्सुम** – मुस्कान 3. **खार** - कांटा

•••

बिछड़ कर कारवाँ से मैं कभी तन्हा नहीं रहता,
रफीके – राह बन जाती है गर्दे - कारवाँ मेरी।

-'जलील' मानिकपुरी

1. **रफीके-राह** - सहयात्री, सहचर, हमसफर, साथ चलने वाला 2. **गर्दे** - धूल, रज, गर्द

•••

बिजलियाँ भी टूटेंगी, जलजले भी आयेंगे,
फूल मुस्कराये हैं और फूल मुस्करायेंगे।

1. **जलजला**- भूकंप, भूचाल

माँगते हैं जमाने की खुशियाँ,
खुद तरसते हैं इक हंसी को हम।

•••

माना कि इस जमी को न गुलजार कर सके,
कुछ खार कम तो कर गये गुजरे जिधर से हम।

गुलजार - वह स्थान जहां खूब चहल-पहल और रौनक हो, उद्यान, वाटिका

•••

मुझको मालूम है जन्नत की हकीकत लेकिन,
दिल खुश रखने को 'गालिब' ये ख्याल अच्छे हैं।

-मिर्ज़ा गालिब

•••

मुझको तो खुद तबाहियाँ अपनी पसंद हैं,
बिजली तड़प रही है क्यों आशियाँ से दूर।

-'बहजाद' लखनवी

•••

मुझसे हर बार मसर्रत ने छुड़ाया दामन,
मुझको सौ बार दिया गम ने सहारा।

1. **मसर्रत** - हर्ष, खुशी, आनन्द

•••

मेरे ताइरे-कफस को नहीं बागबाँ से रंजिश,
मिले घर में आबोदाना तो यह दाम तक न पहूंचे।

-शकील बदायुनी

1. **ताइरे-कफस**- पिंजड़े में कैद पंछी 2. **बागबाँ**- माली 3. **आबोदाना**- अन्न-जल 4. **दाम**- फंदा, पाश, जाल

•••

मुझे बहिश्त से इन्कार की मजाल कहाँ,
मगर जमीं पर महसूस यह कमी तो करूँ।

1. **बहिश्त** -स्वर्ग, जन्नत 2. **मजाल** - शक्ति, बल, साहस, हिम्मत

•••

मुस्कुराहट में छिपाते हैं जो अपने गमों को,
वो अपनी हालत पै औरों को रूला देते हैं।

•••

मेरी खुशी तो मेरे गमों का लिबास है,
लेकिन जमाना इतना कहाँ गमशनास है।

1. **गमशनास** - गम को समझने वाला

मेरे दर्द में निहाँ है वह निशाते-जाविदानी,
कि निचोड़ दूँ जो आहें, टपक पड़े तबस्सुम।

-'नाजिश' प्रतापगढ़ी

1. **निहाँ** - छिपा हुआ, निहित 2. **निशाते-जाविदानी** - शाश्वत आनन्द, हमेशा रहने वाली खुशी 3. **तबस्सुम** - मुस्कान, मुस्कुराहट

•••

मेरे दिले-मायूस में क्यों कर न हो उम्मीद,
मुरझाये हुए फूल में क्या बू नहीं होती।

-'अख्तर' अंसारी

•••

मेरे दोस्तों की दिलआजारियों में,
मेरी बेहतरी की कोई बात होगी।

-अब्दुल हमीद 'अदम'

दिलआजारी- कोई ऐसी बात कहना या करना जिससे किसी का दिल दुखे, सताना, कष्ट देना

•••

मेरे लबों का तबस्सुम तो सबने देख लिया,
जो दिल पै बीत रही है वो कोई क्या जाने।

1. **तबस्सुम** - मुस्कान

•••

मेरे शौके-सजा का यह खौफनाक अंजाम तो देखो,
किसी का जुर्म हो, अपनी खता मालूम होती है।

-आजाद अंसारी

•••

मैं जिन्दगी का साथ निभाता चला गया, हर फिक्र को धुएं में उड़ाता चला गया।
जो मिल गया उसी को मुकद्दर समझ लिया, जो खो गया मैं उसको भुलाता चला गया।
गम और खुशी में फर्क न महसूस हो जहाँ, मैं दिल को उस मुकाम पै लाता चला गया।
बर्बादियों का सोग मनाना फिजूल था, बर्बादियों का जश्न मनाता चला गया।

-'साहिर' लुधियानवी

•••

मैं हंसता हूँ मगर ऐ दोस्त अक्सर हंसने वाले भी,
छुपाए होते हैं दाग और नासूर अपने सीनों में।

-अख्तर अंसारी

1. **नासूर** - एक प्रकार का घाव जो हमेशा रिसता रहता है और कभी अच्छा नहीं होता

मैंने हर गम को खुशी में ढाला है, मेरा हर इक रंग निराला है।
लोग जिन हादिसों में मरते हैं, मुझको उन हादिसों ने पाला है।

-नरेश कुमार 'शाद'

•••

मौत से क्यों इतनी दहशत, जान क्यों इतनी अजीज,
मौत आने के लिये है, जान जाने के लिये है।

•••

यह और बात है कि मैं शिकायत न कर सकूँ,
लेकिन तेरी निगाह को पहचानता हूँ मैं।

-नाजिश प्रतापगढ़ी

•••

यह तो नहीं कि गम नहीं,
लेकिन मेरी आंख नम नहीं।

-'फिराक' गोरखपुरी

•••

यह देखकर कि बर्क का रूख इधर को नहीं,
निकले तलाशे-बर्क में खुद आशियाँ से हम।

1. बर्क -बिजली, चपला, तड़ित **2. आशियाँ**- घोंसला, निशेमन, नीड़

•••

यह माना जिन्दगी है चार दिन की,
बहुत होते हैं यारों चार दिन भी।

-फिराक गोरखपुरी

•••

यह सोच ही रहे थे कि बहार खत्म हुई,
कहाँ चमन में निशेमन बने या न बने।

-जलील मानिकपुरी

1. निशेमन - आशियाना, घोंसला, नीड़

•••

यह हादिसे जो इक-इक कदम पै हाइल हैं, खुद एक दिन तेरे कदमों का आसरा लेंगे।
जमाना अगर ची-ब-जबीं है तो क्या है, हम इस इताब पै कुछ और मुस्करा लेंगे।

-रविश सिद्दकी

1. हाइल - बीच में आने वाला, आड़ या बाधा बनने वाला **2. ची-ब-जबीं** - जिसके माथे पर नाखुशी के बल पड़ गये हों,अप्रसन्न, रूष्ट, नाखुश **3. इताब** - कोप, क्रोध, गुस्सा

ये न थी हमारी किस्मत कि विसाले-यार होता,
अगर और जीते रहते, यही इन्तिजार होता।
तेरे वादे पै जिये हम तो यह जान झूठ होता,
कि खुशी से मर न जाते अगर एतबार होता।

-मिर्जा गालिब

1. **विसाल** - मिलन, मेल, संयोग

•••

रंगीनिए - हयात बढ़ाने के वास्ते,
पड़ती है हादसों की जरूरत कभी-कभी।

1. **-हयात** - जिन्दगी, जीवन

•••

रफ्ता-रफ्ता जो बदल दे खुद जमाने का मिजाज,
शौक के जज्बों में वह तासीर भी रखते हैं हम।
अपने कातिल आप है, अपने मसीहा आप हैं हम,
जहर भी रखते हैं हम, इक्सीर भी रखते हैं हम।

-गुलाम रब्बानी 'ताबाँ'

1. **रफ्ता-रफ्ता** - धीरे-धीरे, आहिस्ता-आहिस्ता 2. **मिजाज** - (i) स्वभाव, आदत, प्रकृति, तबिअत (ii) जी, मन 3. **शौक-** अभिलाषा, चाह, उत्कंठा 4. **जज्बा** - भावना, मनोवृति 5. **तासीर** - असर, प्रभाव 6. **मसीहा** -हजरत ईसा जो मुर्दों को जिला देते थे, दुख-दर्द दूर करने वाला7. **इक्सीर** - रसायन, अमृत

•••

रूला सकी न अजीयत कोई जमाने की,
मैं क्या करूँ, मुझको आदत है मुसकराने की।

1. **अजीयत** - दुख, तकलीफें, यातनाएं

•••

रौशनी में और दो तिनके जमा कर लेता हूँ मैं,
कौंधती है जब बिजली अपने निशेमन के करीब।

-'असर' उस्मानी

1. **निशेमन** - आशियाना, घोंसला, नीड़

•••

रौशनी, रौशनी सही, मगर तीरगी में भी नूर होता है,
रूहे-एहसास हो लतीफ, तो हर खलिश में सरूर मिलता है।

1. **तीरगी** - अंधेरा, अंधियारा 2. **नूर** - (i) प्रकाश, ज्योति, आभा, रौशनी, उजाला (ii) शोभा, छटा, रौनक (iii) चेहरे की आबोताब, मुखछटा 3. **लतीफ** - (i) कोमल, नर्म (ii) मृदुल, नाजुक (iii) पवित्र, पाकसाफ 4. **खलिश** - दर्द की चुभन या टीस, पीड़ा, दर्द 5. **सरूर** - हल्का नशा

लुत्फे – बहार कुछ नहीं गो है वही बहार,
दिल क्या उजड़ गया कि जमाना उजड़ गया।

-आर्ज़ू लखनवी

1. लुत्फ - आनन्द, मजा

•••

ले दे के अपने पास फकत इक नजर तो है,
क्यों देखें जिन्दगी को किसी की नजर से हम।
माना कि इस जमीं को न गुलजार कर सके,
कुछ खार कम तो कर गये, गुजरे जिधर से हम।

-'साहिर' लुधियानवी

•••

वह शाखे-गुल पै हों या किसी की मैयत पर,
चमन के फूल तो आदी हैं मुस्कुराने के लिये।

1. **शाखे-गुल** - (i) फूलों की डाली, (ii) प्रेमिका, माशूक 2. **मैयत** - मृतक, मरा हुआ आदमी

•••

संवारना है अगर तुमको गुलशने - हस्ती
तो पहले कांटों में उलझाओ जिन्दगानी को।

•••

सदमा दिया तो सब्र की दौल्त भी देगा वह,
किस चीज की कमी है सखी के खजाने में।

-यगाना चंगेजी

1. **सखी** - दाता, दानी, दानशील, फैयाज

•••

सब बाँध चुके कबके सरे - शाख नशेमन,
हम हैं कि गुलिस्ताँ की हवा देख रहे हैं।

-जलील मनिकपुरी

1. **सरे-शाख** - डाल पर 2. **नशेमन** - घोंसला, नीड

•••

समझ तो ली है दुनिया की हकीकत,
मगर अब अपना दिल बहला रहा हूँ।

•••

समझती है मआले-गुल मगर क्या जोरे-फितरत है,
सहर आते ही कलियों पर तबस्सुम आ ही जाता है।

1. **मआल** - नियति, परिणाम, नतीजा, फल 2. **जोरे-फितरत** - नैसर्गिकता का जोर 3. **सहर** - सुबह, सबेरा 4. **तबस्सुम** - मुस्कान

सलीका आता है जिन्हें गमे-दौरां में जीने का,
वह यूँ शीशे को पत्थर से टकराया नहीं करते।

-'एहसन' कलीम

•••

सितारों से आगे जहाँ और भी है, अभी इश्क के इम्तिहाँ और भी है।
तही जिन्दगी से नहीं ये फिजाएं, यहाँ सैकड़ों कारवाँ और भी है।

-मोहम्मद इकबाल

1. तही - खाली

•••

सीख ले फूलों से गाफिल मुद्दआ –ए- जिन्दगी,
खुद महकना ही नहीं, गुलशन को महकाना भी है।

-'असर' लखनवी

1. गाफिल - (i) असावधान, बेखबर (ii) संज्ञाहीन, बेहोश (iii) काहिल, आलसी 2. मुद्दआ-ए जिन्दगी - जिन्दगी का मकसद

•••

सुनते हैं कि कांटों से गुलतक, है राह में लाखों वीराने,
कहता है मगर यह अज्मे-जुनू सहरा से गुलिस्ता दूर नहीं।

1. अज्म - हौसला, उत्साह, साहस, हिम्मत 2. सहरा - (i) वन, जंगल, कानन (ii) मरूस्थल, रेगिस्तान

•••

सूँघ कर कोई मसल डाले तो ये है गुल की जीस्त,
मौत उसके वास्ते डाली कुम्हलाने में है।

-आनन्द नारायण मुल्ला

जीस्त – जिंदगी

•••

सैलाब के सैलाब गुजर जाते हैं, गिरदाब के गिरदाब गुजर जाते हैं।
आलमे-हवादिस से परीशाँ क्यों हो, यह ख्वाब है और ख्वाब गुजर जाते हैं।

-अब्दुल हमीद 'अदम'

1. सैलाब - बाढ़, जल-प्लावन 2. गिरदाब - जलावर्त, भंवर 3. आलमे-हवादिस -मुसीबतों या परेशानियों के हालात 4. ख्वाब - स्वप्न, सपने

हजार बर्क गिरें, लाख आँधियाँ उठें,
वह फूल खिलके रहेंगे, जो खिलने वाले हैं।

-साहिर लुधियानवी

1. बर्क - बिजली, तड़ित, चपला

हज़ारों ख्वाहिशें ऐसी कि, हर ख्वाहिश पै दिल निकले,
बहुत निकले मेरे अरमाँ लेकिन फिर भी कम निकले।

-मिर्जा गालिब

•••

हज़ार गम सही दिल में खुशी मगर यह है
हमारे होठों पर माँगी हुई हँसी तो नहीं है।

•••

हम अपने दिल के मुकामात से हैं बेगाने,
इसी में वरना हरम है, इसी में बुतखाने।

-शाद अजीमाबादी

1. मुकामात - स्थान, जगह, ठहरने का स्थान, घर, मकान **2. बेगाना** - अपरिचित, अनजान **3. हरम** - काबा, खुदा का घर **4. बुतखाना** - मंदिर, मूर्तिगृह

•••

हमको मालूम है जन्नत की हकीकत लेकिन,
दिल खुश रखने को 'गालिब' ये खयाल अच्छे हैं।

-मिर्जा गालिब

•••

हमारा जाम खाली है तो कोई बात नहीं,
यह एतबार तो है कि मैकदा हमारा है।

1. मैकदा - शराबखाना, मदिरालय

•••

हर इक दागे–तमन्ना को कलेजे से लगाता हूँ,
कि घर आई हुई दौलत को ठुकराया नहीं जाता।

-'मख्मूर' देहलवी

दागे-तमन्ना - नाकामयाबी, असफलता, तमन्नाओं के पूरा नहोने के निशान

•••

हर कली मुस्करा के गुलशन में,
गमजदों की हँसी उड़ाती है।

-एहसनी

1. गमजदा - संतप्त, दुखित, रंजीदा, शोकाग्रस्त, मातमदार

हर मुसीबत का दिया, इक तबस्सुम से जवाब,
इस तरह से गर्दिशे-दौरां को रूलाया मैंने।

1. तबस्सुम- मुस्कान, मुस्कुराह **2. गर्दिशे-दौरां को**- सांसारिक मुसीबतों को

हर रंग में रहेंगे हम जिन्दगी में कायम,
हम आशिकों का यारों मातम न कीजियेगा।
माना कि 'ताजवर' को नाकामियों ने मारा,
रोकर वकार उसका, यूँ कम न की जियेगा।

-'ताजवर' सांभरी

1. **कायम** - खड़ा होने वाला, बरकरार 2. **मातम** - मरने वाले का गम 3. **वकार** – प्रतिष्ठा, इज्जत

•••

हवादिस से उलझकर मुस्कराना मेरी फितरत है,
मुझे दुश्वारियों पै अश्क बरसाना नहीं आता।

-मोहम्मद इकबाल खां 'जख्मी'

•••

हूँ मैं भी तमाशाइ -ए- नैरंगे - तमन्ना,
मतलब नहीं कुछ इससे कि मतलब बर आये।

-मिर्जा गालिब

1. **तमाशाइ-ए-नैरंगे-तमन्ना** - तमन्नाओं के फरेब या तिलिस्म का तमाशाई 2. **बर** - कामयाब, सफल

•••

हाय! वह वक्त जीस्त जब हंसकर,
मौत से हम - कनार होती है।

-अब्दुल हमीद 'अदम'

1. **जीस्त** - जिन्दगी 2. **हम–कनार** - हमआगोश, एक दूसरे को गोद में लिए, आलिंगित, बगलगीर

•••

हुए जो खूगरे - गम, ऐश का उन पर असर क्या हो,
खुशी को वो खुशी समझें, जो गम को गम समझते हैं।

-'जोश' मल्सियानी

1. **खूगर** - आदी, अभ्यस्त 2. **ऐश** - भोग-विलास, विषयवासना, खाने-पीने का सुख

– – – – – –

जुदाई (Separation)

अब तुमसे रूखसत होता हूँ, लो संभालो यह साज,
नये तराने छोड़ो कि मेरे नग्मों को नींद आती है।

-फिराक गोरखपुरी

•••

अब तो चलते हैं बुतकदे से ऐ 'मीर',
फिर मिलेंगे गर खुदा लाया।

-मीरतकी मीर

बुतकदा- मंदिर, मूर्तिगृह, बुतखाना

•••

अब बुझा दो ये सिसकते हुए यादों के चराग,
इनसे कब हिज्र की रातों में उजाला होगा।

-खलीलुर्रहमान आजमी

हिज्र - वियोग, जुदाई

•••

आ मैं तुझे बता दूँ, राजे - गमे - मुहब्बत,
एहसासे - आरजू ही, तकमीले - आरजू है।

-माहिल-उल कादिरी

तकमील - (i) पूर्ति, समाप्ति (ii) पूर्णता, किसी काम की पूर्ति में कोई कसर न रहना

•••

आ कि तुझ बिन इस तरह ऐ दोस्त घबराता हूँ मै,
जैसे हर शै में किसी शै की कमी पाता हूँ मैं।

-जिगर मुरादाबादी

शै - चीज

•••

आ कि तुझ बिन कम हुआ जाता है लुत्फे-जिन्दगी,
टिमटिमाता है चरागे - जिन्दगी तेरे बगैर।

-अजीज जोधपुरी

•••

आइना हो जाये मेरा इश्क उसके हुस्न का,
क्या मजा हो दर्द गर खुद ही दवा देने लगे।

-साकिब लखनवी

आज कैसी हवा चली ऐ 'फिराक',
आख बेइख्तियार भर आई।

•••

आती है ऐसे बिछड़े हुए दोस्तों की याद,
जैसे चराग जलते हों रातों को गांव में।

-अब्दुलहमीद अदम

•••

आधी से जियादा शबे-गम काट चुके हैं,
अब भी आ जाओ तो यह रात बड़ी है।

-साकिब लखनवी

शबे-गम - विरह की रात

•••

आया ही था खयाल कि आंखें छलक पड़ीं,
आंसू किसी की याद के कितने करीब हैं।

-अंजुम

•••

इन आंसुओं की उम्र इलाही दराज हो,
ये आ गये तो हिज्र में कुछ दिल बहल गया।

-साहिर

1. **इलाही** - हे खुदा 2. **दराज** - लंबी, तवील 3. **हिज्र** -वियोग, जुदाई

•••

इन्हीं रास्तों ने जिनपर तुम थे कभी साथ मेरे,
मुझे रोक-रोक के पूछा, तेरा हम सफर कहाँ है।

-अब्दुलहमीद अदम

•••

उनका गम भी न रहा पास तो फिर क्या होगा?
लुट गई दौलते-एहसास तो फिर क्या होगा?

•••

उनके आने की बंधी थी, आस जब तक हमनशीं,
सुबह हो जाती थी अक्सर जानिबे-दर देखते।

-असर लखनवी

1. **हमनशीं** - साथ बैठने वाला, मित्र 2. **जानिबे–दर** - दरवाजे की ओर

उनके बगैर जीस्त बहरहाल जीस्त थी,
जैसे गुजर रही थी गुजारे चले गये।

-शकील बंदायुनी

1. **जीस्त** - जिन्दगी, जीवन 2. **बहरहाल** - हर हाल में, हर अवस्था में, हर प्रकार से, जैसे बने वैसे

●●●

उम्र कैसे कटेगी 'सैफ' यहाँ,
रात कटती नजर नहीं आती।

-सैफुद्दीन सैफ

●●●

एक तेरे छुटने का गम, एक गम उनसे मिलने का,
जिनकी इनायतों से जी और उदास हो गया।

-फिराक गोरखपुरी

इनायत - मेहरबानी, कृपा, दया

●●●

एक-एक लमहे में जब सदियों की सदियाँ कट गयीं,
ऐसी कुछ रातें भी गुजरी हैं मेरी तेरे बगैर।

-आनन्द नारायण मुल्ला

●●●

ऐ अजल एक दिन आखिर तुझे आना है जरूर,
आज आती शबे-फुर्कत में तो एहसाँ होता।

-नासिख

1. **अजल** - मौत 2. **शबे-फुर्कत** - जुदाई की रात, विरह की रात

●●●

ऐ शम्आ तुझ पै यह रात भारी है जिस तरह,
हमने तमाम उम्र गुजारी है, उस तरह।

-नातिक लखनवी

●●●

और तो पास मेरे हिज्र में क्या रखा है,
इक तेरे दर्द को पहलू में छुपा रखा है।

-हसरत मोहानी

हिज्र - विरह, जुदाई

कह दो यह कोहकन से मरना नहीं कमाल,
मरकर के हिज्रे - यार में जीना कमाल है।

-जलील मानिकपुरी

1. **कोहकन** - पहाड़ काटने वाला, पर्वतभेदीशीरी के प्रेम में फर्हाद ने शीरी की आज्ञा से पहाड़ काटते हुए अपने प्राण दे दिए थे) 2. **कमाल** - (i) गुण, खूबी (ii) कला, फन, शिल्प, दस्तकारी (iii) विद्वता, काबिलीयत (iv) अधिक, बहुत 3. **हिज्र** - जुदाई, वियोग

•••

कहूँ किससे मैं कि क्या है शबे-गम बुरी बला है,
मुझे क्या बुरा था मरना, अगर एक बार होता।

-मिर्जा गालिब

शबे-गम - विरह की रात

•••

किसी के साथ दिल की हर खुशी यूँ हो गई रूखसत,
बहारें जैसे कोई साथ ले जाये गुलिस्ताँ से।

•••

कुछ तो लतीफ होती घड़ियाँ मुसीबतों की,
तुम एक दिन ही मिलते, दो दिन की जिंदगी में।

-सागर निजामी

लतीफ - कोमल, नाज़ुक, नर्म

•••

कैफे -निशाते- दर्द का आलम न पूछिए,
हंसकर गुजार दी है शबे-गम कभी-कभी।

-शकील' बदायुनी

1. **कैफे-निशाते-दर्द** - दर्द से प्राप्त आनन्द का नशा 2. **आलम** - (i) हालत, दशा (ii) दुनिया 3. **शबे-गम** - जुदाई की रात, तकलीफ की घड़ी

•••

खामोशी से मुसीबत और भी संगीन होती है,
तड़प ऐ दिल, तड़पने से जरा तस्कीन होती है।

-'शाद' अजीमाबादी

1. **संगीन** - सख्त, कड़ा, कठोर, गंभीर 2. **तस्कीन** - (i) पीड़ा और दर्द में कमी, आराम (ii) सान्त्वना, ढाढ़स, दिलासा

•••

गम वस्ल में है हिज्र का, हिज्रां में वस्ल का,
हरगिज किसी तरह मुझे आराम ही नहीं।

-ताबा

1. **वस्ल** - मिलन, विसाल 2. **हिज्र** - वियोग, विरह, जुदाई

गये हैं जब से वह अपने भी आये, गैर भी आये,
सब आये भी, गये भी, घर की वीरानी नहीं जाती।

-नातिक गुलगठवी

•••

गुलशनपरस्त हूँ मुझे गुल ही नहीं पसंद, कांटो से भी निबाह किये जा रहा हूँ मै।
यूँ जिन्दगी गुजार रहा हूँ तेरे बगैर, जैसे कोई गुनाह किये जा रहा हूँ मै।

-जिगर मुरादाबादी

गुलशनपरस्त - गुलशन का पुजारी

•••

घबरा न हिज्र में बहुत ऐ जाने-मुज्तरिब,
थोड़ी - सी रह गयी है, उसे भी गुजार दे।

-अमीर मीनाई

1. **हिज्र** - वियोग, विरह, जुदाई 2. **जाने-मुज्तरिब** - बेकरार या व्याकुल जान

•••

जब तक मिले न थे जुदाई का था मलाल,
अब ये मलाल है कि तमन्ना निकल गई।

-अब्राहम ज़ौक़

•••

जाते हुए कहते हो कयामत को मिलेंगे,
क्या खूब कयामत का है गोया कोई दिन और।

-मिर्जा गालिब

गोया- मानो , जैसे

•••

जाहिरा दुनिया जिसे महसूस कर सकती नहीं, हो गई है मुझमें एक ऐसी कमी तेरे बगैर।
वो बज्म देखी है मेरी निगाह ने कि जहाँ, बगैर शम्अ भी जलते रहते हैं परवाने।

-गुलाम मुस्तफा तबस्सुम

जाहिरा - देखने में 2. **बज्म** - महफिल

•••

जिन्दगी नाम है जुदाई का,
आप आये तो मुझको याद आया।

-नरेश कुमार शाद

•••

जिन्दगी किस तरह कटेगी 'सैफ',
रात कटती नजर नहीं आती।

-सैफुद्दीन सैफ

जिन्दगी वक्फा है तेरे हिज्र का,
मौत तेरे वस्ल का पैगाम है।

-'असर' लखनवी

वक्फा - (i) दो कामों के बीच में ठहराव का समय, विराम, इंटरभल (ii) विलंब, ठहराव **2. हिज्र** - वियोग, विरह, जुदाई, फिराक **3. वस्ल** - मिलन, संयोग

•••

जिसे रौनक तेरे कदमों ने देकर छीन ली रौनक,
वो लाख आबाद हो, उस घर की वीरानी नहीं जाती।

-जिगर मुरादाबादी

•••

जीना मरना हिज्र के बीमार का क्या चीज है,
इक तेरे आने का नाम, इक तेरे जाने का नाम।

-अजीज बीकानेरी

हिज्र - वियोग, विरह

•••

जुस्तजू ही दिलों की मंजिल थी, हमने खोकर तुझे, तुझे पाया।
जिन्दगी नाम है जुदाई का, आप आये तो मुझे याद आया।

-नरेश कुमार शाद

जुस्तजू - तलाश, खोज

•••

तमाम उम्र यूँ ही हो गयी बसर अपनी,
शबे - फिराक गयी, रोजे-इन्तिजार आया।

-नासिख

1. शबे-फिराक - विरह की रात **2. रोजे-इन्तिजार** - इन्तिजार का दिन

•••

तुम पास ही नहीं तो मजा जिन्दगी का क्या,
जीता नहीं हूँ सांस लिये जा रहा हूँ मैं।

-यावर आली

•••

तेरे फिराक के गम ने बचा लिया सबसे,
मेरे करीब अब कोई बला नहीं आती।

-जिगर मुरादाबादी

फिराक - जुदाई, विरह

तेरे बगैर किसी चीज की कमी तो नहीं,
तेरे बगैर तबिअत उदास रहती है।

-अब्दुल हमीद अदम

•••

दम लिया था न कयामत ने हनोज, कि तेरा वक्ते-सफर याद आया।
जिन्दगी यूँ भी गुजर ही जाती, क्यों तेरा राहगुजर याद आया।
कोई वीरानी -सी वीरानी है, दश्त को देखकर, घर याद आया।

-मिर्जा गालिब

1. **दम** - सांस, श्वास 2. **हनोज** - अभी 3. **राहगुजर** - मार्ग, पंथ, रास्ता4. **दश्त** - जंगल, वन

•••

न कहो फिर कि यार जाता है,
दिल से सब्रो - करार जाता है।

-गुलाम मुस्तफा यकरंग

•••

न भूलेगा वह वक्ते-रूखसत किसी का,
मुझे मुडके फिर इक नजर देख लेना।

-हसरत मोहानी

•••

नज्अ के आलम में गुजरा है मेरा दौरे-फिराक,
मौत के दामन में खेली जिन्दगी तेरे बगैर।

-मिर्जा गालिब

1. **नज्अ** - मौत 2. **दौरे-फिराक** - विरह का समय

•••

पैदा हुई है कहते हैं हर दर्द की दवा,
यूँ हो तो चारा-ए-गमे-उल्फत ही क्यों न हो।

-मिर्जा गालिब

1. **चारा** - इलाज, दवा, उपचार 2. **उल्फत** - प्यार, मुहब्बत

•••

फरियाद कर रही है यह तरसी हुई निगाह,
देखे हुए किसी को जमाना गुजर गया।

'रजा' लखनवी

•••

फिर हम कहाँ, कहाँ तुम, जी भर के देखने दो,
अल्लाह, कितनी मुद्दत से तुमसे जुदा रहे हैं।

-असर लखनवी

बन जाये कहर इशरते-पैहम कभी-कभी,
दिल को सकूँ न दे जो तेरा गम कभी-कभी। -शकील बदायुनी

1. **कहर** - कोप, गुस्सा,दैवी कोप, अज़ाब 2. **इशरते-पैहम** - न खत्म होने वाली खुशी

•••

मायूस तो हूँ वादे से तेरे, कुछ आस नहीं और आस भी है,
मैं अपने खयालों के सदके, तू पास नहीं और पास भी है।
हमने तो खुशी मांगी थी मगर जो तूने दिया अच्छा ही किया,
जिस गम का तअल्लुक हो तुमसे वो रास नहीं और रास भी है।
अश्कों से छलकती आंखों में तस्वीर झलकती है तेरी,
दीदार की प्यासी आंखों को, अब प्यास नहीं और प्यास भी है।

-साहिर लुधियानवी

•••

मायूसियों का दिल में वो आलम दमे-विद्अ,
बुझते हुए चराग की लौ जैसे थरथराए। -अंदलीब शादानी

दमे-विद्अ - बिछुड़ते समय

•••

मालूम थी तेरी मजबूरियाँ मगर,
तेरे बगैर नींद न आई तमाम रात।

-माइल नक्वी

•••

मुझे तो तेरी जुल्फों का महकना याद आता है,
तुझे भी मेरी अश्कों की रवानी याद आती है।

-शकील बदायुनी

रवानी - (i) प्रवाह, बहाव (ii) तीखापन, धार, तेजी (iii) किताब आदि को पढ़ने में कहीं नअटकना, भाषण देने या बात करने में कहीं न रूकना और शुद्ध और ठीक बोलना।

•••

यह न थी हमारी किस्मत कि विसाले-यार होता, अगर और जीते रहते यही इन्तिजार होता।
तेरे वादे पै जिये हम तो ये जान झूठ जाना, कि खुशी से मर न जाने अगर एतबार होता।
कोई मेरे दिल से पूछे तेरे तीरे-नीमकश को, ये खलिश कहाँ से होती जो जिगर के पार होता।
कहूँ किससे मैं कि क्या है शबे-गम बुरी बला है, मुझे क्या बुरा था मरना अगर एकबार होता।

-मिर्जा गालिब

1. **विसाल** - मिलन, संयोग 2. **तीरे –नीमकश** - वह तीर जो घाव में से आधा खींच कर छोड़ दिया गया हो 3. **खलिश** - (i) दर्द, चुभन, दर्द की टीस (ii) चिन्ता, फिक्र, उलझन 4. **शबे-गम** - विरह की रात

यह मौसम सुहाना, यह फजा भीगी-भीगी,
बड़ा लुत्फ आता अगर तुम भी हो तो।

-शोरिश कश्मीरी

1. फजा - (i) वातावरण, माहौल (ii) खुली हुई जगह, मैदान (iii) शोभा, रौनक, बहार **2. लुत्फ** - आनन्द

•••

यूँ जिन्दगी गुजार रहा हूँ तेरे बगैर,
जैसे कोई गुनाह किये जा रहा हूँ मैं।

-जिगर मुरादाबादी

•••

यूँ जा रहा हूँ जैसे फिर न आऊँगा कभी,
मुड़-मुड़ के देखती है, तेरी रहगुजर मुझे।

-शाद अमृतसरी

•••

वक्ते-रूखसत तसल्लियाँ देकर,
और भी तुमने बेकरार किया।

-दिल शाहजहाँपुरी

•••

वस्ल हो या फिराक हो, अकबर,
जागना रात भर, मुसीबत है।

-अकबर इलाहाबादी

फिराक - जुदाई, विरह

•••

वह जिन्हें याद करके रोता हूँ,
कभी मुझको भी याद करते हैं।

-फिराक गोरखपुरी

•••

वीरां है मैकदा – खुमो - सागर उदास हैं,
तुम क्या गये कि रूठ गये दिन बहार के।

-फैज अहमद फैज

1. मैकदा - मदिरालय, शराबखाना **2. सागर** - मटका और पियाला

•••

शबे – गम किस तरह गुजरी, शबे - गम इस तरह गुजरी,
न तुम आये, न चैन आया, न मौत आई न ख्वाब आया।

-नूह नारवी

शबे-गम - विरह की रात

हम कब के मर चुके थे जुदाई में ऐ अजल,
जीना पड़ा कुछ और, तेरे इन्तिजार में।

-हफीज जौनपुरी

1. अजल - मौत

•••

हर उजाले पै अंधेरे का गुमां होने लगा,
शामे-गम है मेरी सुबहे-जिन्दगी तेरे बगैर।

-मिर्जा गालिब

गुमां - शंका, शुबह, शक

•••

हिज्र की शब और तन्हाई,
न आप आये, न मौत आई है।

-बेताब अलीपुरी

1. हिज्र - विरह, वियोग **2. शब** - रात

•••

हिज्र के बाद अगर वस्ल है तब तो कोई अलम नहीं,
रहम है जिसकी इन्तिहा, फिर वह सितम, सितम नहीं।

-शाद अजीमाबादी

1. हिज्र - विरह, वियोग **2. वस्ल** - मिलन, विसाल **3. अलम** - दुख, तकलीफ, रंज, गम

•••

हिज्र में वस्ल का मजा मिलता है आशिक को,
शौक का मर्तबा जब हद से गुजर जाता है।

-आतिश

1. हिज्र - विरह, वियोग **2. मर्तबा** - दर्जा, श्रेणी (ii) बार, दफा (iii) प्रतिष्ठा, इज्जत

——————

तक़दीर (Destiny)

अपनी किस्मत हूँ उलझता ही चला जाता हूँ मैं,
तेरी तकदीर नहीं हूँ कि संवरता जाऊँ।

-'मख्मूर' सईदी

•••

आये भी लोग गये भी उठ भी खड़े हुए,
मैं जा ही देखता तेरी महफिल में रह जाए

- यगाना चंगेज़ी

जा – जगह

•••

इक शामे-गम को सुबहे-मसर्रत न मिल न सकी,
कितने ही आफताब चढ़े और ढल गये।

-राही शिहाबी

1. मसर्रत - खुशी, हर्ष, आनन्द 2. आफताब – सूर्य

•••

इक संभलते हम नजर आते नहीं,
वर्ना गिर-गिर कर गये लाखों संभल।

-'ख्वाजा' हाली

•••

इधर-उधर, यहाँ-वहाँ हैं बिजलियाँ ही बिजलियाँ,
चमन - चमन कहाँ फिरूँ मैं आशियाँ लिये हुए।

•••

इसको क्या कहिए कि हम हर हाल में जलते रहे,
दूरियों में चाँद थे, कुर्बत में परवाने हुए।

-खातिर गजनवी

कुर्बत - सामीप्य, नजदिकी

•••

इसी दिल की किस्मत में तन्हाइयाँ थी,
कभी जिसने अपना - पराया न जाना।

-फिराक गोरखपुरी

उसकी रहमत से किसे इन्कार है लेकिन,
शम्अ के तकदीर में जलना था, जलती रही।

-नदीम कासिमी

•••

एक पत्थर की तकदीर भी संवर सकती है,
शर्त यह है कि उसे सलीके से संवारा जाए।

•••

एक सेज का सिंगार, एक अर्थी पै निसार,
दो फूल साथ–साथ खिले थे बहार में।

•••

ऐ दिल तुझे जेबा नहीं साकी की खुशामद,
मैखाना खिंचा आयेगा, किस्मत में अगर है।

जेबा - शोभा देना, सुन्दर लगना

•••

ऐसी किस्मत कहाँ कि जाम आता,
बू–ए-मय भी इधर नहीं आती।

-'मुज्तर' मुजफ्फरनगरी

1. जाम - शराब पीने का पियाला, पानपात्र **2. बू-ए-मय** - शराब या मदिरा की सुगंध

•••

कई इन्किलाबात आये जहाँ में,
मगर आज तक दिन न बदले हमारे।

-'रजा' हमदानी

इन्किलाबात - परिवर्तन, बदलाव

•••

कई मिल रेत को काटकर कोई मौज फूल खिला गई,
कोई पेड़ प्यास से मर रहा है नदी के पास खड़ा हुआ।

-अब्दुल हमीद 'अदम'

•••

कभी गुलशन में रहते थे, कफस में अब गुजरती है,
खता सैयाद की क्या है, हमारा आबो-दाना है।

1. कफस - पिंजड़ा **2. सैयाद** - बहेलिया, चिड़ीमार

•••

कभी बिजली, कभी गुलचीं, कभी सैयाद की नजरें,
गुजरगाहे-हवादिस था, हमारा आशियाँ क्या था।

-'शौकत' थानवी

1. गुलचीं - फूल तोड़ने वाला, माली **2. सैयाद** - बहेलिया, चिड़ीमार **3. गुजरगाह** - निकलने-पैठने का स्थान, मार्ग, रास्ता, पंथ **4. हवादिस** - दुर्घटनाएं (हादसा का बहुबचन)

कभी-कभी वहाँ किस्मत ही काम आती है,
जहाँ किसी के सहारे नजर नहीं आते।

-फलक देहलवी

•••

कहीं सागर लबालब हैं, कहीं खाली पियाले हैं,
यह कैसा दौर है साकी, यह क्या तकसीम है साकी।

1. **सागर** - शराब का पियाला 2. **तकसीम** - बंटवारा, विभाजन, हिस्सा आदि बांटना, बांट

•••

कांटे किसी के हक में, किसी को गुलो-समर,
क्या खूब एहतिमामे-गुलिस्ताँ है आजकल।

-'जिगर' मुरादाबादी

1. **गुलो-समर** - फूल और फल 2. **एहतिमाम** - प्रबन्ध

•••

काट दी उम्र परस्तारिए-गुलशन में 'फिराक',
पर न हुआ फिर भी एक भी गुलेतर अपना।

-'फिराक' गोरखपुरी

1. **परस्तारी**- पूजा, आराधना, इबादत 2. **गुलेतर** - एक फूल

•••

काविशे - सैयाद, जोरे- बांगबाँ, खारे - खिजाँ,
कैसे -कैसे दाग लेकर हम चमन से जायेंगे।

1. काविश - चिंता, फिक्र 2. **सैयाद** - बहेलिया, चिड़ीमार 3. जोर जुल्म, ज्यादती 4. बागबाँ – माली 5. **खार** – कांटे 6. **खिजाँ**- पतझड़ ऋतु

•••

किससे महरूमिए – किस्मत की शिकायत कीजे,
हमने चाहा था कि मर जायें सो वो भी नहीं हुआ।

-मिर्जा गालिब

महरूमिए-किस्मत – बदकिस्मती

•••

किसी जा गर्द में मोती, कहीं है गर्द मोती में
तेरी राहों को ऐ तकदीर मैंने खूब छाना हैं।

-'आर्जू' लखनवी

1. **जा** - स्थान, जगह 2. **गर्द** - रज, धूल, खाक

किस्मत पै उसकी रोइए जितना भी हो सके,
दरिया के पास जो कोई प्यासा दिखाई दे।

•••

कुछ ऐसे फूल हैं जिन्हें मिला नहीं माहौल,
महक रहे हैं मगर जंगलों में रहते हैं।

•••

कोई इन फूलों की किस्मत देखना,
जिन्दगी कांटों में पलकर रह गई।

-'अर्श' भोपाली

•••

खुदा तौफीक देता है उन्हें जो यह समझते हैं,
कि खुद अपने ही हाथों से बना करती हैं तकदीरें।

-'अफसर' मेरठी

तौफीक - (i) दैव योग से ऐसे कारण पैदा हो जाना जिससे अभिलषित वस्तु की प्राप्ति में सुगमता हो। ईश्वर की कृपा, दैवानुग्रह(ii) सामर्थ्य, शक्ति (iii) योग्यता, पात्रता, अहलियत

•••

खुदा या नाखुदा अब जिस को चाहो बख्श दो इज्जत,
हकीकत में तो किश्ती इत्तिफाकन बच गई अपनी।

-गोपाल मित्तल

नाखुदा - मल्लाह, कर्णधार, नाविक

•••

चमन में यूँ तो कहने को बहुत हैं आशियाँ लेकिन,
गिरेगी जिसपै कल बिजली वह मेरा आशियाँ होगा।

•••

जब मैं चलूँ तो साया भी अपना साथ न दे,
जब तुम चलो, जमीं चले, आसमाँ चले।

-'जलील' मानिकपुरी

•••

जहाँ मैं हूँ वहाँ पुरसाने-गम कोई नहीं मेरा,
जहाँ तुम हो, पुरसाने - गम सारी खुदाई है।

-'कौल' जोधपुरी

पुरसाने-गम - दुख में हाल-चाल पूछने वाला

•••

तकदीर बनाने वाले तुमने तो कोई कमी नहीं की,
अब किसको क्या मिला ये मुकद्दर की बात है।

तमाम उम्र हम वफा के गुनहगार रहे,
यह और बात है कि हम आदमी तो अच्छे थे।

-नदीम कासिमी

वफा के गुनहगार - वफा के बदले वफा का न मिलना

•••

तसव्वर में न जाने कातिबे-तकदीर क्या था,
मेरा अंजाम लिखा है, मेरे आगाज से पहले।

-फलक देहलवी

1. **तसव्वर** - ध्यान, विचार, खयाल 2. **कातिबे-तकदीर** - भाग्य-लेखक 3. **अंजाम** - (i) अंत, अखीर (ii) परिणाम, फल, नतीजा 4. **आगाज** - प्रारम्भ, शुरूआत, इब्तिदा

•••

तिनकों से खेलते ही रहे आशियाँ में हम,
आया भी और गया भी, जमाना बहार का।

-'फानी' बदायुनी

•••

तुम मेरी बात बनाने का इरादा तो करो,
उसके आगे मेरी तकदीर, बने या न बने।

-'अदीब' मालीगाँव

•••

तुमसे बेजा है मुझे अपनी तबाही का गिला,
इसमें कुछ शाइबए – खुबिए - तकदीर भी था।

-मिर्जा गालिब

1. **बेजा** - अनुचित, नामुनासिब 2. **शाइबए-खुबिए-तकदीर** - तकदीर की खूबी का हाथ

•••

तेरा करम तो आम है दुनिया के वास्ते,
मैं कितना ले सका, मुकद्दर की बात है।

करम - कृपा, मेहरबानी

•••

तेरी नवाजिशे - पैहम का शुक्रिया लेकिन,
वह क्या करे जिसे कुरबत भी रास न आ सके।

-'अर्श' भोपाली

1. **नवाजिशे-पैहम** - निरंतर कृपा 2. **कुरबत** - नजदीकी

तेरे दामन में गुलिस्तां भी है वीराने भी,
मेरा हासिल, मेरी तकदीर, बता दे मुझको।

-साहिर लुधियानवी

हासिल -(i)उपलब्ध, दस्तयाव (ii) प्राप्ति (iii)आमदनी, आय (iv)निष्कर्ष, नतीजा

•••

दौरे-खिज़ाँ से अब तो बहला रहे हैं दिल को,
कांटों में फँस गये हैं, फूलों की दोस्ती में।

-आरिक बीकानेरी

दौरे-खिज़ाँ - पतझड़ का मौसम

•••

न इतराइए देर लगती है क्या?
जमाने को करवट बदलते हुए।

•••

न गुल अपना न खार अपना, न जालिम बागबाँ अपना,
बनाया आह किस गुलशन में हमने आशियाँ अपना।

बागबाँ - माली

•••

न थे चराग तो इक चाँदनी-सी फैली थी,
जले चराग तो अब घर में रौशनी कम है।

-'सहबा' उटावी

•••

न मिला सुरागे-मंजिल कहीं उम्र भर किसी को,
नजर आ गई है मंजिल कहीं दो कदम ही चल के।

-'शकील' बदायुनी

सुराग - पता, निशान, ठिकाना

•••

नतीजा एक ही निकला कि थी किस्मत में नाकामी,
कभी कुछ कहके पछताए, कभी चुप रह के पछताए।

•••

निगाहे-यार मुझसे आज बेतकसीर फिरती हैं,
किसी की कुछ नहीं चलती, जब तकदीर फिरती है।

-गाफिल

बेतकसीर - बिना किसी कुसूर के

पीछे-पीछे हसरतों का काफिला,
आगे - आगे है परीशानी मेरी। -'दिल' शाहजहाँपुरी

•••

फलक के तारों से क्या दूर होगी जुल्मते-शब,
जब अपने घर के चरागों से रौशनी न मिली।

-आनन्द नारायण 'मुल्ला'

1. **फलक** - आकाश, आस्मान 2. **जुल्मते-शब** - रात का अंधकार

•••

फूल खिलते हैं गुलशन-गुलशन,
लेकिन अपना - अपना दामन। -'जिगर' मुरादाबादी

•••

भंवर से बच निकलना तो कोई मुश्किल नहीं लेकिन,
सफीने एन दरिया के किनारे डूब जाते हैं।

•••

मुख़ालिक बख़्त हो तो काम बन-बन कर बिगड़ता है,
सफ़ीना जा पड़ा मझदार में टकरा के साहिल से

-बिस्मिल आर्वी

1. बख़्त - किस्मत, भाग्य, 2. सफ़ीना - नौका, किश्ती, 3. साहिल - किनारा, तट

•••

मुझे रोकेगा तू ऐ नाखुदा क्या गर्क होने से,
कि जिसे डूबना हो डूब ज़ाते हैं सफीनों में।

-मोहम्मद इकबाल

1. **नाखुदा** - मल्लाह, नाविक 2. **गर्क** - डूबना 3. **सफीना**- नौका, किश्ती

•••

मेरी तकदीर में मंजिल नहीं हैं,
गुबारे - कारवाँ है और मैं हूँ।

•••

मेरी बिगड़ी को भी यारब बना देगा तो जानूंगा,
बनाने को बनाया, आसमां तूने, जमीं तूने।

-जोश मल्सियानी

•••

यह मुमकिन है कि लिखी हो कलम ने फतह आखिर में,
जो है अहबाबे - हिम्मत, गम नहीं करते शिकस्तों में।

अहबाबे-हिम्मत - हिम्मत वाले, हिम्मती

यह मेरी किस्मत कि नजरों में तुम्हारी हेच हैं,
वर्ना यह जिन्से-वफा इतनी तो कमकीमत न थी।

-आनन्द नारायण 'मुल्ला'

1. **हेच**- (i) तुच्छ (ii) व्यर्थ, बेकार 2. **जिन्स**- वस्तु, चीज

वह एक तुम, तुम्हें फूलों पै भी न आई नींद,
वह एक मैं, मुझे कांटों पर भी इज्तिराब न था।

-नैयर अकबराबादी

1. **इज्तिराब** - बेचैनी, व्याकुलता, घबराहट

•••

वही जलवा है इक उसका मुकद्दर अपना-अपना है,
किसी को नूर हो जाये, किसी के नार हो जाये।

-सबा जयपुरी

1. **नूर** - प्रकाश, ज्योति, आभा, रोशनी 2. **नार** - (i) आग, अग्नि (ii) नरक, दोजख

•••

वाय किस्मत आज बज्मे-यार में,
लबकुशा हैं गैर, मैं खामोश हूँ।

-'अब्र' जोधपुरी

1. **बज्म** - महफिल 2. **लबकुशा** - बात करने वाले, बात करते हुए

•••

शिकवा नहीं किसी से, किसी से गिला नहीं,
नसीब में जो नहीं था हम को मिला नहीं।

•••

सहारा ले न ऐ दिल तू सहारे टूट जाते हैं,
भरोसा कर न किस्मत पर सितारे टूट जाते हैं,
साहिल पै पहुँचकर यह न समझना बच निकले,
जरा लहरों को मौज आए, किनारे डूब जाते हैं।

1. **साहिल** - किनारा, तट 2. **मौज** - उमंग, वलवला, उत्साह, जोश

•••

सियहबख्ती में कब कोई किसी का साथ देता है,
कि तारीकी में साया भी जुदा रहता है इंसा से।

-नासिख

1. **तारीकी** - अंधकार, अंधेरा 2. **सियहबख्ती** – बदनसीबी

हज़ारों साल नर्गिस अपनी बेनूरी पै रोती है,
बड़ी मुश्किल से होता है चमन में दीदावर पैदा होता।

-मोहम्मद इकबाल

दीदावर - जौहरी, पारखी, किसी चीज का गुण-दोष अच्छी तरह समझने वाला

हम आह भी भरते हैं तो हो जाते हैं बदनाम,
वह कत्ल भी करते हैं तो चर्चा नहीं होती।

•••

हमको फंसना था कफस में क्या गिला सैयाद का,
बस तरसते ही रहे हैं आब और दाने को हम।

-'नजीर' अकबराबादी

1. **कफस** – पिंजड़ा 2. **सैयाद** - बहेलिया, आखेटक, चिड़ीमार 3. आब -पानी

•••

हमें तो मौसमे-गुल ने भी कर दिया रूसवा,
सुना है लोग सलामत खिजाँ में रहते हैं।

1. **मौसमे-गुल** - बहार का मौसम 2. **खिजाँ** - पतझड़ का मौसम

•••

हर एक उनसे बचाता है अपने दामन को,
चमन में रहके भी कांटों की जिन्दगी क्या है।

•••

हर फूल की किस्मत में गुलदाँ नहीं होता,
हर शख्स मुकद्दर का सुलेमाँ नहीं होता।

गुलदाँ - गुलदस्ता सजाने का पात्र

•••

हो जाये अगर जीत तो कहते हैं तदब्बुर अपना,
हो जाए अगर हार तो कहते हैं मुकद्दर अपना।

तदब्बुर - काम करने से पहले उसका परिणाम सोचना, दूरदर्शिता, दूरबीनी

तदबीर या अमल (Endeavour)

अमल से जिन्दगी बनती है, जन्नत भी जहन्नुम भी,
यह खाकी अपनी फितरत से न नूरी है न नारी है।

-मोहम्मद इकबाल

1. **अमल**- कर्म, काम, कार्य 2. **फितरत**- आदत, स्वभाव 3. **नूरी**- स्वर्ग के योग्य 4. **नारी**- नरक के योग्य

•••

अमल-अमल ही रहेगा सिला मिले न मिले,
जबाने - खत्क पै है, नामे - कोहकन बाकी।

-आनन्द नारायण मुल्ला

1. **अमल**- कर्म, कार्य 2. **सिला** - (i) पुरस्कार, इनाम (ii) उपहार, तोहफा 3. **जबाने-खत्क** - जनता की जुबान 4. **नामे-कोहकन** - 'शीरी' के प्रेमी फर्हाद की उपाधि जिसने शीरी की आज्ञा से पहाड़ काटते हुए अपने प्राण दे दिए

•••

उन्हीं को हम जहाँ में रहरवे- कामिल समझते हैं,
जो हस्ती को सफर और कब्र को मंजिल समझते हैं।

-बर्क

1. **रहरव** - पथिक, बटोही, मुसाफिर 2. **कामिल** - (i) निपुण, दक्ष, होशियार, चमत्कारी (ii) समूचा, सम्पूर्ण (iii) बिल्कुल, मुकम्मल, सर्वांगपूर्ण

•••

उन्हें सआदते-मंजिल-रसी नसीब क्या होगी,
वह पाँव जो राहे-तलब में डगमगा न सके।

-जिगर मुरादाबादी

1. **सआदत** - प्रताप, तेज, इकबाल 2. **मंजिल-रसी** - मंजिल की प्राप्ति, मंजिल तक पहुंच 3. **राहे-तलब** - रास्ते की खोज

•••

एक पत्थर की तकदीर भी संवर सकती है,
शर्त यह है कि उसे सलीके से संवारा जाए।

•••

एक पल के रूकने से दूर हो गई मंजिलें,
सिर्फ हम नहीं चलते, रास्ते भी चलते हैं।

कारवां चलते हैं मंजिल का सहारा लेकर
और मंजिल की कशिश रहनुमा होती है।

रहनुमा - मार्गदर्शक, पथप्रदर्शक, रास्ता दिखाने वाला

•••

किस लिये शिकवा करें हम कातिबे-तकदीर का,
दिन बदल सकते है जब इन्सान के तदबीर से।

1. **कातिबे-तकदीर** - तकदीर लिखने वाला 2. **तदबीर** - (i) मेहनत, परिश्रम, प्रयत्न, कोशिश (ii) उपचार, इलाज

•••

किसी की जुस्तजू में इक मुकाम ऐसा भी आता है,
जहाँ मंजिल तो क्या अपना निशाँ ऐ दिल नहीं मिलता।

-दिल शाहजहाँपुरी

1. **जुस्तजू** - तलाश

•••

क्यों किसी रहबर से पुछूं अपनी मंजिल का पता,
मौजे- दरिया खुद लगा लेती है साहिल का पता।

-'आर्जू' लखनवी

1. **रहबर** - पथ प्रदर्शक, रास्ता दिखाने वाला 2. साहिल - तट, किनारा

•••

खा-खा के शिकस्त फतह पाना सीखो, गिरदाब में कहकहा लगाना सीखो,
इसे दौरे–तलातुम में अगर जीना है, खुद अपने को तूफान बनाना सीखो।

-नजीर बनारसी

1. **शिकस्त** - पराजय, पराभव, हार 2. **फतह** - विजय, जीत, कामयाबी, सफलता 3. **गिरदाब** - भंवर, जलावर्त 4. **दौरे–तलातुम** - तूफानी दौर

•••

खाते रहे फरेब, संभलते रहे कदम,
चलते रहे जुनूं का सहारा लिये हुए।

-'शारक' मेरठी

जुनूं - उन्माद, पागलपन

•••

खुद यकीं होता नहीं जिनको अपनी मंजिल का
उनको राह के पत्थर कभी रास्ता नहीं देते।

खुदी को कर बुलन्द इतना कि हर तकदीर से पहले
खुदा बंदे से खुद पूछे बता तेरी रजा क्या है?

-मोहम्मद इकबाल

रजा - इच्छा, तमन्ना, ख्वाहिश

•••

गुलों के साये में अक्सर 'रियाज' तड़पा हूँ,
करार कांटों पै कुछ ऐसा पा लिया मैंने।

-'रियाज' खैराबादी

•••

चलने को चल रहा हूँ मगर इसकी खबर नहीं,
मैं हूँ सफर में या मेरी मंजिल सफर में है।

-शमीम राँचवी

•••

चला जाता हूँ हँसता-खेलता मौजे-हवादिस से,
अगर आसानियाँ हों जिन्दगी दुश्वार हो जाये।

-असगर गौण्डवी

मौजे-हवादिस - दुर्घटनाओं या हादसों की लहर

•••

जब कोई हद हो मुअय्यन तो शौक, शौक नहीं,
वह कामयाब है जो कायमाब हो न सका।

-'आर्जू' लखनवी

1. **हद** - (i) पराकाष्ठा, किनारा अखीर (ii) सीमा (iii) छोर2. **मुअय्यन** - निश्चित, नियत, मुकर्रर

•••

जब खाक ही होना था मुझको तो खाके-रहे-सहरा होता,
इक कोशिशे - पैहम तो होती, उड़ता होता, गिरता होता।

-जमील मजहरी

1. **खाक** - (i) धूल, रंज, गर्द (ii) मिट्टी जमीन2. **खाके-रहे-सहरा** - मरूस्थल या रेगिस्तान के रास्ते की धूल

•••

जाओ न इस बेखबरी पै हमारे,
हर ख्वाब से इक अहद की बुनियाद पड़ी है।

-फिराक गोरखपुरी

1. **ख्वाब** - स्वप्न, सपना 2. **अहद** - युग, काल

जिन्दगी कशमकशे-इश्क के आगाज का नाम,
मौत अंजाम इसी दर्द के अफसाने का।

-'अर्श' मल्सियानी

1. **कशमकश** - (i) खींचातानी, आपाधापी (ii) असमंजस, संकोच, दुविधा, पसोपेश (iii) संघर्ष, लड़ाई (iv) दौड़-धूप 2. **आगाज** - आरम्भ, शुरूआत

•••

जिन्दगी है मगर गर्मिए-रफ्तार का नाम,
मंजिलें साथ लिये राह पै चलते रहना।

-'शकील' बदायुनी

गर्मिए-रफ्तार - चलते रहने के कारण उत्पन्न गर्मीयानी निरंतर चलते रहना

•••

जुज शौके-तलब, जुज शौके-सफर, कुछ और मुझे मंजूर नहीं,
ऐ इश्क बता अब क्या होगा, कहते हैं कि मंजिल दूर नहीं।

-'जिगर' मुरादाबादी

1. **जुज** - अतिरिक्त, अलावा, सिवाय 2. **शौके-तलब** - ख्वाहिशों को हासिल करने की चाहत

•••

ठहरता नही जिन्दगी का सफीना, यही इस जहाँ का है अक्सर करीना।
है बेताब-ओ-बेचैन रहना ही जीना, यह हर लहजा करती हैं मौजें इशारे।

-अफसर मेरठी

1. **सफीना** - नाव, नौका, कश्ती 2. **करीना** - ढंग, तर्ज 3. **मौजें** - लहरें

•••

ठोकर अगर किसी पत्थर से खाई है तो,
मंजिल का पता भी उसी पत्थर से मिला है।

-बिस्मिल सईदी हाशमी

•••

ढूँढता रहता हूँ ऐ 'इकबाल' अपने आप को,
आप ही गोया मुसाफिर, आप ही मंजिल हूँ मैं।

-मोहम्मद 'इकबाल'

•••

तू राह में सोता है वो भी तो मुसाफिर है
मंजिल पर पहुँचकर जो आराम नहीं करते।

-आरिफ बीकानेरी

दिल के लिये हयात का पैगाम बन गईं,
बैचैनियाँ सिमट के तेरा नाम बन गईं।

हयात - जिन्दगी, जीवन

•••

दीवानगिए - शौक का आलम तो देखिए,
मंजिल से बार-बार हम आगे निकल गये।

-असर उस्मानी

आलम - स्थिति, हालत, दशा

•••

निगाहे-शौक को शाखे-निहाले-गुल की तलाश,
हवाए-तुन्द की यह जिद कि आशियाँ न बने।

1. **निगाहे-शौक** - अभिलाशा, उत्कंठा या ख्वाहिशकी निगाह 2. **शाखे-निहाले-गुल** -फलों से सजी हुई डाली3. **हवाए-तुन्द** - तेज हवा

•••

फरागत से दुनिया दम भर न बैठो,
अगर चाहते हो फरागत जियादा।

-ख्वाजा हाली

1. **फरागत** - (i) फुर्सत, अवकाश, छुट्टी(ii) सुख, आराम, इत्मीनान (iii) मुक्ति, नजात

•••

मछली की तरह तड़पायेगा, एहसास तुझे पायाबी का,
जीना है तो अपने दरिया में, इमकाने-तलातुम रहने दे।

-सागर निजामी

1. **पायाबी** –उथलापन, जहाँ पानी बहुत कम हो 2. **इमकान** – संभावना 3. **तलातुम** - पानी का मौजें मारना, बाढ़, तुग्यानी

•••

मिल गया आखिर निशाने-मंजिले-मकसूद मगर,
अब यह रोना है कि शौके- जुस्तजू जाता रहा।

-अर्श मल्सियानी

जुस्तजू – तलाश

•••

मुकाम ऐसा इक आता है राहे -जिन्दगानी में,
जहाँ मंजिल भी राहे - कारवां मालूम होती है।

-हबीब अहमद सिद्दकी

मुकामे – बेखुदी तक ले गए पहले तमन्ना को,
कदम फिर जिस तरफ रखा निशाने-राहे-मंजिल था।

मुकामे–बेखुदी - आत्मविस्मृति या बेसुधी या बेखबरी के मुकाम तक

•••

मुद्दतों से मेरे गुलशन का यही अहवाल है,
बिजलियाँ गिरती रहीं और आशियाँ बनते रहे।

1. **अहवाल** - हाल 2. **आशियाँ** - घोसला, नीड़

•••

मेरी हस्ती शौके-पैहम मेरी फितरत इज्तिराब,
कोई मंजिल हो मगर गुजरा चला जाता हूँ मैं।

-'जिगर' मुरादाबादी

1. **पैहम** - निरंतर, लगातार 2. **इज्तिराब** - व्याकुलता, बेचैनी, बेताबी, आतुरता

•••

मैं अकेले ही चला था जानिबे-मंजिल मगर,
लोग साथ आते गए, और कारवां बनता गया।

जानिबे-मंजिल - मंजिल की ओर

•••

मौतो- हस्ती की कशाकश में कटी उम्र तमाम,
गम ने जीने न दिया, शौक ने मरने न दिया।

1. **कशाकश** - खींचा-खींची, आपाधापी

•••

यकीं महकम, अमल पैहम, मुहब्बत-फातहे-आलम,
जिहादे – जिन्दगी में हैं यही मर्दों की शमशीरें।

-मोहम्मद इकबाल

1. **यकीं महकम** - पक्का विश्वास 2. **अमल** - काम, कार्य, कोशिश 3. **पैहम** - निरंतर, सतत
4. **मुहब्बत-फातहे-आलम** -विश्वविजयी मुहब्बत 5. **शमशीर** - तलवार

•••

ये सारी लज्जतें हैं मेरे शौके -नामुकम्मल तक,
कयामत थी अगर पैमाना यह लबरेज हो जाता।

-जिगर मुरादाबादी

1. **लज्जत** - (i) स्वाद, मजा (ii) आनन्द लुत्फ 2. **शौके-नामुकम्मल** - अभिलाषा या उत्कंठा का पूरा न होना 3. **लबरेज** - लबालब, मुहांमुह, ऊपर तक भरा हुआ, परिपूर्ण

•••

रहनुमा खो गये मंजिल तो बुलाती है हमें,
पांव जख्मी है तो क्या, जौके-सफर रखते हैं।

-जमील

1. **रहनुमा** - पथ-प्रदर्शक, रास्ता दिखाने वाला 2. **जौके-सफर** - सफर की ख्वाहिश

रूकती नहीं किसी के लिये मौजे-जिन्दगी,
धारे से जो हटे, वो किनारे पर आ गये।

-आनन्द नारायण मुल्ला

•••

संवारना है अगर तुमको गुलशने - हस्ती
तो पहले कांटों में उलझाओ जिन्दगानी को।

•••

सकूँ है मौत यहाँ जौके- जुस्तजू के लिये,
यह तिश्नगी वह नहीं है जो बुझाई जाती है।

-'जिगर' मुरादाबादी

1. **जौके-जुस्तजू** - तलाश की चाहत या शौक 2. **तिश्नगी** - प्यास, पिपासा, तृष्णा

•••

सब बाँध चुके कब के, सरे-शाख निशेमन,
एक हम हैं कि गुलशन की हवा देख रहे हैं।

-जलील मानिकपुरी

1. **सरे-शाख**-डाली पर 2. **निशेमन**- घोंसला, नीड़, कुलाय

•••

सिर्फ इक कदम उठा था गलत राहे-शौक में,
मंजिल तमाम उम्र मुझे ढूँढती रही।

-अब्दुल हमी अदम

•••

हजार नाकामियाँ हों 'नश्तर' हजार गुमराहियाँ हों लेकिन,
तलाशे-मंजिल है अगर दिल से, तो एक दिन लाजिमी मिलेगी।

-हरगोविंद दयाल 'नश्तर'

•••

हमारे जमाने का दस्तूर यह है,
वही जीतते हैं जो खाते हैं मातें।

-अफसर मेरठी

•••

हर मुकाम के आगे मुकाम है मेरा,
हयात जौके-सफर के सिवाय कुछ भी नहीं।

-मोहम्मद इकबाल

1. **हयात** - जिन्दगी, जिन्दगानी2. **जौके-सफर** - सफर (यानी चलते रहन) का शौक

हरचन्द आसमान लहू से था तरबतर,
जख्मी परिन्द बाज न आया उड़ान से।

•••

हुस्न खुद आये तवाफे-इश्क करने के लिए,
इश्क वाले जिन्दगी में हुस्न तो पैदा करें।

तवाफ - परिक्रमा

•••

हुस्ने-सूरत को नहीं कहते हैं हुस्न,
हुस्न तो हुस्ने-अमल का नाम है।

-अमजद हैदराबादी

अमल - काम का सौन्दर्य, कर्म की सुन्दरता

दिखावा (Ostentation)

अच्छी सीरत को देखता है कौन,
अच्छी सूरत पै जान देते हैं सब।

-बिस्मिल भरतपुरी

1. सीरत - स्वाभाव, आदत, प्रकृति

•••

अनगिनत लोगों ने दुनिया में मुहब्बत की है,
कौन कहता है कि सादिक न थे जज्बे उनके,
लेकिन उनके लिए तश्हीर का सामान नहीं,
क्योंकि ये लोग भी अपनी तरह मुफलिस थे।

-साहिर लुधियानवी

1. **सादिक** - सच्चा 2. **तश्हीर** – विज्ञापन 3. **मुफलिस** - गरीब

•••

अब तराशा ही नहीं जाता कोई पैकर नया,
आज भी पत्थर बहुत हैं आज भी आजिर बहुत।

1. **पैकर**- (i)देह, शरीर, (ii) आकृति, शक्ल 2. **आजिर** - मूर्तिकार

•••

अपनों से भी इतना तकल्लुफ,
कितने दुनियादार बने हो।

-अब्दुल हमीद अदम

1. **तकल्लुफ**-(i) दिखावा, जाहिरदारी (ii) शील-संकोच, लिहाज (iii) बेगानगी, परायापन (iv) तकलीफ उठाना 2. **दुनियादार**-संसार के मोह में लिप्त, अवसरवादी

•••

आज है किस मंजिल पै इंसान,
दिल में अंधेरा, रूख पै उजाले।

•••

आँख उठाकर भी न देखूँ, जिससे मेरा दिल न मिले,
रस्मन सबसे हाथ मिलाना, मेरे बस की बात नहीं।

रस्मन -परम्परानुसार, रिवाज के तौर पर, रिवाज के मुताबिक

•••

इज्जत कोई और शै है, नुमाइश कोई और चीज,
यूँ तो खुरोश के सर पर भी ताज होता है। -आर्जू लखनवी

1. **शै** - चीज 2. **खुरोश** – मुर्गा

एक से लगते हैं सब ही कौन अपना, कौन गैर,
बेनकाब आये कोई तो, हम दरे-दिल वा करें।

-खलील

1. **दरे –दिल** - दिल का दरवाजा 2. **वा** - खोलना.

•••

कोई हाथ भी न मिलायेगा जो मिलोगे गले तपाक से,
यह नये मिजाज का शहर है जरा फासिले से मिला करो।

-बशीर भद्र

तपाक -(i) गर्मजोशी (ii) आवभगत

•••

घर में मिलेंगे उतने ही छोटे कदों के लोग,
दरवाजे जिस मकान के जितने बुलंद है।

•••

चमन के रंगो- बू ने इस कदर धोखा दिया मुझको,
कि मैंने शौके - गुलबोसी में कांटों पर जुबां रख दी।

1. **शौके-गुलबोसी** - फूल को चूमने की ख्वाहिश

•••

डूबने वाले की मइयत पै लाखों रोने वाले हैं,
फूट-फूट के जो रो रहे हैं, वे ही डुबोने वाले हैं।

1. **मइयत** - अर्थी

•••

तकल्लुफ अलामत है बेगानगी की
न डालो तकल्लुफ की आदत जियादा।

-ख्वाजा हाली

1. **तकल्लुफ** - (i) तकलीफ उठाना (ii) दिखावा/जाहिरदारी (iii) शील-संकोच 2. **अलामत** - लक्षण, पहचान, निशान 3. **बेगानगी** - परायापन, अस्वजनता

•••

तसन्नो की फुसूंकारी का कुछ ऐसा असर देखा,
कि यह दुनिया मुझे दुनियानुमां मालूम होती हैं।

-अर्श मलसियानी

1. **तसन्नो**-. (i) बनावट, कृत्रिमता (ii) दिखावा, जाहिरदारी (iii) चापलूसी, चाटुकारिता
2. **फुसूंकारी** - जादूगरी, माया, तिलिस्म

तुम जिस्म के खुशगरम लिबासों पै हो शादाँ,
मैं रूह को मोहताजे - कफन देखता हूँ।

शादाँ - खुश, प्रसन्न

•••

तुम तकल्लुफ को भी इख्लाख समझते हो 'फराश',
लेकिन दोस्त होता नहीं हर हाथ मिलाने वाला। -फराश

1. **तकल्लुफ** - दिखावा, जाहिरदारी 2. **इख्लाख** - सुशीलता, सदाचार, शिष्टाचार

•••

दीखावे के हैं सब ये दुनिया के मेले,
भरी बज्म में हम रहे हैं अकेले। -अफ्सर मेरठी

•••

नई दुनिया में कुछ बीते दिनों के भी निशां होंगे,
अजाइबखानों में रखेंगे, ईमानों को दीनों को। -फिराक गोरखपुरी

•••

नहीं अपने किसी मकसद से खाली कोई भी सिज्दा,
खुदा के नाम से करता है इंसां बंदगी अपनी।

1. **सिज्दा** - ईश्वर के लिए सर झुकाना, नमाज में सर जमीन पर रखना

•••

नहीं आसां, नहीं आसां, नमाजे - इश्क का अदा करना
झुकेगा एक दिल मुश्किल से हजारों सर जो खम होंगे।

खम – झुकना

•••

बंदे न होंगे जितने, खुदा हैं खुदाई में,
किस-किस खुदा के सामने सिज्दा करे कोई।

1. **खुदाई** - संसार, दुनिया 2. **सिज्दा**- ईश्वर के सामने सर झुकाना, नमाज में जमीन पर सर रखना

•••

बहुत जी चाहता है ये फकत नुक्से - बसीरत हो,
बड़ी सुरअत से दुनिया खो रही है दिलकशी अपनी।

1. **नुक्से-बसीरत** -. देखने की गलती, दृष्टिदोष 2. **सुरअत**- शीघ्रता, तेजी, जल्दी 3. **दिलकशी** – मनोहरता, सुन्दरता, खुशनुमाई

•••

मल्बूस खुशनुमा हैं, मगर खोखले हैं जिस्म,
छिलके सजे हुए है, फलों की दुकान पर।

1. **मल्बूस** -. वस्त्र, वसन, लिबास 2. **खुशनुमा** - जो देखने में अच्छा लगे, नेत्र-प्रिय. प्रियदर्शन, मनोरम, सुन्दर, हसीन

मिला न उम्र भर तन के लिए जिन्हें कपड़ा,
मरे तो उन्हीं के जनाजे सजाए जाते हैं।

•••

यह दुनिया है, यहाँ हर काम चलता है सलीके से,
यहाँ पत्थर को भी लाले-गरां कहना ही पड़ता है। -जगन्नाथ आजाद

लाले-गरां - बेशकीमती रत्न

•••

या तो है देखने में नजर का कुसूर,
या कुछ बदल गया है जमाने का हाल अब। - 'बेखुद' देहलवी

•••

ये चलती फिरती सूरतें जो देखते हैं आप,
कितने हैं इनमें वाकई इन्साँ न पूछिये।

•••

लफ्जों के सौदागर उठाकर अपनी-अपनी झोली चल पड़े,
सौदा हमारा हो गया, तुम चुप रहे, हम चुप रहे।

•••

समझ तो ली है दुनिया की हकीकत लेकिन,
मगर अब अपना दिल बहला रहा ऽहू।

•••

सिज्दे करते भी हैं इंसां खुद दरे-इंसां पै रोज,
और फिर कहते भी है, बंदा खुदा होता नहीं। -अर्श मल्सियानी

दरे– चौखट, दहलीज, दरवाजा

•••

हर कदम पै नित नये साँचे में ढल जाते हैं लोग,
देखते ही देखते कितने बदल जाते हैं लोग।

-शायर हिमायत अली

•••

हर मोड़ पै मिल जाते हैं हमदर्द हजारों,
शायद मेरी बस्ती में अदाकार बहुत हैं।

•••

हर जिन्स के ख्वाहाँ मिले बाजारे-जहाँ में
लेकिन न मिला कोई खरीदारे - मुहब्बत। -सौदा

1. जिन्स-. चीज ,वस्तु, पदार्थ 2. ख्वाहाँ- चाहने वाला, इच्छुक

– – – – – –

दिल (Heart)

अच्छा है दिल के पास रहे, पासबाने -अक्ल,
लेकिन कभी - कभी इसे तन्हा भी छोड़ दें।

-मो. इकबाल

1. पासबान - निगरानी करने वाला, निगहबां, निगराँ, प्रहरी

●●●

अहले- जुबाँ तो हैं बहुत,
कोई नहीं है अहले-दिल।

-हफीज जालंधरी

1. अहले-जुबाँ - बोलने वाले **2. अहले-दिल** - सखी, दानशील,दिल वाले

●●●

आँख उठाकर भी न देखूँ, जिससे मेरा दिल न मिले,
रस्मन सबसे हाथ मिलाना, मेरे बस की बात नहीं।

1. **रस्मन** - परम्परानुसार, रिवाज के तौर पर, रिवाज के मुताबिक

●●●

आज है किस मंजिल पै इंसान,
दिल में अंधेरा, रूख पै उजाले।

●●●

इन्ही में खींचकर रूहे-मुहब्बत मैने भरे हैं,
मेरा अश्यार देखेंगे मेरा दिल देखने वाले।

-जिगर मुरादाबादी

अश्यार – शेर

●●●

उस आदमी को सौंप दूँ दुनिया का कारोबार,
जिस आदमी के दिल में कोई मुद्दआ न हो!

●●●

एक से लगते हैं सब ही कौन अपना, कौन गैर,
बेनकाब आये कोई तो, हम दरे – दिल वा करें।

-खलील

1. दरे–दिल - दिल का दरवाजा **2. वा** – खोलना

●●●

एक हमें आवारा कहना, कोई बड़ा इल्जाम नहीं,
दुनिया वाले दिल वालों को और बहुत कुछ कहते हैं।

-हबीब जालिब

कम न थी ये आलमे–हस्ती किसी सूरत मगर,
वुसअतें दिल की बढ़ीं इतनी कि ज़िन्दां हो गया। -जिगर मुरादाबादी

1. आलम - संसार, दुनिया **2. हस्ती** - (i) अस्तित्व, दुनिया (ii) जीवन, प्राण, जिन्दगी **3. वुसअत** -विशालता, लम्बाई-चौड़ाई (तमन्नाओं की) **4. ज़िन्दां**- कारागार, कैदखाना, कारागृह

•••

कह रहा था शारे -दरिया से, समन्दर का सकूत,
जिसमें जितना जर्फ है, उतना ही वह खामोश है। -नातिक लखनवी

1. सकूत - खामोशी, शांति **2. जर्फ** - (i) गंभीरता, सहनशीलता(ii) योग्यता, सलाहियत

•••

कहते हैं उन्हीं को दुश्मने-दिल, है नाम उन्हीं का नासेह भी,
वे लोग जो रह कर साहिल पर, तूफान की बातें करते हैं।

1. नासेह - नसीहत देने वाला, सदुपदेशक,साहित्यिक परिभाषा में प्रेम-त्याग का उपदेश देने वाला **2. साहिल** - किनारा, तट

•••

कहाँ तक बढ़के पहुंचे है, कहाँ तक इल्मोफन साकी
मगर आसूदा इन्साँ का, न तन साकी न मन साकी।

1. इल्मोफन- ज्ञान-विज्ञान और कला या फन **2. साकी** - शराब पिलाने वाला या पिलाने वाली **3. आसूदा** – संतुष्ट

•••

कहाँ दूर हट के जायें, हम दिल की सरजमीं से,
दोनों जहां की सैरें, हासिल है सब यहीं से।
-जिगर मुरादाबादी

1. सरजमीं - (i) पृथ्वी, जमीन (ii) देश, मुल्क

•••

क्या लाए हो खुलूसे - मुहब्बत, खुलूसे -दिल
इस जीन्स का तो कोई भी खरीदार नहीं है

•••

खुलूसे - दिल से पुकारे जो एक बार मुझे,
उस आदमी का है, अभी तक इन्तजार मुझे।

1. खुलूसे-दिल- सच्चा दिल, निष्कपट दिल

•••

खुलूसे-दिल से हो सिज्दे तो उन सिज्दों का क्या कहना,
सरक आया वहीं काबा, जहां हमने जबीं रख दी।

1. खुलूसे-दिल - सच्चा दिल,निष्कपट दिल **2. काबा** - मक्के की एक इमारत जिसे मुसलमान ईश्वर का घर मानते हैं **3. जबीं** - माथा, भाल

जबान दिल की हकीकत का क्या बयां करती
किसी का हाल, किसी से कहा नहीं जाता।

•••

जहाँ सिज्दे को मन आया वहीं पर लिया सिज्दा,
न कोई संगे –दर अपना न कोई आस्तां अपना।

1. **संगे–दर**- दहलीज, ड्योढ़ी, चौखट 2. **आस्तां**-चौखट

•••

जहाने-रंगो-बू में क्यों तलाशे-हुस्न हो मुझको,
हजारों जलवे रख्शिंदा है मेरे दिल के पर्दे में।

-'शकील' बदायुनी

1. **जहाने-रंगो-बू** - रंग और खुश्बू की दुनिया 2. **जलवा** - नज्जारा, दृश्य, तमाशा 3. **रख्शिंदा** - चमकने वाले, दीप्त, प्रकाशमान

•••

दिल के लिये हयात का पैगाम बन गईं,
बेचैनियाँ सिमट के तेरा नाम बन गईं।

1. **हयात** - जिन्दगी, जीवन

•••

दिल गया रौनके-हयात गई,
गम गया सारी कायनात गई।

-'जिगर' मुरादाबादी

1. **रौनक** - (i) शोभा, छटा, सुहानापन (ii) चमक-दमक, तड़क-भड़क (iii) प्रसन्नता और हर्ष की लहर 2. **कायनात** - (i) ब्रह्मांड (ii) दुनिया, संसार

•••

दिल बुझा शम्ए- कायनात गई,
जिन्दगी की उजाली रात गई। -आनन्द नारायण 'मुल्ला'

1. **शम्ए-कायनात** - संसार की रौशनी या दुनिया की रौनक

•••

न खिजाँ में है कोई तीरगी, न बहार में कोई रौशनी,
ये नजर-नजर के चराग है, कहीं जल गए,कहीं बुझ गए।

1. **खिजाँ** - पतझड़ की ऋतु 2. **तीरगी**- अंधेरा, अंधकार

•••

फकत एहसासे-आजादी ही से आजादी इबारत है,
वही घर की दीवार है, वही दीवार, ज़िन्दां की

-सीमाब अकबराबादी

1. **इबारत**- कायम 2. **ज़िन्दां** - कारागार, जेल

फूल चुनना भी अबस, सैरे - बहारां भी अबस,
दिल का दामन ही जो कांटों से बचाया न गया।

-मुईन अहसन 'जज्बी'

अबस – व्यर्थ

•••

भले ही कोई ताजमहल न बनवा सके,
मुमताज तो हर दिल में बसा करती है।

•••

मुझे दिल दिया तो तड़प भी दे, जो हो दूसरों का शरीके-गम।
मुझे ऐसे दिल की तलब नहीं, जो किसी के काम न आ सके।

•••

मेरे लबों का तबस्सुम तो सबने देख लिया,
जो दिल पै बीत रही है वो कोई क्या जाने।

1. तबस्सुम – मुस्कान

•••

लुत्फे –बहार कुछ नहीं गो है वही बहार,
दिल क्या उजड़ गया कि जमाना उजड़ गया। -आर्जू लखनवी

लुत्फ - आनन्द, मजा

•••

सुकूने - दिल जहाने - बेशोकम में ढूढने वाले,
यहां हर चीज मिलती है सुकूने-दिल नहीं मिलता। -जगन्नाथ आजाद

1. जहान–बेशोकम - थोड़ा-बहुत या हानि-लाभका हिसाब करने वाली दुनिया

•••

हम अपने दिल के मुकामात से हैं बेगाने,
इसी में वरना हरम है, इसी में बुतखाने। -शाद अजीमाबादी

1. मुकामात - स्थान, जगह, ठहरने का स्थान, घर, मकान 2. बेगाना - अपरिचित, अनजान 3. हरम - काबा, खुदा का घर 4. बुतखाना - मंदिर, मूर्तिगृह

•••

हिम्मत- ए- कोताह से दिल तंग जिन्दां हो गया,
वरना था घर के सिवा, घर का गोशा वसीअ

1. हिम्मत- ए- कोताह - हिम्मत की कमी 2. जिन्दां - कारागार, जेल 3. सिवा - अधिक 4. वसीअ - चौड़ा, विशाल

•••

हुस्ने-फरोगे-शमए-सुखन दूर है 'असद',
पहले दिले - गुदाख्ता पैदा करें कोई। -मिर्जा गालिब

1. हुस्ने-फरोगे-शमए-सुखन- शाइरी या कविता की शमअ की रोशनी का सौन्दर्य 2. दिले-गुदाख्ता- पिघलने वाला या द्रवणशील यानी संवेदनशील दिल

– – – – – –

दीदार (Sight)

आप जिनके करीब होते हैं, वह बड़े खुशनसीब होते हैं।
आप हों, मय हो, खल्वत हो, दिन ये किसको नसीब होते है।

-नूह नारवी

1. मय - शराब, मदिरा **2. खल्वत** - एकान्त

•••

इलाही कैसी - कैसी सूरतें तूने बनाई है,
कि हर सूरत कलेजे से लगा लेने के काबिल है।

-अकबर इलाहाबादी

•••

उनसे नजरें मिला के देखो,
यह जहाँ कितना खूबसूरत है।

-'बाकी' सिद्दकी

•••

उनको सोते हुए देखा था दमे - सुबह कभी,
क्या बताऊं जो इन आंखों ने समां देखा था।

-'अजीज' लखनवी

दमे-सुबह - सुबह के वक्त

•••

ऐ दिले -नाआकबतअंदेश जब्ते– शौक कर,
कौन ला सकता है ताबे-जल्वा-ए-दीदारे-दोस्त।

-मिर्जा गालिब

1. नाआकबतअंदेश - अदूरदर्शी, परिणाम या अंजाम का एहसास न करने वाला **2. जब्ते–शौक** – चाहत को रोकना **3.** ताब- (i) शक्ति,सामर्थ्य, (ii)आभा,चमक, (iii) उष्णता,गर्मी

•••

क्यों जल गया न ताब-ए-रूख-ए-यार देखकर?
जलता हूँ अपनी ताकत – ए - दीदार देखकर।

-मिर्जा गालिब

1. ताब-ए-रूख-ए-यार - माशूक या प्रेयसी के चेहरे की आभा या चमक

•••

किया फिर तुमने रोता देखकर दीदार का वादा
कि फिर बहते हुए पानी पै बुनियादे-मकां रख दी।

-आर्जू लखनवी

दीदार - दर्शन

कहाँ हम कहाँ वस्ले-जानां की हसरत,
बहुत है उन्हें इक नजर देख लेना।

-हसरत मोहानी

वस्ले-जानां - माशूक से मिलन

•••

चाहता हूँ तेरा दीदार मयस्सर हो जाये,
सोचता हूँ मुझे ताबे-नजर भी होगी?

-तालिब देहलवी

1. **दीदार** - दर्शन 2. **मयस्सर** – प्राप्त 3. **ताबे-नजर** - देखने की शक्ति

•••

जब मिली आंख होश खो बैठे,
कितने हाजिरजवाब हैं हम लोग।

-असर' लखनवी

•••

जिस तरह इक नसीम का झोंका डाल देता है झील में हलचल,
यूँ तेरी निगाह ने इस वक्त कर दिया है मेरी रूह को बेकल।

-'अख्तर' अंसारी

नसीम - धीमी हवा

•••

जो थके-थके से थे हौसले वो शबाब बनके मचल गये,
जो नजर, नजर से गले मिली तो बुझे चिराग भी जल गये।

शबाब - युवावस्था, जवानी

•••

तुम मुखातिब भी हो, सामने भी हो,
तुमको देखूँ कि तुमसे बात करूँ।

-'फिराक' गोरखपुरी

मुखातिब - सम्बोधन कर्त्ता, बोलने वाला, बात करने वाला

•••

तुम्हें दानिस्ता महफिल में जो देखा हूँ तो मुजरिम हूँ,
नजर आखिर नजर है, बेइरादा उठ गई होगी।

दानिस्ता- जान-बूझकर

•••

तेरी अदायें दिल को लुभायें तो क्या करें,
आंखें न मानें देख ही जायें तो क्या करें।

-'असर' लखनवी

तेरे कूचे में सब मुश्ताक, इक जलवे को बैठे हैं,
नजर वाले, जिगर वाले, कलम वाले, जबाँ वाले।

-आनन्द नारायण 'मुल्ला'

1. कूचा - गली 2. मुश्ताक - लालायित, ख्वाहिशमंद

•••

तेरे जमाल को आराइशों से क्या मतलब,
भला बहारे - मुजस्सिम में क्या बहार आये
उस एक शब के सहारे गुजर रही है हयात,
वह एक शब जो तेरी महफिल में गुजार आये।

1. आराइश - जेवर, आभूषण, सिंगार, सजावट 2. बहारे-मुजस्सिम - जो साक्षात् बहार हो 3. शब - रात, निशा, रजनी, यामिनी, रात्रि 4. हयात - जिंदगी

•••

तेरे जलवों की जौबारी की कितनी मुद्दतें गुजरीं,
मगर अब भी नजर में रौशनी मालूम होती है। -'अलीम' मंगरौली

जौबारी - रौशनी फैलाना, जगमगा देना

•••

दिल को नियाजे-हसरते-दीदार कर चुके,
देखा तो हममें ताकते - दीदार ही नहीं। -मिर्जा गालिब

नियाजे-हसरते-दीदार - दर्शन की इच्छा को भेंट

•••

दिल के आइना में है तस्वीरे-यार,
जब चाहा गर्दन उठाई देख ली।

•••

नकाब कहती है मैं पर्दा – ए - कयामत हूँ,
अगर यकीं न हो तो देख लो उठा के मुझे। -'जलील' मानिकपुरी

नकाब - मुखावरण, मुखपट, पर्दा, बुर्का

•••

नकाबे-रूख उलटने तक तो मुझको होश था लेकिन,
भरी महफिल में उसके बाद क्या गुजरी खुदा जाने।

-सईद अहमद खां

नकाबे-रूख - मुखावरण ,मुखपट, पर्दा

•••

पहलू-ए-गुल में खार भी हैं कुछ छुपे हुए,
हुस्न-ए-बहार देख तो दामन बचा के देख। -'दिल' शाहजहाँपुरी

पास जायें तो होश खो बैठें
दूर रहिए तो जाँ पै बनती है। -'साहिल' मानिकपुरी

•••

फिर हम कहाँ, कहाँ तुम, जी भर के देखने दो,
अल्लाह, कितनी मुद्दत से तुमसे जुदा रहे हैं। -असर लखनवी

•••

मय में वह बात कहाँ जो तेरे दीदार में है,
जो गिरा फिर न उसे कभी संभलते देखा।

मय – शराब

•••

माना कि तेरे दीद का काबिल नहीं हूँ मैं,
तू मेरा शौक देख, मेरा इन्तिजार देख। -मोहम्मद इकबाल

दीद – दर्शन, दीदार

•••

मायूस तो हूँ वादे से तेरे कुछ आस नहीं और आस भी है,
मैं अपने खयालों के सदके, तू पास नहीं और पास भी है।
हमने तो खुशी मांगी थी मगर जो तूने दिया अच्छा ही किया,
जिस गम का तअल्लुक हो तुमसे वो रास नहीं और रास भी है।
अश्कों से छलकती आंखों में तस्वीर झलकती है तेरी,
दीदार की प्यासी आंखों को, अब प्यास नहीं और प्यास भी है।

-साहिर लुधियानवी

•••

मुझको यह आरजू है वह उठाएं नकाब खुद,
उनकी यह इल्तिजा तकाजा करे कोई। -मजाज

1. नकाब - घूँघट, मुखावरण, मुखपट 2. इल्तिजा - प्रार्थना, दरखास्त 3. तकाजा - माँग, फर्माइश

•••

मौत के सदके वह बेपर्दा आये लाश पर,
जो न देखा था तमाशा उम्र भर, दिखला दिया। -मोमिन

सदके - सर से कोई चीज खैरात करने के लिए उतारना, दान, न्योछावर

यह न जाना था कि उस महफिल में दिल रह जायेगा,
हम ये समझे थे चले आयेंगे दम भर देखकर। -ममनून

•••

वह अगर मिल जायें तो क्या हश्र हो,
दिल लरज जाता है जिसके नाम से। -'शेरी' भोपाली

1. हश्र – (i) कयामत, महा-प्रलय (ii) विपदा, मुसीबत (iii) हाल

– – – – – –

दुनियादारी (Worldliness)

अपनों से भी इतना तकल्लुफ,
कितने दुनियादार बने हो।

-अब्दुल हमीद अदम

1. **तकल्लुफ** - (i) दिखावा, जाहिरदारी (ii) शील-संकोच, लिहाज (iii) बेगानगी, परायापन (iv) तकलीफ उठाना 2. **दुनियादार** - संसार के मोह में लिप्त, अवसरवादी

•••

खुदाबंदा मेरी गुमराहियों पर दरगुजर फरमां,
मैं उस माहौल में रहता हूँ जिसका नाम दुनिया है।

-अकबर हैदरी

1. **खुदाबंदा** - हे ईश्वर, हे खुदा 2. **दरगुजर** - नजरअंदाज, दोष देखकर उसे अनदेखा कर देना, चश्मपोशी

•••

छीन ली फिक्रे-निशेमन ने मेरी आजादियाँ,
जज्बा-ए-परवाज महदूदे-गुलिस्ताँ हो गया। -सीमाब अकबराबादी

1. **निशेमन** - घोंसला, नीड़ 2. **जज्बा-ए-परवाज** - उड़ान की ख्वाहिश 3. **महदूद** - सीमित

•••

जबानों पर दिलों की बात जब ला ही नहीं सकते,
जफा को फिर वफा की दास्ताँ कहना ही पड़ता है।
न पूछो क्या गुजरती है दिले–खुद्दार पर अक्सर,
किसी बेमेहर को जब मेहरबाँ कहना ही पड़ता है।

-जगन्नाथ 'आजाद'

1. **जफा** - जुल्म, सितम, अत्याचार 2. **बेमेहर** - निष्ठुर, बेरहम, निर्दयी, जिसमें ममता न हो

•••

तिफ्ल-ए-शीरख्वार को ज्यों-ज्यों शऊर हो चला,
जितना खुदा के पास था, उतना ही दूर हो चला।

1. **तिफ्ल-ए-शीरख्वार** - दूध मुंहा बच्चा 2. **शऊर** - (i) विवेक, समझ, अच्छे-बुरे की पहचान (ii) सभ्यता, तमीज (iii) शिष्टता, सलीका

•••

तुझे ऐ ताइरे -शाखे –नशेमन क्या खबर इसकी,
कमी सैयाद को भी बागबाँ कहना ही पड़ता है। -जगन्नाथ आजाद

1. **ताइरे-शाखे-नशेमन** - डाल पर बने घोसले में बैठी पक्षी 2. **सैयाद** – बहेलिया 3. **बागबाँ** - बाग की रखवाली करने वाला, माली

फिक्रे-दुनिया में सर खपाता हूँ,
मैं कहाँ और ये वबाल कहाँ।

-मिर्जा गालिब

वबाल - (i) मुसीबत (ii) दुख, कष्ट, तकलीफ (iii) जंजाल, झंझट

•••

बजा कहे जिसे दुनिया उसे बजा समझो,
जबाने-खल्क को नक्कारा-ए-खुदा समझो।

1. **बजा** - उचित, मुनासिब 2. **जबाने-खल्क** - जनता या अवाम की जुबान 3. **नक्कारा** - दुंदुभी, नगाड़ा, भेरी

•••

बफैजे–मस्लेहत ऐसा भी होता है जमाने में,
कि रहजन को अमीरे-कारवां कहना ही पड़ता है।

- जनगन्नाथ आजाद

1. **बफैजे-मस्लेहत** -दुनियादारी के कारण 2. **रहजन** - लूटेरा, डाकू 3. **अमीरे-का़रवां** - कारवां का सरदार

•••

यह दुनिया है, यहाँ हर काम चलता है सलीके से,
यहाँ पत्थर को भी लाले-गरां कहना ही पड़ता है।

-जगन्नाथ आजाद

1. **लाले-गरां** - कीमती लाल (एक रत्न)

– – – – – –

दोस्ती (Friendship)

अपने हाथ से दिया यार ने मीना मुझको,
रूखसत-ए-तौबा कि लाजिम हुआ पीना मुझको।

-'बेदिल' अजीमाबादी

1. **मीना** - सुराही 2. **रूखसत-ए-तौबा** - शराब से परहेज की छुट्टी

•••

आ कि तुझ बिन इस तरह ऐ दोस्त घबराता हूँ मै,
जैसे हर शै में किसी शै की कमी पाता हूँ मैं।

-जिगर मुरादाबादी

1. **शै** – चीज

•••

कफस में रहके भी हम तो उन्हें भुला न सके,
हमें भी क्या याद किया आशियाँ वालों ने

-अदीब सहारनपुरी

1. **कफस** - पिंजडा 2. **आशियाँ** - घोंसला, नीड़

•••

कुछ बाँट दीजिये हमें भी अपनी वफा के फूल,
हम भी खड़े हूए है अहले-वफा की कतार में।

अहले-वफा - वफा निबाहने वाला , वफा करने वाला

•••

खन्दा-ए-अहले-जहाँ की मुझे परवा क्या थी,
तुम भी हंसते हो मेरे हाल पर, रोना है यही। -'हसरत' मोहानी

खन्दा-ए-अहले-जहाँ - जमाने वालों का उपहास

•••

गमे-दुनिया ने हमें जब कभी नाशाद किया,
ऐ गमे-दोस्त तुझे हमने बहुत याद किया।

-खुमार बाराबंकवी

1. **नाशाद** - अप्रसन्न, दुखी, नाखुश 2. **गमे-दोस्त** - गम का साथी

•••

चश्मे - पुरनम खरीद सकता हूँ, जुल्फे-बरहम खरीद सकता हूँ,
मेरी खुशियाँ तमाम बिक जायें, आप के गम खरीद सकता हूँ।

1. **चश्मे-पुरनम** - जिन आंखों से आंसू बह रहें हों, डबडबाई हुई आंखें 2. **जुल्फे-बरहम** - बिखरी हुई जुल्फें

चार दिन की बात है क्या दोस्ती क्या दुश्मनी,
काट दो इनको खुशी से यार हँसते-हँसते।

-गुमनाम भरतपुरी

•••

छूटकर तेरे आस्ताँ से ऐ दोस्त,
तू ही कह दे, कहाँ रहें हम।

-फिराक गोरखपुरी

आस्ताँ - चौखट, दहलीज

•••

जिन्दगी आप से जिन्दादिली आप से
जब आप सलामत है तो फिर हमको क्या हो।

•••

जिन्दगी कहते हैं किसको, मौत किसका नाम है,
मेहरबानी आप की, नामेहरबानी आप की।

-प्यारेलाल रशीद

•••

जमाने की अदावत का सबब थी दोस्ती जिनकी,
अब उनको दुश्मनी है हमसे, दुनिया इसको कहते हैं।

-'बेखुद' देहलवी

अदावत - दुश्मनी, शत्रुता

•••

जहाँ दुनिया निगाहें फेर लेगी,
वहाँ ऐ दोस्त तुमको हम मिलेंगे।

-रविश सिद्दकी

•••

जिन्दगी आप की ही नवाजिश है,
वरना ऐ दोस्त हम मर गये होते।

-अब्दुल हमीद अदम

नवाजिश- कृपा, इनायत

•••

जिन्दगी के उजाले हैं तुम से,
तुम जहाँ हो वहीं रौशनी है।

-सरवर

जिसे रौनक तेरे कदमों ने देकर छीन ली रौनक,
वो लाख आबाद हो, उस घर की वीरानी नहीं जाती।

-जिगर मुरादाबादी

•••

जो गमे-हबीब से दूर थे, वो खुद अपनी आग में जल गये,
जो गमे-हबीब को पा गये तो गमों से हंस के निकल गये।

-शायर लखनवी

गमे-हबीब - प्रेमिका या दोस्त का गम

•••

जो तू गमख्वार हो जाये तो गम क्या,
जमाना क्या, जमाने के सितम क्या।

-त्रिलोकचन्द महरूम

गमख्वार - हमदर्द, सहानुभूति करने वाला, दुख-दर्द बांटने वाला

•••

तय होंगे जिन्दगी के कड़े कोस किस तरह,
जब तुम ही इस सफर में मेरे हमसफर नहीं।

•••

तुम सलामत रहो हजार बरस,
हर बरस के दिन हों पचास हजार।

-मिर्जा गालिब

•••

तेरी हमदर्द नजरों से मिला ऐसा सुकूं मुझको कि,
मैं ऐसा सुकूं मरकर भी शायद पा नहीं सकता।

-जाँनिसार अख्तर

हमदर्द - दुख-दर्द बांटने वाली या वाला

•••

दुश्मन भी हो तो दोस्ती से पेश आये हम,
बेगानगी से अपना नहीं आश्ना मिजाज।

-आतिश

1. बेगानगी - (i) परायापन (ii)अनजानापन **2. आश्ना** - परिचित, वाकिफ

•••

दुश्मनी जम कर करो मगर इतना याद रहे,
जब भी फिर दोस्त बन जाये, शर्मिन्दा न हो।

नये जमाने में अगर खुद को उदास पाऊंगा,
यह शाम याद करके अपने गम को भूल जाऊंगा।

-फिराक गोरखपुरी

•••

बाद रंजिश के गले मिलता हुआ रूकता है जी,
है मुनासिब अब यही, कुछ तू बढ़े कुछ मैं बढ़ूं

•••

मुझको नहीं कुबूल दो आलम की वुसअतें,
किस्मत में कू-ए-यार -की दो गज जमीं सही।

-जिगर मुरादाबादी

1. आलम- दुनिया, संसार **2. वुसअतें**- विशालताएँ **3. कू-ए-यार**- प्रेमिका या दोस्त की गली

•••

मेरे दोस्तों की दिलआजारियों में,
मेरी बेहतरी की कोई बात होगी।

-अब्दुल हमीद 'अदम'

दिलआजारी - कोई ऐसी बात कहना या करना, जिससे किसी का दिल दुखे, सताना, कष्ट देना

•••

मेरे मालिक तू तो मशहूर है अपनी सत्तारी में, मैं भी यकता-ए-जमाना हूँ गुनहगारी में।
मैं जो चाहूँ तो गुनाहों से आज कर लूँ तौबा, दाग लग जायेगा मालिक तेरी गफ्फारी में।

1. सत्तारी - दोष छिपाना या उस पर पर्दा डालना **2. यकता-ए-जमाना** -जमाने में अकेला **3. तौबा** - किसी बुरे काम से बाज रहने की दृढ़ प्रतिज्ञा **4. गफ्फारी** - पापोंको छिपाने का कर्म, मोक्षदान, बख्शिश, ईश्वरत्व, खुदाई

•••

मुझको ही तलब का ढब नहीं आया,
वरना ऐ दोस्त तेरे पास क्या नहीं था?

-नदीम कासिमी

1. तलब- (i) माँगना, याचना, तकाजा (ii) इच्छा, ख्वाहिश, चाह

•••

मेरे सकूते - यास पै इतना न हो मलूल,
मुझको खुदा न ख्वास्ता तुमसे गिला नहीं।

-फिराक गोरखपुरी

1. सकूते-यास - निराशा से उत्पन्न खामोशी **2. मलूल** - उदास, खिन्न, दुखी **3. खुदा न ख्वास्ता** - खुदा न करे, ईश्वर ऐसा न करे

यह कहाँ की दोस्ती है कि बने हैं दोस्त नासेह,
कोई चारासाज होता कोई गमगुसार होता।

-मिर्जा गालिब

1. **नासेह** - नसीहत करने वाला, उपदेश देनेवाला, सदुपदेशक 2. **चारासाज** - चिकित्सक, उपचारक, तबीब(यानी दर्द का इलाज करने वाला) 3. **गमगुसार** - हमदर्द, गमख्वार, दर्द बांटने वाला

•••

यह माना किसी काबिल नहीं हूँ इन निगाहों में,
बुरा क्या है अगर इस दिल की वीरानी मुझे दे दो।

-साहिर लुधियानवी

यारब! तेरी रहमत से मायूस नहीं 'फानी',
लेकिन तेरी रहमत की ताखीर का क्या कहिए।

-फानी बदायुनी

1. **रहमत** - दया, कृपा 2. **ताखीर** - देर, विलंब

•••

यह चन्द लमहे जो गुजरे तेरी रफाकत में,
न जाने वह कितने वर्ष काम आयेंगे।

1. **रफाकत** - दोस्ती, मैत्री, मोहब्बत

•••

यह तमन्ना है किसी दर पै न जाऊँ यारब,
मुझको जो कुछ भी मिले तेरे खजाने से मिले।

•••

यूँ तो मेरी रगे-जाँ से भी थे नजदीकतर,
आसुंओं के धुंध में लेकिन न पहचाने गये।

-खातिर गजनवी

1. **रगे-जाँ** - सबसे बड़ी खून की नस जो दिल में जाती है 2. **नजदीकतर** - बहुत पास

•••

ये न थी हमारी किस्मत कि विसाले-यार होता, अगर और जीते रहते, यही इन्तिजार होता।
तेरे वादे पै जिये हम तो यह जान झूठ होता, कि खुशी से मन न जाते अगर एतबार होता।
ये कहाँ कि दोस्ती है कि बने हैं दोस्त नासेह, कोई चारासाज होता कोई गमगुसार होता।

-मिर्जा गालिब

1. **विसाल** - मिलन, मेल, संयोग 2. **चारासाज** -इलाज करने वाला 3. **गमगुसार** - सहानुभूति करने वाला, हमदर्द,दर्द बांटने वाला

वफ़ा पर मिटने वाले जान की परवा नहीं करते,
वह इस बाजार में सूदो-ज़ियाँ देखा नहीं करते।

-अर्श मल्सियानी

सूदो-ज़ियाँ - लाभ-हानि

•••

सिर्फ इसलिये कि दिलशिकनी न हो दोस्त की,
एहसान कर लिया है गवारा कभी - कभी।

-असर लखनवी

दिलशिकनी - दिल तोड़ना, रंज पहुंचाना

•••

हमारी शर्ते - वफा यही है, वफा करोगे, वफा करेंगे,
हमरा मिलना तो ऐसा मिलना, मिला करोगे, मिला करेंगे।
तुम्हारा कहना कि खत लिखेंगे, यह भी है तुम पर मुनहसिर,
हसीन लफ्जों का सिलसिला है, लिखा करोगे, लिखा करेंगे।
तुम्हारे महबूब हजारों होंगे, हमारे शैदा भी लाखों लेकिन,
न तुमको शिकवा, न हमको शिकवा, गिला करोगे, गिला करेंगे।

1. शर्ते-वफा - वफा निभाने की शर्त **2. शैदा** - आशिक, मुग्ध, मोहित, चाहने वाला

नाउम्मीदी (Despondency)

अच्छा है डूब जाये सफीना हयात का,
उम्मीदो-आरजूओं का साहिल नहीं रहा।

-'असर' लखनवी

•••

अपना गम किस तरह से बयान करूँ,
आग लग जायेगी इस जमाने में।

-फिराक गोरखपुरी

•••

अभी जिन्दा हूँ लेकिन सोचता रहता हूँ खल्वत में
कि अब तक किस तमन्ना के सहारे जी लिया मैंने।

-'साहिर' लुधियानवी

1. खल्वत- जहाँ कोई दूसरा न हो, एकांत, तन्हाई

•••

अभी से क्यों छलक आये तुम्हारी आँख में आंसू
अभी छेड़ी कहाँ है, दास्ताने - जिन्दगी मैंने।

•••

अरमाँ तमाम उम्र के सीने में दफ्न है,
हम चलते-फिरते लोग मजारों से कम नहीं।

-खलिश' बड़ौदवी

•••

अर्थियाँ सबकी निकलती है घरों से लेकिन,
रोज घर आता हूँ मैं अपना जनाजा लेकर।

•••

इतने मुगालते दिये उम्मीदो - बीम ने,
साहिल को मौज, मौज को साहिल बना दिये।

-सिराज लखनवी

बीम - निराशा, नाउम्मेदी

•••

उम्मीदी - नाउम्मेदी का वहम होना वही जाने,
कि जिसने कश्तियों को डूबते देखा हो साहिल पर।

उम्मीदे-लुत्फ आप से है, इक खयाले-खाम
कब तश्नालब की प्यास बुझी है सराब से।

1. उम्मीदे-लुत्फ - करूणा, तरस या रहम की उम्मीद **2. खयाले-खाम** - मूर्खता, ठीक बात को गलत समझना, गलत खयाल, कच्चा विचार **3. तश्नालब** –प्यासा, पिपासित, तृषित, जिसके होठ प्यास के मारेसूख गये हों **4. सराब** - वह रेत जो गर्मियों में पानी की तरह चमकती हुई दिखाई देती है और प्यासे उसे पानी समझकर उसकी ओर दौड़ते हैं, मृगतृष्णा

•••

उसी लमहे को शायर यास की तकमील कहते हैं
मुहब्बत जब मिजाजे - आशिकी पै बार होती है।

-'सागर' निजामी

1. यास - निराशा, नाउम्मेदी **2. तकमील**- पूर्णता, समाप्ति, पराकाष्ठा, चरमसीमा **3. बार** - बोझ, भार

•••

एक हैं दोनों यास हो या उम्मीद
एक तड़पाए, एक बहलाए।

-तमकीन सरमस्त

•••

ऐ गमे-दुनिया तुझे क्या इल्म तेरे वास्ते
किन बहानों से तबिअत राह पै लाई गई।

-'साहिर' लुधियानवी

•••

कफस में जी नहीं लगता है, आह फिर भी मेरा,
यह जानता हूँ कि तिनका भी आशियाँ में नहीं।

-'अजीज' लखनवी

•••

क़ब तक पियें यह जहरे-गम ऐ साकिए-हयात,
घबरा गये हैं अब तेरी दरियादिली से हम।

-'मख्मूर' सईदी

1. साकी - शराब पिलाने वाला या पिलाने वाली **2. साकिए-हयात** - जीवन रूपी साकी, ज़िन्दगी की तुलनासाकी से की गई है **3. दरियादिली**- उदारता

•••

कलेजे में हजारों दाग, दिल में हसरतें लाखों,
कमाई ने चला हूँ साथ अपने जिन्दगी भर की।

-'शायर' कजलबाश

कलेजे में हजारों दाग, दिल में हसरतें लाखों,
कमाई ने चला हूँ साथ अपने जिन्दगी भर की।

-'शायर' कजलबाश

•••

कहते हैं उम्मीद पै जीता है जमाना,
क्या करे जिसकी कोई उम्मीद नहीं है?

-'आसी' उल्दानी

•••

कहते हैं जीते हैं उम्मीद पै लोग,
हमको जीने की उम्मीद नहीं। -मिर्जा 'गालिब'

•••

किस तरह तुमको बना लूँ मैं शरीके-जिन्दगी, मैं तो अपनी जिन्दगी का बार उठा सकता नहीं।
यास की तारीकियों में डूब जाने दो मुझे, अब मैं शम्ए - आरजू की लौ बढ़ा सकता नहीं।

-'साहिर' लुधियानवी

•••

किससे महरूमिए - किस्मत की शिकायत कीजे,
हमने चाहा था कि मर जाएँ सो वो भी न हुआ।

-मिर्जा 'गालिब'

•••

कोई उम्मीद बर नहीं आती, कोई सूरत नजर नहीं आती,
मौत का एक दिन मुयय्यन हैं, नींद क्यों रात भर नहीं आती।
आगे आती थी हाले-दिलपै हंसी, अब किसी बात पै नहीं आती,
हम वहाँ हैं जहाँ से हमको भी कुछ हमारी खबर नहीं आती
मरते हैं आरजू में भरने की, मौत आती है पर नहीं आती।

-मिर्जा गालिब

•••

कोई वीरानी - सी वीरानी है,
दश्त को देखकर घर याद आया। -मिर्जा 'गालिब'

•••

कौन है जो नहीं है हाजतमद, किसकी हाजत रवा करे कोई।
जब तवक्को ही उठ गई 'गालिब', क्यों किसी का गिला करे कोई।

-मिर्जा 'गालिब'

1. **हाजतमद** - (i) इच्छुक, अभिलाषी, ख्वाहिशमंद (ii) मोहताज 2. **हाजत** - इच्छा, अभिलाषा, ख्वाहिश, मनोकामना 3. **रवा** - पूरा करना 4. **तवक्को** - आशा, भरोसा, उम्मीद।

खत्म कर देगी किसी दिन ये तमन्ना-ए-हयात,
रात-दिन कोशिश में जीने की मरा जाता हूँ मैं।
जिन्दगी के दाम इतने गिर गये कुछ गम नहीं,
मौत की बढ़ती हुई कीमत से घबराता मैं।

-नीरज जैन

•••

खामोशी में निहाँ, खूंगश्ता लाखों आरजूएं हैं,
चिरागे-मुर्दा हूँ मैं बेजुबाँ गोरे-गरीबाँ का। -मिर्जा 'गालिब'

1. **निहाँ** - छुपा हुआ, निहित 2. **खूंगश्ता** - जो खून हो गया हो, खून में लिप्त या सनी हुई 3. **चिरागे-मुर्दा** - बुझे हुए चराग 4. **गोरे-गरीबाँ** - किसी परदेसी की कब्र या समाधि

•••

खूं हो के जिगर आंख से टपका नहीं ऐ मर्ग,
रहने दो अभी याँ कि अभी काम बहुत है।
होगा कोई ऐ ऐसा कि 'गालिब' को न जाने,
शायर तो बहुत अच्छा है, बदनाम बहुत है।

-मिर्जा 'गालिब'

मर्ग-मौत, मृत्यु

•••

खिजाँ-नसीब मुकद्दर का दिल न दुख जाए,
चमन में शोर है फस्ले-बहार आने का।

-नदीम कासिमी

1. **खिजाँ-नसीब** - बदनसीब, बदकिस्मत, जिसके नसीब में खिजां हीखिजां हो 2. **फस्ले-बहार**- बहार, बसंत ऋतु

•••

घर बयाबां में बनाया नहीं हमने लेकिन,
जिसको घर समझे हुए थे, बयाबां निकला।

-मिर्जा 'गालिब'

•••

घर हमारा जो न रोते भी तो वीरां होता,
बहर अगर बहर न होता बयाबां होता।

-मिर्जा 'गालिब'

•••

घुट-घुट के मर न जाए तो बतलाओ क्या करे,
वह बदनसीब जिसका कोई आसरा न हो।

-'असर' लखनवी'

जब तवक्को ही उठ गई 'गालिब', क्यों किसी का गिला करे कोई।
मुनहसिर मरने पै हो जिसकी उम्मीद, नाउम्मेदी उसकी देखा चाहिए।

-मिर्जा गालिब

तवक्को - आशा, उम्मीद, भरोसा

•••

जब दिल में जरा भी आस नहीं, इजहारे-तमन्ना कौन करे,
अरमान किये दिल ही में फना, अरमान को रूसवा कौन करे?

-आनन्द नारायण 'मुल्ला'

•••

जला है जिस्म जहाँ, दिल भी जल गया होगा, कुरेदते हो जो अब राख, जुस्तजू क्या है?
रही न ताकते-गुफ्तार और अगर हो भी तो, किस उम्मीद पै कहिए कि आरजू क्या है?
हर इक बात पै कहते हो तुम कि तू क्या है? तुम्हीं कहो कि यह अन्दाजे-गुफ्तगू क्या है?

-मिर्जा गालिब

1. **जिस्म** - शरीर 2. **जुस्तजू** - तलाश 3. **ताकते-गुफ्तार** - बात कहने की शक्ति या सामर्थ्य 4. **अन्दाजे-गुफ्तगू** - बातकरने का ढंग या तरीका

•••

जाता हूँ दाग-ए-हसरते-ए-हस्ती लिये हुए,
हूँ शम्अ-ए-कुश्ता, दुरखुर-ए-महफिल नहीं रहा।

-मिर्जा 'गालिब'

1. **दाग-ए-हसरते-ए-हस्ती** - ज़िन्दगी की तमन्नाओं का पूरा न होना 2. **शम्अ-ए-कुश्ता** - बुझी हुई शम्अ 3. **दुरखुर-ए-महफिल** - महफ़िल के लायक

•••

जिन्दगी और ये तमन्नाएं,
जल रहा है चराग पानी में।

-अरशद काकवी

•••

जिन्दगी अपनी जब इस शक्ल से गुजरी 'गालिब',
हम भी क्या याद करेंगे कि खुदा रखते थे।

-मिर्जा 'गालिब'

•••

तर्के-उम्मीद बस की बात नहीं,
वरना उम्मीद कब बर आई है।

-'फानी' बदायुनी

1. बर-प्रकट होना, निकलना यानी सफल होना

तुमको अन्देशा-ए-गिरफ्तारी है,
याँ तवक्को नहीं रिहाई की।

-शेफ्ता (नवाबमुहम्मद खाँ)

तवक्को - आशा, उम्मीद

•••

दिल गया रौनके-हयात गई,
गम गया सारी कायनात गई।

-'जिगर' मुरादाबादी

1. रौनक - (i) शोभा, छटा, सुहानापन (ii) चमक-दमक, तड़क-भड़क (iii) प्रसन्नता और हर्ष की लहर **2. कायनात** - (i) ब्रह्मांड (ii) दुनिया, संसार

•••

दिल बुझा शम्ए-कायनात गई,
जिन्दगी की उजाली रात गई।

-आनन्द नारायण 'मुल्ला'

शम्ए-कायनात - संसार की रौशनी या दुनिया की रौनक

•••

दिलशिकन साबित हुआ, हर आसरा मेरे लिए,
कोई दुनिया में नहीं, मेरे सिवा, मेरे लिए।

-'नातिक' लखनवी

दिलशिकन-दिल को तोड़ने वाला,रंज पहुचाने वाला, हिम्मत तोड़ने वाला

•••

दुनिया की महफिलों से उकता गया हूँ यारब,
क्या लुत्फ अंजुमन का जब दिल ही बुझ गया हो।

-मोहम्मद इकबाल

अंजुमन-महफ़िल

•••

दैर नहीं, हरम नहीं, दर नहीं, आस्ताँ नहीं,
बैठे हैं रहगुजर पै हम, कोई हमें उठाये क्यों?

-मिर्जा 'गालिब'

1. दैर- बुतखाना,मंदिर **2. हरम** - (i) काबा, खुदा का घर (ii)मक्के के आस-पास का क्षेत्र जिसके अन्दर किसी प्राणी की हिंसा करना महापाप है (iii) अन्तःपुर, जनानखाना **3. आस्ताँ** - चौखट, दहलीज़ **4. रहगुजर**- पथ, रास्ता

न किसी के आँख का नूर हूँ, न किसी के दिल का करार हूँ,
जो किसी के काम न आ सके मैं वो एक मुश्ते-गुबार हूँ।
मेरा रंग रूप बिगड़ गया, मेरा यार मुझसे बिछड़ गया,
जो चमन खिजाँ से उजड़ गया में उसी की फस्ले-बहार हूँ।
न तो मैं किसी का हबीब हूँ न तो मैं किसी का रकीब हूँ,
जो बिगड़ गया वह नसीब हूँ, जो उजड़ गया वह दयार हूँ।
पए-फातहा कोई आये क्यों कोई चार फूल चढ़ाये क्यों,
कोई आके शम्अ जलाये क्यों मैं वो बेकसी का मजार हूँ
मैं नहीं हूँ नग्मा-ए-जाँफिजा कोई सुनके मुझको करेगा क्या,
मैं बड़े बिरोग की हूँ सदा मैं बड़े दुःखों की पुकार हूँ।

-बहादुर शाह 'जफर'

1. **मुश्ते-गुबार** - मुट्ठी भर धूल 2. **खिजाँ** - पतझड़ की ऋतु 3. **फस्ले-बहार** -बसन्त ऋतु 4. **हबीब** - मित्र, सखा, दोस्त 5. **रकीब** -प्रतिद्वन्द्वी, जिससे मुकाबला हो, किसी स्त्री से प्रेम करने वाले दो व्यक्ति परस्पर रकीब होते हैं 6. **दयार** - स्थान, जगह, मुकाम 7. **पए-फातहा** -मृतक की आत्मा को शान्ति पहुंचाने के लिए कुरान की आयतें पढ़ने वाला 8. **जाँफिजा** - प्राणों को बढ़ाने वाला। 9. **बिरोग** - दुःख, तकलीफ, कष्ट 10. **सदा** - आवाज

•••

न कोई जादा, न मंजिल, न रौशनी, न सुराग,
भटक रही है खलाओं में जिन्दगी मेरी।

-साहिर लुधियानवी

1. **जादा** - रास्ता, पथ 2. **खला** - फिजा, अंतरिक्ष, फिजा-ए-आसमानी, खाली होना या रिक्त होना

•••

न देखने की तरह हमने जिन्दगी देखी,
चिराग बुझने लगा जब तो रौशनी देखी। -'असर' लखनवी

•••

नई सुबह पर नजर है मगर आह यह भी डर है,
यह सहर भी रफ्ता-रफ्त कहीं शाम तक न पहुंचे।

-शकील बंदायुनी

1. **सहर** - सुबह, प्रातः 2. **रफ्ता-रफ्ता** - अहिस्ता-अहिस्ता, धीरे-धीरे

•••

नजर आती नहीं दिल में तमन्ना कोई,
बाद मुद्दत के तमन्ना मेरी बर आई है। -मिर्जा गालिब

बर - प्रकट होना, निकलना यानी पूरा होना

नादाँ हो जो कहते हो क्यों जीते हो 'गालिब',
किस्मत में है मरने की तमन्ना कोई दिन और।

-मिर्जा 'गालिब'

•••

फूलों से जो खेला करते थे, दर-दर की ठोकरें खाते हैं,
जीने की तमन्ना थी जिनको अब जीने से घबराते हैं।

-'मंजूर' सिद्दकी अकबराबादी

•••

मायूसियों में दिल का वो आलम दमे-विद्अ,
बुझते हुए चराग की लौ जैसे थरथरायें।

-अंदलीब 'शादानी'

•••

मिली राहत हुजूमे-यासो-गम में खून रो-रो कर,
लगी दिल की बुझाई तो कुछ दीदए-तर ने।

-दिल शाहजहाँपुरी

1. **हुजूमे-यासो-गम** - गम और निराशा का ढेर 2. **दीदए-तर ने** - आंसुओं ने

•••

मुनहसिर मरने पै हो जिसकी उम्मीद,
नाउम्मेदी उसकी देखा चाहिए।

-मिर्जा गालिब

•••

मुहब्बत तर्क की मैंने, गिरेबाँ सी लिया मैंने,
जमाने अब तो खुश हो जहर ये भी पी लिया मैंने।
अभी जिन्दा हूँ लेकिन सोचता रहता हूँ खल्वत में,
कि अब तक किस तमन्ना के सहारे जी लिया मैंने।
उन्हें अपना नहीं सकता मगर इतना भी क्या कम है,
कि कुछ मुद्दत हसीं ख्वाबों में खोकर जी लिया मैंने।

-साहिर लुधियानवी

1. **तर्क** - छोड़ना, त्यागना 2. **खल्वत** - एकान्त

•••

मेरे खुदा मुझे अब यह भी सोचना होगा,
करम किया कि सितम आदमी बना के मुझे।

-जांवर फतेहपुरी

1. **करम** - दया, मेहरबानी 2. **सितम** - अत्याचार, ज़ुल्म

यह शायरी नहीं है तमन्ना की कब्र पर, तामीर एक ताजमहल कर रहा हूँ मैं।
जो जिन्दगी थी अस्ल में 'अख्तर' वो कट गई, जीने की शर्म रखने को अब भी जी रहा हूँ मैं।

-अख्तर अंसारी

तामीर - निर्माण

•••

यह भी मुमकिन नहीं मर जाएं,
जिन्दगी आह कितनी जालिम है।

•••

यूँ तो मरने के लिये जहर पीते हैं सभी,
जिन्दगी तेरे लिये जहर पिया मैंने।

-'खलील' रहमान आजमी

•••

रगों में दौड़ते-फिरने के हम नहीं कायल, जब आँख ही से न टपका तो फिर लहू क्या है?
चिपक रहा है बदन पै लहू से पैराहन, हमारी जेब को अब हाजते - रफू क्या है?
रही न ताकते - गुफ्तार और अगर हो भी, तो किस उम्मीद पै कहिए कि आरजू क्या है?

-मिजा 'गालिब'

1. **पैराहन** - वस्त्र, लिबास 2. हाजते- रफू -रफू की आवश्यकता 3. **ताकते-गुफ्तार** - बात करने की शक्ति

•••

रहिए अब ऐसी जगह चलकर जहाँ कोई न हो, हमसुखन कोई न हो, हमजुबाँ कोई न हो।
बेदरो -दीवार का इक घर बनाया चाहिए, कोई हमसाया न हो, और पासबाँ कोई न हो।
पड़िए गर बीमार तो कोई न हो तीमारदार, और अगर मर जाइओ तो नौहाख्वाँ कोई न हो।

-मिर्जा 'गालिब'

1. **हमसुखन** - साथ-साथ बात या कविता करने वाला 2. **हमजुबाँ** - एक भाषा बोलने वाला, दोस्त, मित्र 3. **हमसाया** - पढ़ोसी, प्रतिवेशी 4. **पासबाँ** – देखरेख करने वाला, निगराँ, निरीक्षक 5. **नौहाख्वाँ** - मृतक पर विलाप करने वाला।

•••

रही न ताकते - गुफ्तार और अगर हो भी,
तो किस उम्मीद पै कहिए कि आरजू क्या है?

-मिर्जा 'गालिब'

1. **ताकते-गुफ्तार** - बात कहने की शक्ति

•••

लो आज हमने तोड़ दिया रिश्ता-ए-उम्मीद,
लो अब कभी गिला न करेंगे किसी से हम।

- 'साहिर' लुधियानवी

वह जाम हूँ जो खूने-तमन्ना से भर गया,
यह मेरा जर्फ है कि छलकता नहीं हूँ मैं।

-'फना' लखनवी

•••

सब तमन्नाएं हमारी मर चुकीं,
एक मरने की तमन्ना रह गई है।

-जोश मल्सियानी

•••

हम वहाँ हैं जहाँ से हमको भी, कुछ हमारी खबर नहीं आती,
मरते हैं आरजू में मरने की, मौत आती है पर नहीं आती।

-मिर्जा 'गालिब'

निगहबानी (Protection)

अगर कांटा निकल जायें चमन से
तो फूलों का निगहबां कौन होग?

निगहबां - रखवाला, संरक्षक

•••

फानूस बनकर हिफाजत जिसकी खुदा करे
वह शम्अ क्या बुझेगी, रौशन जिसे खुदा करे।

1. फानूस - लैम्प की चिमनी, जिसमें से रौशनी छनती है; वह काँच का प्याला जैसा पात्र जिसमें मोमबती जलती है

•••

रौशनी गर खुदा को हो मंजूर,
तो आँधियों में भी चराग जलते हैं।

•••

सारे जहाँ की धूप मेरे सर पै आ पड़ी,
मुझ पर किसी दरख्त का साया था, कट गया।

-खाकान खावर

पाखण्ड (Hypocrisy)

आँख उठाकर भी न देखूँ, जिससे मेरा दिल न मिले,
रस्मन सबसे हाथ मिलाना, मेरे बस की बात नहीं।

1. रस्मन - परम्परानुसार, रिवाज के तौर पर, रिवाज के मुताबिक

•••

एक से लगते हैं सब ही कौन अपना, कौन गैर,
बेनकाब आये कोई तो, हम दरे -दिल वा करें।

-खलील

1. दरे–दिल - दिल का दरवाजा **2. वा** - खोलना

•••

कहां मैखाने का दरवाजा 'गालिब' और कहां वाइज,
पर इतना जानते हैं कल वो जाता था कि हम निकले।

-'मिर्जा 'गालिब'

1. मैखाना - शराबखाना **2. वाइज**- सदुपदेशक, धर्मोपनिदेशक

•••

यह कहाँ की दोस्ती है कि बने है दोस्त नासेह,
कोई चारासाज होता, कोई गमगुसार होता।

-मिर्जा गालिब

1. नासेह - नसीहत करने वाला, उपदेश देने वाला**2. चारासाज** - चिकित्सक, इलाज करने वाला **3. गमगुसार** - सहानुभूतिदिखाने वाला, हमदर्द, गमख्वार

•••

लड़ते हैं जाके बाहर ये शैख-ओ-बिरहमन,
पीते हैं मयकदे में सागर बदल बदल कर।

-माइल देहलवी

सागर - पियाला

•••

वह राह सुझाते है हमें हजरते - रहबर,
जिस राह पर उनको कभी चलते नहीं देखा।

-अर्श मल्सियानी

हजरते–रहबर - पथप्रदर्शक साहब

शैख की दावत में मय का काम क्या,
एहतियातन कुछ मंगा ली जाएगी।

-'अकबर' इलाहाबादी

1. **शैख** - धर्मोपदेशक, महात्मा 2. **मय** - शराब

•••

साहिल के तमाशाई हर डूबने वाले पर,
अफसोस तो करते हैं, इमदाद नहीं करते।

-फना निजामी

1. **साहिल** - किनारा 2. **इमदाद** -मदद, सहायता

•••

हर मोड़ पै मिल जाते हैं हमदर्द हजारों,
शायद हमारी बस्ती में अदाकार बहुत हैं।

फ़राख़दिली (Large-heartedness)

'अदम' इन्सान जब गहरी नजर डाले हवादिस पर,
तो उसमें बेहतरी के भी बहुत असबाब होते हैं।

-अब्दुल हमीद अदम

1. **हवादिस** - हादिसा का बहुवचन, हादिसे, दुर्घटनाएँ 2. **असबाब** - उपकरण, सामान

•••

अब इससे क्या गरज कि हरम है कि दैर,
बैठे हैं हम तो साया–ए-दीवार देखकर।

-रविश सिद्दीकी

1. **हरम**-खुदा का घर, काबा 2. **दैर**- बुतखाना, मूर्तिगृह, मंदिर

•••

अलग हम सबसे रहते हैं मिसाले- तारे - तंबूरा,
जरा छेड़े से मिलते हैं मिला ले जिसका जी चाहे।

मिसाल - समान, जैसे

•••

इलाही कैसे होते है जिन्हें है बंदगी की ख्वाहिश,
हमें तो शर्म दामनगीर होती है खुदा होते हुए।

-मीरतकी मीर

1. **बंदगी** - पूजा, इबादत 2. **दामनगीर** - दामन पकड़ कर रोकने वाला, दामन पकड़ने वाला

•••

कमी जो पाई अपने खुलूस में,
जहां में कोई हमें बेवफा नहीं लगता।

खुलूस - प्यार, मुहब्बत

•••

कह रहा था शोरे-दरिया से समुन्दर का सकून
जिसमें जितना ज़र्फ़ है, उतनी ही वह खामोश है

1. सकूत - खामोशी 2. ज़र्फ़ - सहनशीलता, फ़राख़दिली

•••

क्या तुम ये समझते हो जुबां मुंह में नहीं है,
यह पासे -वफा है कि मेरे होट सिले हैं।

गुनहगारों में शामिल हैं, गुनाहों से नहीं वाकिफ,
सजा को जानते हैं हम, खुदा जाने खता क्या है।

-चकबस्त लखनवी

•••

चार दिन की बात है क्या दुश्मनी, क्या दोस्ती,
काट दो इसको खुशी से यार हंसते - हंसते। -गुमनाम भरतपुरी

•••

जर्फ से काम ले कतरे को हिकारत से न देख,
इन्हीं बूदों ने बना डाले समन्दर कितने।

1. जर्फ-दरियादिली, फराखदिली, उदारदिली, सहनशीलता 2. **हिकारत** - तिरस्कार, अपमान, बेइज्जती

•••

जर्फ वालों के यहां तो गैर भी पी जाते हैं,
तिश्नगी रह जाती है कमजर्फ के मैखाने में।

1. जर्फ - दरियादिली, फराखदिली, उदारदिली, सहनशीलता 2. **तिश्नगी** - प्यास, पिपासा 3. कमजर्फ - तंगदिल, अनुदार, तंगनजर, ओछा 4. **मैखाना**- शराबखाना

•••

तही दस्तों का दर्जा अहले - दौलत से जियादा है,
सुराही सर झुका देती है जब खाली जाम आता है।

1. तही - **खाली** 2. दस्त – हाथ 3. **अहले–दौलत** - दौलत वाले

•••

पास था नाकामिए- सैयाद का ऐ हमसफीर,
वर्ना मैं और उड़ के जाता एक दाने के लिए।

1. पास - शील, संकोच, लिहाज 2. **सैयाद** - बहेलिया, चिड़ीमार, आखेट

•••

मुझे बहिश्त से इन्कार की मजाल कहाँ,
मगर जमीन पै महसूस, यह कमी तो करूँ।

बहिश्त - स्वर्ग, जन्नत

•••

हर चीज अपनी-अपनी जगह पै है कामयाब,
जर्रे भी बेमिसाल, सितारे भी लाजवाब। -माहिर-उल-कादिरी

1. **बेमिसाल** - अनुपम, अतुल्य, बेनजीर 2. **लाजवाब** - अद्वितीय, बेमिस्ल

•••

हर रहगुजर पै शम्अ जलाना है मेरा काम,
तेवर है क्या हवा के, यह मैं देखता नहीं।

– – – – – –

बंदगी (Worship)

खुलूसे-दिल से हों सिज्दे तो उन सिज्दों का क्या कहना,
सरक आया वहीं काबा जहाँ हमने जबीं रख दी।

1. खुलूसे-दिल से - सच्चे दिल से **2. काबा** - मक्के की एक इमारत जिसेमुसलमान ईश्वर का घर समझते हैं **3.** जबीं - माथा, ललाट, भाल

•••

जबीने-सिज्दा में कौनेन की वुसअत समा जाए,
अगर आजाद हो कैदे- खुदी से बंदगी अपनी।

-'असर' लखनवी

1. जबीन - माथा, ललाट, भाल **2. कौनेन** - दोनों संसार, यह संसार और ऊपरी सार (यानी परलोक) **3. वुसअत** - लंबाई-चौड़ाई **4. खुदी** - अहंकार,अहंभाव, यह भाव कि बस हमीं हम है, अभिमान, घमंड, गर्व **5. बंदगी**- इबादत, पूजा

•••

जहाँ सिज्दे को मन आया वहीं पर लिया सिज्दा,
न कोई संगे - दर अपना न कोई आस्तां अपना।

1. **सिज्दा** - ईश्वर के लिए सर झुकाना, नमाज में जमीन पर सर रखना 2. **संगे–दर**- चौखट 3. **आस्तां** - दहलीज, ड्योढ़ी, चौखट

•••

जो नफस तेरी याद में गुजरे,
वह बंदगी में शुमार होता है। -अब्दुल हमीद अदम

1. **नफस** - सांस 2. **शुमार** - गिनती

•••

झुका दो सर उसी पर आ जाये जो सामने जर्रा,
कि जब सिज्दा ही करना है तो कैदे-आस्ताँ क्यो हो।

1. जर्रा - कण, अणु, बहुत ही बारीक रेजा **2. आस्ताँ** - चौखट, दहलीज

•••

दिल है कदमों पै किसी के सर झुका हो या न हो,
बंदगी तो अपनी फितरत है, खुदा हो या न हो।

-जिगर मुरादाबादी

•••

न हो कुबूल तो किस्मत मेरे सिज्दों की,
मगर यह सर नहीं है औरों के दर के लिये।

दर - दरवाजा

नहीं अपने किसी मकसद से खाली कोई भी सिज्दा,
खुदा के नाम से करता है इंसाँ बंदगी अपनी।

•••

नहीं आसाँ, नहीं आसाँ, नमाजे-इश्क का अदा करना,
झुकेगा एक दिल मुश्किल से हजारों सर जो खम होंगे।

-जिगर मुरादाबादी

खम - झुकना, झुकाव

•••

नाज है अपनी बंदगी पर ऐ 'हसन',
जिसको चाहें वही खुदा होगा।

-हसन कमाल

बंदगी - पूजा, इबादत

•••

बंदगी यूँ तो इन्सान की फितरत है लेकिन,
नाज जिस पै करें सिजदे वह जबीं पैदाकर।

-जिगर मुरादाबादी

1. **बंदगी** - पूजा, इबादत 2. **फितरत** - आदत, स्वभाव, प्रकृति 3. **जबीं** - माथा, भाल, ललाट

•••

संगे-दिल को बना दूँ देवता मैं,
आप क्या जाने बंदगी के ढंग।

-यगाना चंगेजी

1. **संगे-दिल** - पत्थर-दिल 2. **बंदगी** - पूजा, इबादत

•••

सिज्दा हो बेखुलूस तो, सिज्दा भी है गुनाह,
लग्जिश में हो खुलूस तो,लग्जिश नमाज है।

1. **सिज्दा** - नमाज में जमीन पर सर रखना, ईश्वर के लिए सर झुकाना 2. **बेखुलूस** - जो सच्चे दिल से न हो 3. **लग्जिश** - (i) त्रुटि, भूल, गलती (ii) अपराध, कुसूर 4. **खुलूस** - (i) सत्यता, सच्चाई (ii) निष्कपटता, निष्छलता

•••

सिज्दे करते भी है इंसां खुद दरे-इन्सां पै रोज,
और फिर कहते भी हैं बंदा खुदा होता नहीं।

-अर्श मल्सियानी

दरे-इन्सां - इंसान की चौखट

सिज्दों को मेरे आज यह करना है फैसला,
मेरी जबीं रहे कि तेरा आस्ताँ रहे।

1. सिज्दा - नमाज में जमीन पर सर रखना, ईश्वर के लिए सर झुकाना **2. जबीं** - माथा, भाल, ललाट **3. आस्ताँ** - चौखट, दहलीज

•••

हुआ है चार सिजदों पर यह दावा जाहिदों तुमको,
खुदा ने क्या तुम्हारे हाथ जन्नत बेच डाली है।

-मिर्जा दाग

जाहिद - संयमी, विषय-विरक्त, संयम-नियम और जप-तप करने वाला व्यक्ति

बदनसीबी (Bad Luck)

अब तक खबर न थी मुझे उजड़े हुए घर की,
तुम आये तो घर बेसरो - सामां नजर आया।

-जोश मलीहाबादी

1. **बेसरो–सामां**- जिंदगी के जरूरी सामान के बगैर

•••

अर्थियाँ सबकी निकलती हैं घरों से लेकिन,
रोज घर आता हूँ मैं अपना जनाजा लेकर।

•••

असीर करके हमें क्यों रिहा किया सैयाद,
वो हमसफीर भी छूटे, वो बाग भी न मिला।

-'जलाल' लखनवी

1. **असीर** – बंदी, कैदी, कारावासी 2. **सैयाद** - बहेलिया, चिड़ीमार 3. **हमसफीर** - (i) बाग में साथ चहचहाने वाली चिड़ियाँ (ii) मित्र, दोस्त

•••

आके पत्थर तो मेरे सहन में दो चार गिरे,
जितने उस पेड़ पै फल थे, पसे-दीवार गिरे।

1. **सहन** - आँगन, अँगनाई 2. **पसे-दीवार** - दीवार के पीछे

•••

इक दिन की बात हो तो उसे भूल जायें हम,
नाजिल हों दिल पै रोज बलायें तो क्या करें।

-'अख्तर' शीरानी

1. **नाजिल** - ऊपर से नीचे आने वाला, उतरने वाला, उतरा हुआ, आया हुआ

•••

इन्तिजारे-फस्ले-गुल में खो चुके आंखों के नूर
और बहारे-बाग लेती ही नहीं आने का नाम।

फस्ले-गुल - बहार का मौसम, वसन्त ऋतु

•••

इन्सान की बदबख्ती अन्दाज से बाहर है,
कमबख्त खुदा होकर भी बंदा नजर आता है।

1. **बदबख्ती** - बदनसीबी, बदकिस्मती 2. **कमबख्त** - अभागा, भाग्य का मारा, बदकिस्मत

उम्रे - दराज माँगकर लाये थे चार दिन, दो आरजू में कट गये, दो इन्तिजार में
कितना है बदनसीब 'जफर' दफ्न के लिये, दो गज जमीं भी न मिली कू-ए-यार में।

-बहादुर शाह 'जफर'

1. दराज - लंबी, तवील **2. कू-ए-यार** - प्रेमिका की गली [यानी स्वदेश में या अपने देश में जहाँ उसकी पत्नी (बहादुर शाह ज़फर की) रहती थी]

•••

उलझ पड़ूँ किसी के दामन से वह खार नहीं,
वह फूल हूँ जो किसी के गले का हार नहीं।

-चकबस्त लखनवी

•••

कफस से छूटकर पहुँचे न हम दीवारे-गुलशन तक,
रसाई आशियाँ तक किस तरह बेबालोपर होती।

-जलील मानिकपुरी

1. कफस - पिंजड़ा **2. रसाई** - पहुँच **3. बेबालोपर** - जिसके पास जीविका का कोई साधन न हो

•••

कफस से छूटने पै शाद थे हम कि लज्जते-जिन्दगी मिलेगी,
यह क्या खबर थी कि बहारे-गुलशन लहू में डूबी हुई मिलेगी।

-अब्दुल हमीद 'अदम'

कफस - पिंजड़ा, कारावास

•••

कभी जो मैंने मसर्रत का एहतिराम किया,
बड़े तपाक से गम ने मुझे सलाम किया।

एहतिराम - आदर, इज्जत, सम्मान

•••

किस्मत की खूबी देखों, टूटी कहाँ कमंद,
दो-चार हाथ जब कि लबे-बाम रह गया।

-सौदा

1. कमंद - एक लंबी रस्सी जिसके एक सिरे पर गोह बंधी रहती थी। उसके द्वारा ऊंची-ऊंची दीवारों पर चढ़ा जा सकता था। गोह वहां चिपक जाती है।फिर कितना ही जोर किया जाए, वह वहाँ से नहीं छूटती। **2. लबे-बाम** – छत का किनारा

•••

खूब था पहले से होते जो हम अपने बादाख्वाह,
कि भला चाहते हैं, और बुरा होता है।

-मिर्जा गालिब

1. खूब - सुन्दर, उत्तम **2. बादाख्वाह** - बुरा चाहने वाला

गुबारे – रहे – पसे - कारवाँ ही समझ लेते,
मेरा शुमार यहाँ तक भी कारवाँ में नहीं।

-'दिल' शाहजहाँपुरी

गुबारे-रहे-पसे-कारवाँ - कारवां के पीछे राह में उड़ने वाली धूल

•••

चाहा था ठोकरों में गुजर जाये जिन्दगी,
लोगों ने संगे - राह समझकर हटा दिया।

संगे-राह - राह का पत्थर

•••

चुन लिया औरों ने गुलहाए-मुराद,
रह गए दामन ही फैलाने में हम।

-आजिज

गुलहाए-मुराद - अभिलषित फूल

•••

जल के आशियाँ अपना खाक हो चुका कब का,
अब तक यह आलम है, रौशनी से डरते हैं।

•••

जो काफिले खिजाँ से भी लूटे न जा सके,
लुट गये वो काफिले फस्ले – बहार में।

-'राही' शिहाबी

फस्ले-बहार - वसन्त ऋतु

•••

जिसकी कफस में आंख खुली हो मेरी तरह,
उसके लिये चमन की खिजाँ क्या, बहार क्या।

1. **कफस** - पिंजड़ा, करागार 2. **खिजाँ** - पतझड़ की ऋतु

•••

तमाम उम्र उम्मीदे-बहार में गुजरी,
बहार आई तो पैगाम मौत का लाई।

-नज़्म मुजफ्फरनगरी

•••

दौराने - असीरी नजरों में हर वक्त नशेमन रहता था,
जब छूट के आये गुलशन में, हम अपना ठिकाना भूल गये।

-'जेब' बरेलवी

1. **दौराने-असीरी** - कैद या कारावास के दौरान 2. **नशेमन** - घोंसला, नीड़

न इधर के रहे, न उधर के रहे,
न खुदा ही मिला, न विसाले-सनम।

1. विसाल – मिलन **2. सनम** - प्रेयसी, प्रेमिका, माशूक

●●●

न गुल अपना न खार अपना, न जालिम बागबाँ अपना,
बनाया आह किस गुलशन में हमने आशियाँ अपना।

बागबाँ - माली

●●●

फूल तो दो दिन बहारे–जाँफिजा बिखरा गये,
हसरत उन गुन्चों पै है जो बिन खिले मुर्झा गये।

-अब्राहम जौक

1. जाँफिजा - प्राणों को बढ़ाने वाला, प्राणवर्धक **2. गुंचा** - कली

●●●

फूल बनने की खुशी में मुस्कुराई थी कली,
क्या खबर थी यह तबस्सुम मौत का पैगाम है।

●●●

बढ़ते - बढ़ते हद्दे - मंजिल से भी आगे बढ़ गये,
हम तो आजिज आ गये नाकामी-ए-तकदीर से।

आजिज - परीशान, बेबस, लाचार

●●●

बदनसीबी का मैं कायल तो नहीं मगर,
मैंने बरसात में जलते हुए घर देखे हैं।

●●●

मुखालिफ बख्त हो तो काम बन-बन कर बिगड़ता है,
सफीना जा पड़ा मझदार में टकरा के साहिल से।

-बिस्मिल आर्वी

1. बख्त - किस्मत, भाग्य **2. सफीना** - नौका, किश्ती **3. साहिल** -किनारा, तट

●●●

मुझे जख्म ही मिले हैं मैं जहाँ-जहाँ गया हूँ,
कभी दुश्मनी के बदले कभी दोस्ती के बदले।

●●●

मेरे कैद का दिलशिकन मामला था,
बहार आ गई थी, आशियाँ बन गया था।

-साकिब लखनवी

दिलशिकन - दिल को तोड़ने वाला, रंज पहुंचाने वाला

मेरे डूब जाने का बाइस न पूछो,
कनारे से टकरा गया था सफीना। -हफीज जालंधरी

1. **बाइस** - कारण 2. **सफीना** - नौका, किश्त

•••

मैं उनमें हूँ जो होकर आस्ताने-दोस्त से महरूम,
लिये फिरते हैं सिज्दों की तड़प अपनी जबीनों में। -अख्तर अंसारी

1. **आस्ताना** - चौखट, दहलीज 2. **महरूम** - (i) वंचित रहना, न पाना, प्राप्त न होना (ii) निराश, नाउम्मेद (iii) अभागा, बदकिस्मत 3. **सिज्दा** - ईश्वर के लिए सर झुकाना, नमाज में जमीन पर सर रखना 4. **जबीन** -माथा, ललाट, पेशानी, भाल

•••

यहाँ तंगिए-कफस है वहाँ खत्म आशियाना,
न यहाँ मेरा ठिकाना, न वहाँ मेरा ठिकाना,
इक शाखे-सिरनगूँ पर रख लेंगे चार तिनके,
न बुलन्द शाख होगी, न जलेगा आशियाना।

1. **तंगिए-कफस** - पिंजड़े की तंग जगह 2. **शाखे-सिरनगूँ** - झुकी हुई डाल

•••

ये ताइराने- चमन किस तरह से हों दिलशाद,
कदम-कदम पै ही तकदीर इनकी फूट गई,
रिहा हुए कफस से तो आशियाना गुम था,
जो आशियाना बनाया तो शाख टूट गई।

1. **ताइराने-चमन** - चमन के पंछी 2. **दिलशाद** - खुश, प्रसन्न 3. **कफस** - पिंजड़ा

•••

लगता नहीं है दिल मेरा उजड़े दयार में,
किसकी बनी है आलमे-नापाइदार में।
कह दो इन हसरतों को कहीं और जा बसें,
इतनी जगह कहाँ है दिले–दागदार में।
उम्रे-दराज माँगकर लाये थे चार दिन,
दो आरजू में कट गये, दो इन्तिजार में।
कितना है बदनसीब 'जफर' दफ्न के लिये,
दो गज जमीं भी न मिली कू-ए-यार में।

-बहादुरशाह 'जफर'

1. **दयार** - स्थान, जगह। 2. **आलमे-नापाइदार** - नश्वर दुनिया, मृत्यु लोक। 3. **हसरत** - (i) अभिलाषा, मनोकामना, आकांक्षा (ii) निराशा, नाउम्मेदी 4. **दिले-दागदार**- नाकाम हसरतों से भरा दिल 5. **दराज**- लंबी, तवील। 6. **कू-ए-यार**- यार या प्रेयसी की गली।

लुटते अगर खिजाँ में तो कोई बात ही न थी,
हमको तो रंज है कि लुटे हैं बहार में। -चाँद

खिजाँ - पतझड़ की ऋतु

•••

वह ताइरे – असीर कहाँ जाये क्या करे?
आजाद होके जिसको नसीब आशियाँ न हो। -'असर' लखनवी

ताइरे-असीर- पिंजड़े में बंद पंछी।

•••

वह तिरहबख्त हकीकत में है जिसे 'मुल्ला',
किसी निगाह के साये की चाँदनी न मिली।

-आनन्द नारायण 'मुल्ला'

तिरहबख्त - बदनसीब, अभागा, बदकिस्मत •••

वादिए-उल्फत में देखी हमने कब मंजिल की शक्ल,
गिर पड़े, गिरकर उठे, उठकर संभलते ही रहे। -नूह नारवी

वादी - (i) घाटी, पहाड़ के नीचे का मैदान (ii) मैदान, वन

•••

वाय किस्मत नाव डूबी आके साहिल के करीब,
देखता ही रह गया साहिल को मैं, साहिल मुझे। -'सादिक' झुनझुनवी

साहिल - तट, किनारा

•••

सारे जहाँ की धूप मेरे सर पै आ पड़ी,
मुझ पर किसी दरख्त का साया था, कट गया। -खाकान खावर

•••

सियहबख्ती तो पैवस्ते-जबीं है,
मिटाऊँ दागे-नाकामी कहाँ तक। -'दिल' शाहजहाँपुरी

1. सियहबख्ती - बदनसीबी 2. पैवस्ते-जबीं - माथे में गहरी लिखी हुई

•••

हम कारवाँ के साथ हैं लेकिन है इस तरह,
जैसे बिछड़ गये हों किसी कारवाँ से हम। -जौहर कोटवी

•••

हम न आए फिर चमन में लौटकर,
मौसमे - गुल बार - बार आता रहा।

मौसमे-गुल - बहार का मौसम।

•••

हाय अब इन बस्तियों का जिक्र ही क्या हमनशीं,
जो अभी बसने न पायी थीं कि वीराँ हो गईं। -'रविश' सिद्दकी

हमनशीं - (i) साथ बैठने वाला, मित्र (ii) समासद, मुसाहिब

– – – – – –

बेरुखी (Irresponsiveness)

अब उतर आये है वह तारीफ पर,
हम जो आदी हो गये दुश्नाम के।

•••

अब वो मिलते भी हैं तो यूँ की कभी,
गोया हमसे कुछ वास्ता न था। -हसरत मोहानी

•••

आज वो मेहरबाँ से लगते हैं,
कोई वादा वफा न हो जाये।

•••

आते-आते आयेगा उनको खयाल,
जाते - जाते बेखयाली जायेगी। -फैज अहमद 'फैज'

बेखयाली - बेखुदी, बेखबर

•••

आया न एक बार भी अयादत को वह मसीह,
सौ बार मैं फरेब से बीमार हो चुका। -'असीर' मीनाई

1. **अयादत** - रोगी का हालचाल पूछने और उसे ढाढस बंधाने के लिए जाना 2. **मसीह** - हजरत ईसा, जो मुर्दों में जान डाल देते थे (यानी प्रेमिका)

•••

आये तो यूँ कि जैसे हमेशा थे मेहरबाँ,
भूले तो यूँ कि जैसे कभी आश्ना न थे। -फैज अहमद फैज

1. **आश्ना** - (i) मित्र, दोस्त (ii) परिचित, जानकार, वाकिफ

•••

आह का किसने असर देखा है,
हम भी अपनी इक हवा बांधते हैं। -मिर्जा 'गालिब'

•••

आह को चाहिए इक उम्र असर होने तक, कौन जीता है तेरी जुल्फ के सर होने तक।
आशिकी सब्र - तलब और तमन्ना बेताब, दिल का क्या रंग करूँ, खूने - जिगर होने तक।
हमने माना कि तगाफुल न करोगे लेकिन, खाक हो जायेंगे हम तुमको खबर होने तक।
गमे-हस्ती का 'असद' किससे जुज-मर्ग इलाज, शम्अ हर रंग में जलती है, सहर होने तक।
-मिर्जा गालिब

1. **सर** - सुलझना 2. **सब्र-तलब** - जिसमें सब्र (धीरज, धैर्य) की आवश्यकता हो 3. **बेताब** – (i) अधीर, बेसब्र (ii) व्याकुल, बेचैन 4. **तगाफुल** - उपेक्षा, बेतवज्जुही 5. **जुज-मर्ग** - मौत के अलावा 6. **सहर** - सुबह, सबेरा, प्रातःकाल, भोर

इक तर्जे-तगाफुल है सो वह उनको मुबारक,
इक अर्जे-तमन्ना है, सो हम करते रहेंगे।

-फैज अहमद 'फैज'

1. तर्जे-तगाफुल - उपेक्षा या बेतवज्जुही की आदत या स्वभाव **2. अर्जे-तमन्ना** – ख्वाहिश या आरजू की अभिव्यक्ति

•••

इक मैं कि इन्तिजार में घड़ियाँ गिना करूँ,
इक तुम कि मुझसे आंख चुराकर चले गये।

-जोश मल्सियानी

•••

इन बेनियाजियों पै दिल है रहीने-शौक,
क्या जाने इसको क्या हो जो परवा करे कोई।

-त्रिलोकचन्द महरूम

1 बेनियाज़ी - उपेक्षा, ध्यान न देना **2. रहीने-शौक** - चाहत को बंधकरखना यानी जिसने अपनी चाहत या अभिलाषा या ख्वाहिश को किसी के पास गिरवी रखा हो।

•••

इब्तिदा-ए-इश्क है रोता है क्या,
आगे-आगे देखिए होता है क्या।

-मीरत की मीर

इब्तिदा - आरम्भ, शुरू

•••

इश्क की बर्बादियों को रायगां समझा था मैं,
बस्तियाँ निकली, जिन्हे वीरानियाँ समझा था मैं।

-जिगर मुरादाबादी

रायगां - व्यर्थ, बेकार

•••

इस तरह से तुमने क्यों देखा मुझे,
हर तमन्ना ख्वाब बनकर रह गई।

-सिकन्दर अली 'वज्द'

ख्वाब - सपना, स्वप्न

•••

उधर वह बदगुमानी है, इधर यह नातवानी है
न पूछा जाये है उससे, न बोला जाये है हमसे।

-मिर्जा 'गालिब'

1. बदगुमानी - किसी की ओर से बुरा खयाल, कुधारणा **2. नातवानी** - शक्तिहीनता, निर्बलता, कमजोरी

उम्मीद तो बँध जाती, तस्कीन तो हो जाती,
वादा न वफा करते, वादा तो किया होता।

1. तस्कीन - (i) संतोष, इत्मीनान (ii) सान्त्वना, ढाढ़स, दिलासा **2. वफा** - निर्वाह, निबाह, प्रतिज्ञा पालन

•••

उम्मीदे-वस्ल ने धोके दिये हैं, इस कदर 'हसरत',
कि उस काफिर की हाँ भी नहीं मालूम होती है।

-'हसरत' चिराग हसन

1. उम्मीदे-वस्ल - मिलन की आशा **2. काफिर** - सत्य को छिपाने वाला(माशूक)

•••

उम्र भर जलता रहा दिल और खामोशी के साथ,
शम्अ को एक रात की सोजेदिली पर नाज था।

सोजेदिली - दिल की जलन या तपिश

•••

उसी को जिसने की न भूलकर भी बात कभी,
बगैर याद किये कट न सकी रात कभी।

-आनन्द नारायण 'मुल्ला'

•••

उसी महफिल से मैं रोता हुआ आया हूँ ऐ 'आसी',
इशारों से जहाँ लाखों मुकद्दर बदले जाते हैं।

-'आसी' उल्दानी

ऐ चश्मे – यार, न तगाफुल, न इल्तिफात,
क्या मैं किसी सुलूक के काबिल नहीं रहा।

-अब्दुल हमी अदम

1. चश्मे–यार - यार, प्रेमी, प्रेमिका **2. तगाफुल** - उपेक्षा, बेपर्वाई, अनदेखी **3. इल्तिफात** - (i) तवज्जुह, प्रणय-कटाक्ष लगाव, प्रवृति (ii) दया, कृपा

•••

ऐ हासिले - खुलूस बता क्या जवाब दूँ,
दुनिया यह पूछती है कि मैं क्यों उदास हूँ। -नाजिश प्रतापगढ़ी

हासिले-खुलूस - मुहब्बत का निचोड़

•••

ऐसा न हो यह दर्द बने दर्द-ए-लादवा,
ऐसा न हो तुम भी मुदावा न कर सको।

-गुलाम मुस्तफा तबस्सुम

1. लादवा - लाइलाज **2. मुदावा** - इलाज, दवा, उपचार

कभी किसी को यह खयाल आ ही जायेगा इसका,
कि हमको खो के, किसी ने कुछ गवांया है।

-अब्दुल हमीद अदम

•••

कभी यक-ब-यक तवज्जुह, कभी दफ़अतन तगाफुल,
मुझे आजमा रहा है कोई रूख बदल -बदल कर।

-शकील बदायुनी

1. तवज्जुह - (i) किसी की ओर मुंह करना, ध्यान देना, ध्यान (ii) कृपा, दया, मेहरबानी
2. दफ़अतन - अचानक **3. तगाफुल** - उपेक्षा, ध्यान न देना, बेतवज्जुही

•••

करने गये थे उनसे तगाफुल का हम गिला,
की एक ही निगाह कि हम खाक हो गये।

-मिर्जा गालिब

तगाफुल - उपेक्षा, ध्यान न देना, बेतवज्जुही

•••

कहने को यूँ जहाँ में हजारों हैं यार- दोस्त,
मुश्किल के वक्त एक है, परवरदिगार दोस्त।

-असीर

•••

कहीं धब्बा न लग जाये तेरी बन्दानवाजी पर,
हमें भी देख मुद्दत से तेरी महफिल में रहते हैं।

-आजाद बारानवी

बन्दानवाजी - अपने चाहने वालों पर इनायत,अपने सेवकों और भक्तों पर कृपादृष्टि

•••

काटा गया न कुर्बते-पैहम के बावजूद,
वह फासिला जो देखने में फासिला न था।

-साहिर नौबहार मडरिया

कुर्बते-पैहम - लगातार पास होना

•••

काबा किधर है शुक्र का सिज्दा अदा करूँ,
अल्लाह आप आये हैं मेरे मकान पर।

-साकिब लखनवी

कितने नादिम हैं, वह खुद वादा-फरामोशी पर,
अब बुलाते भी नहीं शर्म के मारे मुझको।

1. नादिम - शर्मिंदा, लज्जित 2. फरामोशी - भूलना

•••

किस-किस तरह से मैंने किया अपना जी निसार,
लेकिन न गई दिल से तेरी बदगुमानियाँ।

-हसरत मोहानी

बदगुमानियाँ - कुधारणाएं, गलतफहमियां

•••

कुछ तुम्हीं पर असर नहीं होता,
आह तो बेअसर नहीं जाती।

-हुनर टौंकी

•••

कुछ तो मिल जाये लबे-शीरीं से,
जहर खाने की इजाजत ही सही।

-अनवर मिर्जापुरी

लबे-शीरीं - मीठे लब

•••

कोई कह दे कि क्या इलाज करूँ,
दर्द - ए-दिल में कमी नहीं होती।

-साजन पेशावरी

•••

खयाल तक न किया अहले-अंजुमन ने कभी,
तमाम रात जली शमअ अंजुमन के लिए।

-वहशत कलकतवी

हले-अंजुमन - महफिल वालों

•••

'गालिब' तेरा अहवाल सुना देंगे हम उनको,
वह सुन के बुलाले, यह इजारा नहीं करता। -मिर्जा गालिब

1. अहवाल - समाचार, हाल 2. इजारा - ठेका (यानी प्रतिज्ञा या वादा)

•••

गिरा देंगे नजरों से अपनी वह मुझको,
निगाहों में उनकी समाकर करूँ क्या?

-बहजाव लखनवी

गुल से भी नाजुक बदन उसका है लेकिन दोस्तों,
यह गजब क्या है कि दिल पहलू में पत्थर का बना है।

-बहादुशाह 'जफर'

पहलू - पार्श्व, बगल

•••

जमाना बड़े गौर से सुन रहा था,
हमीं सो गये, दास्तां कहते -कहते।

-'साकिब' लखनवी

•••

जो नजर की इल्तिजा समझा नहीं,
हाथ उसके सामने फैलायें क्या?

-'शातिर' हाकिमी

इल्तिजा - प्रार्थना, दरखास्त

•••

झूठे वादे भी नहीं करते आप,
कोई जीने का सहारा भी नहीं।

-जलील मानिकपुरी

•••

तअम्मुल तो था उनके आने में कासिद,
मगर यह बता तर्जे - इन्कार क्या थी।

-मोहम्मद इकबाल

1. तअम्मुल-संकोच, असमंजस, पसोपेश 2. कासिद - डाकिया

•••

तुम ऐसे कौन से खुदा हो कि उम्र भर तुमसे
उम्मीद भी न रखूँ और नाउम्मीद भी न रहूँ।

-ख्वाजा हाली

•••

तुम न आओगे तो मरने की है सौ तदबीरें,
मौत, कुछ तुम तो नहीं हो, कि बुला भी न सकूँ।

-मिर्जा 'गालिब'

तदबीरें - उपाय, तरकीब

•••

तुमको खबर न हुई और जलके खाक हुआ,
वह दिल जो तेरी मुहब्बत का आशियाना था।

-रविश सिद्दकी

•••

तुम्हारी बेरूखी ने लाज रख ली बादाखाने की,
तुम आंखों से पिला देते तो पैमाने कहा जाते।

-कतील शिफाई

बादाखाना - शराबखाना 2. पैमाना - जाम

तेरी उम्मीद पै जीने से हासिल कुछ नहीं लेकिन,
मगर यूँ भी न दिल को आसरा देते तो क्या करते

-जज्बी

•••

तेरे कूचे में सब पर फूल बरसे,
मगर हम एक पत्थर को भी तरसे।

•••

तेरे वादे पर सितमगर अभी और सब्र करते,
अगर अपनी जिन्दगी पर हमें एतबार होता।

-दाग

सितमगर - सितम करने वाला, अत्याचारी

•••

तेरे सवाल पै चुप हैं, इसे गनीमत जान,
कहीं जवाब न दे दें कि मैं नहीं सुनता।

-मिर्जा गालिब

•••

थके मुद्दतों राह में जिनकी चलकर,
वो दर तक भी आये न घर से निकलकर।

-अमीर मीनाई

दर- दहलीज, दरवाजा, द्वार

•••

दिल में कमी कुछ ऐसी महसूस हो रही है,
नजदीक आके जैसे बहुत दूर हो गये है।

-अब्दुल हमीद अदम

•••

दिले-नादाँ तुझे हुआ क्या है, आखिर इस दर्द की दवा क्या है,
हम हैं मुश्ताक और वो बेजार या इलाही ये माजरा क्या है?
हम भी मुंह में जुबान रखते हैं, काश पूछो कि मुद्दआ क्या है,
हमको उनसे वफा की है उम्मीद जो नहीं जानते वफा क्या है
जान तुम पर निसार करता हूँ, मैं नहीं जानता दुआ क्या है?

-मिर्जा गालिब

1. मुश्ताक - अभिलाषी, ख्वाहिशमंद **2. बेजार**- (i) विमुख, मुंह फेरे हुए (ii) क्रुद्ध, अप्रसन्न, नाखुश **3. इलाही** - हे खुदा

देखे हैं इतने ख्वाब कि अब अपने रू-ब-रू,
उनको भी देख लूँ तो समझता हूँ ख्वाब है।

•••

दैर में या हरम में गुजरेगी,
उम्र तेरे ही गम में गुजरेगी।

-फानी बदायुनी

1. दैर - मुर्तिगृह, बुतखाना **2. हरम** - काबा, खुदा का घर

•••

न जाने अश्क-से आंखों में आये हुए हैं,
गुजर गया है जमाना, तुझे भुलाए हुए।

-फिराक गोरखपुरी

•••

न जाने किधर जा रही है यह दुनिया,
किसी का यहाँ कोई हमदम नहीं है।

-'असर' लखनवी

हमदम - हर समय का साथी, दोस्त, मित्र।

•••

नहीं मिलते तो इक अदना शिकायत है न मिलने की,
मगर मिलकर न मिलने की शिकायत और होती है।

-वामिक जौनपुरी

•••

पत्ता - पत्ता, बूटा - बूटा, हाल हमारा जाने है,
जाने न जाने गुल ही न जाने बाग तो सारा जाने है।

-मीरत की मीर

•••

पास रहकर यह तकल्लुफ, साथ रहकर यह हिजाब,
मेरा उनका फासिला गोया कई मंजिल का है।

-'दिल' शाहजहाँपुरी

•••

फिर गये आप मेरे कूचे से,
दो कदम पै गरीबखाना था।

-असर अजीमाबादी

कूचा - गली

बस इतनी दाद देना बाद मेरे मेरी उल्फत की,
कि याद आऊँ तो अपने आपको प्यार कर लेना।

-ताजवर नजीमाबादी

उल्फत - प्यार, मुहब्बत

•••

बाकी है लहू दिल में तो हर अश्क से पैदा, रंगे-लबो- रूखसारे-सनम करते रहेंगे।
इक तर्जे -तगांफुल है सो उनको मुबारक, इक अर्जे –तमन्ना है सो हम करते रहेंगे।

-फैज अहमद फैज

1. लब - ओष्ठ, होंठ **2. रूखसार** - गाल, कपोल **3. सनम** - महबूबा, माशूक **4. तर्जे –तगांफुल** - उपेक्षा या बेतवज्जुही के अंदाज

•••

बेगानावार ऐसे वो गुजरे करीब से,
जैसे कि उनको मुझसे कोई वास्ता न था।

-अजहर कादिरी

1. बेगानावार - बेगानों की तरह

•••

बैठें तो किस उम्मीद पर बैठे रहे यहाँ,
उठे तो उठ के जायें कहाँ तेरे दर से हम।

- बिस्मिल हाशमी

दर - दरवाजा, आस्तां

•••

मुझसे बरगश्ता न होते तो तअज्जुब होता,
आप को उज्रे-तगाफुल की जरूरत क्या है।

-हसरत मोहानी

1. बरगश्ता - नाराज **2. उज्र** - विवशता, मजबूरी **3. तगाफुल** - उपेक्षा, बेतवज्जुही, बेपर्वाई

•••

मौत फिर जीस्त न बन जाये, यह डर है 'गालिब',
वह मेरी कब्र पर अंगुश्त –बदंदाँ होंगे।

-मिर्जा गालिब

1. जीस्त - जिन्दगी, जीवन **2. अंगुश्त – बदंदाँ** - जो अचंभे के कारण दाँतों में उँगली दबाकर रह गया हो, निस्तब्ध, चकित (अर्थात् मेरी मृत्यु पर उन्हें अफसोसहोगा और वह मेरी कब्र पर आयेंगे। मुझे डर है कि उसके आने से मृत्यु जीवनन बन जाए और उन्हें मुंह में उँगली देनी पड़े)

यह तो नहीं कहता कि इन्साफ ही करो,
झूठी भी तसल्ली हो तो जीता ही रहूँगा।

-सौदा

●●●

वक्ते-पीरी दोस्तों की बेरूखी का क्या गिला,
बच के चलता है हर इक गिरती हुई दीवार से।

वक्ते-पीरी - बुढापे के समय

●●●

वह अपनी खू न छोड़ेंगे, हम अपनी वज्अ क्यों बदलें,
सुबकसर बन के क्या पूछें कि हम से सरगराँ क्यों हो।

-मिर्जा गालिब

1. **खू** - आदत, स्वभाव 2. **वज्अ** - शैली, ढंग 3. **सुबकसर** - सर नीचे करके, सर झुका कर 4. **सरगराँ** - नाराज, नाखुश, अप्रसन्न

●●●

वह अपने दर के फकीरों से पूछते भी नही,
कि लगाये हुए किसकी आस बैठे हो।

-तअश्शुक

दर - दरवाज, द्वार

●●●

वह मेरे सामने बैठे हुए हैं,
मगर यह फासिला भी कम नहीं।

-बाकी सिद्दीकी

●●●

वह नादिम हुए कत्ल करने के बाद,
मिली जिन्दगी मुझको मरने के बाद।

-'नूह' नारवी

नादिम - लज्जित, शर्मिन्दा, पछतानेवाला

●●●

वही रंगे - तगाफुल है, वही नाजे – तगाफुल है,
न जज्बे-शौक काम आया, न तर्के-शौक का आया।

-'रविश' सिद्दकी

1. **रंगे–तगाफुल** - उपेक्षा या बेतवज्जुही के अन्दाज 2. **नाजे–तगाफुल** - उपेक्षा या बेतवज्जुही के हाव-भाव 3. **जज्ब** - आकर्षण, कशिश 4. **शौक** - चाहत, अभिलाषा, उत्कंठा 5. **तर्के-शौक** - चाहत या अभिलाषा का त्याग

वाँ वह गरूरे-इज्जो-नाज, यां यह हिजाबे-पासे-वज्अ,
राह में हम मिले कहाँ, बज्म में वह बुलाये क्यों?

-मिर्जा गालिब

1. इज्ज- बेबसी, असमर्थता या नम्रता, विनीति 2. नाज - (i) मान, अभिमान (ii) नाजोअदा 3. हिजाब - आड़, ओट, पर्दा 4. पास - लिहाज, संकोच, शील 5. वज्अ - शैली, ढंग 6. बज्म - महफिल

•••

वादा करके और भी आफत में डाला आप ने,
जिन्दगी मुश्किल थी, अब मरना भी मुश्किल हो गया।

-जलील मानिकपुरी

•••

शरीके- बज्म होकर यूँ उचटकर बैठना तेरा,
खटकती है तेरी मौजुदगी में भी कमी अपनी।

-फिराक गोरखपुरी

शरीके-बज्म - महफिल में शामिल

शिकायत जुल्मे-खजंर का नहीं गम है तो इतना है,
जबाने-गैर से क्यों मौत का पैगाम आया है?

-'साकिब' लखनवी

•••

सब्र करना सख्त मुश्किल है, तड़पना सहल है,
अपने बस का काम कर लेता हूं, आसां देखकर।

-यास और यगाना चंगेजी

•••

साजे-उल्फत छिड़ रहा था आसुंओं के तार पर,
मुस्कराये हम तो उनको बदगुमानी हो गई।

-शकील बदायुनी

1. साजे-उल्फत - मुहब्बत का साज (बाजा, वाद्य)2. बदगुमानी - किसी की ओर से बुरा खयाल, कुधारणा

•••

सुना है फिर वह आ रहे हैं, सुनने दास्तां मेरी,
इलाही आज तो रंगे-असर लाये, जुबाँ मेरी।

-'अलम' मुजफ्फरनगरी

इलाही - हे ईश्वर

सौ बार तेरा दामन हाथों में मेरे आया,
जब आंख खुली, देखा, आपना ही गिरेबाँ है।

-असगर गोण्डवी

●●●

हजारों ख्वाहिशें ऐसी कि हर ख्वाहिश पै दम निकले,
बहुत निकले मेरे अरमाँ लेकिन फिर भी कम निकले।
निकलना खुल्द से आदम का सुनते आये थे लेकिन,
बड़े बेआबरू होकर तेरे कूचे से हम निकले।

-मिर्जा गालिब

1. खुल्द-स्वर्ग,जन्नत 2. बेआबरू- अपमानित, तिरस्कृत 3. कूचा - गली

●●●

हर इक बात पै कहते हो तुम कि तू क्या है,
तुम्हीं कहो कि यह अंदाजे-गुफ्तगू क्या है?

-मिर्जा 'गालिब'

बेवफाई (Ungratefulness)

अगर मुझसे टूटा है पैमाने-उल्फत,
तुम्हारी नजर क्यों झुकी जा रही है।

पैमाने-उल्फत -मुहब्बत का प्याला

•••

अपनी तबाहियों का मुझे कोई गम नहीं,
तुमने किसी के साथ मुहब्बत निभा तो दी।

-साहिर लुधियानवी

•••

अपने लुटने का मुझको रंज नहीं, गम अगर है तो सिर्फ इतना,
मेरे किरदार की शराफत से उसने जो फायदा उठाया हैं।

-वैग इलाहाबादी

•••

अपने वो रहनुमा हैं कि मंजिल तो दरकनार,
कांटे रहे – तलब में बिछाते चले गए।

-असर लखनवी

1. रहनुमा - मार्ग दिखाने वाला, प्रथ-प्रदर्शक 2. दरकनार - एक तरफ,अलग

•••

अपनों की दोस्ती ने सिखाया है यह सबक,
गैरों की दोस्ती भी इनायत से कम नहीं।

-'जोश' मल्सियानी

1. सबक - सीख, पाठ 2. इनायत – मेहरबानी

•••

अब इन्हें पहचानते भी शर्म आती है हमें,
फख्र करते थे कभी हम इनकी मुलाकातों पर।

•••

अब उतर आये हैं वह तारीफ पर,
हम जो आदी हो गये दुश्नाम के।

•••

अब वो मिलते भी हैं तो यूँ की कभी,
गोया हमसे कुछ वास्ता न था।

हसरत मोहानी

आज फूलों की बेगानगी देखकर,
मुझको काँटों से दामन सजाना पड़ा।

बेगानगी - परायापन, अनजानापन, अस्वजनता

•••

आता नहीं खयाल अब अपना भी ऐ 'जलील',
इक बेवफा की याद ने सब कुछ भुला दिया।

-'जलील' मानिकपुरी

•••

आप कहते हैं बार-बार नहीं,
हमको हाँ का भी एतिबार नहीं।

-'रविश' सिद्दकी

•••

आप गैरों की बात करते हैं, हमने अपने भी आजमाए हैं,
लोग कांटों से बचके चलते है, हमने फूलों से जख्म खाए हैं।

-'बेताब' अलीपुरी

•••

आम है यूँ तो मेरी बर्बादियों का वाकेआ,
वह भी तो कह दें, कोई मर मिटा मेरे लिये।

-उम्मीद लखनवी

•••

आया न एक बार भी अयादत को वह मसीह,
सौ बार मैं फरेब से बीमार हो चुका।

-'असीर' मीनाई

1. अयादत - रोगी का हालचाल पूछने और उसे ढाढस बंधाने के लिए जाना **2. मसीह** - हजरत ईसा, जो मुर्दों में जान डाल देते थे (यानी प्रेमिका)

•••

आह का किसने असर देखा है,
हम भी अपनी इक हवा बांधते हैं।

-मिर्जा 'गालिब'

•••

आह को चाहिए इक उम्र असर होने तक,
कौन जीता है तेरी जुल्फ के सर होने तक।

-मिर्जा 'गालिब'

सर – सुलझना

इब्तिदा वो थी कि था जीना मुहब्बत में मुहाल,
इन्तिहा ये है कि अब मरना भी मुश्किल हो गया।

-जिगर मुरादाबादी

इन्तिहा - (i) आखिरी हद, छोर (ii) पराकाष्ठा, चरम सीमा

•••

इश्क मुझको नहीं वहशत ही सही, मेरी वहशत तेरी शोहरत ही सही,
कत्अ कीज न तअल्लुक हमसे, कुछ नहीं है तो अदावत ही सही।
हम भी दुश्मन तो नहीं है अपने, गैर से तुमको मुहब्बत ही सही,
हम कोई तर्के - वफा करते हैं, न सही इश्क, मुसीबत ही सही।
अपनी हस्ती ही से होजा कुछ हो, आगही गर नहीं, गफलत ही सही,
हम भी तस्लीम की खू डालेंगे, बेनियाजी तेरी आदत ही सही।

-मिर्जा गालिब

1. **वहशत** - दीवानगी, पागलपन 2. **कत्अ**- परित्याग, विच्छेद, अलग होना 3. **तअल्लुक** – संबंध 4. **अदावत** –दुश्मनी 5. **तर्के–वफा** - वफा छोड़ना, वफा का परित्याग 6. **आगही** – परिचय, जान-पहचान 7. **गफलत** - उपेक्षा, बेपर्वाई 8. **तस्लीम** - स्वीकार करना, मानना, कुबूल करना 9. **खू** – आदत 10. **बेनियाजी** - उपेक्षा, बेपर्वाई, बेतवज्जुही

•••

उन गुलों से तो कांटे अच्छे,
जिनसे होती है तौहीने- गुलशन।

तौहीने-गुलशन - बगिया की बेइज्जती

•••

उनको आरमाँ है हमारी मौत का,
मर मिटे ऐ जिन्दगी जिनके लिये।

-'अख्तर' शीरानी

•••

उन्हें गुस्सा कि उनकी बज्म में मैं किस लिये आया,
मुझे यह गम कि वह पहलू में क्यों दुश्मन के बैठे हैं।

-आशिक

बज्म - महफिल 2. **पहलू** - पार्श्व, बगल, अंक, क्रोड, समीपता, नजदीकी

•••

एक तुम हो कि वफा तुमसे न होगी, न हुई,
एक हम कि तकाजा न किया है, न करेंगे। -हसरत मोहानी

1. **वफा** - मित्र के साथ तन,मन और धन से निबाहना, वफादारी, निबाह, निर्वाह 2. **तकाजा** - माँग, किसी काम के लिए किसी से बराबर कहना

कभी किसी को यह खयाल आ ही जायेगा इसका,
कि हमको खो के, किसी ने कुछ गवांया है।

-अब्दुल हमीद अदम

•••

कभी मुझको साथ लेके, कभी मेरे साथ चल के,
वह बदल गये अचानक, मेरी जिनदगी बदल कर।

-एहसन दानिश

•••

कयामत क्यों नहीं आती इलाही माजरा क्या है,
हमारे सामने पहलू में वो गैरों के बैठे हैं।

-'दाग' देहलवी

1. इलाही - हे खुदा 2. कयामत - महाप्रलय, सारी दुनिया का उलट-पलट

•••

कर रहा था गमे-जहाँ का हिसाब,
आज तुम याद बेहिसाब आये।

-फैज अहमद 'फैज'

•••

करम ऐसे किये हैं दोस्तों ने कि
हर दुश्मन पै प्यार आने लगा है।

-नरेश कुमार 'शाद'

करम – मेहरबानी

•••

कल जो अपने थे अब पराये है, क्या सितम आसमाँ ने ढाये हैं,
दिल दुखा होंठ मुस्कुराये है, हमने ऐसे भी गम उठाये हैं।

-'बेताब' अलीपुरी

•••

कहते हैं मौत से बदतर है इन्तिजार,
मेरी तमाम उम्र कटी इन्तिजार में।

-मजाज लखनवी

•••

कहूँ किससे मैं कि क्या है शबे- गम बुरी बला है,
मुझे क्या बुरा था मरना, अगर एक बार होता।
ये न थी हमारी किस्मत कि विसाले -यार होता,
अगर और जीते रहते, यही इन्तिजार होता।
तेरे वादे पै जिये हम तो ये जान झूठ जाना,
कि खुशी से मर न जाते अगर एतबार होता।

-मिर्जा गालिब

1. शबे-गम - विरह की रात 2. विसाल - मिलन, वस्ल

काट दी उम्र परस्तारिए-गुलशन में 'फिराक',
पर न हुआ फिर भी एक भी गुलेतर अपना। -'फिराक' गोरखपुरी

1. **परस्तारी** - पूजा, आराधना, इबादत 2. **गुलेतर** - एक फूल

•••

काम आ सकी न अपनी वफायें तो क्या करें, इक बेवफा को भूल न जायें तो क्या करें।
इक दिन की बात हो तो उसे भूल जायें हम, नाजिल हों दिल पै रोज बलायें तो क्या करें।
-'अख्तर' शीरानी

1. **नाजिल** - गिरना, ऊपर से नीचे आने वाला 2. **बलायें** - विपत्तियाँ, मुसीबतें

•••

काश अपनी जिन्दगी में हम ये मंजर देखते,
अब सरे-तुर्बत कोई, महशर-खिराम आया तो क्या? -'दिल' शाहजहाँपुरी

1. **सरे-तुर्बत** - सबके सामने मेरी समाधि या कब्र पर 2. **महशर-खिराम** - जो अपनी चाल से दुनिया में कयामत मचा दे

•••

किस-किस तरह से हमने किया अपना जां निसार,
लेकिन गई न दिल से तेरी बदगुमानियाँ। -हसरत मोहानी

1. **निसार** - न्योछावर, कुर्बान, सद्का 2. **बदगुमानियाँ** - किसी की ओर से बुरे खयाल, कुधारणाएं

•••

किसी को देके दिल कोई नवासंजे-फुगां क्यों हो,
न हो जब दिल ही सीने में तो फिर मुंह में जुबाँ क्यों हो?
वह अपनी खून छोड़ेंगे हम अपनी वज़अ क्यों बदले
सुबकसर बन के क्या पूछें कि हमसे सरगिराँ क्यों हो?
वफा कैसी, कहाँ का इश्क जब सर फोड़ना ठहरा,
तो फिर ऐ संगे-दिल तेरा ही संगे-आस्तां क्यों हो?
यही है आजमाना तो सताना किसको कहते है?
अदू के हो लिये जब तुम तो मेरा इम्तिहाँ क्यों हो?
कफस में हमसे रूदादे – चमन कहते न डर हमदम,
गिरी है जिस पै कल बिजली वह मेरा आशियाँ क्यों हो? -मिर्जा गालिब

1. **नवासंजे-फुगां** - आर्तनाद करने वाला, रोने वाला 2. **खू** - स्वभाव, आदत 3. **वज़अ** -शैली, ढंग, तरीका 4. **सुबकसर** - सर झुका कर, सर नीचे करके 5. **सरगिराँ** - रूष्ट, अप्रसन्न, नाखुश 6. **संगे-दिल** - पत्थर दिल 7. **संगे-आस्तां** - चौखट, दहलीज 8. अदू - दुश्मन, शत्रु 9. **कफस** – पिंजड़ा, कारागार 10. **रूदादे** - चमन - चमन में क्या गुजरी, उसकी दास्तान

कुछ तो मजबूरियाँ रही होंगी, यूँ कोई बेवफा नहीं होता।
जी चाहता है बहुत कि सच बोलें, क्या करूँ हौसला नहीं होता।

•••

कुछ दिनों के वास्ते बनकर करारे-जिन्दगी,
क्या खबर थी उम्र भर इस तरह तड़पायेंगे। -'फाखिर' टौंकी

करारे-जिन्दगी - जिन्दगी को सुकून या चैन देने वाला/वाली

•••

कोई और तोहमत तो बाकी नहीं है,
नीड़ी दिलनवाजी से पेश आ रहे हैं। -अब्दुल हमीद 'अदम'

दिलनवाजी - मैत्री, दोस्ती, सान्तवना, ढाढस

•••

कौन-से जख्म का खुला टांका,
आज दिल में फिर दर्द होता है। -जिया

•••

क्या कहूँ दोस्तों के बारे में, मेरी किस्मत के फूल हैं ये लोग,
जब भी देते है जख्म देते हैं किस कदर बावसूल हैं ये लोग।

बावसूल - नियम, कायदे वाले, सिद्धान्त पर चलने वाले

•••

खयाल तक न किया अहले-अंजुमन ने कभी,
तमाम रात जली शमअ अंजुमन के लिए।

-वहशत कलकतवी

अहले-अंजुमन ने - महफिल वालों ने

•••

खुदा के वास्ते पर्दा न काबे का उठा 'गालिब',
कहीं ऐसा न हो याँ भी वहीं काफिर सनम निकले।

-मिर्जा 'गालिब'

1. काबा - मक्के की एक इमारत, जिसे मुसलमान ईश्वर का घर समझते है **2. काफिर** - सत्य को छुपाने वाला **3. सनम** - मूर्ति, प्रतिमा, माशूक, प्रेमिका

•••

खुलूसे-रहजन ने मुझे इतना गिरवीदा बनाया है,
फरेबे-रहनुमा खाने की गुंजाइश बहुत कम है।

-अब्दुल हमीद 'अदम'

1. **खुलूसे-रहजन** - लूटेरे (यानी गैरों) का निष्कपट प्यार **2. गिरवीदा** - आसक्त, मुग्ध, मोहित, लट्टू **3. फरेबे-रहनुमा** - राह दिखाने वाले द्वारा दिया जाने वाला धोखा

खूने - हजार - हसरतो- अरमाँ के बावजूद,
उसकी नजर में हम न समायें तो क्या करें।

-'असर' लखनवी

•••

खूबिए - नाज तो देखो कि उसी ने न सुना,
जिसने अफसाना बनाया मेरे आफसाने को।

-असर लखनवी

खूबिए-नाज - नाजो-अदा या अभिमान की खूबी

•••

गिने जा रहे हैं मेरे जख्मे-दिल,
कोई तीर शायद खता हो गया है। -'जिगर' मुरादाबादी

खता - त्रुटि, चूकना यानी निशाने पर न लगना

•••

गैर लें महफिल में बोसे जाम के, हम रहें यूँ तिश्नालब पैगाम के
खत लिखेंगे गरचे मतलब कुछ भी हो, हम तो आशिक हैं तुम्हारे नाम के।

-मिर्जा 'गालिब'

1. **तिश्नालब** - प्यासा, पिपासित, तृषित 2. **पैगाम** - संदेश, संदेशा, पयाम

•••

गैरों की बात छोड़िए गैरों से क्या मिला,
अपनों ने क्या दिया हमें, अपनों से क्या मिला।

•••

गैरों से कहा तुमने, गैरों से सुना तुमने,
कुछ हमसे कहा होता, कुछ हमसे सुना होता। -हसरत चिराग हसन

•••

गैरों को क्या पड़ी है रूसवा मुझे करें,
इन साजिशों में हाथ किसी आशना का है।

1. **रूसवा** – बदनाम 2. **आशना** - परिचित, अपना

•••

गो जरा - सी बात पर वर्षों का याराना गया,
लेकिन इतना तो हुआ कुछ लोग पहचाने गये। -'खातिर' गजनवी

•••

जख्म गहरे नहीं थे जब दिल के, दर्द में इस कदर मिठास न थी,
आप ही का ये फैज है वरना, जिन्दगी इस कदर उदास न थी।

-नरेश कुमार 'शाद'

1. **फैज** - दानशीलता, फैयाजी

जड़ मेरी आज उसी शख्स ने काट दी,
थक के बैठा था कल जो मेरी छांव में।

•••

जनाजा रोककर मेरा वह इस अंदाज से बोले,
गली हमने कही थी, तुम तो दुनिया छोड़े जाते हो।

-सफी लखनवी

•••

जब जब गैरों की इनायत देखी,
हमको अपनो के सितम याद आये।

1. इनायत - मेहरबानी, कृपा, दया, अनुकंपा 2. सितम - अत्याचार, जुल्म

•••

जमाना बड़े गौर से सुन रहा था,
हमीं सो गये, दास्तां कहते -कहते।

-'साकिब' लखनवी

•••

जमाने की अदावत का सबब थी दोस्ती जिसकी,
अब उनको दुश्मनी है हमसे दुनिया इसको कहते हैं।

-बेखुद देहलवी

1. अदावत – दुश्मनी 2. सबब - कारण

•••

जाना पड़ा रकीब के दर पर हजार बार,
ऐ काश! जानता न तेरी रहगुजर को मैं।

-मिर्जा गालिब

1. रकीब - एक स्त्री से प्यार करने वाले दो व्यक्ति परस्पर रकीब होते हैं। 2. रहगुजर - राह, पथ

•••

जिक्र जब भी छिड़ा है वफा का कहीं,
जाने क्यों कुछ दोस्त मुझको याद आये।

-इकबाल सफीपुरी

वफा - प्रतिज्ञापालन, वफादारी, निबाह, निर्वाह

•••

तअज्जुब क्या लगी गर आग 'सीमाब' सीने में,
हजारों दिल में अंगारे भरे थे, लग गई होगी।

-सीमाब अकबराबादी

1. तअज्जुब - आश्चर्य, विस्मय

तमाम उम्र हम वफा के गुनहगार रहे,
यह और बात है कि हम आदमी तो अच्छे थे।

-नदीम कासिमी

वफा के गुनहगार - वफा के बदले वफा का न मिलना

•••

तुझको सौ सौ तरह से याद करके,
तुझको सौ सौ तरह से भुलाता हूँ।

-फिराक गोरखपुरी

•••

तुम मेरे लिए कोई इल्जाम न ढूँढो
चाहा था तुम्हे, यही इल्जाम बहुत है।

-साहिर लुधियानवी

•••

तुम्हें गैरों से कब फुरसत, हम अपने गम से कब खाली,
चलो बस हो चुका मिलना, न तुम खाली, न हम खाली।

-हसरत मोहनी

•••

तूने जब से निगाह फेरी है,
ढूँढता हूँ शराबखाने को।

-पारसा कौसरी

•••

तेरे कूचे में सब पर फूल बरसे,
मगर हम एक पत्थर को भी तरसे।

•••

थीं जो कल तक कश्ती-ए-उम्मीद को थामी हुई,
रूख बदलकर, आज वह मौजें भी तूफां हो गईं।

-'शफक' टौंकी

कश्ती-ए-उम्मीद - उम्मीद की नौका

•••

दर्द मन्नतकशे-दवा न हुआ, मैं न अच्छा हुआ बुरा न हुआ।
जमअ करते हो क्यों रकीबों को, इक तमाशा हुआ, गिला न हुआ।

-मिर्जा 'गालिब'

1. मन्नतकशे-दवा - दवा के लिए प्रार्थना या मिन्नत करना **2. रकीब** – किसी स्त्री से प्रेम करने वाले दो व्यक्ति परस्पर रकीब होते हैं

दर्द-ए-दिल, सोजे-जिगर, अश्के-रवाँ, दागे -फिराक
सच तो यह है, आपके एहसाँ है मुझपर बेशुमार।

-त्रिलोकचन्द महरूम

1. **सोजे-जिगर** - दिल की तपिश या जलन 2. **अश्के-रवाँ** - बहते आंसू 3. **दागे –फिराक** - विरह का गम 4. **बेशुमार** - अनगिनत, असंख्य, बहुत अधिक

●●●

दहर में क्या-क्या हुए हैं इन्किलाबाते-अजीम,
आसमाँ बदला, जमीं बदली, न बदली खू-ए-दोस्त।

-'शाद' अजीमाबादी

1. **दहर** - दुनिया, जमाना 2. **इन्किलाबाते-अजीम** -बड़े-बड़े परिवर्तन 3. **खू-ए-दोस्त** - दोस्त का स्वभाव

●●●

दिल अभी पूरी तरह टूटा नहीं,
दोस्तों की मेहरबानी चाहिए।

-अब्दुल हमीद 'अदम'

●●●

दिल की वीरानी का मज्कूर क्या,
यह नगर सौ मर्तबा लूटा गया।

-मीरतकी मीर

मज्कूर - जिक्र, चर्चा

●●●

दिल के फफोले जल उठे सीने की आग से,
इस घर को आग लग गई घर के चराग से।

●●●

दिले-नादाँ तुझे हुआ क्या है, आखिर इस दर्द की दवा क्या है,
हम हैं मुश्ताक और वो बेजार या इलाही ये माजरा क्या है?
हम भी मुंह में जुबान रखते हैं, काश पूछो कि मुद्दआ क्या है,
हमको उनसे वफा की है उम्मीद जो नहीं जानते वफा क्या है
जान तुम पर निसार करता हूँ, मैं नहीं जानता दुआ क्या है?

-मिर्जा गालिब

1. **मुश्ताक** - अभिलाषी, ख्वाहिशमंद 2. **बेजार** -(i) विमुख, मुंह फेरे हुए (ii) क्रुद्ध, अप्रसन्न, नाखुश 3. **इलाही**- हे खुदा

दुश्मनों से पशेमान होना पड़ा,
दोस्तों का खुलूस आजमाने के बाद।

-'खुमार' बारहबंकवी

1. पशेमान - शर्मिंदा, लज्जित **2. खुलूस** - प्यार, मुहब्बत

•••

दुश्मनों ने तो दुश्मनी की है,
दोस्तों ने भी क्या कमी की है।

-नरेश कुमार 'शाद'

•••

दुश्मनों से प्यार होता जायेगा,
दोस्तों को आजमाते जाइए।

•••

दे गैर दुश्मनी का हमारी खयाल छोड़,
याँ दुश्मनी के वास्ते काफी हैं यार-दोस्त।

-ख्वाजा 'हाली'

•••

दोस्ती और इस जमाने में,
जिक्र करते हैं किस जमाने का।

-नरेश कुमार 'शाद'

•••

दोस्तों से इस कदर सदमे हुए हैं जान पर,
दिल से दुश्मन की अदावत का गिला जा रहा।

-आतिश ख्वाजा हैदराबादी

अदावत - दुश्मनी, शत्रुता

•••

न हुए तेरी खाके-पा हम, खाक में आपको मिला देखा,
अब न दीजे 'जफर' किसी को दिल, जिसे देखा, बेवफा देखा।

-बहादुरशाह 'जफर'

खाके-पा - पांव की धूल

•••

नहीं मालूम किस-किस का लहू पानी हुआ होगा,
कयामत है सरश्क-आलूदा होना तेरी मिज्गाँ का।

-मिर्जा 'गालिब'

1. सरश्क-आलूदा - आंसुओं से लिप्त या भीगी हुई **2. मिज्गाँ** - आँख

निगाहें ढूढ़ती हैं दोस्त को और कहीं नहीं पातीं,
नजर उठती है जब जिस दोस्त पर, पड़ती है दुश्मन पर।

-फानी बदायूनी

•••

निगाहे - यार मुझसे आज बेतकसीर फिरती हैं,
किसी की कुछ नहीं चलती, जब तकदीर फिरती है।

-गाफिल

बेतकसीर - बिना किसी कुसूर के

•••

पीनस में गुजरते हैं जो कूचे से वह मेरे,
कंधा भी कहारों को बदलने नहीं देते।

-मिर्जा 'गालिब'

पीनस – पालकी

•••

फलक के तारों से क्या दूर होगी जुल्मते-शब,
जब अपने घर के चरागों से रौशनी न मिली।

-आनन्दनारायण 'मुल्ला'

1. फलक - आकाश, आस्मान 2. जुल्मते-शब - रात का अंधकार

•••

बड़े अरमान से चुना था जिनको दामन में,
किसे मालूम था वह फूल बन जायेंगे अंगारे।

-'प्रेम' वारबाटनी

•••

बर्ताव दोस्ती के हद से निकल गये हैं,
या तुम बदल गये हो या हम बदल गये हैं।

-'जोश' मलीहाबादी

•••

बहुत मुल्तफित हो, बहुत मेहरबाँ हो, तबाही में शायद कमी रह गई है।
'खुमार' अहले दुनिया को वह भी गराँ है, जो लब पै जरा-सी हँसी रह गई है।

-'खुमार' अंसारी

1. मुल्तफित - आकृष्ठ, प्रवृत्त 2. गराँ - भारी, वज्नी

•••

बिक गये जब तेरे लब, तुझको क्या शिकवा,
अगर जिन्दगी बादा-ओ-सागर में बहलाई गई।

ऐ गमे - दुनिया तुझे क्या इल्म तेरे वास्ते
किन- किन बहानों से तबिअत राह पर लाई गई।

-'साहिर' लुधियानवी

बादा-ओ-सागर - शराब और शराब के पियाले

•••

बेगाने जो शुरू से हैं उनका जिक्र क्या,
अपने भी गैर हो गये, इसका मलाल है।

-अम्न लखनवी

•••

मिट गया जब मिटने वाला, फिर सलाम आया तो क्या,
दिल की बर्बादी के बाद उनका पयाम आया तो क्या?

-'दिल' शाहजहाँपुरी

पयाम - संदेशा, समाचार, खबर

•••

मुझको तो होश नहीं, तुमको खबर हो शायद,
लोग कहते हैं कि तुमने मुझे बर्बाद किया।

-'जोश' मलीहाबादी

•••

मुझे जख्म ही मिले हैं मैं जहाँ-जहाँ गया हूँ,
कभी दुश्मनी के बदले कभी दोस्ती के बदले।

•••

मेरा अज्म इतना बुलन्द है मुझे पराये शोलों का डर नहीं,
मुझे खौफ आतशे-गुल से है, कहीं ये चमन को जला न दें

-शकील बंदायुनी

1. अज्म - साहस, हिम्मत2. आतशे-गुल - फूल रूपी अंगारों का डर (यानी अपनों का)

•••

मेरा इश्क भी खुदगरज हो चला है,
तेरे हुस्न को बेवफा कहते-कहते।

-'हसरत' मोहानी

खुदगरज - स्वार्थी, खुदमल्लब

•••

मेरे अरमानों को काश इतनी समझ हो 'वहशत',
कि वह उन आंखों से मुरव्वत का तकाजा न करें।

-'वहशत' कलकतवी

1: मुरव्वत - लिहाज, शील, संकोच, रिआयत 2. तकाजा - माँग

मैं अभी से किस तरह उनको बेवफा कहूँ
मंजिलों की बात है, रास्ते में क्या कहूँ।

-'नशूर' वाहिदी

•••

मैं जिसके हाथ में एक फूल देकर आया था,
उसी के हाथ का पत्थर मेरी तलाश में है।

-कृष्ण बिहारी नूर

•••

मैं भर सकता हूँ तेरी याद में हसरत भरी आहें,
मगर आहों की गर्मी से कहीं पत्थर पिघलते हैं?

-प्रेम बारबाटनी

•••

यगाने तो अपने नहीं बन सकेंगे,
तू गैरों को अपना बनाता चला जा।

-'अर्श' मल्सियानी

यगाना - स्वजन, आत्मीय, रिश्तेदार

•••

यह अदाए-बेनिवाजी, तुझे बेवफा मुबारक,
मगर ऐसी बेरूखी क्या कि सलाम तक न पहुंचे।

-शकील बदायुनी

1. **अदाए-बेनिवाजी** - उपेक्षा या बेतवज्जुही के अंदाज 2. **बेरूखी** - (i) बेमुख्वती, मुंह फेरना, विमुखता (ii) उपेक्षा, बेबवज्जुही

•••

यह दोस्तों का रवैया, यह दुश्मनों का सुलूक,
सच पूछो तो दोनों में कोई फर्क नहीं है।

-जगन्नाथ 'आजाद'

•••

यह नेकी का नतीजा है कि तूफाने-हवादिस में,
जिसे मैंने उभारा था, वही मुझको डुबोता है।

1. **तूफाने-हवादिस में**- घटनाओं के तूफान में

•••

यह फित्ना आदमी की खानावीरानी को क्या कम है?
हुए तुम दोस्त जिसके दुश्मन उसका आसमां क्यों हो?

-मिर्जा 'गालिब'

1. **फित्ना** - (i) उपद्रव, दंगा, फसाद, (ii) विद्रोह , बगावत 2. **खानावीरानी** - बर्बादी

यह मेरी किस्मत कि नजरों में तुम्हारी हेच हैं,
वर्ना यह जिन्से-वफा इतनी तो कमकीमत न थी।

-आनन्द नारायण 'मुल्ला'

1. **हेच** - (i) तुच्छ (ii) व्यर्थ, बेकार 2. **जिन्स** - वस्तु, चीज

•••

रहबरो-रहजन यही दो आफतें थीं राह की,
राहरौ दो आफतों के दर्मियाँ मारा गया।

-अब्दुल हमीद 'अदम'

राहरौ - राहगीर, पथिक, मुसाफिर

•••

वक्ते–पीरी दोस्तों की बेरूखी का क्या गिला,
बच के चलता है हर इक गिरती हुई दीवार से।

वक्ते-पीरी - बुढापा

•••

वफा के नाम पर तुम क्यों संभल के बैठ गये,
तुम्हारी बात नहीं, बात है जमाने की।

-'मजरूह' सुल्तानपुरी

•••

वफा कैसी, कहाँ का इश्क जब सर फोड़ना ठहरा,
तो फिर ऐ संगे-दिल तेरा ही संगे-आस्तां क्यों हो।

-मिर्जा गालिब

1. **संगे-दिल** - पत्थर दिल 2. **आस्तां** - देहलीज़

•••

वह आये पशेमाँ लाश पर अब,
तुझे ऐ जिन्दगी लाऊँ कहाँ से मैं?

-मोमिन

1. **पशेमाँ** - लज्जित, शर्मिंदा, पछताने वाला, पश्चाताप करते हुए

•••

वह दुश्मनी से देखते हैं देखते तो हैं,
मैं शाद हूँ कि हूँ तो किसी की निगाह में।

-अमीर मीनाई

शाद - प्रसन्न, खुश

•••

वह की खुलूस की तौहीन अहले-दुनिया ने
जबाँ पर लफ्जे - मुहब्बत गराँ गुजरता है।

-'निहाल' सेहरारवी

1. **खुलूस** - निष्कपट प्यार, मुहब्बत 2. **तौहीन**- बेइज्जती, अपमान 3. **अहले-दुनिया ने** - दुनियावालों ने 4. **गराँ** - भारी, वज्नी

वह घबरा के जनाजा देखने बाहर निकल आये,
किसी ने कह दिया मय्यत जवाँ मालूम होती है।

मय्यत - शव

•••

वह हजार दुश्मने-जाँ सही मुझे फिर भी गैर अजीज है,
जिसे खाके-पा तेरी छू गई, वह बुरा भी हो तो बुरा नही।

-जिगर मुरादाबादी

खाके-पा - पांव की धूल

•••

वहाँ सौंपी गयी है खिदमते-अर्जे-वफा मुझको,
जहाँ अहले-वफा की बात ही मानी नहीं जाती।

-'निहाल' सेहरारवी

•••

वहाँ जवाब की जहमत उठा रही है खिरद,
जहाँ सवाल खुद अपना जवाब होता है।

-अब्दुल हमीद अदम

1. जहमत - कष्ट, क्लेश, तकलीफ 2. खिरद - अक्ल, बुद्धि

•••

शायर उनकी दोस्ती का अब भी दम भरते हैं आप,
ठोकरें खाकर तो कहते हैं संभल जाते हैं लोग।

-'शायर' हिमायत अली

•••

शिकवा क्या करता कि उस महफिल में कुछ ऐसे भी थे,
उम्र भर जो अपने जख्मों पर नमक छिड़का किये।

-मुईन अहसन 'जज्बी'

•••

सहारा न देती अगर मौजे-तूफां,
डुबो ही दिया था हमें नाखुदा ने।

-मकीन अहसन कलीम

नाखुदा - मल्लाह, कर्णधार

•••

सारी दुनिया के हैं वह मेरे सिवाय,
मैंने दुनिया छोड़ दी जिनके लिये।

-अमीर 'मीनाई'

सितम है लाश पर उस बेवफा का यह कहना,
कि आने का भी न किसी ने इन्तिजार किया।

-'अजीज' लखनवी

●●●

सितम को हम करम समझे, जफा को हम वफा समझे,
जो इस पर भी न समझे वह तो उस बुत को खुदा समझे।

-अब्राहम 'जौक'

1. **सितम** - जुल्म, अत्याचार 2. **करम** - मेहरबानी, रहम 3. **जफा** - अत्याचार, जुल्म

●●●

सीने में जैसे फाँस खटकती है दम-ब-दम,
तेरा खयाल दर्दे-जिगर बनके रह गया।

-सिकन्दर अली 'वज्द'

●●●

हजारों ख्वाहिशें ऐसी कि हर ख्वाहिश पै दम निकले,
बहुत निकले मेरे अरमाँ लेकिन फिर भी कम निकले।
निकलना खुल्द से आदम का सुनते आये थे लेकिन,
बड़े बेआबरू होकर तेरे कूचे से हम निकले।

मिर्जा गालिब

1. **खुल्द**-स्वर्ग,जन्नत 2. **बेआबरू**- अपमानित, तिरस्कृत 3. **कूचा** - गली

●●●

हमीं से सीखकर चालें,
हमीं पै वार करते हैं।

●●●

हमको उनसे वफा की है उम्मीद, जो नहीं जानते वफा क्या है।
जान तुम पर निसार करता हूँ, मैं नहीं जानता दुआ क्या है।

-मिर्जा गालिब

1. **वफा** - (i) स्वामी या मित्र के साथ तन,मन,धन से निबाहना और कड़े से कड़े समय पर उसका साथ देना (ii) मुक्ति, वफादारी (iii) निर्वाह, निबाह

●●●

हमें कुछ काम अपने दोस्तों से आ पड़ा यानी,
हमारे दोस्तों के बेवफा होने का वक्त आया।

●●●

हमें तो अपनों ने मारा, गैरों में कहाँ दम था,
कश्ती वहां डूबी जहां पानी बहुत कम था।

हरीफ बनके मुकाबिले में न आ सका जहाँ,
तो दोस्त बनके पशे-पुश्त आके वार किया।

-आनन्द नारायण 'मुल्ला'

1. हरीफ - जिससे मुकाबला हो, (i) प्रतिद्वन्द्वी (ii) शत्रु, दुश्मन **2. पशे-पुश्त** - पीठ पीछे

•••

हसरत से उस कूचे को क्यों कर न देखिये,
अपना भी इस चमन में कभी आशियाना था।

-दाग

कूचा - गली

•••

हुए जिस पै मेहरबाँ तुम कोई खुशनसीब होगा,
मेरी हसरतें तो निकलीं मेरे आंसुओं में ढलकर।

-एहसन दानिश

•••

हो वफा जिसमें वह माशूक कहाँ से लाऊँ,
है यह मुश्किल कि हसीं हो, सितमजाद न हो।

-रियाज खैराबादी

सितमजाद - सितम ढाने वाला, सितमगर

•••

होता है जिस जगह मेरी बर्बादियों का जिक्र,
तेरा भी नाम लेती है दुनिया कभी-कभी।

महफ़िल

इस अंजुमन में आकर राहत नसीब किसको, परवाना भी जलेगा और श्म्मा भी जलेगी,
जन्नत बना सकेगा हरगिज न कोई इसको, दुनिया यूँ ही चली है 'अकबर' यूँ ही चलेगी।

-अकबर इलाहाबादी

अंजुमन - महफिल, बज्म

•••

इन्सान ने महरोमाह की राहें तो देखली,
खुद उसकी अंजुमन में चरागाँ न हो सका।

1. महरोमाह – सूरज-चांद **2. अंजुमन** –महफिल **3. चरागाँ** - रोशनी, प्रकाश, जलते हुए चरागों की कतारें , दीपावली

•••

उनकी ही बज्म सही पै कहाँ का है दस्तूर,
इधर को देखना, देना उधर को पैमाने।

-अमन लखनवी

बज्म - महफिल

•••

कहीं धब्बा न लग जाये तेरी बंदानवाजी पर,
मुझे भी देख मुद्दत से तेरी महफिल में रहते है।

-'आजाद' बारानवी

•••

किस-किस पै जान दीजिए, किस-किस को चाहिए ,
गुम हो गया हूँ, बज्मे - तमन्ना में आके मैं।

-जिगर मुरादाबादी

बज्म – महफिल

•••

खयाल तक न किया अहले-अंजुमन ने कभी,
तमाम रात जली शमअ अंजुमन के लिए।

-वहशत कलकतवी

अहले-अंजुमन - महफिल वालों

•••

खुदा जाने यह दुनिया जल्वागाहे-नाज है किसकी,
हजारों उठ गये लेकिन वही रौनक है महफिल की।

1. जल्वागाह- जहाँ जल्सा या समारोह हो रहा हो, - जल्वा दिखाने का स्थान **2. नाज** – नाजोअदा, मान, अभिमान,घमंड

खूब इन्साफ तेरे अंजुमने-नाज में है,
शम्अ का रंग जमे खून हो परवाने का।

-'जलील' मानिकपुरी

अंजुमन - महफिल

•••

जाता हूँ दाग–ए-हसरते-हस्ती लिये हुए,
हूँ शम्अ-ए-कुश्ता, दुरखुर-ए-महफिल नहीं रहा।

-मिर्जा 'गालिब'

1. दाग-ए-हसरते-हस्ती- जीवन की अभिलाषाओं का न पूरा होना **2. शम्अ-ए-कुश्ता-** बुझी हुई शम्आ **3. दुरखुर-** योग्य, लायक, काबिल।

•••

जो किस्मत में जलना ही था तो शम्अ होते,
कि पूछे तो जाते किसी अंजुमन में हम।

-सफी' लखनवी

अंजुमन - महफिल, बज्म।

•••

तुम्हारी बज्म में हम खुद संभल जाते यह मुश्किल था,
तुम्ही बेताब करते थे, तुम्हीं फिर थाम लेते थे।

-'जलाल' लखनवी

1. बज्म-महफिल **2. बेताब**-(i) व्याकुल, बेचैन, बेकरार (ii) अधीर, बेसब्र (iii) मुश्ताक, उत्कंठित

•••

तूफान-ए-गम की तुन्द हवाओं के बावजूद, एक शमए-आरजू है जो अब तक नहीं बुझी।
'शाद' बात क्या है कि बज्में-हयात में, शमा तो जल रही हैं मगर रौशनी नहीं।

- नरेश कुमार शाद

1. तुन्द - (i) तीव्र, प्रचंड, पुरजोर, तेज (ii) कुपित, गुस्से में **2. बज्मे-हयात** - जीवन की महफिल

•••

तेरे जमाल को आराइशों से क्या मतलब, भला बहारे-मुजस्सिम में क्या बहार आये
उस एक शब के सहारे गुजर रही है हयात, वह एक शब जो तेरी महफिल में गुजार आये।

1. आराइश - जेवर, आभूषण, सिंगार, सजावट **2. बहारे-मुजस्सिम**- जो साक्षात् बहार हो **3. शब** - रात, निशा, रजनी, रात्रि **4. हयात**- जिंदगी

•••

तेरी महफिल में एक सागर का,
मैं भी उम्मीदवार हूँ साकी।

सागर - शराब का गिलास, पान-पात्र

दीखावे के हैं सब ये दुनिया के मेले,
भरी बज्म में हम रहे हैं अकेले।

-अफ्सर मेरठी

●●●

दुनिया की महफिलों से उकता गया हूँ यारब,
क्या लुत्फ अंजुमन का जब दिल ही बुझ गया हो।

-मोहम्मद इकबाल

अंजुमन- महफिल, बज्म।

●●●

नकाबे-रूख उलटने तक तो मुझको होश था लेकिन,
भरी महफिल में उसके बाद क्या गुजरी खुदा जाने।

-सईद अहमद खां

नकाबे-रूख - मुखावरण, मुखपट, पर्दा

●●●

नजर में ढलके उभरते हैं दिल के अफसाने ये और बात है कि दुनिया नजर न पहचाने
यह बज्म देखी है मेरी निगाह ने कि जहाँ बगैर शम्अ भी जलते रहते हैं परवाने।

-सूफी तबस्सुम (सूफी गुलाम मुस्तफा)

●●●

फकत इक शगले - बेकारी है अब बादाकशी अपनी,
वो महफिल उठ गई कायम थी जिससे सरखुशी अपनी।

-गोपाल मित्तल

1. **शगले–बेकारी**- बेकार का काम 2. बादाकशी- शराब पीना 3. **सरखुशी**- हलका नशा, हलके नशे से उत्पन्न मस्ती

●●●

बज्म में बर्के –नजर है, सद -तमन्ना आफ्रीं,
दिल में है महफिल कोई या दिल मेरा महफिल मैं है।

1. **बज्म**- महफिल 2. **बर्के–नजर**- बिजली गिराने वाली नजर 3. **सद**- शत, एक सौ 4. **आफ्रीं**- धन्यवाद, शाबाश, साधु-साधु

●●●

मुद्दत हुई है यार को मेहमां किये हुए,
जोशे-कदह से बज्मे-चरागाँ किये हुए।

-मिर्जा गालिब

1. **कदह** - शराब पीने का जाम, पान-पात्र, सागर 2. **बज्मे-चरागाँ** - महफिल को चरागों से रौशन करना 3. **जोश**- आवेग,जोर, उमंग, उत्साह

यह बज्मे-फलक इससे होगी न सूनी,
अगर टूट जायेंगे दो चार तारे। -'अफसर' मेरठी

1. **फलक** - आकाश, आसमान, अम्बर 2. **बज्म** - महफ़िल

●●●

यह दस्तूरे-जबाबंदी है कैसी, तेरी महफिल में,
यहाँ तो बात करने को तरसती है जबाँ मेरी।

-मोहम्मद 'इकबाल'

जबाबंदी - बोलने की मनाही

●●●

यह न जाना था कि उस महफिल में दिल रह जायेगा,
हम ये समझे थे चले आयेंगे दम भर देखकर।

-ममनून

●●●

वह आये बज्म में इतना तो 'मीर' ने देखो,
उसके बाद चरागों में रौशनी न रही।

-मीरतकी 'मीर'

बज्म - महफिल

●●●

वह हैं मासूम जिनसे अंजुमन का नज्म बरहम है,
हमीं पै किस लिए आता है हर इल्जाम ऐ साकी।

-'अदीब' मालीगांवी

1. **अंजुमन** - महफिल 2. **नज्म** - प्रबन्ध, व्यवस्था, इन्जाम 3. **बरहम** - अस्त-व्यस्त, तितर बितर

●●●

वाँ वह गरूरे-इज्जो-नाज यां यह हिजाबे-पासे-वज्अ,
राह में हम मिले कहाँ, बज्म में वह बुलायें क्यों?

-मिर्जा गालिब

1. **इज्ज** – (i) बेबसी , कमजोरी (ii) नम्रता, विनीति 2. **नाज** - (i) मान, अभिमान (ii) नाजोअदा 3. **हिजाब** - आड़, ओट, पर्दा 4. **पास** - लिहाज, संकोच, शील 5. **वज्अ** - शैली, ढंग 6. **बज्म** -महफिल

●●●

सवाल उनका, जवाब उनका, सुकूत उनका, इताब उनका,
हम उनकी अंजुमन में सर न खम करते तो क्या करते।

-मजरूह सुल्तानपुरी

1. **सुकूत** - खामोशी, चुप्पी 2. **इताब** - गुस्सा, क्रोध, कोप 3. **अंजुमन** – महफिल 4. **खम** - (i) झुकाव (ii) वक्रता, टेड़ापन

सुना था तेरी महफिल में सुकूने-दिल भी मिलता है,
मगर हम जब भी तेरी महफिल से आये, बेकरार आये।

•••

हुस्न हो क्या खुदनुमा जब कोई माइल ही न हो,
शम्अ को जलने से क्या मतलब जो महफिल न हो।

-मोहम्मद इकबाल

1. **खुदनुमा** - अपने सौंदर्य अथवा हुस्न का प्रदर्शन करने वाली, आत्मप्रदर्शी
2. **माइल** - (i) आकर्षित, प्रवृत्त (ii) आसक्त, आशिक

मिलन (Meeting)

कहाँ का वस्ल तन्हाई ने शायद भेष बदला है,
तेरे दम भर को आ जाने को भी हम क्या समझते हैं।

-'फिराक' गोरखपुरी

वस्ल - मिलन, विसाल

•••

खुश होते हैं पर वस्ल में यूं मर नहीं जाते,
आई शबे-हिज्रां की तमन्ना मेरे आगे।

-मिर्जा गालिब

1. **वस्ल** - मिलन 2. **शबे-हिज्रां** - जुदाई की रात

•••

जीना मरना हिज्र के बीमार का क्या चीज है,
इक तेरे आने का नाम, इक तेरे जाने का नाम।

-अजीज बीकानेरी

हिज्र - वियोग, विरह

•••

तुमको पाकर भी न कम हो सकी बेताबिए-दिल,
इतना आसान तेरे इश्क का गम था भी कहाँ।

-फिराक गोरखपुरी

बेताबिए-दिल - दिल की बेचैनी या बेकरारी

•••

तुमसे मिलकर दिल में रह जाती है अरमानों की बात,
याद रहती है किसे साहिल पै तूफानों की बात।

-खातिर गजनवी

साहिल - किनारा, तट

•••

वस्ल का दिन और इतना मुख्तसर,
दिन गिना करते थे इस दिन के लिये

-अमीर मीनाई

1. **वस्ल** – मिलन 2. **मुख्तसर** - छोटा

वस्ल के दिन कौन देखेगा उन्हें,
हर अदा पै हम तो मर-मर जायेंगे।

-अमीर मीनाई

वस्ल - मिलन

•••

वस्ल हो या फिराक हो, अकबर,
जागना रात भर, मुसीबत है।

-अकबर इलाहाबादी

फिराक- जुदाई, विरह

•••

विसाले - दायमी क्या है, शबे - फुर्कत में मर जाना,
कजा क्या है दिली जज्बात का हद से गुजर जाना।

-अजीज लखनवी

1. विसाले-दायमी - न खत्म होने वाला मिलन 2. शबे-फुर्कत - विरह की रात 3. कजा – मौत 4. जज्बात का - भावनाओं का

मैकशी (Drinking)

अगर पी लें तो उड़ती है सितारों से भी कुछ आगे,
वगरना जिन्दगी जेरे-जमीं मालूम होती है।

जेरे-जमीं - जमीन के नीचे

•••

अपने हाथ से दिया यार ने मीना मुझको,
रूखसत-ए-तौबा कि लाजिम हुआ पीना मुझको।

-'बेदिल' अजीमाबादी

1. **मीना** - सुराही 2. **रूखसत-ए-तौबा** - शराब से परहेज की छुट्टी

•••

अलग बैठे थे, फिर भी आंख साकी की पड़ी हम पर,
अगर है तिश्नगी कामिल तो पैमाने भी आयेंगे।

-'मलरूह' सुल्तानपुरी

1. **साकी** - शराब पिलाने वाला या पिलाने वाली 2. **तिश्नगी** - प्यास, पिपासा 3. **कामिल** - पूर्ण, मुकम्मल

•••

आता है जज्बे-दिल को वह अन्दाजे-मैकशी,
रिन्दों में रिन्द भी रहें, दामन भी तर न हो।

-'जोश' मल्सियानी

1. **अन्दाजे-मैकशी** - पीने का अन्दाज 2. **रिन्द** - शराबी, मैकश

•••

आप के लिए गुनाह ही सही, मैं पीऊं तो सवाब बनता है।
सौ गमों को निचोड़ने के बाद, एक कतरा शराब बनती है।

-'साहिर' होशियारपुरी

सवाब – पुण्य

•••

'आरजू' जाम लो, झिझक कैसी,
पी ली और दहशते-गुनाह गई। -'आरजू' लखनवी

•••

एक ही दोस्त और उससे भी छुड़वाते हो,
नासेहों अब तुम्हें दुश्मन कहें, या दोस्त बताओ।

-'ख्वाजा' हाली

1. नासेह- शराब न पीने की नसीहत देने वाला

ऐ हजरते-नासेह, हमें इल्जाम न दीजे,
इस उम्र में कुछ आप भी नादान रहे हैं। -'कतील' शिफाई

•••

कहां मैखाने का दरवाजा 'गालिब' और कहां वाइज,
पर इतना जानते हैं कल वो जाता था कि हम निकले।

-'मिर्जा 'गालिब'

1. **मैखाना** – शराबखाना 2. **वाइज**- सदुपदेशक, धर्मोपनिदेशक

•••

कोई मौसम हो कोई साकी,
हमको मतलब है फ़कत पीने से। -'मख्मर' देहलवी

•••

कौन कौसर तक मसाफात तय करे,
मयकदा फिरदौस से नजदीक है।

-अब्दुल हमीद 'अदम'

1. **कौसर** -स्वर्ग का एक कुण्ड या हौज 2. **मसाफात** -फासिला, दूरी 3. **मयकदा** - शराबखाना 4. **फिरदौस** - स्वर्ग

•••

खुदा शाहिद बुरा कहता नहीं जन्नत को मैं लेकिन,
मजा कुछ और ही है, मैकशी का बादाखाने में।

-'शाद' अजीमाबादी

1. **शाहिद** – गवाह 2. **मैकशी** - मद्यपान 3. **बादाखाना** - शराबखाना

•••

खुश्क बातों में कहां ऐ शैख कैफे-जिन्दगी,
वह तो पीकर ही मिलेगा जो मजा पीने में है।

-'अर्श' मल्सियानी

शैख - पीर, गुरू, धर्माचार्य

•••

गम गलत सारे जहां का एक मैखाने में है,
जिन्दगी का गर मजा पूछो तो मैखाने में है। -'इनाम'

•••

गर यार मय पिलाए तो क्यों कर न पीजिए,
जाहिद नहीं मैं, शेख नहीं, कुछ वली नहीं। -'इनशा'

1. **जाहिद** - संयम, नियम और जप-तप करने वाला व्यक्ति 2. **शेख** - पीर, गुरू, धर्माचार्य 3. **वली** - महात्मा, ऋषि

गो मय है तुन्दो-तल्ख पै साकी है दिलरूबा,
ऐ शैख बन पड़ेगी न कुछ हां कहे बगैर।

-'ख्वाजा' हाली

1. **मय** - शराब 2. **तुन्दो-तल्ख** - तेज और कड़वी 3. **दिलरूबा** -दिल को उचक ले जाने वाला, माशूक 4. **शैख** - पीर, गुरू, धर्माचार्य

•••

गो हाथ को जुम्बिश नहीं, आंखों में तो दम है,
रहने दो अभी सागरो–मीना मेरे आगे।

-मिर्जा 'गालिब'

1. **जुम्बिश** - हरकत 2. **सागरो-मीना** - प्याला और सुराही

•••

जमाने की रफ्तार से तंग आकर,
'अदम' कर लिया मैकदे में बसेरा।

-अब्दुल हमीद 'अदम'

मैकदा - शराबखाना

•••

जर्फ वालों के यहां तो गैर भी पी जाते हैं,
तिश्नगी रह जाती है कमजर्फ के मैखाने में।

1. **जर्फ** – उदारदिल, फराखदिल 2. **तिश्नगी** - प्यास, पिपासा3. **कमजर्फ** - तंगदिल, अनुदार, तंगनजर, ओछा

•••

जहां कुछ सोचने का वक्त मिलता है फरागत में,
उसे मक्तब नहीं कहते, उसे मैखाना कहते हैं।

-अब्दुल हमीद 'अदम'

1. **फरागत** –. फुरसत 2. **मक्तब** - पाठशाला, विद्यालय

•••

जाने - अफसाना यही कुछ हो अफसाने का नाम,
जिन्दगी है दिल की घड़कन तेज हो जाने का नाम।
कतरा – कतरा जिन्दगी के जहर का पीना है गम,
और खुशी हे दो घड़ी पीकर बहक जाने का नाम।

-आनन्द नारायण'मुल्ला'

1. **जाने-अफसाना** - कहानी की जान

जाहिद की मैकशी पर तअज्जुब न कीजिए,
लाती है रंग फितरते - आदम कभी-कभी।

-'शकील' बदायुनी

1. **जाहिद** - संयम, नियम और जप-तप करने वाला व्यक्ति 2. **मैकशी** –मद्यपान 3. **तअज्जुब** - आश्चर्य

●●●

जाहिद शराब पीने दे मस्जिद में बैठकर,
या वो जगह बता दे जहां पर खुदा नहीं।

1. **जाहिद** - संयम, नियम और जप-तप करने वाला व्यक्ति

●●●

जाहिद शराब पीने से काफिर हूआ मैं क्यों,
क्या डेढ चुल्लू पानी में ईमान बह गया।

-अब्राहम जौंक

जाहिद - संयम, नियम और जप-तप करने वाला व्यक्ति

●●●

जिन्दगी की दराज पलकों पर, रास्ते का गुबार छाया है।
आबे-कौसर से आंख धो ले, मैकदा फिर करीब आया है।

-अब्दुल हमीद 'अदम'

1. **दराज** - लम्बी, तवील 2. **गुबार** - धूल3. **आबे-कौसर** -स्वर्ग के कुंड या हौज का पानी

●●●

जुल्मतों से न डर कि रस्ते में,
रौशनी है शराबखाने की।

-अब्दुल हमीद 'अदम'

जुल्मत - अन्धेरा

डूबती सांस को उभारा है, नब्ज गिरती हुई संभाली है,
मय को सागर में डालकर साकी, जान में तूने जान डाली है।

-नरेश कुमार 'शाद'

1. **मय** – शराब 2. **सागर** – प्याला

●●●

तुम्हारी बेरूखी ने लाज रख ली बादाखाने की
तुम आंखों से पिला देते तो पैमाने कहा जाते।

-कतील शिफाई

1. **बादाखाना** - शराबखाना 2. **पैमाना** - जाम

तोड़ बैठे जब कि हम जामो-सुबू फिर हमको क्या,
आस्मां से बादा–ए–गुल्फाम गर बरसा करे।

-मिर्ज़ा 'गालिब'

1. जामो-सुबू- प्याला और सुराही **2. बादा-ए-गुल्फाम**– फूल के रंगवाली शराब

•••

तौबा को तोड़ने की नियति न थी मगर,
मौसम का एहतिराम न करते तो जुल्म था।

-अब्दुल हमीद 'अदम'

1. तौबा - परहेज **2. एहतिराम** - स्वागत

•••

दी जिसने अहले-होश को तरगीबे-मैकशी,
मेरा ख्याल है कि गमे – रोजगार था।

-अब्दुल हमीद'अदम'

तरगीब - (i) लालच, प्रलोभन (ii) प्रेरणा, शौक़

•••

दे रहे हैं मय वह अपने हाथ से,
अब यह शै इंकार के काबिल नहीं।

-'जलील' मानिकपुरी

•••

नहीं है ताब गमे-जिन्दगी उठाने की,
बता दे राह कोई अब शराबखाने की।

-अब्दुल गफ्फार

1. ताब - ताकत, शक्ति, सहनशक्ति

•••

नतीजा बेसबब महफिल से उठवाने का क्या होगा,
न होंगे हम तो साकी तेरे मैखाने का क्या होगा।

बेसबब - अकारण, बेवजह

•••

नित नए जख्म दिल के सीता हूँ, जीना मुश्किल है फिर भी जीता हूँ।
खा न जाए मुझे गमे - हस्ती, एहतियातन शराब पीता हूँ।

-नरेश कुमार'शाद'

गमे-हस्ती - जिन्दगी की तकलीफें

•••

पियूं शराब अगर खुम भी देख लूं दो चार,
ये शीशा-ओ-कदहो-कूजा और सुबू क्या है।

-मिर्जा गालिब

1. खुम - मटका **2. शीशा, कदह, कूजा और सुबू**-शराब पीने के आम बर्तन

पिला दे औक से साकी जो मुझसे नफरत है,
पियाला गर नहीं देता न दे, शराब तो दे।

-मिर्जा 'गालिब'

औक - अंजुली

●●●

पी लिया करते हैं जीने की तमन्ना में कभी,
डगमगाना भी जरूरी है संभलने के लिए।

-'वामिक' जौनपुरी

●●●

पी शौक से वाइज अरे क्या बात है डर की,
दोजख तेरे कब्जे में है, जन्नत तेरे घर की।

-'शकील' बदायुनी

1. **वाइज** - पीर, गुरू, धर्माचार्य 2. **दोजख** - नरक

●●●

पीते-पीते जब भी आया तेरी आंखों का खयाल,
मैंने अपने हाथ से तोड़े हैं पैमाने बहुत।

-हुनर 'टौंकी'

पैमाना – पियाला

●●●

फकत इक शगले - बेकारी है अब बादाकशी अपनी,
वो महफिल उठ गई कायम थी जिससे सरखुशी अपनी।

-गोपाल मित्तल

1. **शगले** – बेकारी - बेकार का काम 2. **बादाकशी** - शराब पीना3. **सर-खुशी** - हलका नशा, हलके नशे से उत्पन्न मस्ती

●●●

फरिश्तों में थी शैख साहब की गिनती,
वह रिन्दों की सुहबत में इंसां हुए हैं।

-'रियाज' खैराबादी

1. **शैख** - धर्मोपदेशक, सदुपदेशक 2. **रिन्द** - शराबी 3. **सुहबत** - साथ, संगति

●●●

मय से गरज निशात है किस रूसियाह को,
एक गुना बेखुदी मुझे दिन रात चाहिए।

-मिर्जा 'गालिब'

1. **मय** - शराब 2. **निशात** – खुशी 3. **रूसियाह** - पापी, गुनाहगार 4. **गुना** - थोडी-सी

मस्त करना है तो खुम से मुंह लगा दे साकी,
तू पिलायेगा कहां तक मुझे पैमाने से।

-'जलील' मानिकपुरी

खुम - घड़ा, मटका, सुराही

•••

मुद्दत से मैकदे में 'अदम' मैं नहीं गया,
दुनिया को ऐतबार न आए तो क्या करूं।

-अब्दुल हमीद 'अदम'

1. मैकदा – शराबखाना

•••

मुद्दत हुई है यार को मेहमां किये हुए,
जोशे-कदह से बज्मे-चरागाँ किये हुए।

-मिर्जा गालिब

1. कदह - शराब पीने का जाम, पान-पात्र, सागर 2. बज्मे-चरागाँ - महफिल को चरागों से रौशन करना

•••

मेरा यही खयाल है गो मैने पी नहीं,
कोई हसीं पिलाए तो यह शै बुरी नहीं।

-'रियाज' खैराबादी

शै - चीज

•••

मेरी निगाह में वह रिन्द रिन्द नहीं साकी,
जो होशियारी और मस्ती में इम्तियाज करे।

-'इकबाल'

1. रिन्द – शराबी 2. इम्तियाज - फर्क, अन्तर

•••

मेरे दिल में तड़प है पीने की,
तेरे हाथों में जाम है साकी।

-'असर' अजमेरी

•••

मैं मैकदे की राह से होकर निकल गया,
वरना सफर हयात का काफी तवील था।

-अब्दुल हमीद 'अदम'

1. मैकदा - शराबखाना 2. हयात - जिन्दगी 3. तवील- लंबा

मैं समझता हूँ तेरी इशवागिरी को साकी,
काम करती है नजर, नाम पैमाने का है।

-'जलील' मानिकपुरी

•••

इशवागिरी - जादूगरी

मैं हादिसों से जाम लड़ाता चला गया, हंसता-हंसाता, पीता-पिलाता चला गया।
वो रफ्ता-रफ्ता जाम पिलाते चले गए, मैं रफ्ता-रफ्ता होश में आता चला गया।

-अब्दुल हमीद 'अदम'

1. रफ्ता-रफ्ता - धीरे-धीरे

•••

यह किसने कह दिया गुमराह कर देता है मैखाना,
खुदा की फजल से इसके लिए मंदिर हैं मस्जिद हैं।

-अर्श मल्सियानी

1. मैखाना- शराबखाना 2. फजल- मेहरबानी, कृपा

•••

यह मौसम और इस मौसम में तौबा,
जनाबे-शैख आप क्या फरमा रहे हैं।

-'सोहन लाल 'साहिर'

1. तौबा – परहेज 2. जनाबे-शैख - धर्मोपदेशकजी

•••

यारों खता मुआफ मेरी मैं नशे में हूँ,
सागर में मय है, मय में नशा है, मैं नशे में हूँ।

-मीरतकी 'मीर'

1. सागर - पियाला 2. मय - शराब

•••

रिन्दाने-जहां से ये नफरत, ऐ हजरते-वाइज क्या कहना,
अल्लाह के आगे बस न चला, बंदों से बगावत कर बैठे।

-फैज अहमद 'फैज'

1. रिन्दाने-जहां - मैकशी की दुनिया यानी शराब पीने वाले 2. हजरते-वाइज -धर्मोपदेशक महोदय

•••

लड़ते हैं जाके बाहर ये शैख-ओ-बिरहमन,
पीते हैं मयकदे में सागर बदल बदल कर।

-माइल देहलवी

सागर - पियाला

लहरों पै खेलता हुआ लहरा के पी गया, साकी की हर निगाह पै बलखा के पी गया।
मैंने तो छोड़ दी थी पर रोने लगी शराब, मैं उसके आसुंओं पै तरस खा के पी गया।

-अब्दुल हमीद 'अदम'

●●●

वह चीज जिसके लिये हमको हो बहिशत अजीज,
सिवाय बादा–ए–गुलफामे- मुश्कबू क्या हैं?

-मिर्जा 'गालिब'

1. **बहिशत** –स्वर्ग 2. **बाद-ए-गुलफामे-मुश्कबू** - फूल के रंग और कस्तुरी जैसी खुशबू वाली शराब

●●●

वह तो कहिए रास्ते में मिल गए कुछ मैकदे,
जिन्दगी का यह सफर वरना बहुत दुश्वार था।

-'नूर' पन्नालाल

●●●

शिकन न डाल जबीं पर शराब देते हुए यह मुस्कराती हुई चीज मुस्करा के पिला।
सरूर चीज के मिकदार में नहीं मौकूफ, शराब कम है साकी तो नजर मिला के पिला।

-अब्दुल हमीद 'अदम'

1. **शिकन** - सलवट 2. **जबीं** - माथा 3. **सरूर** –नशा 4. **मिकदार** –मात्रा 5. **मौकूफ** - निर्भर, आधारित

●●●

शैख की दावत में मय का काम क्या,
एहतियातन कुछ मंगा ली जाएगी।

-'अकबर' इलाहाबादी

1. **शैख** - धर्मोपदेशक, महात्मा 2. **मय** - शराब

●●●

साकिया तिश्नगी की ताब नहीं,
जहर दे दे अगर शराब नहीं।

-'दाग'

1. **तिश्नगी** - प्यास 2. **ताब** - सहन-शक्ति, शक्ति, सामर्थ्य

●●●

साकी मेरे खुलूश की शिद्दत तो देखना,
फिर आ गया हूँ गर्दिशे-दौरां को टालकर।

-अब्दुल हमीद 'अदम'

1. **खुलूश** - मुहब्बत, प्यार 2. **शिद्दत** – प्रगाढ़ता 3. **गर्दिशे-दौरां** - रोज-रोज के गम

साकी तेरी नजर की क्या सियाहकारियां हैं,
मयख्वार होश में है जाहिद बहक रहे हैं।

-महेश चन्द्र 'नक्श'

1. सियाहकारियां –जादूगरी **2. मयख्वार** –शराबी **3. जाहिद** -संयम, नियम और जप-तप करने वाला ,विषयविरक्त

•••

सौ बार लग्जिशों की कसम खा के छोड़ दी,
सौ बार छोड़ने की कसम खा के पी गया।

-अब्दुल हमीद 'अदम'

लग्जिश- डगमगाना (शराब पीने के कारण)

•••

हंगामा है क्यों बरपा थोड़ी-सी जो पीली है, डाका तो नहीं डाला, चोरी तो नहीं की है।
नातजरूबाकारी से वाइज की ये बातें हैं, इस रंग को क्या जाने, पूछो तो कभी पी है।

-'अकबर' इलाहाबादी

वाइज - धर्मोपदेशक, सदुपदेशक

•••

हम नहीं ऐ हमनशीं,मिन्नतकशे-फस्ले-बहार,
हमको पीने से है मतलब, कोई भी मौसम हो।

-'शकील' बदायुनी

1. हमनशीं -मित्र, दोस्त **2. मिन्नतकशे-फस्ले-बहार** -बहार की मिन्नतकशी (मिन्नत करना)

•••

हमने कल ही यह कसम खाई थी, अब न सहबा को मुंह लगायेंगे।
काश ! पहले यह खबर होती, आज वह खुद हमें पिलायेंगे।

-नरेश कुमार 'शाद'

सहबा - शराब

•••

हश्र में था नामा-ए-आमाल सबके सामने,
मेरे हाथों में मेरा टूटा हुआ पैमाना था।

-'जोश' मल्सियानी

1. हश्र - कयामत, महाप्रलय **2. नामा-ए-आमाल** - कर्मों की सूची

– – – – – –

मोहब्बत (Love)

अगर अपने को फितरत का यह इंसां राजदाँ कर ले,
हर इक जर्रे से पैदा बेतकल्लुफ सौ जहां कर।

-निहाल सेहरारवी

1. **फितरत** - प्रकृति 2. **राजदाँ** - राज जानने वाला, राजदार, 3. **जर्रा** - कण, अणु, बहुत ही बारीक रेजा 4. **बेतकल्लुफ** - (i) घनिष्ट, अंतरंग, गहरा (ii) निःसंकोच

•••

अगर दर्दे-मुहब्बत से न इन्साँ आशना होता,
न मरने का अलम होता, न जीने का मजा होता।

1. **आशना**- परिचित,जानकार,वाकिफ 2. **अलम**- दुख, रंज, गम, क्लेश

•••

अजब आरजू है, अनोखी अदा है,
तुझी से तुझे माँगना चाहता हूँ।

-सिकन्दरअली वज्द

•••

अजल को दोष दें, तकदीर को रोयें, मुझे कोसें
मेरे कातिल का चर्चा क्यों है मेरे सोगवारों में।

-दाग

1. **अजल** - मृत्यु 2. **सोगवारों** - शोक करने वालों

•••

अदा निगाहों से होता है फर्जे-गोयाई,
जुबां की हद से जब शौके-बयां गुजरता है।

-निहाल सेहरारवी

1. **फर्जे-गोयाई**- बात करने या बोलने का फर्ज 2. **शौके-बयां** - चाहत का बयान करना

•••

अनगिनत लोगों ने दुनिया में मुहब्बत की है,
कौन कहता है कि सादिक न थे जज्बे उनके,
लेकिन उनके लिए तश्हीर का सामान नहीं,
क्योंकि ये लोग भी अपनी तरह मुफलिस थे।

-साहिर लुधियानवी

1. **सादिक**– सच्चा 2. **तश्हीर**- विज्ञापन 3. **मुफलिस**- गरीब

'अनीस' आसाँ नहीं आबाद करना घर मुहब्बत का,
यह उनका काम है जो जिन्दगी बरबाद करते हैं।

-मीर अनीस

•••

अपना तो आशिकी का किस्सा -ए- मुख्तसर है,
हम जा मिले खुदा से दिलबर बदल-बदल कर।

मुख्तसर - संक्षिप्त

•••

अपनी कमजर्फी का गम है और काई गम नहीं,
दिल से तेरा गम न संभला, मुझको है बस ये मलाल।

-कृष्ण मोहन 'मोहन'

1. **कमजर्फी**- छोटापन, तंगदिली 2. **मलाल**- (i) अफसोस (ii) कष्ट, तकलीफ

•••

अपनी गली में मुझको न कर दफ्न बादे-कत्ल,
मेरे पते से खल्क को क्यों तेरा घर मिले।

-मिर्जा गालिब

खल्क - जनता, अवाम

•••

अपनी नजर से तूने हमें क्या गिरा दिया,
सारे जहाँ के दिल से, नजर से गिरा दिया।

-पारसा कौसरी

•••

अपनी बर्बादियों का रंज नहीं लेकिन,
तेरी तन्हाइयों का क्या होगा?

-हसन कमाल

•••

अपनी मख्मूर निगाहों को न दो इज्ने-खिराम,
बढ़ गई और अगर प्यास तो फिर क्या होगा।

-शायर लखनवी

1. **मख्मूर** - मस्त, नशीली, मादक, नशे में चूर, मदोन्मत्त 2. **इज्ने-खिराम** - जाने की इजाजत

•••

अपनी रूसवाई का गम था जब हमें, वो दिन गये,
अब तो यह गम है कि ऐसी फिर न रूसवाई हुई।

-नातिक गुलगवठी

अपने मरने का गम नहीं लेकिन,
हाय तुमसे जुदाई होती है।

-मिर्जा गालिब

•••

अपने हाथों की लकीरों में बसा लो मुझको, मैं हूँ तेरा तो नसीब अपना बना लो मुझको।
मुझसे तू पूछने आया है वफा के मायने, यह तेरी सादादिली मार न डाले मुझको।
खुद को मैं कहीं बाँट न लूँ दामन –दामन, कर दिया तूने अगर मेरे हवाले मुझको।

-कतील शिफाई

•••

अपने- अपने हौसले, अपने तलब की बात है,
चुन लिया हमने तुम्हें सारा जहाँ रहने दिया।

-अदीब सहारनपुरी

तलब - इच्छा, ख्वाहिश, आरजू

•••

अब करके फरामोश तो नाशाद करोगे,
पर हम जो न होंगे तो बहुत याद करोगे।

-मीरतकी मीर

1. **फरामोश** - भूलना 2. **नाशाद** - अप्रसन्न, दुखी

•••

अब क्या करूँ तलाश किसी कारवां को मैं,
गुम हो गया हूँ पाके तेरे आस्ताँ को मैं।

-जलील मानिकपुरी

आस्ताँ - चौखट, दहलीज, ड्योढी

•••

अब जाके आरजू का मुकम्मल हूआ है नक्श,
सब मानने लगे हैं कि मैं दीवाना हो गया।

-मुनव्वर लखनवी

नक्श - चित्र, तस्वीर

•••

अब तक न खबर थी, मुझे उजड़े हुए घर की,
तुम आए तो घर बेसरोसामां नजर आया।

बेसरोसामां - जिंदगी के जरूरी सामान के बिना

अब बुझा दो ये सिसकते हुए यादों के चराग,
इनसे कब हिज्र की रातों में उजाला होगा।

-खलीलुर्रहमान आजमी

हिज्र - वियोग, जुदाई

'अर्श' पहले यह शिकायत थी खफा होता है वह,
अब यह शिकवा है कि वह जालिम खफा होता नहीं।

-अर्श मल्सियानी

•••

अलग बैठे थे फिर भी आँख साकी की पड़ी मुझ पर,
अगर है तिश्नगी कामिल तो पैमाने भी आयेंगे।

-मजरूह सुल्तानपुरी

1. तिश्नगी - (i) प्यास, पिपासा, तृष्णा (ii) लालसा, अभिलाषा, इश्तियाक **2. कामिल** - पूरा, सम्पूर्ण, मुकम्मल **3. पैमाना** - शराब का गिलास, पानपात्र

•••

अश्क बनकर आई हैं वह इल्तिजाएं चश्म तक,
जिनको कहने के लिए होठों पै गोयाई नहीं।

-आनन्द नारायण मुल्ला

1. इल्तिजाएं - प्रार्थनाएं, दरखास्त **2. चश्म** - आँख, नेत्र **3. गोयाई** - बोलने की ताकत

•••

आंखों ने जर्रे-जर्रे पर सिज्दे लुटाये हैं,
क्या जाने, जा छुपा मेरा पर्दानशीं कहाँ।

-अख्तर शीरानी

1. पर्दानशीं - पर्दे में रहने वाली यानी माशूक

•••

आ मैं तुझे बता दूँ, राजे-गमे-मुहब्बत,
एहसासे-आरजू ही, तकमीले-आरजू है।

-माहिल-उल कादिरी

तकमील - पूर्ति, समाप्ति (ii) पूर्णता, किसी काम की पूर्ति में कोई कसर न रहना

•••

आ कि तुझ बिन इस तरह ऐ दोस्त घबराता हूँ मैं,
जैसे हर शै में किसी शै की कमी पाता हूँ मैं।

-जिगर मुरादाबादी

शै - चीज

•••

आइना हो जाये मेरा इश्क उसके हुस्न का,
क्या मजा हो दर्द गर खुद ही दवा देने लगे।

-साकिब लखनवी

आग थे इब्तिदा-ए-इश्क में हम,
अब जो हैं खाक, इन्तिहा है यह।

-मीरतकी मीर

1. इब्तिदा - आरम्भ,शुरुआत **2. इन्तिहा**- पराकाष्ठ, चरम सीमा, आखिरी हद

•••

आगे खुदा ही जाने अंजामे - इश्क क्या हो,
जब ऐ 'शकील' अपना यह हाल है अभी से।

-शकील बंदायुनी

•••

आज वो मेहरबाँ से लगते हैं,
कोई वादा वफा न हो जाये।

•••

आते-आते आयेगा उनको खयाल,
जाते – जाते बेखयाली जायेगी।

-फैज अहमद 'फैज'

खयाली - बेखुदी, बेखबरी

•••

आधी से जियादा शबे-गम काट चुके हैं,
अब भी आ जाओ तो यह रात बड़ी है।

-साकिब लखनवी

शबे-गम - विरह की रात

•••

आने दो इल्तिफात में कुछ और भी कमी,
मानूस हो रहे हैं तुम्हारी जफा से हम।

-अर्श मल्सियानी

1. इल्तिफात - (i) प्यार, लगाव (ii) कृपा, दया, मेहरबानी (iii) तवज्जुह **2. मानूस** - आसक्त, मुहब्बत करने वाला **3. जफा** - सितम, अत्याचार

•••

आने में सदा देर लगाते ही रहे तुम,
जाते रहे हम जान से आते ही रहे तुम।

-रासिख अजीमाबादी

आप हो, मय हो, खल्वत हो,
दिन ये किसको नसीब होते हैं

-माइल देहलवी

खल्वत - एकान्त

आप की खातिर से हम करते है जब्ते-इज्तिराब,
देखकर बेताब मुझको और घबराते हैं आप।

-बहादुरशाह जफर

1. जब्ते-इज्तिराब - बेचैनी या बेकरारी पर काबू 2. बेताब - व्याकुल, बेचैन

●●●

आप के पास जमाना नहीं रहने देगा,
आप से दूर मुहब्बत नहीं रहने देंगी।

●●●

आप जिस वक्त दिल में होते हैं,
दिल की दुनिया जमील होती है।

-प्रकाशनाथ परवेज

जमील - सुन्दर, हसीन, रूपवान

●●●

आम है यूँ तो मेरी बर्बादियों का वाकेआ,
वह तो कह दें कि कोई मर मिटा मेरे लिये।

-उम्मीद लखनवी

●●●

आया न एक बार भी अयादत को वह मसीह,
सौ बार मैं फरेब से बीमार हो चुका।

-'असीर' मीनाई

1. **अयादत** - रोगी का हालचाल पूछने और उसे ढाढस बंधाने के लिए जाना 2. **मसीह** - हजरत ईसा, जो मुर्दों में जान डाल देते थे (यानी प्रेमिका)

●●●

आये तो यूँ कि जैसे हमेशा थे मेहरबाँ,
भूले तो यूँ कि जैसे कभी आश्ना न थे।

-फैज अहमद फैज

1. **आश्ना** - (i) मित्र, दोस्त (ii) परिचित, जानकार, वाकिफ

आये हो कल और आज ही कहते हो कि जाऊं, माना कि हमेशा नहीं अच्छा, कोई दिन और।
जाते हुए कहते हो कयामत को मिलेंगे, क्या खूब कयामत का है गोया कोई दिन और।

-मिर्जा गालिब

1. **कयामत** - महाप्रलय, सारी दुनिया का उलट-पुलट, हश्र का दिन 2. **गोया** - मानो, जैसे

●●●

आशिकी से मिलेगा ऐ जाहिद,
बंदगी से खुदा नहीं मिलता।

-दाग

1. **जाहिद** - संयमी, विषय-विरक्त, संयम-नियम और जप-तप करने वाला व्यक्ति 2. **बंदगी** - पूजा, इबादत

आशिकों में और उसका नाम रौशन हो गया,
शम्अ ने सोचा था मिट जायेगा परवाने का नाम।

-बिस्मिल भरतपुरी

•••

आह को चाहिए इक उम्र असर होने तक, कौन जीता है तेरी जुल्फ के सर होने तक।
आशिकी सब्र-तलब और तमन्ना बेताब, दिल का क्या रंग करूँ, खूने-जिगर होने तक।
हमने माना कि तगाफुल न करोगे लेकिन खाक हो जायेंगे हम तुमको खबर होने तक।
गमे-हस्ती का 'असद' किससे जुज-मर्ग इलाज, शम्अ हर रंग में जलती है, सहर होने तक।

-मिर्जा गालिब

1. सर - सुलझना **2. सब्र-तलब** - जिसमें सब्र (धीरज, धैर्य) की आवश्यकता हो **3. बेताब** - (i) अधीर, बेसब्र (ii) ब्याकुल, बेचैन **4. तगाफुल** - उपेक्षा, बेतवज्जुही **5. जुज-मर्ग** - मौत के अलावा **6. सहर** -सुबह, सबेरा, प्रातःकाल, भोर

•••

इंसान किसी से दुनिया में एक बार मुहब्बत करता है,
इस दर्द को लेकर जीता है, इस दर्द को लेकर मरता है

•••

इन बेनियाजियों पै दिल है रहीने- शौक,
क्या जाने इसको क्या हो, जो परवा करे कोई।

-त्रिलोकचन्द महरूम

1. बेनियाजी - उपेक्षा, अनदेखी, बेरूखी **2. रहीने-शौक** - उत्साहित, लालायित

•••

इब्तिदा में हर मुसीबत पर लरज जाता था दिल,
अब कोई गम इम्तिहाने- इश्क के काबिल नहीं।
मुझको वो लज्जत मिली एहसास मुश्किल हो गया,
रहते-रहते दिल में, तेरा दर्द भी दिल हो गया।

-सिकन्दर अली वज्द

इब्तिदा - आरम्भ, शुरू

•••

इब्तिदा वो थी कि था जीना मुहब्बत में मुहाल,
इन्तिहा ये है कि अब मरना भी मुश्किल हो गया।

-जिगर मुरादाबादी

इन्तिहा - (i) आखिरी हद, छोर (ii) पराकाष्ठा, चरम सीमा

इब्तिदा-ए-इश्क है रोता है क्या,
आगे-आगे देखिए होता है क्या।

-मीरतकी मीर

इब्तिदा - आरम्भ, शुरू

•••

इलाही उनके हिस्से का भी गम मुझको अता कर दे,
कि उन मासूम आंखों में नमी देखी नहीं जाती।

1. इलाही - हे खुदा 2. अता – प्रदान

•••

इशरते-कतरा है दरिया में फना हो जाना,
दर्द का हद से गुजरना है दवा हो जाना।

-मीर तकी मीर

1. इशरते-कतरा - बूँद की खुशी 2. फना - नष्ट, बर्बाद

•••

इश्क का जौके-नजारा मुफ्त को बदनाम है,
हुस्न खुद बेताब है जलवा दिखाने के लिए।

-मजाज लखनवी

जौके-नजारा - देखने का शौक

•••

इश्क की बर्बादियों को रायगां समझा था मैं,
बस्तियाँ निकली, जिन्हे वीरानियाँ समझा था मैं।

-जिगर मुरादाबादी

रायगां - व्यर्थ, बेकार

•••

इश्क के रूतबे के आगे आसमाँ भी पस्त है,
सर झुकाया है फरिस्तों ने बशर के सामने।

-नसीम

1. पस्त - (i) लघु, छोटा (ii) नीचा 2. बशर - मानव, आदमी

•••

इश्क क्या चीज है यह पूछिये परवाने से,
जिन्दगी जिसको मयस्सर हुई मर जाने के बाद।

-साहिर लुधियानवी

•••

इश्क खुद खानुमा-खराब सही,
मगर जिन्दगी की पनाह है प्यारे।

-रविश सिद्दकी

1. खानुमा-खराब - घर बर्बाद करने वाला, जिसका परिवार और धन आदि नष्ट हो गया हो
2. पनाह - (i) आश्रय, सहारा, (ii) रक्षा,हिफाजत (iii) प्राण-रक्षा, बचाव

इश्क दीवानगी सही लेकिन,
अक्ल पर मेरा एतिकाद नहीं।

-अब्दुल हमीद अदम

एतिकाद - विश्वास, यकीन, भरोसा

•••

इश्क ने 'गालिब' निकम्मा कर दिया,
वरना हम भी आदमी थे काम के।

-मिर्जा गालिब

•••

इश्क पर जोर नहीं, है ये वो आतिश 'गालिब',
कि लगाये न लगे और बुझाये न बने।

-मिर्जा गालिब

आतिश - आग

इश्क मुझको नहीं वहशत ही सही, मेरी वहशत तेरी शोहरत ही सही,
कत्अ कीजे न तअल्लुक हमसे, कुछ नहीं है तो अदावत ही सही।
हम भी दुश्मन तो नहीं हैं अपने, गैर से तुमको मुहब्बत ही सही,
अपनी हस्ती ही से हो जो कुछ हो, आगही गर नहीं, गफलत ही सही,
हम भी तस्लीम की खू डालेंगे, बेनियाजी तेरी आदत ही सही।

-मिर्जा गालिब

1. वहशत - दीवानगी, पागलपन **2. कत्अ**- परित्याग, विच्छेद, अलग होना **3. तअल्लुक** - संबंध **4. अदावत** –दुश्मन **6. आगही** - परिचय, जान-पहचान **6. गफलत** - उपेक्षा, बेवफाई **7. तस्लीम** –स्वीकार करना, मानना, कुबूल करना **8. खू** - आदत **9. बेनियाजी** - उपेक्षा, बेपर्वाई, बेतवज्जुही

•••

इश्क में क्या सवाले-खुद्दारी,
जाने कै बार अपनी बात गई।

-आनन्द नारायण 'मुल्ला'

खुद्दारी - स्वाभिमान

•••

इश्क में ख्वाब का ख्याल किसे,
न लगी आंख जब से आंख लगी।

-मुहम्मद हयात हसरत

ख्वाब - (i) नींद, सोने की क्रिया (ii) स्वप्न

इश्क में तबिअत ने जीस्त का मजा पाया,
दर्द की दवा पाई और दर्द बेदवा पाया।

-मिर्जा गालिब

जीस्त - जीवन, जिन्दगी

•••

इश्क सुनते थे जिसे हम, वह यही है शायद,
खुद-ब-खुद दिल में है इक शख्स समाया जाता।

-ख्वाजा हाली

•••

इश्क से लोग मना करते हैं,
जैसे कुछ इख्तियार है अपना।

-असर लखनवी

•••

इश्क है इक निशाते-बेपायाँ,
शर्त यह है कि आरजू न हो।

-असर लखनवी

1. **निशात** - आनन्द, खुशी 2. **बेपायाँ** - जिसका अन्त न हो, असीम, बेहद

•••

इश्के - लामहदूद जब तक रहनुमा होता नहीं,
जिन्दगी से जिन्दगी का हक अदा होता नहीं।

- जिगर मुरादाबादी

1. **लामहदूद** - जिसकी कोई हद न हो, असीमित, बेहद, जो घेरा न जा सके, जिसकी सीमाएँ निश्चित न हो 2. **रहनुमा** - पथप्रदर्शक,रास्ता बताने वाला, आगे-आगे चलने वाला

•••

इस दर्द-ए-मुहब्बत के अन्दाज निराले हैं,
घटता तो मरज होता, बढ़ता तो दवा होता।

-साकिब लखनवी

•••

इस इज्तिराब पर कुर्बान इक जहाने-सकूँ,
कोई संभाल रहा है और तड़प रहा हूँ मैं।

-दिल शाहजहाँपुरी

1. **इज्तिराब** - व्याकुलता, बेचैनी, बेताबी, बेकरारी 2. **जहाने-सकूँ** - सारी दुनिया का सुख-चैन

इस तरह से तुमने क्यों देखा मुझे,
हर तमन्ना ख्वाब बनकर रह गई।

-सिकन्दर अली 'वज्द'

ख्वाब - सपना, स्वप्न

●●●

इस लिये चुप हूँ कि बात और न बढ़ जाये कही,
वर्ना सच ये है कि कुछ तुमसे गिला है तो सही।

-गोपाल मित्तल

●●●

इसमें जब तक किसी की आस न थी,
दिल था इक फूल जिसमें बास न थी।

-नरेश कुमार 'शाद'

बास - सुगन्ध, खुश्बू

●●●

इसी का नाम है मजबूरी-ए-दिल, उनके कूचे में,
न जाने की कसम सौ बार खा लेना, मगर जाना।

-अनवर साबरी

कूचा – गली

●●●

उठ कर तो आ गये हैं तेरी बज्म से मगर,
कुछ दिल ही जानता है कि किस दिल से आये हैं।

-फैज अहमद फैज

बज्म - महफिल, अंजुमन

●●●

उधर वह बदगुमानी है, इधर यह नातवानी है
न पूछा जाये है उससे, न बोला जाये है हमसे।

-मिर्जा 'गालिब'

1. **बदगुमानी** -किसी की ओर से बुरा खयाल, कुधारणा 2. **नातवानी** - शक्तिहीनता, निर्बलता, कमजोरी

●●●

उन जफाओं पर भी दिल क्या जाने क्यों गिरवीदा है,
इश्क है इक राज जो आशिक से भी पोशीदा है।

-नातिक लखनवी

1. **जफा**- जुल्म, अत्याचार 2. **गिरवीदा** - मोहित, लट्टू, मुग्ध, फरेफ्ता 3. **पोशीदा** - छुपा हुआ

उनके आने की बंधी थी आस जब तक हमनशीं,
सुबह हो जाती थी अक्सर ज़ानिबे - दर देखते।

-असर लखनवी

1. **हमनशीं** - साथ बैठने वाला, मित्र 2. **जानिबे–दर** - दरवाजे की ओर

•••

उनको आता है प्यार पर गुस्सा,
हमको गुस्से पर प्यार आता है।

-जिगर मुरादाबादी

•••

उनको देखे से जो आ जाती है मुंह पर रौनक,
वह समझते हैं कि बीमार का हाल अच्छा है।
हमको मालूम है जन्नत की हकीकत लेकिन,
दिल को खुश रखने को 'गालिब' ये ख्याल अच्छा है।

-मिर्जा गालिब

•••

उनको भी नाजे-फतह हो तो कोई बात है,
हमको तो हर शिकस्त ने मगरूर कर दिया।

-जिगर मुरादाबादी

1. **नाजे-फतह** - जीत का अभिमान या गर्व 2. शिकस्त - हार, पराजय, पराभव 3. **मगरूर** - अहंकारी, घमंडी

•••

उन्हें अपना नहीं सकता मगर इतना भी क्या कम है,
कि कुछ मुद्दत हसीं ख्वाबों में खोकर जी लिया मैंने।

-साहिर लुधियानवी

•••

उम्मीद तो बँध जाती, तस्कीन तो हो जाती,
वादा न वफा करते, वादा तो किया होता।

1. **तस्कीन** -(i) संतोष, इत्मीनान (ii) सान्त्वना, ढाढ़स, दिलासा 2. वफा निर्वाह, निबाह, प्रतिज्ञा पालन

•••

उल्फत का जब मजा है कि वो भी हों बेकरार,
दोनों तरफ हो आग बराबर लगी हुई।

-इस्माइल मेरठी

उसके लिये तो हाथ उठाना भी है गुनाह,
जिसकी दुआ हों आप, वो फिर क्या दुआ करे।

-शाद अजीमाबादी

•••

उसके बगैर भी तो 'अदम' कट गई हयात,
उसका खयाल उससे जियादा जमील था।

-अब्दुल हमीद अदम

1. हयात - जिन्दगी **2. जमील** - सुन्दर, रूपवान, हसीन

•••

एक तुम हो कि हमको नंगे-महफिल कहते जाते हो,
और एक हम हैं कि तुमको जीनते-महफिल समझते हैं।

-शौकत थानवी

1. नंगे-महफिल -महफिल की शान कम करने वाला **2. जीनते-महफिल** –महफिल की रौनक या शोभा

•••

एक शब्द गुजरी थी तेरे गैसुओं की छांव में
उम्र भर बेख्वाबियाँ मेरा मुकद्दर हो गईं।

-नरेश कुमार 'शाद'

•••

ऐ दुश्मने –तमन्ना इसका जवाब दे दे,
वो हाँ बने तो क्या हो, मरता हूँ जिस नहीं पर।

-आर्जू लखनवी

•••

ऐ हासिले-खुलूस बता क्या जवाब दूँ,
दुनिया यह पूछती है कि मैं क्यों उदास हूँ।

-नाजिश प्रतापगढ़ी

हासिले-खुलूस - मुहब्बत का निचोड़

•••

ऐसा न हो यह दर्द बने दर्द-ए-लादवा,
ऐसा न हो कि तुम भी मुदावा न कर सको।

-गुलाम मुस्तफा तबस्सुम

1. लादवा - लाइलाज **2. मुदावा** - इलाज, दवा, उपचार

•••

और क्या चीज कुर्बां करूँ आप पर,
दिल जिगर आप का, जिन्दगी आप की।

-साजन पेशावरी

और तो कुछ कमी नही आपके इक्तिदार में,
आप मुझको भुला सकें, यह नहीं इख्तियार में।

-जिगर मुरादाबादी

1. **इक्तिदार** - (i) ताकत, शक्ति (ii) हुकूमत, राज, शासन

•••

कभी यक-ब-यक तवज्जुह, कभी दफ्अतन तगाफुल,
मुझे आजमा रहा है कोई रूख बदल -बदल कर।

-शकील बदायुनी

1. **तवज्जुह** -(i) किसी की ओर मुह करना, ध्यान देना, ध्यान (ii) कृपा, दया, मेहरबानी
2. **दफ्अतन** - अचानक 3. **तगाफुल** - उपेक्षा, ध्यान न देना, बेतवज्जुही, बेपर्वाई

•••

करने का नहीं कद्र कोई इससे जियादा,
रखता हूँ कलेजे में तेरे तीरे-नजर को।

-बिस्मिल

•••

करूँ तो किससे करूँ दर्दे-इश्क का शिकवा,
कि यारों जिन्दगी को इस दर्द ने संवारा है।

•••

करूँ मैं दुश्मनी किससे कोई दुश्मन भी हो अपना,
मुहब्ब्त ने नहीं दिल में जगह छोड़ी अदावत की।

अदावत - दुश्मनी, शत्रुता

•••

कहर हो, बला हो, जो कुछ हो, काश! तुम मेरे लिये होते।
मेरी किस्मत में गम गर इतना था, दिल भी यारब कई दिये होने।

-मिर्जा गालिब

1. **कहर** - (i) दैवी आपत्ति, बलाए-आसमानी (ii) क्रोध, गुस्सा2. **बला**- मुसीबत

•••

कहीं मर न जायें सितम सहने वाले,
तगाफुल में थोड़ी-सी तख्फीफ फरमा।

-अब्दुल हमीद अदम

1. **सितम** - जुल्म, अत्याचार 2. **तगाफुल** - बेतवज्जुही, उपेक्षा, बेपर्वाई 3. **तख्फीफ** - कमी

•••

कहीं धब्बा न लग जाये तेरी बन्दानवाजी पर,
हमें भी देख मुद्दत से तेरी महफिल में रहते हैं।

-आजाद बारानवी

1. बन्दानवाजी - अपने चाहने वालों पर इनायत, अपने सेवकों और भक्तों पर कृपादृष्टि

कांटों से मुहब्बत करते हैं, किरदार तो देखो फूलों का,
जख्मों से कलेजा फट जाये, पर साथ निभाना पड़ता है।

•••

काटा गया न कुर्बते-पैहम के बावजूद,
वह फासिला जो देखने में फासिला न था।

-साहिर नौबहार मडरिया

कुर्बते-पैहम - लगातार पास होना

•••

काबा किधर है शुक्र का सिज्दा अदा करूँ,
अल्लाह आप आये हैं मेरे मकान पर।

-साकिब लखनवी

1. काबा-मक्के की एक इमारत जिसे मुसलमान इश्वर का घर मानते हैं

•••

कासिद पयामे-शौक को देना न बहुत तूल,
कहना फकत यह उनसे कि आंखें तरस गईं।

-जलील मानिकपुरी

कासिद - डाकिया 2. पयाम - संदेश

•••

किधर है बर्के-सोजां काश यह हसरत भी मिट जाती,
बनायें तिनके चुन-चुनकर हम अपना आशियाँ कब तक।

-दिल शाहजहाँपुरी

बर्के-सोजां - कौंधती बिजली

•••

किया गमख्वार ने रूसवा, लगे आग इस मुहब्बत को,
न लाये ताब जो गम की, वो मेरा राजदां क्यों हो।

-मिर्जा गालिब

गमख्वार - सहानुभूति दिखाने वाला, हमदर्द 2. ताब- शक्तिराजदां - भेद जानने वाला, मित्र, दोस्त

•••

किया फिर तुमने रोता देखकर दीदार का वादा
कि फिर बहते हुए पानी पै बुनियादे-मकां रख दी।

-आर्जू लखनवी

दीदार - दर्शन

किस मुंह से जाके शिकवा-ए-जौरो-जफा करें,
मरते हैं और आप की पशेमानियों से हम।

-त्रिलोकचन्द महरूम

जफा –जुल्मोसितम 2. पशेमानी- पश्चाताप, अफसोस

•••

किसी से छूट के शाद, किसी से मिल के शाद,
'फिराक' तेरी मुहब्बत का कोई ठीक नहीं।

-फिराक गोरखपुरी

शाद - प्रसन्न, खुश

•••

कुछ इख्तियार नहीं किसी का तबिअत पर,
यह जिस पर आती है बेइख्तियार आती है।

-जलील मानिकपुरी

बेइख्तियार - सहसा, बेतहाशा

•••

कुछ इस अदा से आज वह पहलूनशीं रहे,
जब तक हमारे पास रहे, हम नहीं रहे।

-जिगर मुरादाबादी

पहलूनशीं - पास बैठने वाला, पास में

•••

कुछ और तो नहीं मेरे गरीब दामन में,
अगर कबूल हो तो जिन्दगी दे दूँ।

•••

कुछ कटी हिम्मते-सवाल में उम्र,
कुछ उम्मीदे-जवाब में गुजरी।

-फानी बदायुनी

•••

कुछ कह दो झूठ-सच कि तवक्को बनी रहे,
तोड़ो न आसरा दिले-उम्मीदवार का।

-तसलीम

तवक्को - उम्मीद, आशा

•••

कुछ तो मिल जाये लबे-शीरीं से,
जहर खाने की इजाजत ही सही।

-अनवर मिर्जापुरी

लबे-शीरीं - मधुर या मीठे होंठ

कुछ तो लतीफ होती घड़ियाँ मुसीबतों की,
तुम एक दिन ही मिलते, दो दिन की जिंदगी में।

-सागर निजामी

लतीफ - कोमल, नाजुक, नर्म

•••

कुछ नहीं कहती निगाहें मगर,
बात पहुंची कहाँ से कहाँ तक।

-'फिराक' गोरखपुरी

•••

कुछ समझ में नहीं आता कि यह क्या है 'हसरत',
उनसे मिलकर भी न इजहारे–तमन्ना करना।

-हसरत मोहानी

•••

कुछ सहारा चाहती है आशिकी की जिन्दगी,
बेनियाजी तेरे सदके, नाजे–बेजा ही सही।

-आर्जू लखनवी

1. **बेनियाजी**- उपेक्षा, बेतवज्जुही 2. **बेजा** - अनुचित, नामुनासिब

•••

कू-ए-जाना की हवा से भी घबराता हूँ मैं,
क्या करूँ बेइख्तियाराना चला जाता हूँ मैं।

-मिर्जा गालिब

1. **कू-ए-जाना** -प्रेमिका की गली 2. **बेइख्तियाराना** -बेतहाशा, सहसा, जिसे रोकना अपने बस में न हो

•••

कैफे -निशाते - दर्द का आलम न पूछिए,
हंस कर गुजार दी है, शबे-गम कभी-कभी।

-शकील बदायुनी

1. **कैफे-निशाते–दर्द** - दर्द से प्राप्त आनन्द का नशा 2. **आलम** - स्थिति, दशा, हालत 3. **शबे-गम** - जुदाई की रात

•••

कोई मेरे दिल से पूछे, तेरे तीरे - नीमकश को,
ये खलिश कहाँ से होती, जो जिगर के पार होती।

-मिर्जा गालिब

1. **तीरे-नीमकश** - वह तीर जो घाव में से आधा खींचकर छोड़ दिया गया हो 2. **खलिश** - पीड़ा, दर्द, चुभन, दर्द की टीस

कोई हद ही नहीं शायद मुहब्बत के फसाने की,
सुनाता जा रहा है जिसको जितना याद आता है।

-जिगर मुरादाबादी

•••

कौन कहता है मुझे दर्द का एहसास नहीं, ज़िंदगी एक उदासी है जो तुम पास नहीं
मांग कर मैं न पियूँ, यह मेरी खुद्दारी है, इसका मतलब यह नहीं कि मुझे प्यास नहीं

•••

क्या उसके बगैर जिन्दगानी,
माना वह हजार दिलशिकन है। -रविश सिद्दकी

दिलशिकन - दिल को तोड़ने वाला, रंज पहुंचाने वाला

•••

क्यों बढ़ाते हो इल्तिफात बहुत,
हमको ताकत नहीं जुदाई की। -ख्वाजा हाली

1. **इल्तिफात** - (i) कृपा, दया, (ii) तवज्जुह

•••

खत लिखेंगे गर्चे मतलब कुछ भी हो, हम तो आशिक हैं तुम्हारे नाम के।
दिल को आंखों ने फसाया क्या मगर, ये भी हल्के हैं तुम्हारे दाम के।
इश्क ने 'गालिब' निकम्मा कर दिया, वरना हम भी आदमी थे काम के।

-मिर्जा गालिब

1. **हल्का** - घेरे, परिधि 2. **दाम** - (i) फंदा, पाश (ii) बंधन, जाल

•••

खबर इसकी नहीं, उन खामकाराने - मुहब्बत को,
उसी को दुख भी देते हैं जिसे अपना समझते हैं।

-जिगर मुरादाबादी

खामकाराने-मुहब्बत - अनुभवविहीन मुहब्बत करने वाला, मुहब्बत में कच्चा

•••

खिजाँ के दौर में उस पर बहार आ जाये, तेरी निगाह को जिस पर भी प्यार आ जाये।
जो आप की इनायत हो तो मजाल कहाँ, मेरे करीब गमे - रोजगार आ जाये।

-नसीम मजहर

खिजाँ - पतझड़ की ऋतु

•••

खिज्रे-मंजिल से कम नहीं ऐ दोस्त,
एक हमदर्द अजनबी का खुलूस। -रविश सिद्दकी

1. **खिज्रे-मंजिल** - मंजिल का रास्ता दिखाने वाला 2. **हमदर्द** - गमख्वार, गमगुसार, दुखदर्द बांटने वाला 3. **खुलूस** - सच्चा प्यार

खुदा का काम है यूँ तो मरीजों को शिफा देना,
मुनासिब हो तो इक दिन हाथों से अपने दवा देना।

-अजीज लखनवी

शिफा – रोगमुक्ति

•••

खुदा के वास्ते दाद इस जुनूने-शौक को देना
कि उसके दर पै पहूँचते हैं नामाबर से आगे।

-मिर्जा गालिब

नामाबर - डाकिया, पत्रवाहक

•••

खुदा जाने मुहब्बत कौन-सी मंजिल को कहते हैं,
न जिसकी इब्तिदा ही है न जिसकी इन्तिहा ही है।

-जिगर मुरादाबादी

1. इब्तिदा- आरम्भ, शुरूआत 2. इन्तिहा- पराकाष्ठा, आखिरी हद, चरमसीमा

•••

खुदा जाने तुमने किस अन्दाजे-नजर से देखा है
कि मुझको जिन्दगी अब जिन्दगी मालूम होती है।

-कैफी चिड़िया कोटी

•••

खुदाया जज्बए-दिल की मगर तासीर उल्टी है
कि जितना खींचता हूँ और खिंचता जाये हैं मुझसे।

-मिर्जा गालिब

1. खुदाया - हे खुदा 2. जज्बए-दिल - दिल की कशिश

•••

खुलूसे-दिल से हों सिज्दे तो उन सिज्दों का क्या कहना,
सरक आया वहीं काबा जहाँ हमने जबीं रख दी।

1. खुलूस-ए-दिल से - सच्चे दिल से 2. काबा - मक्के की एक इमारत जिसे मुसलमान इश्वर का घर समझते हैं 3. जबीं - भाल, माथा, ललाट

•••

गफलतशिआरियों पर क्यों इस तरह हो नादिम,
मैं सच ही मान लूँगा, कर दो कोई बहाना।

-शकील बदायुनी

1. गफलतशिआरियों पर - गलतियों, त्रुटियों या भूलों पर 2. नादिम - लज्जित, शर्मिंदा

गये हैं जब से वह अपने भी आये, गैर भी आये,
सब आये भी, गये भी, घर की वीरानी नहीं जाती।

-नातिक गुलगठवी

गर किया नासेह ने हमको कैद, अच्छा यूँ सही,
पर जुनूने - इश्क के अंदाज छूट जायेंगे क्या?

-मिर्जा गालिब

1. **नासेह** - नसीहत करने वाला, सदुपदेशक

•••

गिरता है कोई आग में क्या कीजिए मगर,
शबनम को आफताब की कुर्बत पसंद है।

-नातिक लखनवी

1. **शबनम** - ओस, आकाश-जल 2. **आफताब** – सूरज 3. **कुर्बत** - सामीप्य, निकटता, नजदीकी

•••

गुफ्तगू उनसे होती, यह किस्मत कहाँ,
ये भी उनका करम है कि नजर आये।

-शकील बदायुनी

गुफ्तगू - बातचीत, वार्तालाप

•••

गुलशनपरस्त हूँ मुझे गुल ही नहीं पसंद, कांटो से भी निबाह किये जा रहा हूँ मै।
यूँ जिन्दगी गुजार रहा हूँ तेरे बगैर, जैसे कोई गुनाह किये जा रहा हूँ मै।

-जिगर मुरादाबादी

गुलशनपरस्त - गुलशन का पुजारी

•••

गैर को आने न दूँ, तुमको कही जाने न दूँ,
काश मिल जाये, तुम्हारे दर की दरबानी मुझे।

-हैरत बदायुनी

•••

गो मैं रहा रहीने – सितमहाए -रोजगर,
लेकिन तेरे खयाल से गाफिल नहीं रहा।

-मिजा गालिब

1. **रहीने-सितमहाए-रोजगर** - रोज-रोज के अत्याचारों का बंधक (यानी शिकार) 2. **गाफिल** - बेखबर, बेसुध, अचैतन्य, असावधान

•••

घबरा न हिज्र में बहूत ऐ जाने-मुज्तरिब,
थोड़ी-सी रह गयी है, उसे भी गुजार दे।

-अमीर मीनाई

1. **हिज्र** - वियोग, विरह, जुदाई 2. **जाने-मुज्तरिब** - बेकरार या व्याकुल जान

चलो अच्छा हुआ काम आ गई दीवानगी अपनी,
वगरना हम जमाने भर को समझाने कहाँ जाते।

-कतील शिफाई

•••

चाहत के बदले हम तो बेच दें अपनी मर्जी तक,
कोई मिले तो दिल का गाहक, कोई हमें अपनाए तो।

-अंदलीब शादानी

•••

चाहें तो तुमको चाहें, देखें तो तुमको देखें,
ख्वाहिश दिलों की तुम हो, आंखों की आरजू हो।

-मीरतकी मीर

•••

चिरागे- जिन्दगी बुझा जा रहा है,
वह जाने-इन्तिजार आये न आये।

-सिकन्दर अली 'वज्द'

1. जाने-इन्तिजार - वह प्रेमिका या मित्र जिसका इन्तिजार हो।

•••

छूटकर तेरे आस्ताँ से ऐ दोस्त,
तू ही कह दे, कहाँ रहें हम।

-फिराक गोरखपुरी

आस्ताँ - चौखट, दहलीज

•••

छोड़ा न रश्क ने कि तेरे घर का नाम लूँ, हर एक से पूछता हूँ कि जाऊँ किधर को मैं।
जाना पड़ा रकीब के दर पै हजार बार, ऐ काश जानता न तेरी रहगुजर को मै।

-मिर्जा गालिब

1. रश्क - इर्ष्या, किसी को हानि पहूंचाये बगैर उस जैसा बनने की भावना **2. रकीब** - किसी से प्रेम करने वाले दो व्यक्ति परस्पररकीब होते हैं **3. रहगुजर** - रास्ता, पथ

•••

छोडूंगा मैं न उसे बुते-काफिर को पूजना, छोड़े न खल्क गो मुझे काफिर कहे बगैर।
'गालिब' न कर हुजूर में तू बार-बार अर्ज, जाहिर है तेरा हाल सब उन पर कहे बगैर।

-मिर्जा गालिब

1. बुते-काफिर - बेवफा प्रेमिका **2. खल्क**- अवाम **3. काफिर**- सत्य को छुपाने वाला, ईश्वर की दी हुई नेमतों पर कृतज्ञता प्रकट न करने वाला। **4. हुजूर** - उपस्थिति, मौजूदगी

जज्ब-ए-इश्क सलामत है तो इन्शा अल्लाह,
कच्चे धागे में चले आयेंगे सरकार बंधे।

-दाग

1. जज्ब-ए-इश्क- दिल या प्रेम की कशिश, प्रेमाकर्षण **2. इन्शा अल्लाह** - यदि ईश्वर ने चाहा

•••

जफा उस पै करता है हद से जियादा,
जिसे यार अहले -वफा जानता है।

-मीरतकी मीर

1. जफा -जुल्म, अत्याचार **2. अहले–वफा** - वफादारवफ़ा निभाने वाला

•••

जफाएं तुम किए जाओ, वफाएं मैं किए जाऊं,
तुम अपने फन में कामिल हो, मैं अपने फन में यकता हूँ।

-'बेखुद' देहलवी

1. जफा - जुल्म, अत्याचार **2. कामिल** - निपुण, दक्ष, होशियार **3. यकता** - अद्वितीय, अनुपम, बेमिस्ल

•••

जब शम्मा हँसी तब परवाने मासूम शरारत कर बैठे,
छोटा-सा दिल और ये जुरअत, शोलों से मुहब्बत कर बैठे।

-हसरत मोहानी

जुरअत - साहस, हिम्मत

•••

जब तक मिले न थे जुदाई का था मलाल,
अब ये मलाल है कि तमन्ना निकल गई।

-अब्राहम ज़ौक़

•••

जब पुरसिशे-हाल वह करते हैं, क्या जानिए क्या हो जाता है,
कुछ यूं ही जुबान नहीं खुलती, कुछ दर्द सिवा हो जाता हैं।

-फ़ानी बदायुनी

1. पुरसिशे-हाल - हाल पूँछना **2. सिवा** - अधिक, बढ़ना

•••

जब वह नजरों से दूर होते हैं,
फिर कहीं रौशनी नहीं होती।

-साजन पेशावरी

जब वह मेरे करीब होते हैं खाक जलकर रकीब होते हैं,
रश्क आता है उस मुकद्दर आप जिसके हबीब होते हैं।

-माइल देहलवी

1. रकीब - किसी स्त्री से प्यार करने वाले दो व्यक्ति परस्पर रकीब होते हैं **2. रश्क** - ईर्श्या, किसी हानि पहुंचाये बगैर उस जैसा बनने की भावना **3. हबीब** - (i) मित्र, सखा, दोस्त (ii) माशूक

जबीने-सिज्दा में कौनेन की वुसअत समा जाए,
अगर आजाद हो कैदे- खुदी से बंदगी अपनी।

-'असर' लखनवी

1. जबीन - माथा, ललाट, भाल **2. कौनेन** - दोनों संसार, यह संसार और ऊपरी संसार (यानी परलोक) **3. वुसअत** - लंबाई-चौड़ाई, विशालता **4. खुदी** - अहंकार, अहंभाव, यह भाव कि बस हमीं हम है, अभिमान, घमंड, गर्व **5. बंदगी** - इबादत, पूजा

•••

जरा देख परवाने करवट बदलकर,
सती हो गई शम्अ महफिल में जलकर।

-साकिब लखनवी

•••

जल भी जा बदनसीब परवाने,
शम्अ की जिन्दगी दराज नहीं।

-अब्दुल हमीद अदम

दराज - लंबी, तवील

•••

जहाँ तेरा नक्शे-कदम देखते हैं,
खियाबाँ खियाबाँ इरम देखते है।

1. खियाबाँ - कियारी-कियारी **2. इरम** - स्वर्ग, बिहिश्त

•••

जहाँ छोड़ा था तेरी जुस्तजू ने,
सुना है जिन्दगी अब तक वहीं है।

-रविश सिद्दकी

जुस्तजू - तलाश, खोज

•••

जहाँ दुनिया निगाहें फेर लेगी,
वहाँ ऐ दोस्त तुमको हम मिलेंगे।

-रविश सिद्दकी

जाते हुए कहते हो कयामत को मिलेंगे,
क्या खूब कयामत का है गोया कोई दिन और।

-मिर्जा गालिब

गोया - मानो, जैसे

•••

जानता हूँ यह कि अर्जे-शौक है तौहीने-दिल,
फिर भी अर्जे-शौक़ पै मजबूर हो जाता हूँ मैं।

-मुनव्वर लखनवी

1. **तौहीन**-अपमान, अनादर, तिरस्कार, बेइज्जती 2. **अर्जे-शौक़** - अपनी चाहत का बयान करना।

•••

जाना पड़ा रकीब के दर पर हजार बार,
ऐ काश! जानता न तेरी रहगुजर को मैं।

-मिर्जा गालिब

1. **रकीब** - एक स्त्री से प्यार करने वाले दो व्यक्ति परस्पर रकीब होते हैं 2. **रहगुजर** - राह, पथ

•••

जाहिरा दुनिया जिसे महसूस कर सकती नहीं, हो गई है मुझमें एक ऐसी कमी तेरे बगैर।
वो बज्म देखी है मेरी निगाह ने कि जहाँ, बगैर शम्अ भी जलते रहते हैं परवाने।

-गुलाम मुस्तफा तबस्सुम

1. **जाहिरा** - देखने में 2. **बज्म** – महफिल

•••

जितनी जफा-ए-दोस्त से दिलबस्तगी हुई,
उतनी ही कामयाब मेरी आशिकी हुई।

-निहाल सेहरारवी

1. **जफा** - जुल्म, अत्याचार, सितम 2. **दिलबस्तगी** - प्रेम, इश्क, लगाव

•••

जिन खयालात से हो जाती है वहशत दूनी,
कुछ उन्हीं से दिले-दीवाना को बहलते देखा।

-असर लखनवी

वहशत – पागलपन

•••

जिन्दगी आप से जिन्दादिली आप से,
जब आप सलामत है तो फिर हमको क्या हो।

जिन्दगी कहते हैं किसको, मौत किसका नाम है,
मेहरबानी आप की, नामेहरबानी आपकी।

-प्यारेलाल रशीद

•••

जिन्दगी के उजाले हैं तुम से,
तुम जहाँ हो वहीं रौशनी है।

-सरवर

•••

जिन्दगी नाम है जुदाई का,
आप आये तो मुझको याद आया।

-नरेश कुमार शाद

•••

जिन्दगी यूं भी गुजर ही जाती,
क्यों तेरा वक्ते-सफर याद आया।

-मिर्जा गालिब

•••

जिन्दगी वो हसीन लमहा है,
जो तेरी याद में गुजर जाये।

-जफर बानो

•••

जिसको तुम भूल गये, याद करे कौन उसको,
जिसको तुम याद हो, वो और किसे याद करे।

-जोश मलीहाबादी

•••

जिसे रौनक तेरे कदमों ने देकर छीन ली रौनक,
वो लाख आबाद हो, उस घर की वीरानी नहीं जाती।

-जिगर मुरादाबादी

•••

जी ढूँढता है फिर वही फुर्सत के रात-दिन,
बैठें रहें तसव्वरे - जानाँ किये हुए।

-मिर्जा गालिब

तसव्वरे – जानाँ - प्रेमिका का खयाल

•••

जी भर के तड़प लेने दे उन्हें, रह-रह के उनको जलने दे,
ऐ शमअ की लौ ये परवाने इक रात के मेहमाँ होते हैं।

-अलम मुजफ्फरनगरी

जीना भी आ गया, मुझे मरना भी आ गया,
पहचानने लगा हूँ, तुम्हारी नजर को मैं।

-असमर गौण्डवी

•••

जीना मरना हिज्र के बीमार का क्या चीज है,
इक तेरे आने का नाम, इक तेरे जाने का नाम।

-अजीज बीकानेरी

हिज्र - वियोग, विरह

•••

जीने का लुत्फ सारा उल्फत की याद में हैं,
पहले जो दर्दे-दिल था, वह अब सुकूने-जां है।

-आनन्द नारायण मुल्ला

उल्फत - मुहब्बत

•••

जुस्तजू ही दिलों की मंजिल थी, हमने खोकर तुझे, तुझे पाया।
जिन्दगी नाम है जुदाई का आप आये तो मुझे याद आया।

-नरेश कुमार शाद

जुस्तजू - तलाश, खोज

•••

जो अजनबी थे अपनों से बढ़कर लगते हैं,
न जाने प्यार का कैसा अजीब रिश्ता है।

•••

जो न संभला इब्तिदा–ए–इश्क में,
फिर वह आखिर तक संभल सकता नहीं।

--नातिक लखनवी

इब्तिदा - शुरू, आरम्भ

•••

जो गमे-हबीब से दूर थे, वो खुद अपनी आग में जल गये,
जो गमे-हबीब को पा गये वो गमों से हंस के निकल गये।

-शायर लखनवी

गमे-हबीब –प्रेमिका या मित्र का गम

•••

जो जान है मौसम की, क्या जाने कहाँ वो है,
पानी तो बरसता है, बरसात नहीं होती।

-फिराक गोरखपुरी

जो तू गमख्वार हो जाये तो गम क्या,
जमाना क्या, जमाने के सितम क्या।

-त्रिलोकचन्द महरूम

1. गमख्वार - हमदर्द. सहानुभूति करने या दिखाने वाला ,दुख-दर्द बांटने वाला

•••

जो थके-थके से थे हौसले वो शबाब बनके मचल गये,
जो नजर, नजर से गले मिली तो बुझे चिराग भी जल गये।

शबाब - युवावस्था, जवानी

•••

जो दर्द से वाकिफ हैं वह खूब समझते है,
राहत में तुझे खोया, तकलीफ में पाया है।

-असर लखनवी

•••

जो नफस तेरी याद में गुजरे,
वह बंदगी में शुमार होता है।

-अब्दुल हमीद अदम

नफस - सांस 2. **शुमार** - गिनती

•••

झूठे वादों पर थी अपनी जिन्दगी,
अब तो यह भी आसरा जाता रहा।

-अजीज लखनवी

•••

झूठे वादे भी नहीं करते आप,
कोई जीने का सहारा भी नहीं।

-जलील मानिकपुरी

•••

टूटना इनका कहाँ आसान है,
आप के वादों में मेरी जान है।

-अब्दुल हमीद अदम

•••

तकमीले-आशिकी की बस दो ही सूरतें हैं,
महे -नियाज बन जा या बेनियाज हो जा।

-माहिर-उल-कादिरी

1. तकमीले-आशिकी - प्रेम की पूर्णता या पराकाष्ठा **2. महे –नियाज** - नियाजमंद, आज्ञाकारी, ताबेदार, भक्त **3. बेनियाज** - जिसे किसी से कुछ लेने की इच्छा न हो, निष्पृह

तमाम उम्र यूँ ही हो गयी बसर अपनी,
शबे-फिराक गयी, रोजे- इन्तिजार आया। -नासिख

1. **शबे-फिराक** - विरह की रात 2. **रोजे-इन्तिजार** - इन्तिजार का दिन

•••

तमाम उम्र तेरा इन्तिजार कर कर लेंगे,
मगर यह रंज रहेगा कि जिन्दगी कम है। -शाहिद सिद्दकी

•••

तय होंगे जिन्दगी के कड़े कोस किस तरह,
जब तुम ही इस सफर में हमसफर नहीं।

•••

तुझसे मिले न थे तो कोई आरजू नहीं,
देखा तुम्हें तो तेरे तलबगार हो गये। - जिया अकबराबादी

तलबगार - इच्छुक, अभिलाषी, ख्वाहिशमंद

•••

तुम अपना रंजोगम अपनी परीशानी मुझे दे दो,
मुझे अपनी कसम यह दुःख, यह हैरानी मुझे दे दो।
मैं देखूं तो सही यह दुनिया तुझे कैसे सताती है,
कोई दिन के लिये तुम अपनी निगहबानी मुझे दे दो।
ये माना मैं किसी काबिल नहीं इन निगाहों में,
बुरा क्या है अगर इस दिल की वीरानी मुझे दे दो।

-साहिर लुधियानवी

निगहबानी – देखरेख

•••

तुम तसल्ली न दो पास बैठे रहो, वक्त कुछ मेरे मरने का टल जायेगा।
ये क्या कम है मसीहा के रहने से ही, मौत का भी इरादा बदल जायेगा।

-अनवर मिर्जापुरी

1. **मसीहा** - ईसा मसीह जो दीन-दुखियों का दुख दूर करते थे और जो मुर्दों को जिला देते थे।

•••

तुम आ गये तो होश कहाँ, मेजबां है कौन,
आज आप अपने घर में हैं, कुछ मेहमां से हम।

-सालिक हैदराबादी

1. **मेजबां** - मेहमानी करने वाला, दावत या भोज कराने वाला, आतिथेय 2. **मेहमां** - अतिथि, आगन्तुक, दावत या भोज में आमंत्रित

तुम ऐसे कौन से खुदा हो कि उम्र भर तुमसे
उम्मीद भी न रखूँ और नाउम्मीद भी न रहूँ।

-ख्वाजा हाली

•••

तुम क्या मिले कि फैले हुए गम सिमट गये,
सदियों के फासिले जो थे, लमहों में कट गये।

-अय्याज झांसवी

•••

तुम जानो तुमको गैर से जो रस्मोराह हो, मुझको भी पूछते रहो तो क्या गुनाह हो।
सुनते हैं जो बहिश्त की तारीफ सब दुरूस्त, लेकिन खुदा करे वह तेरी जल्वागाह हो।

-मिर्जा गालिब

1. रस्मोराह - मेज-जोल, मेल-मिलाप **2. बहिश्त** - स्वर्ग, जन्नत **3. जल्वागाह** - जल्वा (अपने को बनाव-सिंगार करके दिखाना) दिखाने का स्थान, प्रेमिका का घर

•••

तुम न आओगे तो मरने की हैं सौ तदबीरें,
मौत कुछ तुम तो नहीं हो कि बुला भी न सकूँ। -मिर्जा 'गालिब'

तदबीर - उपाय, तरकीब

•••

तुम पास ही नहीं तो मजा जिन्दगी का क्या,
जीता नहीं हूँ सांस लिये जा रहा हूँ मैं। -यावर आली

•••

तुम भूलकर भी याद नहीं करते हो कभी,
हम तो तुम्हारी याद में सब कुछ भुला चुके। -अब्राहम जौक

•••

तुम मुझसे छूटकर भी रहे सबकी निगाह में,
मैं तुमसे छूटकर किसी काबिल नहीं रहा। -जिगर मुरादाबादी

•••

तुम मुझे भूल भी जाओ तो यह हक है तुमको,
मेरी बात और है मैंने तो मुहब्बत की है। -साहिर लुधियानवी

•••

तुम मेरी बात बनाने का इरादा तो करो,
इसके आगे मेरी तकदीर, बने या न बने। -अदीब मालीगांवी

•••

तुम मेरे पास होते हो गोया,
जब कोई दूसरा नहीं होता। -मोमिन

गोया - मानो, जैसे

तुमको खबर न हुई और जलके खाक हुआ,
वह दिल जो तेरी मुहब्बत का आशियाना था।

-रविश सिद्दकी

•••

तुमको पा लेने की हविस एक हसीं ख्वाब ही सही, ऐसे ख्वाबों का सहारा भी बहुत होता है।
राह में छाये हुए गहरे अंधेरों के करीब, एक ताबिन्द सितारा भी बहुत होता है।

-मंजर हाशमी

1. **हविस** - उत्कंठा, लालसा, ख्वाहिश 2. ताबिन्द -चमकता हुआ

•••

तुमको पा लेने में वह बेताब कैफियत कहाँ,
जिन्दगी वह है जो तेरी जुस्तजू में कट जाय।

-अफसर मेरठी

1. बेताब **कैफियत** - बेकरारी का आलम 2. **जुस्तजू** - तलाश, खोज

•••

तुमने आकर मिजाज पूछ लिया,
अब कहाँ तबिअत संभलती है।

-'जलील' मानिकपुरी

•••

तुमने किया न याद कभी भूलकर हमें,
हमने तुम्हारी याद में सब कुछ भुला दिया।

-बहादुरशाह जफर

•••

तुमसे मिलकर दिल में रह जाती है अरमानों की बात,
याद रहती है किसे साहिल पै तूफानों की बात।

-खातिर गजनवी

साहिल - किनारा, तट

•••

तुम्हारा नाम लेने से मुझे सब जान जाते हैं,
मैं वो खोई हुई इक चीज हूँ जिसका पता तुम हो।

•••

तुम्हारी बज्म में हम खुद संभल जाते यह मुश्किल था,
तुम्ही बेताब करते थे, तुम्ही फिर थाम लेते थे।

-जलाल लखनवी

बेताब - बेचैन, बेकरार

तुम्हारी याद के जब जख्म भरने लगते है,
किसी बहाने तुमको याद करने लगते हैं।

-फैज अहमद फैज

•••

तुम्हें भी कोई उलझन रोकती है पेशकदमी से,
मुझे भी लोग कहते हैं कि ये जलवे पराये हैं।
मेरे हमराह भी रूसवाइयाँ हैं मेरे माजी की,
तुम्हारे साथ भी गुजरी हुई रातों के साये है।

-साहिर लुधियानवी

1. हमराह - (i) साथ (ii) रास्ते का साथी, साथ चलने वाला **2. माजी** – अतीत

•••

तू गम दे या खुशी दे तुझे इख्तियार है,
हम बेनियाज हो गये दामन पंसार कर।

-अनवर मिर्जापुरी

1. बेनियाज - जिसमें किसी से कुछ लेने की इच्छा न हो, निस्पृह

•••

तेरी आवाज ने बरसों मुझे मखमूर रखा है,
किया है मुद्दतों कानों से शग्ले-मैकशी मैंने।

1. मखमूर -नशे में चूर, मदोन्मत्त, मदभरी, नशीली **2. शग्ले-मैकशी** - शराब पीने का काम

•••

तेरी उम्मीद पै जीने से हासिल कुछ नहीं लेकिन,
मगर यूँ भी न दिल को आसरा देते तो क्या होता।

-जज्बी

•••

तेरी निगाह से ऐसी शराब पी मैंने, फिर न होश का दावा किया कभी मैंने।
वह और होंगे जिन्हें मौत आ गई होगी, निगाहे-यार से पाई है जिन्दगी मैंने।

•••

तेरी नजरों से गिर जाना, तेरे दिल से उतर जाना,
यह वो असफाना है जिससे बहुत अच्छा है मर जाना।

-त्रिलोक चन्द महरूम

असफाना - दास्तान, कहानी

•••

तेरी सूरत से नहीं मिलती किसी की सूरत,
हम जहाँ में तेरी तस्वीर लिये फिरते हैं।

-नासिख

तेरी हर अदा पै मरता तेरे हर सुखन पै जीता,
मुझे मौत जिन्दगी पै अगर इख्तियार होता।

-शादाँ व खयाली

सुखन - वार्ता, बात

•••

तेरे आने की उम्मीद कहाँ मगर,
कैसे कहूँ कि इन्तिजार नहीं।

•••

तेरे और उसके दरमियाँ, तेरी खुदी हिजाब है,
अपना निशान खोयेजा, उसका निशान पायेजा।

-अख्तर शीरानी

1. खुदी - अहंकार, घमंड, अहंभाव, यह भाव कि बस हमीं हम हैं,अभिमान 2. हिजाब - पर्दा

•••

तेरे कूचे में सब पर फूल बरसे,
मगर हम एक पत्थर को भी तरसे।

•••

तेरे खुलूस ने बर्बाद कर दिया ऐ दोस्त,
फरेब खाते तो अब तक संभल गये होते।

1. खुलूस - प्यार, मुहब्बत

•••

तेरे छूने से भी दुखे जो,
कौन उस दिल की फाक निकाले।

-फिराक गोरखपुरी

1. फाक - तीर की चुटकी या तीर का पर जिधर से तीर धनुष में रखते हैं।

•••

तेरे जल्वों की जौबारी की कितनी मुद्दतें गुजरीं,
मगर अब भी नजर को रौशनी मालूम होती है।

1. जौबारी - जौपाशी, रोशनी फैलाना, जगमगा देना

•••

तेरे नकशे–कदम मैंने, यहाँ पाया, वहाँ पाया,
तेरे कूचे में जब चाहा, जहाँ चाहा जबीं रख दी।

-बेखुद देहलवी

जबीं - माथा, ललाट, भाल, पेशानी

•••

तेरे वादे पर सितमगर अभी और सब्र करते,
अगर अपनी जिन्दगी पर हमें एतबार होता। -दाग

सितमगर - सितम करने वाला, अत्याचारी

तेरे वादे पै जिये हम, तो ये जान झूठ जाना,
कि खुशी से मर न जाते, अगर एतबार होता।
कोई मेरे दिल से पूछे, तेरे तीरे-नीमकश को,
ये खलिश कहाँ से होती, जो जिगर के पार होता।
ये न थी हमारी किस्मत कि विसाले - यार होता,
अगर और जीते रहते, यही इन्तिजार होता।

-मिर्जा गालिब

1. **तीरे-नीमकश** - वह तीर जो घाव में आधा खींचकर छोड़, दिया गया हो 2. **खलिश** - (i) दर्द की टीस, चुभन (ii) चिन्ता, फिक्र, उलझन 3. **विसाल** - मिलन, संयोग, वस्ल

•••

तेरे सर की कसम गर तू न हो मेरे तसव्वर में,
मेरी नाजुक तबिअत पर यह दुनिया बार हो जाय

-सागर निजामी

1. **तसव्वर** - कल्पना, खयाल 2. **बार** - भार, बोझ

•••

थी वह एक शख्स के तसव्वर से,
अब वह रानाइए - खयाल कहाँ।

-मिर्जा गालिब

1. **तसव्वर** - खयाल, कल्पना 2. **रानाइए-खयाल** - खयालों की सुन्दरता, खूबसूरत खयाल

•••

दम लिया था न कयामत ने हनोज, कि तेरा वक्ते-सफर याद आया।
जिन्दगी यूँ भी गुजर ही जाती, क्यों तेरा राहगुजर याद आया।
कोई वीरानी-सी वीरानी है, दश्त को देखकर घर याद आया।

-मिर्जा गालिब

1. **दम** - सांस, श्वास 2. **हनोज** - अभी 3. **राहगुजर** - पंथ, रास्ता 4. **दश्त** - जंगल, वन, बियाबान

•••

दर्द-ए-दिल, सोजे-जिगर, अश्के-रवाँ, दागे -फिराक
सच तो यह है आपके एहसाँ है मुझपर बेशुमार।

-त्रिलोकचन्द महरूम

1. **सोजे-जिगर** - दिल की तपिश या जलन 2. **अश्के-रवाँ** - बहते आंसू 3. **दागे –फिराक** - विरह का गम 4. **बेशुमार** - अनगिनत, असंख्य, बहुत अधिक

दिखाकर इक झलक सामाने-राहत जिसने लूटा था,
निगाहें ढूँढती हैं फिर उसी गारतगरे–जाँ को।
-जिगर मुरादाबादी

गारतगरे-जाँ - जान पर डाका डालने वाला यानी सुखचैन छीनने वाला

•••

दिल को नियाजे-हसरते-दीदार कर चुके,
देखा तो हममें ताकते-दीदार ही नहीं। -मिर्जा गालिब

1. **नियाजे-हसरते-दीदार** - दर्शन की इच्छा को भेंट

•••

दिल को हम सर्फे-वफा समझे थे क्या मालूम था,
यानी यह पहले ही नज्रे- इम्तिहाँ हो जायेगा। -मिर्जा गालिब

1. **सर्फे-वफा** - वफादार 2. **नज्रे-इम्तिहाँ** - परीक्षा को भेंट चढ जाना (यानी किसी से प्यार हो जाना) 3. **नज्र** - उपहार, भेंट, तोहफा, चढ़ावा

•••

दिल रख दिया है सामने लाकर खुलूस से,
अब आगे इसके काम तुम्हारी नजर का हैं। -जिगर मुरादाबादी

खुलूस - स्वाभाव की सरलता, सत्यता, सच्चाई, निष्कपटता

•••

दिल से उतर गईं हैं दुनिया की सूरतें सब,
ऐसा चढ़ गया है कोई मेरी निगाह में। -अनवर अनूपशहरी

•••

दिल है कदमों पै किसी के सर झुका हो या न हो,
बंदगी तो अपनी फितरत है, खुदा हो या न हो। -जिगर मुरादाबादी

•••

दिल है किसका जिसमें अरमाँ आप का रहता नहीं,
फर्क इतना है कि सब कहते हैं मैं कहता नहीं। -'नातिक' लखनवी

•••

दिले-नादाँ तुझे हुआ क्या है, आखिर इस दर्द की दवा क्या है?
हम हैं मुश्ताक और वो बेजार, या इलाही ये माजरा क्या है?
हम भी मुंह में जुबान रखते हैं, काश पूछो कि मुद्दआ क्या है?
हमको उनसे वफा की है उम्मीद जो नहीं जानते वफा क्या है,
जान तुम पर निसार करता हूँ, मैं नहीं जानता दुआ क्या है?
-मिर्जा गालिब

1. **मुश्ताक** - अभिलाषी, ख्वाहिशमंद 2. **इलाही** - हे खुदा 3. **बेजार** -(i) विमुख, मुंह फेरे हुए (ii) क्रुद्ध, अप्रसन्न, नाखुश

दिले-महबूब काशाना हो जिसका
वह गम कितना हसीनो-नाजनीं है।

-रविश सिद्दकी

1. **काशाना** - मकान, घर 2. **हसीनो-नाजनीं** - हसीन और कोमल

•••

दूरअंदेशियाँ मुहब्बत की,
बेवफाओं को बावफा कहना। -अकबर हैदरी

बावफा - नमकहलाल, स्वामि भक्त, वफादार

•••

देखना किस्मत कि आप अपने पै रश्क आ जाये है,
मैं उसे देखूँ भला कब मुझसे देखा जाये है।

-मिर्जा गालिब

रश्क – ईर्ष्या

•••

देखे हैं इतने ख्वाब की अब अपने रू-ब-रू,
उनको भी देख लूँ तो समझता हूँ ख्वाब है।

•••

दैर में या हरम में गुजरेगी,
उम्र तेरे ही गम में गुजरेगी।

-फानी बदायुनी

1. **दैर** - मुर्तिगृह, बुतखाना 2. **हरम** - काबा, खुदा का घर

•••

दो घड़ी वो जो पास आ बैठे,
हम जमाने से दूर जा बैठे।

•••

न आते हमें इसमें तकरार क्या थी,
मगर वादा करते हुए आर क्या थी।

-मोहम्मद इकबाल

1. **तकरार** - झगडा, विवाद 2. **आर** - लज्जा, लाज

•••

न कहो फिर कि यार जाता है,
दिल से सब्रो-करार जाता है। -गुलाम मुस्तफा यकरंग

•••

न कोई वादा, न कोई यकीन, न कोई उम्मीद,
मगर हमें तो तेरा इन्तिजार करना था।

-फिराक गोरखपुरी

न घबरा कैदो-पाबंदी से, पाबंदी है वह दौलत,
कि बन जाता है दूर्रे-बेबहाँ, इक बूँद भर पानी।

-जोश मलीहाबादी

दूर्रे-बेबहाँ - बेशकीमती मोती

•••

न जाने किस लिये उम्मीदवार बैठा हूँ,
एक ऐसी राह पर जो उनकी रहगुजर भी नहीं।

-फैज अहमद फैज

•••

न जाने क्यों मुझे आवाज दिया करते हैं,
मेरे माजी के वो लमहे जो मुझे याद नहीं।

-राही शिहाबी

माजी- अतीत, बिता हुआ समय

•••

न जाने मुहब्बत में क्यों है जरूरी,
वह कुछ हसरतें जो कभी हों न पूरीं।

-तस्कीन मुहब्बत यासीन

•••

न जाने बात क्या है, तुम्हें जिस दिन से देखा है,
मेरी नजरों में दुनिया भर हसीं मालूम होती है।

-असर लखनवी

•••

न भूलेगा वह वक्ते-रूखसत किसी का,
मुझे मुडके फिर इक नजर देख लेना।

-हसरत मोहनी

•••

न हो कुबूल तो किस्मत मेरे सिज्दों की,
मगर यह सर नहीं है औरों के दर के लिये।

दर - दरवाजा, दहलीज

•••

नजर लगे न कहीं उसके दस्तो-बाजू को,
ये लोग क्यों मेरे जख्मे-जिगर को देखते हैं।

-मिर्जा गालिब

•••

नजर में ढल के उभरते हैं, दिल के अफसाने,
यह और बात है कि दुनिया नजर न पहचाने।

-फैज अहमद फैज

नज़अ के आलम में गुजरा है मेरा दौरे-फिराक,
मौत के दामन में खेली जिन्दगी तेरे बगैर।

-मिर्जा गालिब

1. नज़अ - मौत **2. दौरे-फिराक** - विरह के दौरान

•••

नया बिस्मिल हूँ मैं वाकिफ नहीं रस्मे-शहादत से,
बता दे तू ही ऐ जालिम तड़पने की अदा क्या है।

-चकबस्त लखनवी

1. बिस्मिल - घायल (प्रेम के तीर से) **2. रस्मे-शहादत** - जान देने के तौर-तरीके

•••

नसीब से मरना किसी पै होता है,
मजा जो इसमें है उम्रे-जाविदानी में नहीं।

-जलील मानिकपुरी

उम्रे-जाविदानी -न खत्म होने वाली उम्र, हमेशा रहने वाला,अनश्वर,अमर,शाश्वत,

•••

नहीं आसाँ, नहीं आसाँ, नमाजे-इश्क का अदा करना,
झुकेगा एक दिल मुश्किल से हजारों सर जो खम होंगे।

-जिगर मुरादाबादी

खम - झुकना, झुकाव

•••

नहीं मिलते तो इक अदना शिकायत है न मिलने की,
मगर मिलकर न मिलने की शिकायत और होती है।

-वामिक जौनपुरी

•••

नाकामिए -इश्क या कायमाबी,
दोनों का हासिल खाना-खराबी।

-हफीज जालंधरी

1. खाना-खराबी - घर की बर्बादी **2. हासिल** - (i)निष्कर्ष, नतीजा (ii) प्राप्त, उपलब्ध, दस्तयाब

•••

निगाहे-कहर पर भी जानो-दिल सब खोये बैठे हैं,
निगाहे-मेहर आशिक पर अगर होगी तो क्या होगा।

1. निगाहे-कहर - कोपदृष्टि **2.निगाहे-मेहर** - कृपादृष्टि

निगाहे-लुत्फ से देखा यही गनीमत है,
सलाम उसने हमारा लिया न लिया।

निगाहे-लुत्फ - कृपादृष्टि

•••

नुक्ताचीं है गमे - दिल, उसको सुनाये न बने,
क्या बने बात जहाँ बात बनाये न बने।
मैं बुलाता तो हूँ उसको मगर ऐ जज्बए-दिल,
उस पै बन आये कुछ ऐसी कि बिन आये न बने।
मौत की राह न देखूं कि बिन आये न रहे,
तुमको चाहूं कि न आओ तो बुलाये न बने।
इश्क पर जोर नहीं है ये वो आतिश 'गालिब',
कि लगाये न लगे और बुझाये न बने।

-मिर्जा गालिब

1. **नुक्ताचीं** - मीन-मेख निकालने वाला, ऐब ढूँढने वाला 2. **गमे–दिल** - दिल का रंज, मनस्ताप 3. **जज्बए-दिल** - दिल की कशिश 4. **आतिश** - आग

•••

परतवे-खुर से शबनम को फना की तालीम,
मैं भी हूँ इक इनायत की नजर होने तक।

-मिर्जा गालिब

1. **परतव** - प्रकाश, रौशनी 2. **खुर** - सूर्य, सूरज 3. **शबनम** – ओस 4. **फना** - नष्ट, बरबाद 5. **तालीम** - (i) उपदेश, नसीहत (ii) शिक्षा, पढ़ाई

•••

पहले कुछ और थे अरमान मरीजे – गम के,
अब तो बस एक ही तमन्ना है आराम न हो।

-अंदलीब शादानी

मरीजे – गम - विरह के दुख से संतप्त

•••

पास जायें तो होश खो बैठें,
दूर रहिए तो जाँ पै बनती है।

-साहिल मानिकपुरी

•••

पुतलियों की आखिरी गर्दिश की साअत आ गई,
आने वाले आ कि कब तक रास्ता देखा करूँ। -माहिर-उल-कादिरी

1. **गर्दिश** - (i) चक्कर, फिराव (ii) दुर्भाग्य, बदकिस्मती 2. **साअत** - पल, समय

पैगाम लिया है कभी पैगाम दिया है,
आंखों ने मुहब्बत में बड़ा काम किया है।

-हफीज बनारसी

•••

फना होने में सोजे-शम्अ की मिन्नतकशी कैसी,
जले जो आग में अपनी उसे परवाना कहते हैं।

-नजर लखनवी

1. **मिन्नतकशी**-मिन्नतें करना 2. **सोज** - जलन, तपिश, ताप

•••

फरियाद कर रही है यह तरसी हुई निगाह,
देखे हुए किसी को जमाना गुजर गया।

-'रजा' लखनवी

•••

फिर गये आप मेरे कूचे से,
दो कदम पै गरीबखाना था।

-असर अजीमाबादी

कूचा – गली

•••

फिर हम कहाँ, कहाँ तुम, जी भर के देखने दो,
अल्लाह, कितनी मुद्दत तुमसे जुदा रहे हैं।

-असर लखनवी

•••

बंदा तो इस करार पै बिकता है तेरे हाथ,
लेना है अगर मोल तो आजाद न करना।

-नज्म तबातबाई

1. **करार** - (i) सान्त्वना, ढाढ़स (ii) प्रतिज्ञा, इकरार (iii) चैन, आराम

•••

बगैर इश्क खराबाते- जिन्दगी है तारीक
अगर यह शम्ए-फरोजाँ नहीं तो कुछ भी नहीं।

-रविश सिद्दकी

1. **खराबात** - मधुशाला, मदिरालय 2. **तारीक** - अंधकारमय, अंधियारा 3. **फरोजाँ** - प्रकाशमान, रौशन, रोशनी फैलाने वाली/वाला

बड़े नाफहम हैं वह जो उन्हें कातिल समझते हैं ,
हम उनकी दिलसिताई को हयाते-दिल समझते हैं।
मजालिम ही सही वाबस्तगी तो उनसे कायम है,
गनीमत है कि वह हमको किसी काबिल समझते हैं।

-अहसन मारहरवी

1. **नाफहम**-मूर्ख, नासमझ, जो बात न समझ सके 2. **दिलसिताई** - नाजो-अंदाज 3. **हयात** - जिंदगी 4. **मजालिम** - अत्याचार, ज्यादतियां, जुल्म 5. **वाबस्तगी** - (i) बंधन, संपर्क, संबंध (ii) प्रेम, अपनापन

•••

बढ़ के रोक दूँ रफ्तारे-सहर आज की रात,
रोज आते हैं कहाँ आपके जैसे, मेहमां। -बशीर फारूखी

रफ्तारे-सहर - सुबह हाने की रफ्तार

•••

बढ़ी है कल्ब की धड़कन तुम्हारे वादों से,
उम्मीदवार को पहले यह इज्तिराब न था।

-नैयर अकबराबादी

1. **कल्ब** - दिल, हृदय 2. **इज्तिराब** - बेचैनी, बेकरारी

•••

बन जाये कहर इशरते-पैहम कभी-कभी,
दिल को सकूँ न दे जो तेरा गम कभी-कभी। -शकील बदायुनी

1. **कहर** - कोप, गुस्सा 2. **इशरते-पैहम** - न खत्म होने वाली खुशी

•••

बयाने - शौक पै माइल वो कमनजर होंगे,
जब्ते-शौक की लज्जत से जो बेखबर होंगें।

-मख्मूर सईदी

1. **बयाने–शौक** - चाहत का बयान या कहना 2. **माइल** - प्रवृत्त, आकर्षित, आसक्त 3. **जब्ते-शौक** - चाहत या मुहब्बत प्रकट न होने देना, प्रेम की व्यथा का इजहार न करना 4. **लज्जत** - आनन्द, सुख

•••

बस इक लतीफ तबस्सुम, इक हसीन नजर,
मरीजे-गम की हालत संभल तो सकती है।

-सलाम मछलीशहरी

1. **लतीफ** - (i) कोमल, नर्म, मृदुल, नाजुक (ii) बहुत ही हलका फुलका (iii) शुद्ध, पवित्र, पाकसाफ 2. **तबस्सुम** - मुस्कान 3. **मरीजे-गम** - विरह का मरीज

बस एक फूल नुमायां है दिल के दागों में,
यहीं रूकी थी तेरी चश्मे-इल्तिफात कभी।

-आनन्द नारायण मुल्ला

1. **नुमायां** - प्रकट 2. **दाग** - (i) दुख, क्लेश, रंज (ii) चिन्ह,धब्बा, निशान 3. **चश्मे-इल्तिफात** - (i) कृपादृष्टि, दयादृष्टि (ii) प्रणय-कटाक्ष

•••

बाकी है लहू दिल में तो हर अश्क से पैदा, रंगे-लबो- रूखसारे –सनम करते रहेंगे।
इक तर्जे-तगांफुल है सो उनको मुबारक, इक अर्जे–तमन्ना है सो हम करते रहेंगे।

-फैज अहमद फैज

1. **लब** -ओष्ठ, होंठ 2. **रूखसार** -गाल, कपोल 3. **सनम** -महबूबा, माशूक 4. **तर्जे –तगांफुल** - उपेक्षा या बेतवज्जुही के अंदाज

•••

बाज-औकात इक हसीन चेहरा यूँ निगाहों में मुस्कुराता है,
अब्रेबारां की ओट में जैसे चाँद रह-रह के झिलमिलाता है।

-महेशचन्द 'नक्श'

1. **बाज-औकात** - कभी-कभी 2. **अब्रेबारां** - वर्षाकाल के बादल

•••

बात हो लेन-देन की जिसमें,
वह तो बनियों का इश्क है।

-फिराक गोरखपुरी

•••

बार-बार उसके दर पै जाता हूँ,
हालत अब इज्तिराब की-सी है।

-मीरतकी मीर

इज्तिराब - व्याकुलता, बेचैनी, बेकरारी, बेताबी

•••

बारहा देखी है उनकी रंजिशें,
पर कुछ अब की सरगरानी और है।

-मिर्जा गालिब

1. **बारहा**-अक्सर 2. **सरगरानी**-नाराजगी, अप्रसन्नता

•••

बिन जले शम्अ के परवाना जल नहीं सकता,
क्या करे इश्क अगर हुस्न ही सबकत न करे। -अब्राहम जौंक

सबकत - आगे आना, आगे बढ़ना

बीते हुए दिलकश लमहों की भूली हुई ऐसी याद आई,
जैसे कोई प्रीतम परदेसी सोते में अचानक आ जाये।

-मुशूर' वाहिदी

•••

बेचैनियाँ समेटकर सारे जहान की,
जब कुछ न बन सका तो मेरा दिल बना दिया।

•••

बैठें तो किस उम्मीद पर बैठें रहे यहाँ,
उठे तो उठ के जायें कहाँ तेरे दर से हम।

-बिस्मिल हाशमी

दर - दरवाजा, आस्तां

•••

बैठे हुए देते हैं वो दामन से हवाएं, अल्लाह करे हम न कभी होश में आयें।
बेखुद यूँ ही रखेंगी हमें शोख अदायें, जब सामने हों आप तो क्यों होश में आयें।

-नूह नारवी

बेखुद - बेखबर

•••

भले ही कोई ताजमहल न बनवा सके,
मुमताज तो हर दिल में बसा करती है।

•••

मंजिल में मुहब्बत की हस्ती ही रूकावट है,
कल बज्म में कहता था जलता हुआ परवाना।

-माहिर-उल-कादिरी

1. **हस्ती** - (i) अस्तित्व, वजूद (ii) जीवन, प्राण (iii) सामर्थ्य, मकदूर 2. **बज्म** - महफिल

•••

मक्तबे – इश्क का 'मोमिन' है निराला दस्तूर,
उसी को छुट्टी न मिली जिसको सबक याद हुआ।

-मोमिन

1. **मक्तबे–इश्क** - इश्क की पाठशाला या नियम या काइदा 2. **सबक** - (i) पाठ, शिक्षा, सीख (ii) नसीहत, इब्रत

•••

मजालिम ही सही वाबस्तगी तो उनसे कायम है,
गनीमत है कि वह हमको किसी काबिल समझते हैं।

-अहसन मारहरवी

1. **मजालिम** - अत्याचार, ज्यादतियाँ, जुल्म 2. **वाबस्तगी** - लगाव, संपर्क, संबंध

मजाले-तर्के-मुहब्बत न एक बार हुई,
खयाले-तर्के-मुहब्बत तो बार-बार आया।

-वहशत कलकतवी

मजाले-तर्के-मुहब्बत -मुहब्बत के परित्याग की हिम्मत

•••

मरीजे - इश्क पर रहमत खुदा की,
मरज बढ़ता गया ज्यों-ज्यों दवा की।

-मोमिन

रहमत - कृपा, दया, मेहरबानी

•••

महफ़िल में जल उठी शमा परवाने के लिए,
प्रीति बनी है दुनिया में मर जाने के लिए

•••

माना कि तेरे दीद का काबिल नहीं हूँ मैं,
तू मेरा शौक देख, मेरा इन्तिजार देख।

-मोहम्मद इकबाल

दीद - दर्शन, दीदार

•••

मामलाते - जवानी न पूछ ऐ हमदम,
लुटा सकून तो हासिल हुआ करार मुझे।

-अदीब मालीगांवी

हमदम - हर समय का साथी, दोस्त, मित्र अदीब मालीगांवी

•••

मायूस तो हूँ वादे से तेरे, कुछ आस नहीं और आस भी है,
मैं अपने खयालों के सदके, तू पास नहीं और पास भी है।
हमने तो खुशी मांगी थी मगर जो तूने दिया अच्छा ही किया,
जिस गम का तअल्लुक हो तुमसे वो रास नहीं और रास भी है।
अश्कों से छलकती आंखों में तस्वीर झलकती है तेरी,
दीदार की प्यासी आंखों को, अब प्यास नहीं और प्यास भी है।

-साहिर लुधियानवी

•••

मायूसियों का दिल में वो आलम दमे-विद्अ,
बुझते हुए चराग की लौ जैसे थरथराए।

-अंदलीब शादानी

दमे-विद्अ - बिछुड़ते समय

मालूम थी तेरी मजबूरियाँ मगर,
तेरे बगैर नींद न आई तमाम रात।

-माइल नक्वी

•••

मिट चले मेरी उम्मीदों की तरह हर्फ मगर,
आज तक तेरे खतों से तेरी खुशबू नहीं गई।

-अख्तर शीरानी

हर्फ - शब्द, अक्षर

•••

मिटा दे अपनी हस्ती को गर कुछ मर्तबा चाहिए
कि दाना खाक में मिलकर, गुले-गुलजार होता है।

-मोहम्मद इकबाल

1. मर्तबा - (i) प्रतिष्ठा, इज्जत (ii) पद, दर्जा, श्रेणी

•••

मिन्नते-चारासाज कौन करे,
दर्द जब जांनवाज हो जाये।

-फैज अहमद फैज

1. चारासाज - चिकित्सक या इलाज करने वाला (यानी माशूका, प्रेमिका) 2. जांनवाज - प्राणवर्धक, प्राणों में नई जान डालने वाला

•••

मिलना तेरा अगर नहीं आसाँ तो सहल, दुश्वार तो यही है कि दुश्वार भी नहीं।
इस सादगी पै कौन न मर जाये ऐ खुदा, लड़ते हैं और हाथ में तलवार भी नहीं।

-मिर्जा गालिब

•••

मिलने से भी अजीज है मिलने की आरजू
है वस्ल से भी जियादा मजा इन्तिजार में।

•••

मुझको नहीं कुबूल दो आलम की वुसअतें,
किस्मत में कू-ए-यार -की दो गज जमीं सही।

-जिगर मुरादाबादी

1. आलम - दुनिया, संसार 2. वुसअतें – विशालताएँ 3. कू-ए-यार - प्रेमिका की गली

•••

मुझको ही तलब का ढब नहीं आया
वरना तेरे पास क्या नहीं था?

-नदीम कासिमी

मुझसे छीनो न दिल की वीरानी,
यह अमानत किसी अजनबी की है।

-शाकिर

अमानत - न्यास, थाती, धरोहर

•••

मुझसे बरगश्ता न होते तो तअज्जुब होता,
आप को उज़्रे-तगाफुल की जरूरत क्या है।

-हसरत मोहानी

1. **बरगश्ता** – नाराज 2. **उज्र** - विवशता, मजबूरी 3. **तगाफुल** – (i) असावधानी, बेखबरी (ii) उपेक्षा, तवज्जुही, बेपर्बाई

•••

मुझसे मिलना और आप का मिलना,
दिन यह किसको नसीब होता है।

-नूर नारवी

•••

मुझे अपनी पस्ती का शर्म है, तेरी रफअतों का खयाल है,
मगर अपने दिल का क्या करूँ, इसे फिर भी शौके-विसाल है।

-अख्तर शीरानी

1. **पस्ती** - लघुता, छोटा होना, निचाई 2. **रफअत** - (i) उचाई (ii) श्रेष्ठता, उत्तमता, शराफत, बड़प्पन 3. **विसाल** - मिलन

•••

मुझे गम भी उनका अज़ीज है,
कि उन्हीं की दी हुई चीज है।

-शकील बदायुनी

•••

मुझे तमाम जमाने की आरज़ू क्यों हो,
बहुत है मेरे लिये इक आरज़ू तेरी।

-जलील मानिकपुरी

•••

मुझे तो तेरी जुल्फों का महकना याद आता है,
तुझे भी मेरी अश्कों की रवानी याद आती है।

-शकील बदायुनी

रवानी-प्रवाह, बहाव, धार

मुझे सहल हो गईं मंजिलें, वो हवा के रूख भी बदल गये,
तेरा हाथ, हाथ में आ गया कि चराग राह में जल गये।

-मजरूह सुल्तानपुरी

•••

मुश्किल था कुछ तो इश्क की बाजी को जीतना,
कुछ जीतने के खौफ से हारे चले गये।

-शकील बदायुनी

•••

मुहब्बत-आश्ना दिल मजहबो-मिल्लत को क्या जाने,
हुई रौशन जहाँ शम्अ परवाना वहीं आया।

-नातिक लखनवी

1. मुहब्बत-आश्ना - मुहब्बत करने वाला 2. मजहबो-मिल्लत - धर्म और संप्रदाय

•••

मुहब्बत इन्तिजारे-दायमी का नाम है ऐ दिल,
कोई आया तो क्या होगा, न आया तो क्या होगा।

-खुमार बारहबंकवी

इन्तिजारे-दायमी - न खत्म होने वाला इन्तिजार

•••

मुहब्बत की दुनिया में सब कुछ हसीं है,
मुहब्बत नहीं है तो कुछ भी नहीं है।

-हफीज जालंधरी

•••

मुहब्बत के लिए कुछ खास दिल मख्सूस होते है,
यह वह नग्मा है जो हर साज पै गाया नहीं जाता।

मख्सूस - खास

•••

मुहब्बत के लिये दिल ढूंढ कोई टूटने वाला,
यह वो मय है जिसे रखते हैं नाजुक आबगीनों में।

-मोहम्मद इकबाल

1. मय – शराब 2. आबगीना - बहुत ही बारीक और नाजुक काँच से बनी बोतल

•••

मुहब्बत को समझना है तो नासेह खुद मुहब्बत कर,
किनारे से कभी अन्दाज–ए-तूफाँ नहीं होता।

1. नासेह-नसीहत करने वाला, सदुपदेशक, उपदेश देने वाला

मुहब्बत क्या है तासीरे-मुहब्बत किसको कहते है,
तेरा मजबूर कर देना, मेरा मज्बूर हो जाना।

-जिगर मुरादाबादी

तासीर - प्रभाव, असर

•••

मुहब्बत क्या है दिल का बेकसो-मजबूर हो जाना,
सुकूनो - जब्त की मंजिल से कोसों दूर हो जाना।

-दिल शाहजहाँपुरी

सुकूनो-जब्त - चैन और सब्र

•••

मुहब्बत में कदम रखते ही गुम होना पड़ा मुझको,
निकल आईं हजारों मंजिलें इक-इक मंजिल से।

-जिगर मुरादाबादी

•••

मुहब्बत में गिरापाँ हो न इतना खौफे-रहजन से,
जो इस रस्ते में लुट जायें, बड़ी तकदीर वाले हैं ।

-जोश मल्सियानी

1. **गिरापाँ** - आगे न बढ़ना 2. **रहजन** - लुटेरा, रास्ते में पथिकों को लूटने वाला (यानी माशूक प्रेमिका)

•••

मुहब्बत में नहीं है फर्क जीने और मरने का,
उसी को देखकर जीते है जिस काफिर पै दम निकला।

-मिर्जा गालिब

काफिर - बेवफा महबूबा

•••

मुहब्बत हो गई है जिन्दगी से इतनी बेपायां,
कि अब घबरा के मर जाने की गुंजाइश बहुत कम है।

-अब्दुल हमीद अदम

बेपायां -जिसका अंत न हो, असीम, बेहद

•••

मेरी जान तुझपै सदके, एहसान इतना कर दो,
मेरी जिन्दगी में अपनी चाहत का रंग भर दो।

-साहिर लुधियानवी

मेरी जानिब से उनके दिल में किस शिकवे पै कीना है,
वह शिकवा जो जबां पर क्या कभी दिल में नहीं आया।

-नातिक लखनवी

1. जानिब - ओर 2. कीना - द्वेष, रंजिश

•••

मेरी जिन्दगी पै न मुस्कुरा, मुझे जिन्दगी का अलम नहीं,
जिसे तेरे गम से हो वास्ता, वो खिजाँ बहार से कम नहीं।

-शकील बदायुनी

अलम - रोष, रंजिश, दुःख, क्लेश, तकलीफ

•••

मेरी मुफलिसी से बचकर कहीं और जाने वाले,
ये सकूँ न मिल सकेगा तुझे रेशमी कफन में।

-कतील शीफाई

मुफलिसी - गरीबी

•••

मेरे खुदा मुझे थोड़ी-सी जिन्दगी दे दे,
उदास मेरे जनाजे से जा रहा है कोई। -कमर

•••

मेरे ख्वाबों के झरोखों को सजाने वाली,
तेरे ख्वाबों में कहीं मेरा गुजर है कि नहीं।

-साहिर लुधियानवी

•••

मेरे सकूते - यास पै इतना न हो मलूल,
मुझको, खुदा न ख्वास्ता, तुमसे गिला नहीं।

-फिराक गोरखपुरी

1. सकूते - यास - निराशा से उत्पन्न खामोशी 2. मलूल - उदास, खिन्न, दुखी 3. खुदा न ख्वास्ता - खुदा न करे, ईश्वर ऐसा न करे

•••

मेहरबाँ हो के बुला लो मुझे चाहे जिसे वक्त,
मैं गया वक्त नहीं हूँ कि फिर आ भी न सकूँ। -मिर्जा गालिब

•••

मैं अब वाकिफ हुआ हूँ, है कमाले-इश्क वो मंजिल,
जहाँ इंसान को महसूस होती है कमी अपनी।

-अलम मुजफ्फरनगरी

1. कमाल-(i)पूर्णता (ii) गुण, खूबी (iii) फन, शिल्प, दस्तकारी (iv) अधिक, बहुत

मैं उनमें हूँ जो होकर आस्ताने-दोस्त से महरूम,
लिये फिरते हैं सिज्दों की तड़प अपनी जबीनों में।

-अख्तर अंसारी

1. आस्ताना - चौखट, दहलीज **2. महरूम** - (i) वंचित रहना, न पाना, प्राप्त न होना (ii) निराश, नाउम्मेद (iii) अभागा, बदकिस्मत **3. सिज्दा** - ईश्वर के लिए सर झुकाना, नमाज में जमीन पर सर रखना **4. जबीन** -माथा, ललाट, पेशानी, भाल

•••

मैं जानता हूँ आप का वादा गलत नहीं,
पर दिल को एतबार न आए तो क्या करें।

-अब्दुल हमीद 'अदम'

•••

मैं देखूँ तो सही यह दुनिया तुझे कैसे सताती है,
कोई दिन के लिए तुम अपनी निगहबानी मुझे दे दो।

-साहिर लुधियानवी

निगहबानी - देखरेख, संरक्षण

•••

मैं बुलाता तो हूँ उसको मगर ऐ जज्बए-दिल, उस पै बन आये कुछ ऐसी कि बिन आये न बन।
मौत की राह न देखूं कि बिन आये न रहे, तुमको चाहूं न आओ तो बुलाये न बने।
इश्क पै जोर नहीं है ये वो आतिश 'गालिब', कि लगाये न लगे और बुझाये न बने।

-मिर्जा गालिब

1. जज्बए-दिल - दिल की कशिश **2. आतिश** - आग

•••

मैंने तो होठ सी लिये, इस दिल का क्या करूँ,
बेइख्तियार तुमको पुकारा कभी - कभी।

-असर लखनवी

•••

बेइख्तियार - बेतहाशा, सहसा, मजबूर होकर असर लखनवी

•••

मैंने समझा था कि तू है तो दरख्शां है हयात, तेरा गम है तो गमे-दहर का झगड़ा क्या है।
तेरी सूरत से है आलम में बहारों को सबात, तेरी आंखों के सिवा दुनिया में रखा क्या है?

-फैज अहमद फैज

1. दरख्शां - रौशन, प्रकाशमान **2. हयात** – जिन्दगी **3. गमे-दहर** - सांसारिक गम **4. आलम** - दुनिया, संसार **5. सबात** - स्थायित्व, पायदारी, चिरस्थायित्व

मौत आई, उसे तो आना था,
आप आते तो कोई बात भी थी।

-फिराक गोरखपुरी

●●●

मौत का इन्तिजार बाकी है,
आप का इन्तिजार था, नहीं रहा।

-फानी बदायुनी

●●●

मौत की राह न देखूं कि बिन आए न रहे,
तुमको चाहूँ कि न आओ तो बुलाये न बने।

-मिजा गालिब

●●●

मौत के सदके वह बेपर्दा आये लाश पर,
जो न देखा था तमाशा उम्र भर, दिखला दिया।

-मोमिन

1. सदका - सर से कोई चीज खैरात करने के लिए उतारना, दान,

●●●

मौत फिर जीस्त न बन जाये, यह डर है'गालिब',
वह मेरी कब्र पर अंगुश्त – बदंदाँ होंगे।

-मिर्जा गालिब

1. जीस्त - जिन्दगी, जीवन 2. अंगुश्त –बदंदाँ- जो अचंभे को कारण दाँतों में ऊँगली दबाकर रह गया हो, निस्तब्ध, चकित (अर्थात् मेरी मृत्यु पर उन्हें अफसोस होगा और वह मेरी कब्र पर आयेंगे। मुझे डर है कि उसके आने से मृत्यु जीवन न बन जाए और उन्हें मुंह में ऊँगली देनी पड़े)

●●●

यह कह सकते हो हम दिल में नहीं, पर ये बतलाओ,
कि ज़ब दिल में तुम्हीं तुम हो तो आंखों से निहां क्यों हो?
गलत है जज्बा - ए - दिल का शिकवा, देखो जुर्म किसका है,
न खीचो गर तुम अपने को, कशाकश दरमियाँ क्यों हो?

-मिर्जा गालिब

1. निहां - छुपा हूआ 2. जज्बा-ए-दिल - दिल की कशिश (आकर्षण, खिचाव) 3. कशाकश - (i) खींचातानी (ii) असमंजस, संकोच, दुविधा, पसोपेश

यह कहके आखिरे-शब, शम्अ हो गई खामोश,
किसी की जिन्दगी लेने से जिन्दगी न मिली।

-आनन्द नारायण मुल्ला

आखिरे-शब - रात के खत्म होने पर, रात के अंतिम पहर में

•••

यह जन्नत मुबारिक रहे जाहिदों को, कि मैं आप का सामना चाहता हूँ।
न आते हमें इसमें तकरार क्या थी, मगर वादा करते हुए आर क्या थी?

-मोहब्बद इकबाल

1. जाहिद - विषय-विरक्त, जितेन्द्रिय, संयमी, जप-तप करने वाला व्यक्ति **2. तकरार** - वाद-विवाद, कहासुनी, बहस **3. आर** - लज्जा, शर्म

•••

यह तमन्ना है किसी दर पै न जाऊँ यारब,
मुझको जो कुछ भी मिले तेरे खजाने से मिले।

•••

यह तेरा तसव्वर है कि मेरी तमन्नाएं
दिल में कोई रह-रह के दीपक जलाये है।

-सागर निजामी

तसव्वर - (i) ध्यान, विचार, खयाल (ii) कल्पना, तखैय्युल

•••

यह तो नहीं कहता कि इन्साफ ही करो,
झूठी भी तसल्ली हो तो जीता ही रहूँगा।

-सौदा

•••

यह न थी हमारी किस्मत कि विसाले-यार होता, अगर और जीते रहते यही इन्तिजार होता।
तेरे वादे पै जिये हम तो ये जान झूठ जाना, कि खुशी से मर न जाते अगर एतबार होता।
कोई मेरे दिल से पूछे तेरे तीरे-नीमकश को, ये खलिश कहाँ से होती जो जिगर के पार होता।
कहूँ किससे मैं कि क्या है शबे-गम बुरी बला है, मुझे क्या बुरा था मरना अगर एकबार होता।

-मिर्जा गालिब

1. विसाल - मिलन, संयोग **2. तीरे-नीमकश** - वह तीर जो घाव में से आधा खींच कर छोड़ दिया गया हो **3. खलिश** - (i) दर्द, चुभन, दर्द की टीस (ii) चिन्ता, फिक्र, उलझन **4. शबे-गम** - विरह की रात

•••

यह नया साल नये साल की सूरत आये,
मेरे हिस्से में भी आप की कुछ कुर्बत आये।

कुर्बत - सामीप्य, नजदीकी

यह फकत आप की इनायत है,
वरना मैं क्या, मेरी हकीकत क्या?

•••

यह बाजी इश्क की बाजी है जो चाहे लगा दो डर कैसा,
गर जीत गये तो कहना क्या, हारे भी तो बाजी मात नही।

-फैज अहमद फैज

•••

यह बात हमने मुहब्बत की आग में देखी,
भड़कती जाती है जितनी बुझाई जाती है। -सबा जयपुरी

•••

यह बात, यह तबस्सुम, यह नाज, यह निगाहें,
आखिर तुम्ही बताओ क्यों कर न तुमको चाहें।

-जोश मलीहाबादी

तबस्सुम-मुस्कान

•••

यह भीगी रात और यह बरसात की हवाएं,
जितना भूला रहा हूँ, वह याद आ रही है।

-असर लखनवी

•••

यह महवीयत का आलम है, किसी से भी मुखातिब हूँ,
जुबाँ पर बेतहाशा आप ही का नाम आता है। -असर लखनवी

1. **महवीयत** - तल्लीनता, किसी के ख्याल में खो जाना 2. **बेतहाशा** - बहुत अधिक

•••

यह माना किसी काबिल नहीं हूँ इन निगाहों में,
बुरा क्या है अगर इस दिल की वीरानी मुझे दे दो।

-साहिर लुधियानवी

•••

यह माना शीशाए-दिल रौनके-बाजारे-उल्फत है,
मगर जब टूट जाता है तो कीमत और होती है।

-वामिक जौनपुरी

•••

यह सब तस्लीम है मुझको मगर ऐ दावरे-मशहर,
मुहब्बत के सिवा जुर्मे-मुहब्बत की सजा क्या है। -रविश सिद्दीकी

1. **तस्लीम** - कुबूल करना, स्वीकार करना 2. **दावरे-मशहर** - कयामत के दिन इन्साफ करने वाला, ईश्वर

यह सुनके हमने मैखाने में अपना नाम लिखवाया,
जो मैकश लड़खड़ाता है, वह बाजू थाम लेते हैं।

-जोश मलीहाबादी

1. **मैखाना** - मदिरालय, शराबखाना 2. **मैकश** - शराबी

•••

यह हमी हैं कि तेरा दर्द छुपाकर दिल में,
काम दुनिया के बदस्तूर किए जाते हैं।

-सबा अगबराबादी

बदस्तूर - पहले की तरह, पहले जैसा था वैसा ही, यथावत, यथापूर्व

•••

यही हुस्नो-इश्क का राज है कोई राज इसके सिवा नही
जो खुदा नहीं तो खुदी नही, जो खुदी नहीं तो खुदा नहीं।

-जिगर मुरादाबादी

1. **खुदी** - (i) यह भाव की हम हैं (ii) अहंकार, अभिमान, घमंड

•••

यही कहकर अजल को कर्जख्वाहों की तरह टाला,
कि लेकर आज कासिद, यार का पैगाम आयेगा।

-शाद अजीमाबादी

1. **अजल** - मृत्यु 2. **कर्जख्वाह** - कर्ज लेने वाला, ऋणेच्छुक 3. **कासिद** - डाकिया, पत्रवाहक
4. **पैगाम** - संदेश

•••

यारब वो न समझे हैं न समझेंगे मेरी बात,
दे और दिल उनको जो न दे मुझको जुबां और।

-मिर्जा गालिब

•••

यूँ तो मेरी रगे-जाँ से भी थे नजदीकतर,
आसुंओं के धुंध में लेकिन न पहचाने गये।

-खातिर गजनवी

1. **रगे-जाँ** - सबसे बड़ी खून की नस जो दिल में जाती है 2. **नजदीकतर** - बहुत पास

•••

रफीकों से रकीब अच्छे हैं जो जलकर नाम लेते हैं,
गुलों से खार बेहतर हैं जो दामन थाम लेते हैं।

1. **रफीक**-मित्र, सखा, दोस्त 2. **रकीब** किसी स्त्री से प्रेम करने वाले दो व्यक्ति परस्पर रकीब होते हैं

रफ्ता – रफ्ता जज्बे-कामिल ने दिखाया यह असर,
पहले जो मुझमें थी उल्फत, अब वो उनके दिल में है।

1. **रफ्ता – रफ्ता**-आहिस्ता-आहिस्ता, धीरे-धीरे 2. **जज्बे-कामिल**-मुकम्मल कशिश या आकर्षण 3. **उल्फत**-प्रेम, मोहब्बत

•••

रात भर उनका तसव्वर दिल को तड़पाता रहा,
एक नक्शा सामने आता रहा जाता रहा।

-अख्तर शीरानी

तसव्वर – खयाल

•••

रात यूं दिल में तेरी खोई हुई याद आई, जैसे विराने में चुपके से बहार आ जाये।
जैसे सहराओं में हौले से चले बादे-नसीम, जैसे बीमार को बेवजह करार आ जाये।

-फैज अहमद फैज

1. **सहरा** - (i) जंगल, वन (ii) मरूस्थल, रेगिस्तान 2. **बादे-नसीम** - शीतल, मंद और सुगंधित समीर 3. **करार** - चैन, आराम

•••

रूखसत के वाकिआत का इतना तो होश है,
देखा किये हम उनको जहाँ तक नजर गई।

-मिर्जा गालिब

1. **रूखसत** -विदा, विदाई 2. **वाकिआत** -घटना,वृतांत, हाल, वकिआ का बहुवचन

•••

लाऊँगा कहाँ से जुदाई का हौसला,
क्यों इस कदर मेरे करीब आ रहे हो?

-सहर सीतापुरी

•••

लाग हो तो हम उसे समझें लगाव,
जब न हो कुछ भी, तो धोखा खायें क्यों।

-मिर्जा गालिब

लाग - परिहास, मजाक

•••

लिखा था आपने अपने हाथ से तुमने एक बार,
आज तक हमारे पास है वह यादगार खत।

-हसरत मोहानी

•••

लिखें जो और कुछ वह हमारी मजाल क्या,
इतना ही लिख के भेज दिया तरस गये।

-मिर्जा दाग

ले गया छीन के कौन, आज तेरा सब्रो-करार,
बेकरारी तुझे ऐ दिल, कभी ऐसी तो न थी। -जफर

•••

वक्त दो गुजरे हैं मुश्किल, मुझपै सारी उम्र में,
आप के आने के पहले, आप के जाने के बाद।

•••

वक्ते-रूखसत तसल्लियाँ देकर,
और भी तुमने बेकरार किया।

-दिल शाहजहाँपुरी

•••

वफा पर मिटने वाले जान की परवा नहीं करते,
वह इस बाजार में सूदो-जिया देखा नहीं करते।

-अर्श मल्सियानी

सूदो-जिया - लाभ-हानि

•••

वस्ल का दिन और इतना मुख्तसर,
दिन गिना करते थे इस दिन के लिये ।

-अमीर मीनाई

1. वस्ल - मिलन 2. मुख्तसर - छोटा

•••

वस्ल के दिन कौन देखेगा उन्हें,
हर अदा पै हम तो मर-मर जायेंगे।

-अमीर मीनाई

वस्ल - मिलन

•••

वह अगर मिल जायें तो क्या हश्र हो,
दिल लरज जाता है, जिनके नाम से।

-शेरी भोपाली

हश्र - हाल, दशा

•••

वह अपनी खू न छोड़ेंगे, हम अपनी वज्अ क्यों बदलें,
सुबकसर बन के क्या पूछें कि हम से सरगराँ क्यों हो।

-मिर्जा गालिब

1. खू -आदत, स्वभाव 2. वज्अ -शैली, ढंग 3. सुबकसर - सर नीचे करके, सर झुका कर
4. सरगराँ - नाराज, नाखुश, अप्रसन्न

वह आये हमारे घर खुदा की कुदरत है,
कभी हम उनको, कभी अपने घर को देखते हैं।

-मिर्जा गालिब

कुदरत - (i) शक्ति, सामार्थ्य, मक्दूर (ii) प्रकृति, नेचर (iii) दैवी माया

●●●

वह आये हैं पशेमान, लाश पर अब,
तुझे ऐ जिन्दगी, लाऊँ कहाँ से मैं।

-मोमिन

पशेमान - (i) लज्जित, शर्मिंदा, नादिम (ii) पछताने वाला, पश्चातापी

●●●

वह करे भी तो किन अल्फाज में तेरा शिकवा,
जिनको तेरी निगाहे–लुत्फ ने बर्बाद किया।

-जोश मलीहाबादी

1. अल्फाज में - शब्दों में **2. निगाहे-लुत्फ** - कृपादृष्टि, मेहरबानियाँ

●●●

वह क्या मिला कि दोनों जहान मिल गये हमें,
अब उसकी बारगाह में हम क्या दुआ करें?

-अख्तर शीरानी

बारगाह - दरबार, कचहरी

●●●

वह तीरहबख्त हकीकत में है जिसे 'मुल्ला',
किसी निगाह के साए की चाँदनी न मिली।

-आनन्द नारायण मुल्ला

तीरहबख्त - बदकिस्मत, बदनसीब

●●●

वह दर्दे-दिल देकर जर्फे–हस्ती आजमाते हैं,
हम इस बारे-गराँ को जिन्दगी कह कर उठाते हैं।

-सागर

1. जर्फे-हस्ती - जीने की शक्ति, जीने की हिम्मत, सहनशीलता **2. बारे-गराँ** - भारी बोझ

●●●

वह दिल उसके बाद न तारीक हो सका,
जिसमें दिये वह अपनी नजर से जला गये।

-आनन्द नारायण मुल्ला

तारीक - अंधकारमय, अंधिआरा

वह दुश्मनी से देखते हैं देखते तो हैं,
मैं शाद हूँ कि हूँ तो किसी की निगाह में।

-अमीर मीनाई

शाद - प्रसन्न, खुश

•••

वह नादिम हुए कत्ल करने के बाद,
मिली जिन्दगी मुझको मरने के बाद।

-'नूह' नारवी

नादिम - लज्जित, शर्मिन्दा, पछतानेवाला

•••

वह दौलत जिसका दुनिया मसर्रत नाम रखा है,
तेरे जलवों के दामाने - नजर में भीक होती है।

-अफ्सर मेरठी

1. मसर्रत -आनद, ख़ुशी 2. दामाने-नजर - नजर के दामन में यानी नजर में

•••

वह फेर लें नजर तो कहाँ ताबे-यक-नफस
यह जिन्दगी उन्हीं की बदौलत है जिन्दगी।

-शकील बदायुनी

ताबे-यक-नफस - एक भी सांस लेने की शक्ति

•••

वह भी है इक मुकामे - इश्क,
जहाँ हर तमन्ना गुनाह होती है।

-जिगर मुरादाबादी

•••

वह मेरे सामने बैठे हुए हैं,
मगर यह फासिला भी कम नहीं।

-बाकी सिद्दीकी

•••

हम पर सौ जुल्मो-सितम कीजिए,
एक मिलने को न कम कीजिए।

-मीर मोहम्मदी बेदाद

•••

हम समझते थे कि उल्फत खेल है,
क्या खबर थी यह लहू रूलवायेगी।

-असर लखनवी

उल्फत - प्यार, मुहब्बत

वह शर्मसार तो हैं अपनी बेरूखी के लिये,
यही अदा बहुत है मेरी जिन्दगी के लिये।

-साबिर शाहाबादी

शर्मसार - लज्जित, शर्मिंदा

•••

वह हमसे खफा हैं हम उनसे खफा हैं,
मगर बात करने को जी चाहता है।

-शकील बदायुनी

•••

वह हैं कि हर इक बात पै ताजासितम हैं,
हम हैं कि किसी बात का शिकवा नहीं करते।

-फलक देहलवी

ताजासितम - हर सांस पर ताजा सितम ढाने वाला

•••

वहीं लुट गया कारवाने-हयात,
जहाँ से तेरा गम जुदा हो गया।

-रविश सिद्दकी

कारवाने-हयात - जीवन का कारवाँ

•••

वादा करके और भी आफत में डाला आपने,
जिन्दगी मुश्किल थी, अब मरना भी मुश्किल हो गया।

-जलील मानिकपुरी

•••

वादिए-उल्फत में देखी हमने कब मंजिल की शक्ल,
गिर पड़े, गिर कर उठे, उठ कर संभलते ही रहे।

-नूह नारवी

1. **वादी** - (i) घाटी, पहाड़ के नीचे का मैदान (ii) मैदान, वन 2. **उल्फत** - मुहब्बत

•••

वारस्ता इससे है कि मुहब्बत ही क्यों न हो, कीजे हमारे साथ, अदावत ही क्यों न हो।
पैदा हुई है, कहते हैं हर दर्द की दवा, यूँ हो तो चारा-ए-गमे-उल्फत ही क्यों न हो।
उस फित्रा-खू के दर से अब उठते नहीं 'असद', इसमें हमारे सर पै कयामत ही क्यों न हो?

-मिर्जा गालिब

1. **वारस्ता** - आजाद, मुक्त 2. **चारा-ए-गमे-उल्फत**- मुहब्बत के गम की दवा 3. **अदावत** - दुश्मनी 4. **फित्रा-खू** - लड़ाकू आदत वाली प्रेमिका, बेरुखी दिखलाने वाली माशूका 5. **दर** - दरवाजा, दहलीज

विसाले - दायमी क्या है, शबे-फुर्कत में मर जाना,
कजा क्या है, दिली जज्बात का हद से गुजर जाना।

-अजीज लखनवी

1. विसाले-दायमी - न खत्म होने वाला मिलन **2. शबे-फुर्कत** - विरह की रात **3. कजा** - मौत **4. जज्बात** - भावना

•••

वीरां है मैकदा - खुमो - सागर उदास हैं,
तुम क्या गये कि रूठ गये दिन बहार के।

-फैज अहमद फैज

1. मैकदा - मदिरालय, शराबखाना 2. सागर - मटका और पियाला

•••

वो फिराक और वो विसाल कहाँ, वो शबो-रोजो-माहो- साल कहाँ?
थी वो एक शख्स के तुसव्वर से, अब वो रानाइए -खयाल कहाँ?

-मिर्जा गालिब

1. **फिराक** - विरह, बिछड़ना, वियोग 2. **विसाल** – मिलन 3. **तुसव्वर** - खयाल, तखैयुल 4. रानाइए-खयाल - खयालों की सुन्दरता, हसीन खयाल

•••

शम्अ मे ताकत कहाँ, जो एक परवाने में है,
लुत्फ जलने में नहीं, जल-जल के मर जाने में है।

•••

शरीके – बज्म होकर यूँ उचटकर बैठना तेरा,
खटकती है तेरी मौजुदगी में भी कमी अपनी।

-फिराक गोरखपुरी

बज्म –महफ़िल

•••

शाम के झुटपुटे में यूँ तेरा खयाल आया,
जैसे जबीने-चर्ख पर कोई सितारा जगमगाया।

-फिराक गोरखपुरी

जबीने-चर्ख - आकाश का माथा

•••

शायद मुझे निकालकर पछता रहे हों आप,
महफिल में इस खयाल से फिर आ गया हूँ मैं।

-अब्दुल हमीद अदम

•••

शिकवा क्या करता कि उस महफिल में कुछ ऐसे भी थे,
उम्र भर जो अपने जख्मों पै नमक छिड़का किये।

शिकवा तो एक छेड़ है लेकिन हकीकतन,
तेरा सितम भी तेरी इनायत से कम नहीं।

-जिगर मुरादाबादी

1. **हकीकतन** - वाकई, वास्तव में, सचमुच 2. **सितम** - जुल्म, अत्याचार 3. **इनायत** - कृपा, मेहरबानी

●●●

शुक्र है बाद एक मुद्दत के,
आप की शक्ल तो नजर आई।

-अब्दुल हमीद 'अदम'

●●●

संगे-दिल को बना दूँ देवता मैं,
आप क्या जाने बंदगी के ढंग।

-यगाना चंगेजी

बंदगी - पूजा, आराधना, इबादत

●●●

संभलने दे मुझे ऐ नाउम्मीदी, क्या कयामत है
कि दामाने–खयाले-यार छुटा जाये है मुझसे।
कयामत है कि होवे मुद्दई का हमसफर 'गालिब'
वो काफिर जो खुदा को भी न, सौंपा जाये है मुझसे।

-मिर्जा गालिब

1. **मुद्दई** - दावा करने वाला, नालिशी 2. **काफिर** - बेवफा माशूक

●●●

सब कुछ खुदा से माँग लिया, तुझको माँगकर,
उठते नहीं हैं हाथ, मेरे इस दुआ के बाद।

-आगा हश्र कश्मीरी

●●●

सब न मिलने तक की बातें थीं, जब आकर मिल गये,
सारे शिकवे मिट गये, सारा गिला जाता रहा।

-अख्तर शीरानी

●●●

सबसे बेहतर मैं कि मेरा जिक्र उस महफिल में है,
मुझसे बेहतर वह कि जिसकी याद उसके दिल में है।

-नातिक लखनवी

सब्र करना सख्त मुश्किल है, तड़पना सहल है,
अपने बस का काम कर लेता हूं, आसां देखकर।

-यास और यगाना चंगेजी

•••

साजे-उल्फत छिड़ रहा था आसुंओं के तार पर,
मुस्कराये हम तो उनको बदगुमानी हो गई।

-शकील बदायुनी

1. **साजे-उल्फत** - मुहब्बत का साज (बाजा, वाद्य) 2. **बदगुमानी** - किसी की ओर से बुरा खयाल, कुधारणा

•••

साल भर मांगूगा खुशियों की दुवा तेरे लिए,
साथ कुछ दिन साल के रख लो अगर मेरे लिए।

•••

सितम की कामयाबी पर मुबारिकवाद देता हूँ,
यह उनकी बदगुमानी है कि फरियादी समझते हैं।

-अकबर इलाहाबादी

1. **बदगुमानी** - गलत खयाल, कुधारणा 2. **फरियादी** - सहायता के लिए पुकारने वाला, न्याय याचना करने वाला, नालिशी, आर्तनादी, वादी, दावा करने वाला, किसी के अत्याचार की शिकायत करने वाला

•••

सितम पर सितम कर रहे हैं वह मुझ पर,
मुझे शायद अपना समझने लगे हैं।

-आनन्द नारायण 'मुल्ला'

•••

सितम है यह जौके-परफिशानी, कहीं बुझ न जाये शम्ए-महफिल,
कोई पतंगों से जाके कह दे कि यह हवस है, वफा नहीं है।

1. **जौक** - (i) लुत्फ, आनन्द (ii) स्वाद, मजा (iii) रूचि, शौक 2. **परफिशानी** पर फड़फड़ाना (जलने से उत्पन्न दर्द के कारण) 3. **हवस** - लोभ, लालच 4. **वफा** भक्ति, वफादारी, स्वामी या मित्र के साथतन, मन, धन से निबाहना और कड़ से कड़े समय में उसका साथ देना।

•••

सुना है फिर वह सुनने आ रहे हैं दास्ताँ मेरी,
इलाही आज तो रंगे-असर लाये जुबाँ मेरी।

-अलम मजफ्फरनगरी

इलाही - हे खुदा

सौ बार तेरा दामन हाथों में मेरे आया
जब आंख खुली देखा आपना ही गिरेबाँ है। -असगर गोण्डवी

•••

सौ बार बंदे - इश्क से आजाद हम हुए,
पर क्या करें कि दिल ही अदू है फराग का। -मिर्जा गालिब

1. अदू – दुश्मन **2. फराग** - (i) फुर्सत, छुटकारा, मुक्ति, नजात (ii) सुख, आराम

•••

हजार तर्के-मुहब्बत का अहद करता हूँ, मगर यह अहद मुकम्मल किया नहीं जाता।
तेरी जफाओं से है तल्ख जिन्दगी अपनी, तेरे बगैर भी जालिम जिया नहीं जाता।

1. तर्के-मुहब्बत – मुहब्बत छोड़ना **2. अहद** – प्रतिज्ञा वचन, कौल **3. जफा** – ज़ुल्म **4. तल्ख** कड़वा, कटु, आरूचिकर, नागवार

•••

हजारों साल नर्गिस अपनी बेनूरी पै रोती है,
बड़ी मुश्किल से होता है चमन में दीदावर पैदा।

-मोहम्मद इकबाल

1. दीदावर - पारखी, जौहरी, किसी चीज की अच्छे-बुरे की तमीज करने वाला **2. नर्गिस**- एक फूल

•••

हम भी दुश्मन तो नहीं है अपने, गैर को तुमसे मुहब्बत ही सही।
अपनी हस्ती ही से हो जो कुछ हो, आगही गर नहीं, गफलत ही सही।
कत्अ कीजे न तअल्लुक हमसे, कुछ नहीं है तो अदावत ही सही।
हम भी तस्लीम की खू डालेंगे, बेनियाजी तेरी आदत ही सही।

-मिर्जा गालिब

1. आगही - (i) परिचय, पहचान (ii) ज्ञान, जानकारी **2. गफलत** - (i) उपेक्षा, बेपर्वाई (ii) बेखबरी **3. कत्अ** - त्यागना, पृथक करना, छोड़ना **4. तअल्लुक** - संबंध, लगाव, स्वजनता, रिश्तेदारी **5. अदावत** - दुश्मनी **6. तस्लीम** – कबूल करना, स्वीकार करना **7. खू** –आदत **8. बेनियाजी** - उपेक्षा, बेपर्वाई

•••

हमको उनसे वफा की है उम्मीद, जो नहीं जानते वफा क्या है।
जान तुम पर निसार करता हूँ, मैं नहीं जानता दुआ क्या है।

-मिर्जा गालिब

वफा - (i) स्वामी या मित्र के साथ तन, मन, धन से निबाहना और कड़े से कड़े समय पर उसका साथ देना (ii) मुक्ति, वफादारी (iii) निर्वाह, निबाह

हमको सितम अजीज, सितमगर को हम अजीज,
नामेहरबाँ नहीं है अगर मेहरबाँ नहीं हैं वह।

-मिर्जा दाग

1. सितम - अत्याचार **2. अजीज** - (i) प्रिया, प्यारा (ii) स्वजन रिश्तेदार (iii) रूचिकर **3. सितमगर** - जुल्म ढाने वाला

•••

हमने माना कि तगाफुल न करोगे लेकिन,
खाक हो जायेंगे हम तुमको खबर होने तक।

-मिर्जा गालिब

तगाफुल - उपेक्षा, बेपर्वाई

•••

हमारे शीशा-ए-दिल को संभलकर हाथ में लेना,
नजाकत इसमें इतनी है, नजर से जब गिरा, टूटा।

-काइम

1. शीशा-ए-दिल - जिसका दिल बहुत ही नाजुक हो **2. नजाकत** - मृदुलता

•••

हर इक बात पै कहते हो तुम कि तू क्या है,
तुम्हीं कहो कि यह अन्दाजे-गुफ्तगू क्या है?
न शोले में यह करिश्मा, न बर्क में यह अदा,
कोई बताओ कि वह शोखे-तुंदखू क्या है?
ये रश्क है कि होता है हमसुखन तुमसे,
वगर्ना खौफे - बदआमोजिए- अदू क्या है?

-मिर्जा गालिब

1. बर्क - बिजली **2. शोख** - चंचल, चपल, चुलबुला **3. तुंद** - तीव्र, प्रचंड, तेज **4. खू** - स्वाभाव, आदत **5. रश्क** -ईर्ष्या, किसी को हानि पहुंचाये बिना उस जैसा बनने की भावना **6. हमसुखन** - साथ-साथ बातें करने वाले (ii) साथ-साथ कविता करने वाले **7. खौफे-बदआमोजिए अदू** - दुश्मन द्वारा बुरी शिक्षा मिलने का डर

•••

हर उजाले पै अंधेरे का गुमां होने लगा,
शामे-गम है मेरी सुबहे-जिन्दगी तेरे बगैर।

-मिर्जा गालिब

गुमां - शंका, शुबह, शक

हर कली गुलशने-तमन्ना की मुस्कुराकर जवाँ हो जाती,
आप होते जो मेहरबाँ मुझ पर, जिन्दगी मेहरबाँ हो जाती।

-मुनव्वर अमरोही

•••

हसरत से उस कूचे को क्यों कर न देखिये,
अपना भी इस चमन में कभी आशियाना था।

-दाग

1. **कूचा** - गली

•••

हिज्र की शब और तन्हाई,
न आप आये, न मौत आई है।

-बेताब अलीपुरी

1. **हिज्र** - विरह, वियोग 2. **शब** - रात

•••

हिज्र के बाद अगर वस्ल है तब तो कोई अलम नहीं,
रहम है जिसकी इन्तिहा, फिर वह सितम, सितम नहीं।

-शाद अजीमाबादी

1. **हिज्र** - विरह, वियोग 2. **वस्ल** - मिलन, विसाल 3. **अलम** - दुख, तकलीफ, रंज, गम

•••

हिज्र में वस्ल का मजा मिलता है आशिक को,
शौक का मर्तबा जब हद से गुजर जाता है।

-आतिश

1. **हिज्र** - विरह, वियोग 2. **मर्तबा** - (i) दर्जा, श्रेणी (ii) बार, दफा (iii) प्रतिष्ठा, इज्जत

•••

हुई ताखीर तो कुछ बाइसे–ताखीर भी था, आप आते थे मगर कोई इनागीर भी था।
तुमसे बेजा है मुझे, अपनी तबाही का गिला, इसमें कुछ शाइब-ए-खूबिऐ-तकदीर भी था।
हम थे मरने को खड़े, पास न आया न सही, आखिर उस शोख के तरकश में कोई तीर भी था।

-मिर्जा गालिब

1. **ताखीर** - विलंब, देर, ढील 2. **बाइस** - कारण, वजह 3. **इनागीर** - लगाम पकड़ कर सवार को रोक लेने वाला, आगे बढ़ने से रोकने वाला बाधक, निरोधक 4. **बेजा** - अनुचित, नामुनासिब 5. **शाइब** - थोड़ा-बहुत (हाथ) 6. **तरकश** - तीर रखने का लम्बा खोल जो कमर में लटकाया जाता है, तूणीर निषंग

हुई हमसे ये नादानी तेरी महफिल में ऐ साकी,
जमीं की खाक होकर आसमाँ से दिल लगा बैठे।

1. **साकी** - शराब पिलाने वाला या पिलाने वाली (यह अक्सर आँखों से शराब पिलाने वाली खूबसूरत लड़की (यानी माशूका के लिएप्रयुक्त होता है)

•••

हुस्न है ऐसे चराग की लौ,
इश्क का जिसमें खून जलता है।

-नरेश कुमार शाद

•••

हुस्न और इश्क का नैरंग खुदा ही जाने,
शम्अ जलती है कि दिल जलता है परवाने का।

-साकिब लखनवी

नैरंग - फरेब, तिलिस्म, माया, जादू

•••

हुस्न खुद आये तवाफे-इश्क करने के लिये,
इश्क वाले जिन्दगी में हुस्न तो पैदा करें।

तवाफ - परिक्रमा, किसी चीज के चारों ओर फिरना

•••

हुस्न से वह गाफिल था, मैं अपने इश्क से,
अब कहाँ से लाऊँ वह नावाकाफियत के मजे।

-हसरत मोहानी

1. **गाफिल** - असावधान, बेखबर 2. **नावाकाफियत** - अनभिज्ञता, अनजानापन

•••

हूँ गिरिफ्तारे -उल्फते-सैयाद
वर्ना बाकी है ताकते-परवाज।

-मिर्जा गालिब

1. **गिरिफ्तार** - (i) आसक्त, आशिक (ii) कैद (iii) ग्रस्त, मुब्तिला 2. **उल्फत** - प्रेम, मुहब्बत, इश्क 3. **सैयाद** - बहेलिया, चिड़ीमार 4. **परवाज** - उड़ान

•••

है शिद्दते - खुलूस भी इक जुर्मे - आशिकी,
परवाना जल के शम्अ को बदनाम कर गया।

-शकील बदायुनी

1. **शिद्दत** - बहुत अधिक, बेपनाह 2. **खुलूस** - प्यार, मुहब्बत, लगाव, चाहत

है अजल की इस गलतबख्शी पै हैरानी मुझे,
इश्क लाफानी मिला है, जिन्दगी फानी मुझे। -हफीज जालंधरी

1. अजल - मौत **2. गलतबख्शी** – गलती **3. लाफानी** - शाश्वत, अमर, कमी खत्म न होने वाला **4. फानी** - नश्वर, नाशवान, मिट जाने वाला, न रहने वाला

•••

है बस कि हर एक उनके इशारे में निशाँ और,
करते हैं मुहब्बत तो गुजरता है गुमाँ और
यारब वो न समझे हैं न समझेंगे मेरी बात,
और दे दिल उसको जो न दे मुझको जुबाँ और
हैं और भी दुनिया में सुखनवर बहुत अच्छे,
कहते हैं कि 'गालिब' का है अन्दाजे-बयाँ और।

-मिर्जा गालिब

1. बस - पर्याप्त, काफी **2. निशाँ** - (i) खोज, तलाश (ii) पता, सुराग (iii) चिह्न, अलामत **3. गुमाँ** - शंका, शुबह, शक, कुधारणा **4. यारब** - मित्रों, दोस्तों **5. सुखनवर** - कवि, शायर **6. अन्दाजे-बयाँ** - बात करने का ढंग

•••

हैरत कि गमकदे में खुशी का गुजर कहाँ,
तुम आ गये तो रौनके-काशाना हो गया। -अब्दुल हमीद अदम

1. गमकदा - गम का घर, जहाँ दुख ही दुख हो **2. रौनके** -काशाना - घर की रौनक

•••

हो गया ढेर वहीं आह भी निकली न कोई,
जाने क्या बात कहीं, शम्अ ने परवाने से।

•••

होता है राजे-इश्को-मुहब्बत इन्हीं से फाश,
आंखें जुबाँ नहीं है मगर बेजुबाँ नहीं। -असगर गौण्डवी

फाश - प्रकट, व्यक्त, जाहिर

•••

होती नहीं कुबूल दुआ तर्के-इश्क की,
दिल चाहता न हो तो जुबाँ में असर कहाँ।

-ख्वाजा हाली

तर्के-इश्क - प्यार, मुहब्बत या साफदिली से महरूम होकर, निःस्वार्थ प्यार से महरूम

हौसले फिर बढ़ गये, टूटा हुआ दिल जुड़ गया,
उफ! यह जालिम मुस्कुरा देना, खफा होने के बाद।

-आर्जू लखनवी

मौत (Death)

इस जमीं पै जिन्का था दबदबा कि बुलंद अर्श पै नाम था,
उन्हें यूँ फलक ने मिटा दिया कि मजार तक का निशां नहीं।

-चकबस्त लखनवी

1. दबदबा - (i) रोबदाब, प्रताप, तेज, प्रभाव (ii) आतंक **2. अर्श** - आकाश, फलक, आसमान **3. फलक** - आकाश, आसमान

•••

उम्र फानी है तो मौत से डरना कैसा,
इक न इक रोज यह हंगामा हूआ रखा है।

1. फानी- नश्वर, नाशवान, मिट जाने वाला, न रहने वाला **2. हंगामा** - (i) उपद्रव, फसाद (ii) विप्लव, उथल-पुथल

•••

उसी को हम जहाँ में रहरवे–कामिल समझते हैं,
जो हस्ती को सफर और कब्र को मंजिल समझते हैं।

1. रहरव - बटोही, मुसाफिर, पथिक **2. कामिल** -निपुण, दक्ष, होशियार ; मुकम्मल, सर्वांगपूर्ण

•••

ऐ अजल तुझसे यह कैसी नादानी हुई,
फूल वो तोड़ा, चमन भर में वीरानी हुई।

अजल - मृत्यु, मौत

•••

गुबार उठता है यह कहता हुआ गोरे –गरीबाँ से,
जहाँ में एक दिन सबका यही अंजाम होता है।

-'आर्जू' लखनवी

1. गुबार - (i) धूल (ii) मनोमालिन्य, दिल का मैल **2. गोरे-गरीबाँ** - गरीब की कब्र या समाधि

•••

जिन्दगी के दाम इतने गिर गये कुछ गम नहीं,
मौत की बढ़ती हुई कीमत से घबराता हूँ मैं।

-नीरज जैन

•••

जिन्दगी क्या है अनासिर का जुहूरे -तर्तीब,
मौत क्या है, इन्हीं अजजाँ का परीशां होना।

- 'चकबस्त' लखनवी

1. अनासिर - पंचभूत या पंचतत्व - आग, पानी, हवा, मिटटी और आकाश **2. जुहूर** - जाहिर होना, प्रकट होना **3. तर्तीब** - चन्द चीजों का यथास्थान ठीक-ठीक रखना, सज्जा, दरूस्ती (ii) क्रम, सिलसिला **4. अजजाँ** - अंश, खंड, टुकड़े **5. परीशां** - (i) अस्त-व्यस्त, तितर-बितर (ii) व्याकुल, आतुर, बेचैन

जिन्दगी बैठी थी अपने हुस्न पै फूली हुई,
मौत ने आते ही सारा रंग फीका कर दिया।

-हरिचन्द 'अख्तर'

•••

जिन्दगी है रूह को महदूद कर लेने का नाम,
मौत है इन्सान का लामहदूद हो जाने का नाम।

-'जोश' मलीहाबादी

1. **महदूद** - सीमित, हद के भीतर 2. **लामहदूद** - असीमित, जिसकी कोई सीमा या हद नहीं

•••

जिन्दगी वक्फा है तेरे हिज्र का,
मौत तेरे वस्ल का पैगाम है। -'असर' लखनवी

1. **वक्फा** – (i) दो कामों के बीच में ठहराव का समय, विराम, इंटरभल (ii) विलंब, ठहराव
2. **हिज्र** - वियोग, विरह, जुदाई, फिराक3. **वस्ल** - मिलन, संयोग

•••

दराजी उम्र की हद से जियादा जब सताती है,
बहसरत हम तुझे ऐ मौत घड़ियों याद करते हैं।

-'शाद' अजीमाबादी

1. **दराजी**-लम्बाई 2. **बहसरत**-तीव्र इच्छा या अभिलाषा के साथ

•••

पजमुर्दा होके फूल गिरा शाख से तो क्या,
वह मौत है हसीन, आए जो, शबाब में।

-असर लखनवी

1. **पजमुर्दा**- खिन्न, मलिन, उदास (मुर्झाकर) 2 **शबाब**- जवानी, युवावस्था.

•••

फना का होश आना जिन्दगी का दर्दे-सर जाना,
अजल क्या है, खुमारे-बादा-ए-हस्ती उतर जाना।

-चकबस्त लखनवी

1. **फना** - (i) मृत्यु, मरण, मौत (ii) नष्ट, बरबाद, गायब 2. **अजल** - मृत्यु, मरण, मौत 3. **खुमार**- नशे के उतार की अवस्था, नशा, मद, उन्माद 4. **बादा-ए-हस्ती** - जिन्दगी की शराब

•••

बहुत कुछ पाँव फैलाकर भी देखा 'शाद' दुनिया में,
मगर आखिर जगर हमने न दो गज के सिवा पाई।

- शाद अजीमाबादी

बादे-फना फिजूल है नामोनिशां की फिक्र,
जब हम नहीं रहे तो रहेगा मजार क्या?

1. बादे-फना - मृत्यु के बाद

•••

मर्ग मांदगी का इक वक्फा है,
यानी आगे बढ़ेंगे दम लेकर।

-मीरतकी मीर

1. मर्ग- मृत्यु, मौत **2. मांदगी** - शिथिलता, थकावट **3. वक्फा** - दो कामों के बीच में ठहराव का समय, विराम, इन्टरवल, ठहराव

•••

मिटता है फौते-फुर्सते-हस्तीका गम कोई,
उम्रे-अजीज सर्फे-इबादत ही क्यों न हो?

-मिर्जा 'गालिब'

1. फौते-फुर्सते-हस्ती - जीवन की सुक्ष्म अवधि के खत्म होने का **2. उम्रे-अजीज** - प्यारी उम्र **3. सर्फे-इबादत** - पूजा या उपासना या आराधना करने मे लगा देना या खर्च केर देना

•••

मुझे हर खाक के जर्रे पर यह लिक्खा नजर आया,
मुसाफिर हूँ अदम का और फना है कारवाँ मेरा।

-'असर' लखनवी

1. अदम - परलोक, यमलोक, जहाँ मनुष्य मर कर जाता है **2. फना** - मृत्यु, मौत, मरण

•••

मौत अंजामे – जिन्दगी है मगर,
लोग मरते है जिन्दगी के लिये।

-'साहिल' मानिकपुरी

•••

मौत उसकी, करे जिसका जमाना अफसोस,
यूं तो दुनिया में सभी आते, हैं मरने के लिए।

-महमूद रामपुरी

•••

मौत जब तक नजर नहीं आती,
जिन्दगी राह पर नहीं आती।

-'जिगर' मुरादाबादी

•••

मौत ने भी जानना चाहा मगर,
जिन्दगानी का भरम खुलता नहीं।

-'फिराक' गोरखपुरी

मौत से क्यों इतनी दहशत, जान क्यों इतनी अजीज,
मौत आने के लिए है, जान जाने के लिए है।

•••

मौत से किसकी रिश्तेदारी है,
आज हमारी, कल तुम्हारी बारी है।

•••

मौत है वह राज जो आखिर खुलेगा एक दिन,
जिन्दगी है वह मुअम्मा, कोई जिसका हल नहीं।

-अफसर मेरठी

मुअम्मा - पहेली, प्रतियोगिता

•••

मौतो-हस्ती की कशाकश में कटी उम्र तमाम,
गम ने जीने न दिया, शौक ने मरने न दिया।

कशाकश - खींचा-खींची, आपाधापी

•••

लाई हयात आई कजा ले चली चले, अपनी खुशी आये न अपनी खुशी चले।
अच्छा तो है यही कि जहाँ में न दिल लगे, लेकिन तो क्या करें जो न ये बेदिली चले।
दुनिया ने किसका राहे-फना में दिया है साथ, तुम भी चले चलो यूँ ही जब तक चली चले।

-अब्राहम 'जौक'

1. हयात – जिन्दगी 2. कजा - मृत्यु, मौत 3. राहे-फना - मौत के रास्ते में

•••

वक्फाए-मर्ग अब जरूरी है,
उम्र तय करते थक रहे हैं हम।

-मीरतकी मीर

1. वक्फा -. ठहराव, विराम, इन्टरवल 2. मर्ग - मौत, मृत्यु

•••

सूँघ कर कोई मसल डाले तो ये है गुल की जीस्त,
मौत उसके वास्ते डाली पै कुम्हलाने में है।

-आनन्द नारायण मुल्ला

जीस्त – जिंदगी

•••

हम उसी जिन्दगी के दर पै है,
मौत है जिसके पासबानों में।

1. दर - दरवाजा, द्वार 2. पासबान - निरीक्षक, निगाराँ, द्वारपाल, प्रहरी

– – – – – –

यादें (Memories)

अब के हम बिछड़े तो शायद कभी ख्वाबों में मिलें,
जिस तरह सूखे हुए फूल किताबों में मिलें।

-फराज अहमद

•••

अब ये भी नहीं ठीक कि हर दर्द मिटा दें, कुछ दर्द तो कलेजे से लगाने के लिए हैं।
यह इल्म का सौदा, ये रिसाले, ये किताबें, इक शख्स की यादों को भुलाने के लिए है।

-नूह नारवी

1. इल्म - विद्या,ज्ञान, जानकारी 2. रिसाला - किसी विषय पर छोटी पुस्तक

•••

आज कैसी हवा चली ऐ 'फिराक',
आंख बेइख्तियार भर आई।

-फिराक गोरखपुरी

•••

आती है ऐसे बिछड़े हूए दोस्तों की याद,
जैसे चराग जलते हों रातों को गांव में।

-अब्दुलहमीद अदम

•••

आया ही था खयाल कि आंखें छलक पड़ीं,
आंसू किसी की याद के कितने करीब हैं। -अंजुम

•••

उजाले अपनी यादों के हमारे साथ रहने दो,
न जाने किस गली में जिंदगी की शाम हो जाए।

-बशीर बद्र

•••

उजाले जश्ने-बहाराँ के खूब हैं लेकिन,
अंधेरे बीते हुए शब की याद आते हैं।

-फिराक गोरखपुरी

शब - रात आई।

•••

उनकी फितरत है कि मुझको भूल जाते हैं वह,
मेरी आदत है कि उनको याद कर लेता हूँ मैं।

-हफीज जालंधरी

उनकी याद, उनकी तमन्ना, उनका गम,
कट रही है जिन्दगी आराम से।

-शकील बदायुनी

•••

उस एक शब के सहारे कट रही है हयात,
वो एक शब जो तेरी महफिल में गुजार आये।

-आर्जू लखनवी

1. शब - रात 2. हयात - जिन्दगी

•••

कद्र हर शै की हुआ करती है खो जाने पर,
तुम उन्हें याद करोगे जो तुम्हें याद नहीं।

-राही सिहाबी

•••

किस तरह से मुझसे है तेरी याद को हमदर्दी,
देखती है मुझे तन्हा तो चली आती है।

•••

कुछ दर्द दे गया हूँ जमाने को ऐ 'फिराक',
यह सोचकर कि बाद में यह याद आयेंगे।

-फिराक गोरखपुरी

•••

चरागों को आंखों में महफूज रखना, बड़ी दूर तक रात ही रात होगी।
मुसाफिर हो तुम भी, मुसाफिर हैं हम भी, किसी मोड़ पर, फिर मुलाकात होगी।

-बंशीर बद्

•••

जफा सैयाद की अहले - वफा ने रायगां कर दी,
कफस की जिन्दगी वक्फे-खयाले-आशियाँ कर दी।

-आनन्द नारायण मुल्ला

1. जफा - जुल्म, अत्याचार 2. सैयाद - बहेलिया, चिड़ीमार, आखेटक 3. अहले -वफा - वफा निभाने वाला 4. रायगां - व्यर्थ, बेकार 5. कफस – पिंजड़ा 6. आशियाँ - आशियाँ के खयाल में व्यतीत

•••

जाने वाले कभी नहीं आते,
जाने वालों की याद आती है।

-सिकन्दर अली वज्द

तुझको सौ सौ तरह से याद करके,
तुझको सौ सौ तरह से भुलाता हूँ।

-फिराक गोरखपुरी

•••

तेरी याद की उफ वो सरमस्तियाँ,
कोई जैसे पीकर शराब आ गया।

-जिगर मुरादाबादी

सरमस्ती - शराब आदि के नशे में मस्त होना, बदमस्तीद

•••

नये जमाने में अगर खुद को उदास पाऊंगा,
यह शाम याद करके अपने गम को भूल जाऊंगा।

-फिराक गोरखपुरी

•••

नहीं आती तो याद उनकी महीनों तक नहीं आती,
मगर जब याद आती है तो अक्सर याद आती है।

-हसरत मोहानी

•••

फिर दिल के ख्वाबगाह में माजी का बांकपन
आवाज दे रहा था कि तुम याद आ गये

1. **ख्वाबगाह** - शयनागार, शबिस्तां, रात में रहने का स्थान 2. **माजी** - अतीत, बीता हुआ समय

•••

फिर वही शाम, वही गम, वही तन्हाई है,
दिल को समझाने तेरी याद चली आई है।

-राजेन्द्र कृष्ण

•••

बीते हुए दिलकश लमहों की भूली हुई याद ऐसे आई,
जैसे कोई प्रीतम परदेसी सोते में अचानक आ जाये।

- 'मुशूर' वाहिदी

दिलकश-आकर्षक, मनोहर, चित्ताकर्षक,दिल को अपनी ओर खींचने वाला

•••

मुद्दतें गुजारीं तेरी याद भी न आई हमें
और हम भूल गये हों तुझे, ऐसा भी नहीं।

-फिराक गोरखपुरी

यह जिन्दगी के कड़े कोस याद आता है,
तेरी निगाहे - करम का घना-घना छाया।

-फिराक गोरखपुरी

•••

रात यूं दिल में तेरी खोई हुई याद आई,
जैसे विराने में चुपके से बहार आ जाये।
जैसे सहराओं में हौले से चले बादे-नसीम,
जैसे बीमार को बेवजह करार आ जाये।

-फैज अहमद फैज

1. **सहरा** - (i) जंगल, वन (ii) मरूस्थल, रेगिस्तान 2. **बादे-नसीम** - शीतल, मंद और सुगंधित समीर 3. **करार** - चैन, आराम

रंज-ओ-ग़म (Sorrows and Sufferings)

अच्छा है डूब जाये सफीना हयात का,
उम्मीदो-आरज़ूओं का साहिल नहीं रहा।

-'असर' लखनवी

1. **सफीना** - नाव, नौका, किश्ती **2. हयात** - जिन्दगी **2. साहिल** - किनारा, तट

•••

अपना गम किस तरह से बयान करूँ,
आग लग जायेगी इस जमाने में।

-फिराक गोरखपुरी

•••

अपने ही दिल के आग में शम्अ पिघल गई,
शम्ए-हयात मौत के सांचे मे ढल गई।

-'असर' लखनवी

1. **शम्ए-हयात**- जिन्दगी की शम्अ

•••

अब जी रहा हूँ गर्दिशे-दौरां के साथ-साथ,
यह नागवार फर्ज अदा कर रहा हूँ मैं।

-शौरिश काश्मीरी

1. **गर्दिशे-दौरां** - समय का चक्कर, काल-चक्र, समय का उलट-फेर **2. नागवार** - जो पसन्द न हो, जो अच्छा न लगे **3. खल्वत** - एकान्त, तन्हाई, जहाँ कोई दूसरा न हो।

•••

अभी जिन्दा हूँ लेकिन सोचता रहता हूँ खल्वत में,
कि अब तक किस तमन्ना के सहारे जी लिया मैंने।

-'साहिर' लुधियानवी

खल्वत - एकान्त, तन्हाई, जहाँ कोई दूसरा न हो।

•••

अभी से क्यों छलक आये तुम्हारी आँख में आंसू अभी छेड़ी कहाँ है दास्ताने-जिन्दगी मैंने।
अरमाँ तमाम उम्र के सीने में दफ्न है, हम चलते-फिरते लोग मजारों से कम नहीं।

-खलिश' बड़ौदवी

•••

अरमाँ तमाम उम्र के सीने में दफ्न है,
हम चलते-फिरते लोग मजारों से कम नहीं।

-खलिश' बड़ौदवी

अर्थियाँ सबकी निकलती है घरों से लेकिन,
रोज़ घर आता हूँ मैं अपना जनाज़ा लेकर।

जनाजा - कफन में लिपटी हुई लाश या शव।

•••

अश्क बनकर आई हैं वह इल्तिजाएं चश्म तक,
जिनको कहने के लिये होठों पर गोयाई नहीं।

-आनन्द नारायण 'मुल्ला'

1. इल्तिजा - प्रार्थना, दरखास्त **2. चश्म** - आँख **3. गोयाई** - बोलने की ताकत, वाकशक्ति।

•••

असीराने-कफस को वास्ता क्या इन झमेलों से,
चमन में कब खिज़ाँ आई, चमन में कब बहार आई।

-'नूह' नारवी

1. असीराने-कफस - पिंजड़े में कैद (पंछी या परिन्दे) **2. खिजाँ**- पतझड़ की ऋतु।

•••

आंखों को बचाये थे हम अश्के-शिकायत से,
साकी के तबस्सुम ने छलका दिया पैमाना।

पैमाना-शराब पीने का गिलास, प्याला।

•••

आँखों में छुपाए फिर रहा हूँ,
यादों के बुझे हुए सबेरे।

-नासिर काजिमी

•••

आँखों से हाल पूछा दिल का,
एक बूंद टपक पड़ी लहू की।

-मीरतकी 'मीर'

•••

आज आँसू तुमने पोछे भी तो क्या,
यह तो अपना उम्र भर का हाल है।

-'जलील' मानिकपुरी

•••

आदमी को सिर्फ वहम है पास उसके ही इतना गम है,
पूछो हंसते हुए चेहरों से, आँख भीतर से कितनी नम है।

-नासिर काजिमी

आसमाँ से कभी देखी न गई अपनी खुशी,
अब यह हालत है कि हम हँसते हुए डरते हैं।

-'अख्तर' अंसारी

•••

आसान नहीं इस दुनिया में ख्वाबों के सहारे जी लेना,
संगीन-हकीकत है दुनिया, यह कोई सुनहरा ख्वाब नहीं।

-सागर' निजामी

संगीन - सख्त, कड़ा, कठोर।

•••

इक संभलते हम नजर आते नहीं, वरना गिर-गिर कर गए लाखों संभल।
कब तक आखिर ठहर सकता है वह घर,आ गया बुनियाद में जिसकी खलल।

-'ख्वाजा' हाली

1. खलल – (i) विकार, खराबी (ii) विघ्न, बाधा, अड़चन (iii) हस्तक्षेप, दखलअंदाजी।

•••

इक दिन की बात हो तो उसे भूल जायें हम,
नाजिल हों दिल पै रोज बलायें तो क्या करें।

-'अख्तर' शीरानी

1. नाजिल - ऊपर से नीचे आने वाला, उतरने वाला, उतरा हुआ, आया हुआ

•••

इक शामे-गम को सुबहे-मसर्रत न मिल न सकी,
कितने ही आफताब चढ़े और ढल गये।

-राही शिहाबी

1. **मसर्रत** - खुशी, हर्ष, आनन्द **2. आफताब** – सूर्य

•••

'इकबाल' कोई महरम अपना नहीं जहाँ में,
मालूम क्या किसी को, दर्दे - निहाँ हमारा।

-मोहम्मद 'इकबाल'

1. महरम- जानने वाला, राजदार, परिचित, जान-पहचान का, मित्र, दोस्त **2. निहाँ** - गुप्त, छिपा हुआ।

•••

इतनी अर्जां तो न थी दर्द की दौलत पहले,
जिस तरफ भी जाइए, जख्मों के लगे हैं अंबार।

-'नदीम' कासिमी

1. अर्जां- सस्ता, मंदा, कम दामों का **2. अंबार** - ढेर , टाल, राशि।

इतने मुगालते दिये उम्मीदो - बीम ने,
साहिल को मौज, मौज को साहिल बना दिया।

-सिराज लखनवी

1. **मुगालता** - धोखा, छल, फरेब, भ्रम, वह्म, संदेह 2. **बीम** - निराशा, नाउम्मेदी।

•••

इधर-उधर यहाँ वहाँ हैं बिजलियाँ ही बिजलियाँ,
चमन चमन कहाँ फिरूँ मैं आशियाँ लिये हुए।

•••

इन्तिजारे-फस्ले-गुल में खो चुके आँखों के नूर,
और बहारे-बाग लेती ही नहीं आने का नाम।

फस्ले-गुल- बहार का मौसम, वसन्त ऋतु।

•••

इब्ने – मरियम हुआ करे कोई, मेरे दर्द की दवा करे कोई।
बक रहा हूँ जुनूँ में क्या कुछ,कुछ न समझे खुदा करे कोई।

-'मिर्जा' गालिब

इब्ने-मरियम- मरियम का पुत्र ईसा मसीह, जो लोगों को निरोग करते-फिरते थे।

•••

इस अंजुमन में आकर राहत नसीब किसको,
परवाना भी जलेगा और श्म्मा भी जलेगी,
जन्नत बना सकेगा हरगिज न कोई इसको,
दुनिया यूँ ही चली है 'अकबर' यूँ ही चलेगी।

-अकबर इलाहाबादी

अंजुमन - महफिल, बज्म

•••

इस कायनाते-गम में खुशियाँ कहाँ मयस्सर,
दीवाना ढूँढते हैं सहरा में आबो -दाना।

-शकील बदायुनी

1. **कायनात** - संसार, दुनिया, ब्रह्माण्ड 2. **सहरा** - वन, जंगल, मरूस्थल,रेगिस्तान 3. **आबो-दाना** - दाना-पानी, अन्न-जल, रोजी, जीविका।

•••

इस दौर में जिन्दगी बशर की,
बीमार की रात हो गयी है।

-'फिराक' गोरखपुरी

बशर- मनुष्य, मानव, आदमी

इसको क्या कहिये कि हम हर हाल में जलते रहे,
दूरियों में चाँद थे, कुर्बत में परवाने हुए।

-'खातिर' गजनवी

1. **कुर्बत** - सामीप्य, नजदीकी, निकटता 2. **परवाना** - शलभ, पतंगा।

•••

इसी पै नाज घड़ी दो घड़ी जली होगी,
इसी पै शम्अ हमारी बराबरी होगी।

•••

उम्र भर जलता रहा दिल और खामोशी के साथ,
शम्अ को इक रात की सोजेदिली पै नाज था।

-'साकिब' लखनवी

सोज - जलन, तपिश, ताप।

•••

उम्रे-दराज माँग कर लाये थे चार दिन, दो आरजू में कट गए, दो इन्तिजार में।
कितना है बदनसीब 'जफर'दफ्न के लिए, दो गज जमीं भी न मिली कू-ए-यार में।

-बहादुरशा ह 'जफर'

1. **दराज** - लंबी, दीर्घ, तवील 2. **कू** - कूचा का लघु, दो घरों के बीच वाली तंग गली (यानि अपने देश में)

•••

उस अश्क की तासीर से अल्लाह बचाये,
जो अश्क आंखों में रहे और न बरसे।

1. **अश्क** - अश्रु, आंसू 2. **तासीर** - प्रभाव, असर।

•••

उस गिरिफ्तारी की पूछो न तड़प जिसके लिये,
दर कफस का हो खुला और ताकते-परवाज न हो।

-'जलील' मानिकपुरी

1. **दर** - दरवाजा 2. **कफस** - पिंजड़ा 3. **परवाज** - उड़ान

•••

उसी लमहे को शायर यास की तकमील कहते हैं,
मुहब्बत जब मिजाजे-आशिकी पै बार होती है।

-सागर निजामी

1. **यास** - नाउम्मेदी, निराशा 2. **तकमील** - पूर्ति, समाप्ति, पूर्णता 3. **मिजाज** - स्वभाव, आदत, गुण, प्रकृति, तबिअत 4. **आशिकी** - चाहत, इश्क, प्रेम 5. बार-बोझ, भार।

एक महरूम चले 'मीर' हमीं इस दुनिया से,
वर्ना आलम को जमाने ने दिया क्या-क्या कुछ?

-मीरतकी 'मीर'

1. महरूम - (i) जिसे न मिला हो, (ii) निराश, नाउम्मीद (iii) अभागा, बदकिस्मत **2. आलम**- (i) जगत, संसार, दुनिया (ii) दशा, हालत।

●●●

एक घड़ी, एक पल भी सुख का वक्त बहुत उस राही को,
जीवन जिसका बीत गया हो, कांटों पर चलते-चलते।

-अख्तर-उल ईमान

●●●

एक मजबूर की तमन्ना क्या,
रोज जीती है, रोज मरती है।

-'अजीज' लखनवी

●●●

ऐ इन्किलाबे-आलम तू ही गवाह रहना,
काटी है उम्र हमने, पहलू बदल-बदल कर।

-'नजर' लखनवी

1. इन्किलाब - उलट-पुलट, परिवर्तन, कालचक्र, समय का उलट-फेर, क्रांति, शासन की तब्दीली **2. आलम**-संसार, दुनिया, जगत

●●●

ऐ परतवे - खुरशीदे- जहाँताब इधर भी,
साये की तरह हम पर अजब वक्त पड़ा है।

-मिर्जा 'गालिब'

1. परतवे-खुरशीदे-जहाँताब-विश्व को प्रकाशित करने वाले सूर्य की ज्योति।

●●●

ऐ गमे-दुनिया तुझे क्या इल्म तेरे वास्ते,
किन बहानों से तबिअत राह पै लाई गई।

-'साहिर' लुधियानवी

1. इल्म - (i) ज्ञान, जानकारी (ii) विद्या, विज्ञान (iii) शिल्प, दस्तकारी (iv) कला, फन (v) शिक्षा, तालीम।

●●●

ऐ शमअ! तुम पै रात यह भारी है जिस तरह,
मैंने तमाम उम्र गुजारी है उस तरह।

-'नातिक' लखनवी

कई इन्किलाबात आये जहाँ में,
मगर आज तक दिन न बदले हमारे। -रजा हमदानी

1. **इन्किलाबात**-उलट-पुलट, परिवर्तन, क्रान्ति, समय का उलट-फेर (इन्बिकलाब का बहुवचन)

•••

कब तक पियें यह जहरे-गम ऐ साकिए-हयात,
घबरा गये हैं अब तेरी दरियादिली से हम। -'मख्मूर' सईदी

1. **दरियादिली** -उदारता, फराखदिली 2. **साकिए-हयात**-जीवन रूपी साकी

•••

कभी जो मैंने मसर्रत का एहतिराम किया,
बड़े तपाक से गम ने मुझे सलाम किया।

1. **एहतिराम** - आदर, इज्जत, सम्मान 2. **तपाक** - (i) प्रेम, प्यार (ii) आवभगत (iii) आदर, सोउत्साह (iv) गर्मजोशी, संभ्रान्ति

•••

कभी बिजली, कभी गुलचीं, कभी सैयाद की नज़रें,
गुजरगाहे - हवादिस था, हमारा आशियाँ क्या था?

-शौकत थानवी

1. **गुलचीं** - फूल चुनने या तोड़ने वाला 2. **सैयाद** - बहेलिया, चिड़ीमार, व्याध 3. **गुजरगाह** - मार्ग, रास्ता, पथ, निकलने-पैठने का स्थान 4. **हवादिस** - दुर्घट नाएं, हादिसे

•••

कमजोर हुए अश्कों से घर के दरो- दीवार,
रोने के लिये लेंगे, कराये का मकाँ और।

-'रियाज' खैराबादी

•••

कलेजे में हजारों दाग, दिल में हसरतें लाखों,
कमाई ने चला हूँ साथ अपने जिन्दगी भर की।

-'शायर' कजलबाश

हसरत –(i) निराशा, नाउम्मेदी, (ii) अभिलाषा, लालसा, इच्छा

•••

कहीं बिजली, कहीं गुलचीं, कहीं सैयाद का खतरा,
फले-फूलेगी इस गुलशन में शाखे-आशियाँ क्यों कर।

-'अलम' मुजफ्फरनगरी

1. **गुलचीं**-फूल चुनने या तोड़ने वाला 2. **सैयाद**-बहेलिया, व्याध, चिड़ीमार 3. **शाखे-आशियाँ**-शाख जिस पर आशियाना बना हो

कहीं भी कोई भी नहीं खुश इस जमाने में,
न आशियाँ के भीतर, न आशियाँ के बाहर।

●●●

काविशे- सैयाद, जोरे - बागबां, खारे-खिजां,
कैसे-कैसे दाग लेकर हम चमन से जायेंगे।

1. **काविश** - चिन्ता,फिक्र 2. **सैयाद**-बहेलिया, चिड़ीमार, व्याध, शिकारी, आखेटक, लुब्धक 3. **जोर** - जुल्म, अत्याचार, सितम 4. **बागबां** - माली, बाग की रख-रखाव करने वाला, उद्यानपाल 5. **खार** - कांटा, कंटक 6. खिजां - पतझड़ की ऋतु

●●●

किस तरह तुमको बना लूँ मैं शरीके- जिन्दगी,
मैं तो अपनी जिन्दगी का बार उठा सकता नहीं।
यास की तारीकियों में डूब जाने दो मुझे,
अब मैं शम्ए -आरजू की लौ बढ़ा सकता नहीं।

-'साहिर' लुधियानवी

1. बार-बोझ, भार 2. **यास**-निराशा, नाउम्मेदी 3. **तारीकी** - अंधेरा, अंधियारा, अंधकार

●●●

किससे महरूमिए -किस्मत की शिकायत कीजे,
हमने चाहा था कि मर जाएँ सो वो भी न हुआ।

-मिर्जा 'गालिब'

महरूमिए-किस्मत-दुर्भाग्य, बदकिस्मती

●●●

किसी ने जैसे कसम खाई हो सताने की, हमीं पै खत्म है सब गर्दिशें जमाने की।
सकूं तो खैर हमें नसीब क्या होगा, कहो अभी भी हिम्मत है गम उठाने की।

गर्दिश-मुसीबत, बदकिस्मती, दुर्भाग्य

●●●

कुछ भी कहने की मुझे उनसे जरूरत न पड़ी,
आ गया काम मेरा बेसरोसामां होना।

-आनन्द नारायण 'मुल्ला'

बेसरोसामां-बिना सामग्री या सामान के, जिन्दगी के जरूरी सामान से वंचित

●●●

कैदे –हयातो –बंदे - गम अस्ल में दोनों एक हैं,
मौत से पहले आदमी गम से नजात पाए क्यों?

-मिर्जा गालिब

1. **कैदे-हयात**-जीवन की कैद 2 **बंदे-गम** -गमों की कैद

कोई वीरानी - सी वीरानी है,
दश्त को देखकर घर याद आया।

-मिर्जा 'गालिब'

दश्त -जंगल, वन

•••

कोई उम्मीद बर नहीं आती, कोई सूरत नजर नहीं आती,
मौत का एक दिन मुयय्यन हैं, नींद क्यों रात भर नहीं आती।
आगे आती थी हाले-दिल पै हंसी अब किसी बात पै नहीं आती,
हम वहाँ हैं जहाँ से हमको भी कुछ हमारी खबर नहीं आती,
मरते हैं आरजू में भरने की, मौत आती है पर नहीं आती।

-मिर्जा गालिब

1. **बर**-सफल, कामयाब 2. **मुयय्यन**-नियत, निश्चित, मुकर्रर

•••

कोई मुझसा मुस्तहके-रहमो-गमख्वारी नहीं
सौ मरज है और बजाहिर कोई बीमारी नहीं। -'नजर' लखनवी

1. **मुस्तहके-रहमो-गमख्वारी** -हमदर्दी या सहानुभूति और करूणा या तरस का पात्र
2. **बजाहिर** -बाहर से

•••

कौन है जो नहीं है हाजतमद, किसकी हाजत रवा करे कोई।
जब तवक्को ही उठ गई 'गालिब', क्यों किसी का गिला करे कोई।

-मिर्जा 'गालिब'

1. **हाजतमद**-(i) इच्छुक, अभिलाषी, ख्वाहिशमंद (ii) मोहताज 2. **हाजत**- इच्छा, अभिलाषा, ख्वाहिश, मनोकामना 3. **रवा**- पूरा करना 4. **तवक्को**-आशा, भरोसा, उम्मीद

•••

कौन आए मरने को वह हमारी बस्ती है,
जिन्दगी जहाँ आकर मौत को तरसती है। -'नातिक' गुलगठवी

•••

कौन से जख्म का खुला टाँका,
आज दिल में फिर दर्द होता है। -जिया

•••

क्या शम्अ के नहीं हैं हवाख्वार अहले- बज्म,
हो गम ही जाँगुदाज तो गमख्वार क्या करें? -मिर्जा 'गालिब'

1. **हवाख्वार**-भला चाहने वाला, शुभचिंतक, खैरख्वाह 2. **अहले-बज्म** महफिल वालों 3. **जाँगुदाज**-जानेलेवा, जाँसिता, प्राणघातक4. **गमख्वार**-हमदर्द सहानुभूति करने वाला, दुख-दर्द का साथी

क्यों गर्दिशे-मुदाम से घबरा न जाये दिल, इन्सान हूँ पियाला-ओ साग़र नहीं हूँ मैं।
यारब जमाना हमको मिटाता है किस लिये, लौहे-जहाँ पै हर्फ़े-मुकर्रर नहीं हूँ मैं।

-मिर्जा 'गालिब'

1. गर्दिशे-मुदाम- न खत्म होने वाला सांसारिक चक्कर **2. सागर**-प्याला, पात्र -प्राचीन काल में सारे लोग एक ही पात्र से पीते थे, इसलिए निरंतर घूमता रहता था **3. लौहे-जहाँ**- संसार रूपी तख्ती**4. हर्फ़े-मुकर्रर**-दुबारा लिखा हुआ यानी फालतू का अक्षर

•••

खत्म कर देगी किसी दिन ये तमन्ना-ए-हयात,
रात-दिन कोशिश में जीने की मरा जाता हूँ मैं।
जिन्दगी के दाम इतने गिर गये कुछ गम नहीं,
मौत की बढ़ती हुई कीमत से घबराता हूँ मैं।

-नीरज जैन

हयात-जिन्दगी

•••

खामोशी में निहाँ खूंगश्ता लाखों आरजूएं हैं,
चिरागे –मुर्दा हूँ मैं बेजुबाँ गोरे - गरीबाँ का।
नहीं मालूम किस-किस का लहू पानी हुआ होगा,
कयामत है सरश्क-आलूदा होना तेरी मिज्गाँ का।

-मिर्जा 'गालिब'

1. निहाँ - गुप्त, छुपा हुआ **2. खूंगश्ता** - जिनका खून हो गया हो **3. चिरागे-मुर्दा** -बुझा हुआ चराग **4. बेजुबाँ** - जो किसी की शिकायत न करता है, जो कुछ कहना न जनता हो **5. गोरे-गरीबाँ** - परदेसी या गरीब की कब्र या समाधि **6. सरश्क-आलूदा** - आंसुओं से ओतप्रोत या लिप्त **7. मिज्गाँ** - आँख

•••

खामोशी में मुसीबत और भी संगीन होती है,
तड़प ऐ दिल तड़पने से जरा तस्कीन होती है।

-'शाद' अजीमाबादी

1. संगीन-(i) सख्त, कड़ा, कठोर, (ii) बेरहम, निर्मम, निष्ठुर, निर्दय (iii) गंभीर **2. तस्कीन**- (i) संतोष, इत्मीनान (ii) सांन्त्वना, ढाढस, दिलासा

•••

खामोशी में निहाँ, खूंगश्ता लाखों आरजूएं हैं,
चिरागे–मुर्दा हूँ मैं बेजुबाँ गोरे-गरीबाँ का।

-मिर्जा 'गालिब'

•••

1. निहाँ-छुपा हुआ, निहित **2. खूंगश्ता**-जिनका खून हो गया हो **3. चिरागे-मुर्दा**-बुझा हुआ चराग **4. गोरे-गरीबा**-किसी गरीब या परदेसी की कब्र

खिजाँ को सहने-गुलिस्ताँ से गये जमाना हूआ,
अभी भी फिजा-ए-गुलिस्ताँ में उड़ रहा है गुबार।

-जगन्नाथ 'आजाद'

1. **खिजाँ**- पतझड़ 2. **सहन**- आँगन 3. **फिजा**-(i) वातावरण, माहौल (ii) शोभा, रौनक, बहार (iii) खुली हुई हरियालीदार जगह 4. **गुबार**-(i) धूल, रज (ii) मनोमालिन्य, दिल का मैल

●●●

खिजाँ-नसीब मुकद्दर का दिल न दुख जाये,
चमन में शोर है फस्ले-बहार के आने का।

-'नदीम' कासिमी

1. **खिजाँ**- पतझड़ ऋतु 2. **फस्ले-बहार**- वसन्त ऋतु

●●●

खुश्क होते नहीं है मेरे आँसू,
बारहा मुस्कराकर मैंने देख लिया। -जमील

बारहा-अक्सर, बार-बार, बहूधा।

●●●

खूं हो के जिगर आंख से टपका नहीं ऐ मर्ग,
रहने दो अभी याँ कि अभी काम बहुत है।
होगा कोई ऐसा कि 'गालिब' को न जाने,
शायर तो बहुत अच्छा है, बदनाम बहुत है।

-मिर्जा 'गालिब'

मर्ग - मौत, मत्यु, मरण

●●●

गम अगर्चे जाँगुसिल है, पै कहाँ बचे कि दिल है,
गमे–इश्क गर न होता, गमे - रोजगार होता।
कहूँ किससे मैं कि क्या है, शबे- गम बुरी बला है,
मुझे क्या बुरा था मरना, अगर एक बार होता।
हूए हम जो मर के रूसवा, हूए क्यों न गर्के -दरिया,
न कभी जनाजा उठता, न कहीं मजार होता।

-मिर्जा 'गालिब'

1. **जाँगुसिल**-जानलेवा, प्राणघातक 2. **गमे-रोजगार**- संसारिक दुख, जीवन की व्यथाएँ, जीवन-कष्ट 3. **शबे-गम**- विरह का गम

●●●

गमे -हस्ती का 'असद' किससे जुज-मर्ग इलाज,
शमअ हर रंग में जलती है सहर होने तक।

-मिर्जा 'गालिब'

1. **जुज-मर्ग**- मौत के अलावा 2. **सहर**- सुबह, सबेरा

गमे- जहाँ से फ़राग मिलता तो हम खुदा से पूछ लेते,
जहाँ के मालिक तेरे जहाँ में कभी हमें भी खुशी मिलेगी।

-'नैयर' सीमाबी

फराग - मुक्ति, नजात

•••

गुबारे - कारवाँ का जर्रा-जर्रा,
मेरी बर्बादियों की दास्तां है।

-'दिल' शाहजहाँपुरी

गुबार-धूल, रज

•••

गुल भी हैं गुलिस्ताँ भी है मौजूद,
इक फकत आशियाँ नहीं मिलता।

-अर्श' मल्सियानी

•••

गुलशन में जब कोई जा-ए-अमाँ न हो, फिर क्यों बहार अपनी नजर में खिजाँ न हो?
हम कैद से रिहा हुए भी तो क्या हुआ, जब गोशा-ए-चमन में नसीब आशियाँ न हो।

-'असर' लखनवी

1. **जा-ए-अमाँ**-वह स्थान जहाँ शान्ति या सुकून मिल सके 2. **खिजाँ**-पतझड़ 3. **गोशा-ए-चमन**-बाग का एक कोना

•••

गुलिस्ताने – हयाते - चन्दरोजा का न सुन किस्सा,
बहार आयी थी बरसों में, खिजाँ आई घड़ी भर में।

-'शौकत' थानवी

1. **गुलिस्ताने-हयात** - जीवन बगिया 2. **चन्दरोजा** - थोड़े दिनों का, अस्थायी, नाशवान, फानी, नश्वर 3. **खिजाँ** - पतझड़

•••

गो सकूँ की जुस्तजू भी उम्र भर होती रही,
दिल की दुनिया मुन्ताशिर ही मुन्ताशिर होती रही।

-'असर' सहबाई

1. **गो** - यद्यपि,अगरचे 2. **जुस्तजू** - तलाश, खोज 3. **मुन्ताशिर** - बिखरना, अस्त-व्यस्त, तितर-बितर

•••

घर बयाबां में बनाया नहीं हमने लेकिन,
जिसको घर समझे हुए थे, बयाबां निकला।

-मिर्जा 'गालिब'

बयाबां-वन, जंगल, अरण्य

घर हमारा जो न रोते भी तो वीरां होता,
बहर अगर बहर न होता बयाबां होता।

-मिर्जा 'गालिब'

1. **बहर** - सागर, समुद् 2. **बयाबां** - वन, जंगल, अरण्य

•••

चमन को याद करके देर तक आंसू बहाता हूँ,
कोई तिनका जो मिल जाता है उजड़े आशियाने का।

-'शाद' अजीमाबादी

•••

चिपक रहा है बदन पर लहू से पैराहन, हमारी जेब को अब हाजते-रफू क्या है?
जला है जिस्म जहाँ दिल भी जल गया होगा, कुरेदते हो जो अब राख जुस्तजू क्या है?

- मिर्जा गालिब

1. **पैराहन**-वस्त्र, लिबास 2. **हाजत**-(i) जरूरत, आवश्यकता (ii) ख्वाहिश, अभिलाषा 3. **जुस्तजू**-तलाश, खोज

•••

जब चली आसमाँ से कोई बला,
सीधा मेरे मकान पर आई।

-'रियाज' खैराबादी

•••

जब दिल में जरा भी आस नहीं, इजहारे-तमन्ना कौन करे,
अरमान किये दिल ही में फना, अरमान को रूसवा कौन करे?

-आनन्द नारायण 'मुल्ला'

रूसवा-बदनाम

•••

जमाना देख सका जब न शादमा मुझको,
बना दिया गमे-दौरां का पासबां मुझको। -निसार सीमाबी

1. **गमे-दौरां**-सांसारिक दुख, जीवन की व्यथाएं 2. **पासबां**-निरीक्षक, द्वारपाल, ड्योढ़ीवान, प्रहरी

•••

जहर मिलता रहा, जहर पीते रहे, यूं ही मरते रहे, यूं ही जीते रहे।
जिन्दगी भी हमें आजमाती रही, और हम भी उसे आजमाते रहे।

•••

जाता हूँ दाग-ए-हसरते-ए-हस्ती लिये हुए,
हूँ शमअ-ए-कुश्ता, दुरखुर-ए-महफिल नहीं रहा। -मिर्जा 'गालिब'

1. **दाग-ए-हसरत-ए-हस्ती**-जीवन की अभिलाषाओं का पूरा न होना 2. **शमअ-ए-कुश्ता**-बुझी हुई शमआ 3. **दुरखुर**-योग्य, लायक, काबिल

जाते हवाए-शौक में हैं इस चमन से 'जौक',
अपनी बला से बादे-सबा अब कभी चले।

-अब्राहम 'जौक'

1. हवाए-शौक-शौक को पूरा करने की ख्वाहिश 2. बादे-सबा-सबेरे की पुर्वा हवा

•••

जिन्दगी अपनी जब इस शक्ल से गुजरी 'गालिब',
हम भी क्या याद करेंगे कि खुदा रखते थे। -मिर्जा 'गालिब'

•••

जिन्दगी आ तुझे कातिल के हवाले कर दूँ,
मुझसे अब खूने-तमन्ना देखा नहीं जाता। -शकील बदायुनी

•••

जिन्दगी इक आसुओं का जाम था,
पी गये कुछ और कुछ छलका गये। -शाहिद कबीर

•••

जिन्दगी और ये तमन्नाएं,
जल रहा है चराग पानी में। -अरशद काकवी

•••

जिस तरह हंस रहा हूँ मैं पी-पी के अश्के-गम,
अगर दूसरा कोई हो तो कलेजा निकल जाए।

•••

जिसकी कफस में आंख खुली हो मेरी तरह,
उसके लिए चमन की खिजां क्या बहार क्या?

1. कफस-पिंजड़ा, कारागार 2. खिजाँ-पतझड़

•••

जिसमें धड़का लगा रहे गम का,
क्या करूँ लेके ऐसी राहत को।

-'अख्तर' अंसारी

•••

जिसे नसीब हो रोजे - सियाह मेरा -सा,
वह शख्स दिन न कहे रात को तो क्यों कर हो।

-मिर्जा 'गालिब'

1. रोजे-सियाह- मनहूस और अशुभ दिन,बुरा दिन, जिस दिन कोई बुरी घटना हुई हो, रोज़े-बद

जो किस्मत में जलना ही था तो शम्अ होते,
कि पूछे तो जाते किसी अंजुमन में हम।

-सफी' लखनवी

अंजुमन-महफिल, बज्म

•••

जो सच पूछो तो दुनिया में फकत रोना ही रोना है,
जिसे हम जिन्दगी कहते हैं, कांटों का बिछौना है।

-'अख्तर' अंसारी

•••

जोशे - तूफां, शोरे-दरिया, बर्के-लर्जां, बादे-तुन्द,
कश्ती-ए-उम्रे-रवां यारब बड़ी मुश्किल में है।

1. जोशे-तूफां - तूफान का जोर या आवेग या उफान **2. बर्के-लर्जां** - कौंधती बिजली **3. बादे-तुन्द**-तेज या प्रचंड हवा **4. कश्ती-ए-उम्रे-रवां** - जीवन की बहती हुई नैया

•••

तंग आ चुके हैं कशमकशे-जिन्दगी से हम,
ठुकरा न दें जहाँ को कहीं बेदिली से हम।

-साहिर लुधियानवी

1. कशमकश- खींचातानी, आपाधापी **2. बेदिली**-मन न लगना,उदासीनता, उचाटपन

•••

तर्के-उम्मीद बस की बात नहीं,
वरना उम्मीद कब बर आई है।

-'फानी' बदायुनी

1. उम्मीद- त्यागना, छोड़ना **2. बर**-निकलना, प्रकट होना(यानी सफल, कामयाब)

•••

तुमको अन्देशा-ए-गिरिफ्तारी है,
याँ तवक्को नहीं रिहाई की।

-शेफ्ता

तवक्को-आशा, उम्मीद, भरोसा

•••

तेरी दुनिया में सब्रो-शुक्र से हमने बसर कर ली,
तेरी दुनिया से बढ़कर अब तेरे दोजख में क्या होगा?

-हरीचन्द 'अख्तर'

1. सब्रो-शुक्र- हर काम में धीरज धरना और ईश्वर को धन्यवाद देना **2. दोजख**-नरक, जहन्नुम

दिल ही तो है न संगो-खिस्त दर्द से भर न आये क्यों,
रोयेंगे हम हजार बार, कोई हमे सताये क्यों ?

-मिर्जा 'गालिब'

संगो--खिस्त-खिस्त-ईंट और पत्थर

•••

दिलशिकन साबित हुआ, हर आसरा मेरे लिए,
कोई दुनिया में नहीं, मेरे सिवा, मेरे लिए।

-'नातिकं' लखनवी

दिलशिकन- दिल तोड़ने वाला, दिल दुखाने वाला

•••

दुनिया की महफिलों से उकता गया हूँ यारब,
क्या लुत्फ अंजुमन का जब दिल ही बुझ गया हो।

-मोहम्मद इकबाल

1. यारब- यारों, दोस्तों **2. अंजुमन**-महफ़िल

•••

दुनिया के रंजो-गम से जब फुर्सत न मिल सकी,
आखिर को थक के सो गये कुंजे–मजार में।

•••

दुनिया में हूं दुनिया का तलबगार नहीं हूँ, बाज़ार से गुज़रा हूँ ख़रीदार नहीं हूँ,
ज़िंदा हूँ मगर ज़ीस्त की लज़्ज़त नहीं बाकी, हरचंद होश में हूँ, होशियार नहीं हूँ।

-अकबर इलाहाबादी

1. तलबगार - ख्वाहिशमंद, मुश्ताक, इच्छुक, अभिलाषी **2. जीस्त** – जिंदगी **3. होशियार** - सचेत, हवास में

•••

दैर नहीं, हरम नहीं, दर नहीं, आस्ताँ नहीं,
बैठे हैं रहगुजर पै हम, कोई हमें उठाये क्यों?

-मिर्जा 'गालिब'

1. दैर- बुतखान,, मंदिर **2 हरम**- काबा या खुदा का घर **3. दर**-दरवाजा **4. आस्ताँ**-चौखट, दहलीज **4. रहगुजर**-रास्ता, पथ

•••

न कोई जादा, न मंजिल , न रौशनी, न सुराग,
भटक रही है खलाओं में जिन्दगी मेरी।

-साहिर लुधियानवी

1. जादा-रास्ता, पथ **2. खला**-फिजा, अन्तरिक्ष,फिजा-अ-आसमानी

न जाने किधर जा रही है यह दुनिया,
किसी का यहाँ कोई हमदम नहीं है।

-'असर' लखनवी

हमदम-हर समय का साथी, दोस्त, मित्र

•••

न जीने पर ही काबू है, न मरने का इमकां है,
हकीकत में इन्हीं मजबूरियों का नाम इन्सां है।

-'शेरी' भोपाली

इमकां-संभावना

•••

न देखने की तरह हमने जिन्दगी देखी,
चिराग बुझने लगा जब तो रौशनी देखी।

-'असर' लखनवी

•••

न किसी के आँख का नूर हूँ, न किसी के दिल का करार हूँ,
जो किसी के काम न आ सके मैं वो एक मुश्ते- गुबार हूँ।
मेरा रंग रूप बिगड़ गया, मेरा यार मुझसे बिछड़ गया,
जो चमन खिजाँ से उजड़ गया मैं उसी की फस्ले-बहार हूँ।
न तो मैं किसी का हबीब हूँ न तो मैं किसी का रकीब हूँ,
जो बिगड़ गया वह नसीब हूँ, जो उजड़ गया वह दयार हूँ।
पए - फातहा कोई आये क्यों कोई चार फूल चढ़ाये क्यों,
कोई आके शम्अ जलाये क्यों मैं वो बेकसी का मजार हूँ
मैं नहीं हूँ नग्मा-ए-जाँफिजा कोई सुनके मुझको करेगा क्या,
मैं बड़े बिरोग की हूँ सदा, मैं बड़े दुखों की पुकार हूँ।

-बहादुर शाह 'जफर'

1. **मुश्ते-गुबार** - मुट्ठी भर धूल 2. **खिजाँ** - पतझड़ की ऋतु 3. **फस्ले-बहार** - बसन्त ऋतु 4. **हबीब**- मित्र, सखा, दोस्त 5. **रकीब**-प्रतिद्वन्द्वी, जिससे मुकाबला हो, किसी स्त्री से प्रेम करने वाले दो व्यक्ति परस्पर रकीब होते हैं 6. **दयार**-स्थान, जगह, मुकाम 7. **पए-फातहा**-मृतक की आत्मा को शान्ति पहूंचाने के लिए कुरान की आयतें पढ़ने वाला 8. **जाँफिजा**-प्राणों को बढ़ाने वाला,प्राणवर्धक 9. **बिरोग**-दुःखतकलीफ, कष्ट 10. **सदा**-आवाज

•••

नाकामियों के खौफ ने दीवाना कर दिया,
मंजिल के सामने भी पहूँच के निराश हूँ।

-बहजाद लखनवी

नादाँ हो जो कहते हो क्यों जीते हो 'गालिब',
किस्मत में है मरने की तमन्ना कोई दिन और।

-मिर्जा 'गालिब'

•••

नाम अलबता सुनते आये हैं,
हम नहीं जानते खुशी क्या है?

-'असर' लखनवी

•••

पहले आती थी हाले-दिल पै हँसी,
अब किसी बात पै नहीं आती।

-मिर्जा 'गालिब'

•••

पहले शराब जीस्त थी, अब जीस्त है शराब,
कोई पिला रहा है, पिए जा रहा हूँ मैं।

-'जिगर' मुरादाबादी

जीस्त-जिन्दगी

•••

पीछे-पीछे हसरतों का काफिला,
आगे-आगे है परीशानी मेरी।

-'दिल' शाहजहाँपुरी

•••

पूछिए उससे कि दुनिया क्या थी और क्या हो गई,
जिसने घूँघट भी न उल्टा था कि बेवा हो गई।

-'जोश' मलीहाबादी

•••

फूलों से जो खेला करते थे, दर-दर की ठोकरें खाते हैं,
जीने की तमन्ना थी जिनको अब जीने से घबराते हैं।

-'मंजूर' सिद्दकी अकबराबादी

•••

बड़ी मुश्किल से आता है मयस्सर जिन्दगी भर में,
एक वह लमहा जिसे इन्साँ गुजारे शादमाँ होकर।

-'शफक' टौंकी

•••

बनाने वाले बना लें हजार अफ्सानें,
मगर मेरे गमे-पिन्हाँ को कोई क्या जाने।

-'वफा' दरभंगवी

गमे-पिन्हा- छुपे हुए गम

बहना कुछ अपनी चश्म का दस्तूर हो गया,
दी थी खुदा ने आंख, पै नासूर हो गया।

-सौदा

1. चश्म-आँख, नेत्र, नयन **2. नासूर**-एक प्रकार का घाव जो हमेशा रिस्ता रहता है और कभी अच्छा नहीं होता।

•••

बहार आती है और मैं डर रहा हूँ,
कि अक्सर मुझको रास आती नहीं है।

-'आसी' उल्दानी

•••

बहुत मुश्किल है कैदे–जिन्दगी में मुतमइन होना,
चमन भी इक मुसीबत था कफस भी इक मुसीबत है।

-'सीमाब' अकबराबादी

मुतमइन-संतुष्ट कफस-पिंजड़ा, कारागार

•••

बेखुदी की शराब पीता हूँ,
गफलतों के सहारे जीता हूँ।

-'अख्तर' अंसारी

•••

बेचैनियों का 'फौक' शिकायत फिजूल है,
किसको सकूँ मिला है जहाने-खराब में।

-'फौक' जाती

जहाने-खराब- बीहड़ दुनिया, निर्जन या वीरान संसार

•••

भड़क उठी है इस तरह कुछ आतिशे-हस्ती,
करार साया-ए-दामने-यार में भी नहीं।

-सैफ

आतिश-अग्नि, आग

•••

भला जब्त की भी कोई इन्तिहा है,
कहाँ तक तबिअत को अपनी संभालें।

-'अजीज' लखनवी

जब्त-सहनशीलता, बर्दाश्त

मरने की दुआयें क्यों माँगू जीने की तमन्ना कौन करे,
ये दुनिया या वो दुनिया अब ख्वाहिशे–दुनिया कौन करे?,
जब कश्ती साबितो-सालिम थी, साहिल की तमन्ना किसको थी,
अब ऐसी शिकस्ता कश्ती पर, साहिल की तमन्ना कौन करें?

-मुईन अहसन जज्बी

1. **साबितो-सालिम**-ठीकठाक, सही हालत में 2. **साहिल**- किनारा, तट 3. **शिकस्ता**-टूटी हुई

•••

मरने वाले तो खैर बेबस हैं,
जीने वाले कमाल करते हैं। -अब्दुल हमीद 'अदम'

•••

माजी की याद, आज का गम, कल की उलझनें,
सबको मिलाइए, मेरी तस्वीर बन गई।

माजी-अतीत

•••

माना कि आंसुओं को पीना है मस्लेहत,
आँसू जो फिर भी उमड़ ही आयें तो क्या करें? -'असर' लखनवी

मस्लेहत-(i)हित, भलाई (ii) सलाह, परामर्श

•••

मिट भी सकती थी कभी, बेरोये छाती की जलन,
आग को पिघला लिया, फाहा भिगोने के लिए।

-आर्जू लखनवी

•••

मिटता है फौते-फुर्सते-हस्ती का गम कहीं,
उम्रे - अजीज सर्फे - इबादत ही क्यों न हो।

-मिर्जा 'गालिब'

1. **फौते-फुर्सत-हस्ती** - जीवन की सूक्ष्म अवधि का नष्ट होना 2. **उम्रे-अजीज** - प्यारी उम्र 3. **सर्फे-इबादत** - उपासना या पूजा में लगा देना (इस पूरे शेर का अभिप्राय यह है कि चाहे यह प्यारी उम्र उपासना में ही क्यों न खर्च कर दी जाए, जीवन के इस सूक्ष्म अवधि के नष्ट होने का दुख नहीं मिट सकाता है क्यों कि तब भीदुख रहेगा कि और बहुत से काम हम न कर सके और सारी उम्र बीत गई)

•••

मिली राहत हुजूमे-यासो-गम में खून रो-रो कर,
लगी दिल की बुझाई तो कुछ दीदए- तर ने।

-दिल शाहजहाँपुरी

1. **हुजूमे-यासो-गम** -गम और निराशा का ढेर 2. **दीदए–तर ने** -आंसुओं ने

मुझे समझाने आये हैं कि मै रोने से बाज आऊं,
मेरे समझाने वालों की नजर नम होती जाती है।

-आनन्द नारायण 'मुल्ला'

•••

मुहब्बत तर्क की मैंने, गिरेबाँ सी लिया मैंने,
जमाने अब तो खुश हो जहर ये भी पी लिया मैंने।
अभी जिन्दा हूँ लेकिन सोचता रहता हूँ खल्वत में,
कि अब तक किस तमन्ना के सहारे जी लिया मैंने।
उन्हें अपना नहीं सकता मगर इतना भी क्या कम है,
कि कुछ मुद्दत हसीं ख्वाबों में खोकर जी लिया मैंने।

-साहिर लुधियानवी

1. तर्क-छोड़ना, त्यागना 2. गिरेबाँ- कुर्ते या कमीज का गला, दामन 3. खल्वत-एकान्त, तन्हाई

•••

मुनहसिर मरने पै हो जिसकी उम्मीद,
नाउम्मेदी उसकी देखा चाहिए।

-मिर्जा गालिब

1. मुनहसिर-आधारित,निर्भर

•••

मेरा कातिल ही मेरा मुंसिफ है,क्या मेरे हक में फैसला देगा?
जिन्दगी को करीब से देखो, इसका चेहरा तुम्हें रूला देगा।

-सुदर्शन काफिर

•••

मेरी किस्मत में गम गर इतना था,
दिल भी यारब कई दिये होते।

-मिर्जा 'गालिब'

•••

मेरी हस्ती पै गम इस तरह छाया है कि अब
खुशी की आरजू दीवानगी मालूम होती है।

-'अख्तर' अंसारी

•••

मेरे खुदा मुझे अब यह भी सोचना होगा,
करम किया कि सितम आदमी बना के मुझे।

-जांवर फतेहपुरी

मेरे गमख्वार मेरे दोस्त तुझे क्या मालूम,
जिन्दगी मौत के मानिन्द गुजारी मैंने।

-कतील शिफाई

1. गमख्वार - हमदर्द, दर्द या दुख बांटने वाला 2. मानिन्द -समान, तरह 3. लब - होंठ

•••

मेरे लबों का तबस्सुम तो सबने देख लिया,
जो दिल पै बीत रही है वो कोई क्या जाने।

•••

मैं कहूँगा न दास्ताँ अपनी,
फिर कहोगे, सुनी नहीं जाती।

-'फलक' देहलवी

•••

मौत में भी जीस्त देखने वालों,
देख लो जीस्त में फना हैं हम।

-'असर' लखनवी

1. जीस्त-जिन्दगी 2. फना- (i)नष्ट, बरबाद (ii) मौत, मृत्यु

•••

मौतो-हस्ती की कशाकश में कटी उम्र तमाम,
गम ने जीने न दिया शौक ने मरने न दिया।

कशाकश-खींचातानी, आपाधापी, भागमभाग

•••

यह तलातुम बहरे-हस्ती में नहीं है बेसबब,
आ गई है कश्ति-ए-दिल, जेरे-मौजे-गम कहीं।

-अलम मुजफ्फरनगरी

1. तलातुम-तूफान, हलचल 2. बहरे-हस्ती-जीवन-सागर 3. बेसबब-अकारण, बिना कारण 4. कश्ति-ए-दिल -दिल की कश्ती 5. जैरे-मौजे-गम -गम की लहरों के नीचे

•••

यह शायरी नहीं है तमन्ना की कब्र पर, तामीर एक ताजमहल कर रहा हूँ मैं।
जो जिन्दगी थी अस्ल में 'अख्तर' वह कट गई, जीने की शर्म रखने को अब जी रहा हूँ मैं।

-'अख्तर' अंसारी

तामीर- निर्माण, बनाना

•••

यादे- माजी अजाब है यारब,
छीन ले मुझसे हाफिजा मेरा।

-'अख्तर' अंसारी

1. यादे-माजी -अतीत की याद, बीते समय की याद 2. अजाब-यातना, पीड़ा, दुख, तकलीफ

यारब यह भेद क्या है कि राहत की फिक्र ने,
इन्सां को और गम में गिरिफ्तार किया है।

-'जोश' मलीहाबादी

●●●

यूँ आंसुओं के साथ पिया हमने खूने-दिल,
जैसे मिला के पीते हैं पानी शराब में।

-बहादुर शाह 'जफर'

●●●

यूँ तो जिये सारी उम्र लेकिन,
जीने की तरह जी न सके हम।

-'अख्तर' अंसारी

●●●

यूँ तो मरने के लिये जहर पीते हैं सभी,
जिन्दगी तेरे लिये जहर पिया मैंने।

-'खलील' रहमान आजमी

●●●

यूँ तो मेरी रगे-जाँ से भी थे नजदीकतर,
आसुंओं के धुंध में लेकिन न पहचाने गये।

-खातिर गजनवी

1. रगे-जाँ - सबसे बड़ी खून की नस जो दिल में जाती है 2. नजदीकतर - बहुत पास

●●●

रगों में दौड़ते-फिरने के हम नहीं कायल, जब आँख ही से न टपका तो फिर लहू क्या है,
चिपक रहा है बदन पै लहू से पैराहन, हमारी जेब को अब हाजते-रफू क्या है,
रही न ताकते-गुफ्तार और अगर हो भी, तो किस उम्मीद पै कहिए कि आरजू क्या है।

-मिजा 'गालिब'

1. पैराहन - वस्त्र, लिबास 2. हाजते-रफू - रफू की आवश्यकता 3. ताकते-गुफ्तार - बात करने की शक्ति

●●●

रहा बर्के–तपां से साबिका तकदीर में इतना,
कि अब अपना निशेमन, हम बनाते हैं शरारों में।

-'आसी' उल्दानी

1. बर्के-तपां - कौंधती बिजली 2. साबिका – संबंध 3. निशेमन - आशियाना, घोंसला, नीड़
4. शरारा - अग्निकण, चिंगारी

रहा है साबिका गम से यहाँ तक हमनशीं मुझको,
खुशी के नाम से भी अश्क आँखों में भर आते हैं।

-'असर' लखनवी

1. साबिका-सम्बन्ध, लगाव 2. हमनशीं-साथ बैठने वाला, मित्रसभासद, मुहासिब

•••

रहिए अब ऐसी जगह चलकर जहाँ कोई न हो,
हमसुखन कोई न हो, हमजुबाँ कोई न हो।
बेदरो- दीवार का इक घर बनाना चाहिए,
कोई हमसाया न हो, और पासबाँ कोई न हो।
पड़िए गर बीमार तो कोई न हो तीमारदार,
और अगर मर जाइओ तो नौहाख्वाँ कोई न हो।

-मिर्जा 'गालिब'

1. हमसुखन-साथ-साथ बात या कविता करने वाला 2. हमजुबाँ-एक भाषा बोलने वाला, दोस्त, मित्र 3. हमसाया-पढ़ोसी, प्रतिवेशी 4. पासबाँ-देखरेख करने वाला, निगराँ, निरीक्षक 5. तीमारदार-सेवा करने वाला, सेवादार 6. नौहाख्वाँ-मृतक पर विलाप करने वाला

•••

रही न ताकते-गुफ्तार और अगर हो भी हो तो,
किस उम्मीद पै कहिए कि आरजू क्या है?

-मिर्जा 'गालिब'

गुफ्तार-(i) बातचीत, वार्तालाप (ii) बोली, वाणी, शब्द

•••

लगता नहीं है दिल मेरा उजड़े दयार में, किसकी बनी है आलमे-नापाइदार में।
कह दो इन हसरतों को कहीं और जा बसें, इतनी जगह कहाँ है दिले-दागदार में।
उम्रे-दराज माँगकर लाये थे चार दिन, दो आरजू में कट गये, दो इन्तिजार में।
कितना है बदनसीब 'जफर' दफ्न के लिये, दो गज जमीं भी न मिली कू-ए-यार में।

-बहादुरशाह 'जफर'

1. दयार - स्थान, जगह 2. आलमे- नापाइदार - नश्वर दुनिया, मृत्यु लोक 3. हसरत- (i) अभिलाषा, मनोकामना, आकांक्षा (ii) निराशा, नाउम्मेदी 4. दिले-दागदार- नाकाम हसरतों से भरा दिल 5. दराज - लंबी, तवील 6. कू-ए-यार - यार या प्रेयसी की गली (यानी अपने देश में)

•••

लबे-इजहार की जरूरत क्या है,
आप हूँ अपने दर्द की फरियाद।

-'जोश' मल्सियानी

1. लब- होंठ, ओष्ठ, अधर 2. इजहार- बोलना, व्यक्त करना

लो आज हमने तोड़ दिया रिश्ता-ए-उम्मीद,
लो अब कभी गिला न करेंगे किसी से हम।

-'साहिर' लुधियानवी

1. रिश्ता-(i) डोरा, तागा (ii) सम्बन्ध, नाता, लगाव

•••

वक्फा-ए-मर्ग अब जरूरी है,
उम्र तय करते थक गये हैं।

-मीरतकी 'मीर'

1. वक्फा- दो कामों के बीच में ठहराव का समय, विराम, इन्टरवल, कालान्तर, ठहराव 2. मर्ग-मृत्यु

•••

वह जाम हूँ जो खूने-तमन्ना से भर गया,
यह मेरा जर्फ है कि छलकता नहीं हूँ मैं।

-'फना' लखनवी

जर्फ - सहनशीलता, धैर्य, सब्र

•••

वह नाजुक वक्त आ गया आखिरकार,
कि हर रंग तबियत पर गराँ है।

-'नातिक' लखनवी

गराँ- भारी, वज्नी

•••

वह पलकों पै आ गया बन के आंसू,
जबाँ पर न हम ला सके जो फसाना।

-हसरत सहबाई

•••

वीराना अगर देख लिया राहे-सफर में,
बढ़ता हूँ उसी सम्त को शायद मेरा घर है।

-'साकिब' लखनवी

सम्त-दिशा, ओर

•••

शाम ही से बुझा-बुझा रहता है,
दिल है गोया मुफलिस का चराग।

-मीरतकी 'मीर'

मुफलिस- दरिद्र, निर्धन, कंगाल, गरीब

संदल का मैं दरख्त नहीं था तो किस लिए,
जितने थे गम के नाग, मुझी से लिपट गये।

संदल - चंदन

•••

सब तमन्नाएं हमारी मर चुकीं,
एक मरने की तमन्ना रह गई है।

-जोश मल्सियानी

•••

सब मरहले हयात के तय करके अब 'फिराक',
बैठा हुआ हूँ मौत में ताखीर देख कर

-'फिराक' गोरखपुरी

1. मरहला-गंतव्य, उतरने का स्थान, मंजिल 2. हयात-जिन्दगी, जिन्दगानी 3. ताखीर-विलंब, देर

•••

सबब हर एक मुझसे पूछता है मेरे रोने का,
इलाही सारी दुनिया को मैं कैसे राजदाँ कर लूँ।

1. सबब -कारण, वजह 2. इलाही - हे खुदा 3. राजदाँ - भेद जानने वाला, बहुत घनिष्ठ मित्र

•••

सब्र करना सख्त मुश्किल है तड़पना सहल है,
अपने बस का काम कर लेता हूँ आसाँ देखकर।

-यगाना चंगेजी

•••

सलीका आता है जिन्हें गमे - दौराँ में जीने का,
वह इस तरह शीशे को पत्थर से टकराया नहीं करते।

-आसी उल्दानी

सलीका - (i) तमीज, शऊर (ii) तहजीब, सभ्यता

•••

सुकूने – कल्ब की दौलत कहाँ दुनिया -ए- फानी में,
बस इक गफलत-सी आ जाती है और वो भी जवानी में।

-'अकबर' इलाहाबादी

1. कल्ब - हृदय, मन, दिल 2. फानी - नश्वर, नाशवान; मिट जाने वाला, न रहने वाला

सुकूने–दिल जहाने–बेशोकम में ढूंढने वाले,
यहाँ हर चीज मिलती है, सुकूने-दिल नहीं मिलता।

-जगन्नाथ 'आजाद'

1. जहाने-बेशोकम - कम और ज्यादा यानी हानि-लाभ, नफा-नुकसान का हिसाब करने वाली दुनिया

सुनते हैं खुशी भी है जमाने में कोई चीज,
हम ढूँढते फिरते हैं कहाँ है, किधर हैं?

-मिर्जा 'दाग'

•••

हजार जब्त किया फिर भी आ गये आँसू,
अगर किसी ने कहा हमसे मुस्कुराने को।

-फिरोज जहाँ अलमास

जब्त -सहनशक्ति, बर्दाश्त, सहशीलता

•••

हम कारवाँ के साथ हैं लेकिन है इस तरह,
जैसे बिछड़ गये हों किसी कारवाँ से हम।

-जौहर कोटवी

•••

हम वहाँ हैं जहाँ से हमको भी, कुछ हमारी खबर नहीं आती,
मरते हैं आरजू में मरने की, मौत आती है पर नहीं आती।

-मिर्जा 'गालिब'

•••

हमको फसना था कफस में क्या गिला सैयाद का,
बस तरसते ही रहे है आब और दाने को हम।

-नजीर अकबराबादी

•••

हयात एक मुस्तिकल गम के सिवा कुछ भी नहीं शायद,
खुशी भी याद आती है तो आंसूँ बनके आती है।

1. हयात - जिन्दगी 2. मुस्तिकल - (i) चिरस्थायी, पाइदार (ii) अटल, दृढ़, (iii) निरंतर, लगातार (iv) स्थायी

•••

हर लिया है किसी ने सीता को,
जिन्दगी है या राम का बनवास।

-'फिराक' गोरखपुरी

हुए हम जो मर के रूसवा, हुए क्यों न गर्के –दरिया,
न कभी जनाजा उठता न कहीं मजार होता।

-मिर्जा 'गालिब'

गर्के-दरिया- नदी में डूब जाना

हैरत कि गमकदे में खुशी का गुजर कहाँ,
तुम आ गये तो रौनके-काशाना हो गया।

- अब्दुल हमीद अदम

1. गमकदा - गम का घर, जहाँ दुख ही दुख हो 2. रौनके-काशाना - घर की रौनक

•••

हो चुकीं'गालिब' बलायें सब तमाम,
एक मर्गे - नागहानी और है।

-मिर्जा 'गालिब'

मर्गे-नागहानी- अचानक या आकस्मिक मौत

रहबरी /रहनुमाई (Leadership)

अपने वो रहनुमा हैं कि मंजिल तो दरकनार,
कांटे रहे –तलब में बिछाते, चले गए।

-असर लखनवी

1. रहनुमा - मार्ग दिखाने वाला, प्रथ-प्रदर्शक 2. दरकनार - एक तरफ,अलग; एक तरफ रहा, अलग रहा

•••

क्या मिला खिज़्र से सिकन्दर को,
अब किसको रहनुमा करे कोई। -मिर्जा गालिब

1. खिज़्र - एक अमर पैगम्बर जो भूले-भटको को मार्ग बताते हैं 2. रहनुमा - मार्ग दिखाने वाला, प्रथ-प्रदर्शक

•••

खुलूसे-रहजन नें मुझे इतना गिरवीदा बनाया है,
फरेबे - रहनुमा खाने की गुंजाइश बहुत कम है।

-अब्दुल हमीद 'अदम'

1. खुलूसे-रहजन - लूटेरे (यानी गैरों) का निष्कपट प्यार 2. गिरवीदा - आसक्त, मुग्ध, मोहित, लट्टू 3. फरेबे-रहनुमा - राह दिखाने वाले द्वारा दिया जाने वाला धोखा

•••

न आने दिया राह पर रहबरों ने
किये लाख मंजिल ने हमको इशारे। -'अर्श' मल्सियानी

•••

बफैजे–मस्लेहत ऐसा भी होता है जमाने में
कि रहजन को अमीरे-कारवां कहना ही पड़ता है।

-जनगन्नाथ आजाद

1. बफैजे-मस्लेहत - दुनियादारी के कारण 2. रहजन - लूटेरा, डाकू 3. अमीरे-कारवां - कारवों का सरदार

•••

रहजनों से तो भाग निकला था
अब मुझे रहबरों ने घेरा है।

1. रहजन – लुटेरा, बाटमार, रास्ते में पथिकों को लूट लेने वाला 2. रहबर- पथप्रदर्शक, आगे-आगे चलने वाला, रास्ता बताने वाला

रहबर या तो रहज़न निकले या हैं अपने आप में गुम
काफले वाले किससे पूछें किस मंजिल तक जाना है।

-अर्श मल्सियानी

1. रहबर- रास्ता बताने वाला 2. **रहज़न** - डाकू, लुटेरा, बाटमार, रास्ते में पथिकों को लूट लेने वाला

•••

रहबरो - रहज़न यही दो आफतें थी राह की
राहरौ दो आफतों के दर्मियाँ मारा गया।

-अब्दुल हमीद 'अदम'

राहरौ - राहगीर, पथिक, मुसाफिर

•••

राहबर रहज़न न बन जाए कहीं इस सोच में
चुप खड़ा हूँ भूलकर रस्ते में मंजिल का पता।

-आरज़ू लखनवी

1. राहबर - रास्ता दिखानेवाला, पथप्रदर्शक 2. रहज़न - लुटेरा, डाकू

•••

लूट लेता हैं वही राह में मौका पाकर
बात अक्सर जो किया करता है रहबर जैसे।

रहबर - रास्ता दिखाने वाला, पथप्रदर्शक

•••

वह राह सुझाते है हमें हज़रते - रहबर,
जिस राह पर उनको कभी चलते नहीं देखा।

-अर्श मल्सियानी

हज़रते–रहबर – नेताजी, पथप्रदर्शक साहब

•••

हमको राहे-जिन्दगी में, इस कदर रहज़न मिले,
रहनुमा पर भी, गुमाने - रहनुमा होता नहीं।

-अर्श मल्सियानी

1. रहज़न - लुटेरा, बाटमार 2. रहनुमा - रास्ता दिखाने वाला, पथप्रदर्शक 3. गुमाने-रहनुमा - पथप्रदर्शक होने का आभास

– – – – – –

वक़्त [Time (Never Remains the Same)]

अब इन्हें पहचानते भी शर्म आती है हमे,
फख करते थे कभी इनकी मुलाकातों पर।

•••

अब जहाँ में उनकी कब्रों के निशाँ मिलते नही,
उम्र भर जो फिक्रे–तसखीरे-जहाँ करते रहे।

-त्रिलोकचन्द महरूम

1. फिक्र – (i) उपाय, तदबीर (ii) चिंता, सोच, विचार 2. तसखीर - वशीभूत करना, जीतना, जीतकर कब्जा करना

•••

अब तो इतनी भी नहीं मिलती मैखाने में,
जितनी हम छोड़ दिया करते थे पैमाने में।

1. मैखाना - मदिरालय, शराबखाना 2. पैमाना - गिलास, पात्र, प्याला।

•••

आज वो मौजे-हवादिस पै बहे जाते हैं,
कल जो रूख फेर दिया करते थे तूफानों का।

1. मौज - (i) लहर, तरंग, हिल्लोल (ii) उत्साह, उमंग, वलवला (iii) आनन्द, खुशी 2. हवादिस - दुर्घटनाएं, हादिसे

•••

आज आलम में है सन्नाटा तो है मेरी तलाश,
कल इसी दुनिया को शिकायत थी मेरी फरियाद से।

1. आलम - (i) दुनिया, संसार, जगत (ii) हालत, दशा। 2. फरियाद - (i) सहायता के लिए पुकार, दुहाई (ii) न्याय-याचना, नालिश (iii) शिकायत, परिवाद ।

•••

आज दुनिया में वो खुद अफसाना बनके रह गये,
कल सुना करते थे जो दुनिया के अफसाने बहुत।

-हुनर टौंकी

अफसाना - कहानी, दास्तान।

•••

आसमानों से फरिश्ते जो उतारे जाएं,
वह भी इस दौर में सच बोलें तो मारे जाएं।

इजारादार थे जो मशअले- हिदायत के,
अब अपने घर में तरसते हैं रौशनी के लिये।

1. इजारादार - एकाधिकारी, ठेकेदार। 2. मशअला - मशाल, एक लम्बी लकड़ी में कपड़ा लपेट कर और उसे तेल में तर करके जलाते हैं 3. हिदायत - (i) शिक्षा, सीख (ii) सन्मार्ग दिखलाना, रास्ता दिखाना, रहनुमाई (iii) आदेश, हुक्म (iv) गुरूदिक्षा।

•••

एक शख्स मिला था कड़ी धूप में मुझे,
पानी की आरजू में लहू बेचता हुआ।

•••

ऐसे-वैसे, कैसे-कैसे हो गये,
कैसे-कैसे, वैसे-वैसे हो गये।

•••

कभी गुलशन में रहते थे, कफस में अब गुजरती है,
खता सैयाद की क्या है हमारा आबो -दाना है।

1. कफस - पिंजड़ा, कारावास 2. खता - (i) दोष, अपराध, पाप, गुनाह (ii) त्रुटि, भूल 3. सैयाद - बहेलिया, चिड़ीमार, आखेटक, शिकारी 4. आबो-दाना - अन्न-जल, जीविका, रोजी-रोटी

•••

कभी रहा हूँ मैं इस कदर बेसरो-सामाँ, किसी की चश्मे-इनायत भी बार गुजरी है।
गमे- जहाँ को कभी हिम्मतों ने अपनाया, कभी खुद अपनी मसर्रत भी बार गुजरी है।

-जाँ निसार अख्तर

1. बेसरो-सामाँ - बिना किसी सामान या सामग्री, जिन्दगी के जरूरी सामान के बिना 2. चश्मे-इनायत– कृपादृष्टि, नजरे-इनायत 3. बार - भार, वजन, बोझ 4. मसर्रत - खुशी, हर्ष, आन्नद

•••

कल अपने हाथ किसी हादसे में खो बैठा,
वही आदमी जो निहत्थों पै वार करता था।

•••

कल जो उठते थे बिठाने के लिये,
आज बैठे हैं उठाने के लिये।

•••

कहाँ वह खल्वतें दिन-रात की और अब यह आलम है,
कि जब मिलते हैं दिल कहता है, कोई तीसरा होता।

-फिराक गोरखपुरी

1. खल्वत- एकान्त, जहाँ दूसरा न हो, तन्हाई 2. आलम - (i) हालत, दशा, स्थिति, (ii) संसार, दुनिया

गये दिन की तनहा था मैं अंजुमन में,
यहाँ अब मेरे राजदाँ और भी हैं।

1. अंजुमन - महफिल, बज्म 2. राजदाँ - भेद जानने वाला, घनिष्ट मित्र

•••

जब कश्ती साबितो-सालिम थी, साहिल की तमन्ना किसको थी
अब ऐसी शिकस्ता कश्ती पर, साहिल की तमन्ना कौर करे।

1. साबितो-सालिम – ठीकठाक 2. साहिल - किनारा, तट 3. शिकस्ता - टूटी हुई

•••

जब तक था दम में दम, न दबे आसमाँ से हम,
जब दम निकल गया तो जमीं ने दबा दिया।

•••

जिस जगह खसोखार के ढेर लगे हैं,
याँ हमने इन्हीं आँखों से देखी है बहारें। -मीरतकी मीर

खसोखार - घासफूस और कांटा

•••

जिस जगह दाग से है अब बाकी, लोग कहते हैं वहाँ आशियाने थे।
जिस जगह बस्तियाँ हैं कांटों की, कभी निकहतो-रंग के घराने थे।

-अब्दुल हमीद 'अदम'

1. निकहत- खुश्बू, सुगन्ध, महक 2. रंग - (i) शोभा, रौनक (ii) हर्ष, ख़ुशी

•••

जिसे छोड़कर कारवाँ बढ़ गया था,
वही गर्द अब कारवाँ हो रही है। -नैयर अकबराबादी

गर्द - धूल, रज।

•••

जो रौशनी में खड़े हैं वह जानते नहीं,
हवा चले तो चरागों की जिन्दगी क्या है?

•••

टिका न वक्त के मीनार पर चराग कोई,
न जाने बुझ गये कितने सिकन्दरों के चराग।

•••

तुम्हारी, गैर की, नासेह की अब सबकी सुनते हैं,
किसी की हम नहीं सुनते थे वो भी इक जमाना था। -शौक किदवइ

नासेह - नसीहत करने वाला सदुपदेशक, प्रेम - त्याग का उपदेश देने वाला।

•••

थीं जो कल तक कश्तिए-उम्मीद को बांधे हुए,
रूख बदलकर आज वह मौजें भी तूफां हो गईं। -शफक टौंकी

कश्तिए-उम्मीद - उम्मीद की नौका।

न इतराइए देर लगती है क्या,
जमाने को करवट बदलते हुए।

•••

फर्शे-मखमल पर भी मुश्किल से जिन्हें आता था ख्वाब,
वह खाक पर सोते हैं अब पाँव फैलाये हुए।

-जफर

ख्वाब – नींद

•••

फूलों से जो खेला करते थे, दर-दर की ठोकर खाते हैं,
जीने की तमन्ना थी जिनको, अब जीने से घबराते हैं।

-मंजूर सिद्दकी अकबराबादी

•••

बदल डाला है अब तो अंदाजे - बयां हमने,
बगरना बंद कर दी थी फरिश्तों की जुबाँ हमने।

•••

बात करने तक न आती थी तुम्हें,
यह हमारे सामने की बात है।

-हफीज जौनपुरी

•••

बीत जाती है एक पल में कभी, जिन्दगी की हजार-हा घड़ियां।
एक लम्हें के इन्तिजार मं कभी, सर्फ होती हैं सैकड़ों सदियाँ।

-जाँनिसार 'अख्तर'

1. हजार-हा – हजारों 2. सर्फ - व्यय, खर्च, उपभोग, बीतना

•••

भरी दुनिया में कोई भी नजर नहीं आता अपना,
'अदीब' इक दौर ऐसा गुजर जाता है इंसा पर।

-अदीब मालीगाँवी

•••

मख्मूर अपने दिल में तकब्बुर न लाइए, दुनिया में हर उरूज का एक दिन जवाल है।
मचलता होगा इन्हीं गालों पर शबाब कभी, उबलती होगी इन्हीं आंखो से शराब क़भी।
मगर अब इनमें वह पहली-सी कोई बात नहीं, जहाँ में आह किसी चीज की सबात नहीं।

-'अख्तर' शीरानी

1. मख्मूर - नशे में चूर, उन्मत्त, मदोन्मत्त 2. तकब्बुर - अभिमान, अहंकार, दर्प, गुरूर अकड़, शेखी 3. उरूज - (i) ऊचाई , बुलंदी (ii) उत्कर्ष, उत्थान, उठान (iii) उन्नति, तरक्की 4. जवाल- (i) गिराव, पतन (ii) अवनति (iii) ह्रास, कमी 5. शबाब - जवानी, युवावस्था 6. सबात - (i) दृढ़ता. स्थिरता, स्थायित्व, (ii) मजबूती, पायदारी।

मुकाम ऐसा भी इक आता है राहे-जिन्दगानी में,
जहाँ मंजिल भी गर्दे -कारवाँ मालूम होती है।

-हबीब अहमद सिद्दकी

•••

मेरे सामने आज बातें बनाना,
जबाँ को थी लुकनत, यह है बात कल की।

-हफीज जौनपुरी

लुकनत - हकलाहट, हकलापन

•••

मैंने चाहा था कि पर काट दूँ जिन लम्हों का,
उड़ गये वक्त की मुट्ठी से कबूतर की तरह।

•••

याँ जमीं पै था जिनका दबदबा, कि बुलन्द अर्श पै नाम था।
उन्हें यूँ फलक ने मिटा दिया, कि मजार तक का निशाँ नहीं।

-चकबस्त लखनवी

1. अर्श - आकाश, आसमान 2. फलक - आकाश, आसमान

•••

वक्त सौ मुंसिफों का मुंसिफ है,
वक्त आयेगा, इन्तिजार करो।

मुंसिफ - न्यायकर्ता, इंसाफ करने वाला

•••

वह दिन हवा हुए जब पसीना गुलाब था,
अब इत्र भी मलो तो खुशबू नहीं आती। -माधोराम 'जौहर'

1. इत्र - सुगंध, खुशबू, पुष्पसार

•••

वह नाजुक वक्त आ गया आखिरकार,
कि हर अब रंग तबियत पर गराँ है।

'नातिक' लखनवी

गराँ-भारी, वज्नी।

•••

वह शोले से अक्सर रहे हमकनार,
जो फूलों से दामन बचाकर चले।

-रविश सिद्दकी

1. हमकनार - एक ही पंक्ति में खड़े हुए, आलिंगित, बगलगीर, एक दूसरे को गोद में लेना दामन - कुरते या अंगरखे आदि का वह भाग जो लटकता रहता है, आंचल

वही इन्सां जिसे सरताजे–मख्लूकात होना था,
वही अब सी रहा है, अपनी अज्मत का कफन साकी।

-जिगर मुरादाबादी

1. सरताजे-मख्लूकात - (i) प्राणियों में मुर्धन्य या शिरोमणि या सबसे अच्छा (ii) प्राणियों का स्वामी मालिक, नायक या सरदार 2. अज्मत - (i) बड़प्पन, अहमियत, महानता (ii) सम्मान, आदर, इज्जत

•••

वही जिन्दगी है लेकिन जिगर यह हाल है अपना,
कि जैसे जिन्दगी से जिन्दगी कम होती जाती है।

-जिगर मुरादाबादी

•••

वही हम थे कि रोतों को हंसा देते थे,
वही हम हैं कि थमता नहीं आँसू अपना।

-दाग

•••

वाय किस्मत आज बज्मे-यार में,
लबकुशा हैं गैर, हम खामोश हैं।

-अब्र जौधपुरी

1. बज्म - महफिल, सभा, गोष्ठी 2. लबकुशा - बात करने वाला, बात करता हुआ

•••

सुरूरे-शब की नहीं सुबह का खुमार हूँ मैं,
निकल चुकी है जो गुलशन से वह बहार हूँ मैं।

-'अजीज' लखनवी

1. सुरूरे-शब- रात का चढ़ता हुआ नशा 2. खुमार - सुबह का उतरता हुआ नशा।

•••

हंसो किसी पै तो दोनों जहाँ से डर के हंसो,
गुलों के लब पै भी कल देखी थी हंसी मैंने।

लब - होंठ, ओष्ठ

•••

हर कदम पै आज उसको गर्दिशों ने घेरा है,
जिसने कि गर्दिशों का रूख हर कदम पै फेरा है।

-अब्र अहसन गन्नौरी

गर्दिश - (i) मुसीबत, परेशानी (ii) दुर्भाग्य, बदकिस्मती

हाय वह वक्त कि बेपिये बेहोशी थी,
हाय यह वक्त कि पीकर भी मख्मूर नहीं।

-मजाज

मख्मूर - नशे में चूर, उन्मत्त, मदोन्मत्त

•••

हुए पस्त ऐसे कि उनकी खाक भी न उड़ती देखी,
रहे रहने को कितने इस जमीं पै आसमाँ बनकर।

-रियाज खैराबादी

पस्त - (i) लघु, छोटा (ii) नीचा (iii) अधम, नीच, कमीना

•••

हुए हैं इस कदर खम जमाने के हाथों,
कभी तीर थे, अब कमाँ हो गये हैं।

1. खम - (i) झुकाव, झुकना (ii) वक्र, टेढ़ा (iii) वक्रता, टेढ़ापन 2. कमाँ - धनुष, धनु, तीर चलाने का यंत्र

विडम्बना (Irony)

अब दुनिया की रीति यही है, किसकी मेहनत किसका फल,
काटने वाले और ही होंगे, हम तो बोने वाले हैं।

•••

अहले-चमन को कैदे-कफस की है आरजू,
सैयाद से भी बढ़के सितम बागबाँ के हैं।

-ताजवर नजीबाबादी

1. अहले-चमन - चमन में रहने वाले 2. कैदे-कफस - पिंजड़े में कैद (पंछी) 3. सैयाद – बहेलिया 4. सितम - जुल्म, अत्याचार

•••

असीराने –कफस की आपबीती पूछते क्या हो,
यहां ऐ 'अम्न' कज्जकों से बदतर पासबाँ देखे।

-अम्न लखनवी

1. असीराने–कफस - पिंजरे में कैद पंछी 2. कज्जक - लूटेरे, डाकू 3. पासबाँ - प्रहरी, रक्षक

•••

अहरमन की बंदगी, जिक्रे-खुदा के साथ-साथ,
हर जमाने में ब - अन्दाजे-दिगर होती रही।

-'असर' सहबाई

1. अहरमन - शैतान 2. बंदगी - पूजा, इबादत, आराधना 3. ब-अन्दाजे-दिगर - अपने-अपने ढंग से

•••

अहल-ए- चमन को क़ैद-ए-क़फ़स की है आरज़ू,
सैयाद से भी बढ़ के सितम बागबां के हैं

1. अहल-ए- चमन को - चमन वालों को 2. क़ै द-ए-क़फ़स - पिजड़े की क़ैद 3. सैयाद - चिडीमार, बहेलिया 4. सितम - ज़ुल्म, अत्याचार. 5. बागबां -माली

•••

आज आलम में है सन्नाटा तो है मेरी तलाश,
कल इसी दुदिया को शिकायत थी मेरी फरियाद से।

आलम - संसार, दुनिया, जहान

•••

आज है किस मंजिल पै इंसान,
दिल में अंधेरा, रूख पै उजाले।

आसमानों से फरिश्ते जो उतारे जाए
वह भी इस दौर में सच बोलें तो मारे जाएं।

•••

इक नहीं मांगी खुदा से आदमीयत की रविश,
और हर शै के लिए बंदे दुआ करते रहे।

-'दीवाना' मोहन सिंह

1. रविश - शैली, तर्ज, आचार-व्यवहार 2. शै - चीज

•••

इधर सैयाद फिरते थे उधर सैयाद फिरते थे,
कुछ अंदाज से मेरे गुलिस्तां में बहार आई।

-जगन्नाथ आजाद

1. सैयाद – बहेलिया 2. गुलिस्तां - बगिया,बगीचा, उपवन

•••

इन उजालों ने तो तहजीब मिटाकर रख दी,
इससे तो अच्छा था हर सम्त अंधेरा होता।

1. तहजीब – सभ्यता 2. सम्त - ओर

•••

`इन्सान की बदबख्ती अन्दाज से बाहर है,
कमबख्त खुदा होकर भी बंदा नजर आता है।

1. बदबख्ती - बदनसीबी, बदकिस्मती 2. कमबख्त - अभागा, भाग्य का मारा, वदकिस्मत

•••

उनको आरमाँ है हमारी मौत का,
मर मिटे ऐ जिन्दगी जिनके लिये।

-'अख्तर' शीरानी

•••

एक शख्स मिला था कड़ी धूप में मुझे,
पानी की आरजू में लहू बेचता हुआ।

•••

एक ही उल्लू काफी है बर्बाद गुलिस्तां करने को।
हर शाख पै उल्लू बैठा है अंजामे-गुलिस्तां क्या होगा

•••

कभी आशियाँ की तमन्ना मुसलसल,
कभी आशियाँ तक गये, लौट आये।

-कमर शेरवानी

किसी जा गर्द में मोती, कहीं है गर्द मोती में
तेरी राहों को ऐ तकदीर मैंने खूब छाना है।

-'आर्ज़ू' लखनवी

1. जा - स्थान, जगह 2. गर्द - रज, धूल, खाक

•••

किसी से छूट के शाद, किसी से मिल के शाद,
'फिराक' तेरी मुहब्बत का, कोई ठीक नहीं।

-फिराक गोरखपुरी

शाद - प्रसन्न, खुश

•••

कुछ लग्जिशों से काम जहाँ के संवर गए,
कुछ जुरअतें हयात पै इल्जाम बन गईं।

-बांकी सिद्दकी

लग्जिश - (i) फिस्लन (ii) गलती, त्रुटि, भूल (iii) अपराध, कुसूर 2. जुरअत - साहस, हिम्मत, उत्साह 3. हयात – जिन्दगी

•••

कोई इन फूलों की किस्मत देखना,
जिन्दगी कांटों में पलकर रह गई।

-'अर्श' भोपाली

•••

खत्म कर देगी किसी दिन ये तमन्ना-ए-हयात,
रात-दिन कोशिश में जीने की मरा जाता हूँ मैं।
जिन्दगी के दाम इतने गिर गये कुछ गम नहीं,
मौत की बढ़ती हुई कीमत से घबराता हूँ मैं।

-नीरज जैन

हयात - जिन्दगी

•••

खिजाँ को सहने-गुलिस्ताँ से गये जमाना हुआ लेकिन,
अभी तक फजा-ए-गुलिस्ताँ में उड़ रहा है गुबार।

-जगन्नाथ आजाद

1. खिजाँ - पतझड़ ऋतु 2. सहन – आंगन 3. गुबार - (i) धूल, रज (ii) मनोमालिन्य, दिल का मैल

खूबियाँ लाख किसी में हों तो जाहिर न करें,
लोग करते हैं बुरी बात का चर्चा कैसा।

-दाग

•••

गनीमत है कफस, फिक्रे-रिहाई क्यों करें हमदम,
नहीं मालूम अब कैसी हवा चलती हो गुलशन में।

-साकिब लखनवी

1. कफस - पिंजड़ा, कारागार 2. फिक्रे-रिहाई - रिहाई की चिन्ता 3. हमदम - दोस्त, मित्र, हर समय का साथी

•••

गरीब लहरों पै पहरे बिठाये जाते हैं,
समंदरों की कोई तलाशी नहीं लेता।

•••

गुलचीं ने तो कोशिश कर डाली, सूनी हो चमन की हर डाली,
कांटों ने मुबारक काम किया, फूलों की हिफाजत कर बैठे।

-शकील बदायुनी

गुलचीं - माली, फूल तोड़ने वाला

•••

गुलों के साये में अक्सर 'रियाज' तड़पा हूँ,
करार कांटों पै कुछ ऐसा पा लियां मैंने।

-रियाज श्यामनगरी

•••

घटे अगर तो बस इक मुश्ते-खाक है इन्सां,
बढ़े अगर तो वुसअते-कौनेन में समा न सके।

-जिगर मुरादाबादी

1. मुश्ते-खाक - (i) मुट्ठी भर खाक (धूल) (ii) मनुष्य, आदमी 2. वुसअते-कौनेन - दोनों जहाँ की विशालता

•••

छुप के आई हजार पर्दों में,
आर्जू फिर भी बेलिबास रही।

•••

छोड़ा नहीं खुदी को, दौड़े खुदा के पीछे,
आसां को छोड़ बंदे, मुश्किल को ढूंढते हैं।

खुदी - अहंकार, अभिमान, यह भाव कि बस हमीं हम हैं

जिन खताओं पर दरे-जन्नत हुआ आदम पै बंद,
वो खतायें ही बिना- ए-बज़्मे-इम्काँ हो गईं हैं।

-निहाल सेहारवी

1. खता- (i) दोष, अपराध (ii) त्रुटि, भूल (iii) कुसूर, अपराध 2. दरे-जन्नत - स्वर्ग दरवाजा
3. बिना-ए-बज़्मे-इम्काँ - महफिल के अस्तित्व का आधार या बुनियाद

•••

जिन्हें जमीं पै भी चलने का शऊर नहीं,
उन्हीं का है यह तकाजा कि आसमाँ लेलो।

•••

जीती-जागती दुनिया में भी,
चलते – फिरते मुर्दे देखे।

-फिराक गोरखपुरी

•••

जो कहिए तो झूठी जो सुनिये तो सच्ची,
खुशामद भी हमने अजब चीज पाई।

-ख्वाजा हाली

•••

जो काफिले खिजाँ से भी लूटे न जा सके,
लुट गये वो काफिले फस्ले - बहार में।

-'राही' शिहाबी

1. खिजाँ - पतझड़ की ऋतू 2. फस्ले-बहार - वसन्त का मौसम

•••

जो पहूंचे चुके हैं मंजिल पर, उनको तो नहीं कुछ नाजे-सफर,
चलने का जिन्हें मक्दूर नहीं रफ्तार की बातें करते हैं।

-शकील बदायुनी

मक्दूर - शक्ति, ताकत

•••

तमाम उम्र उम्मीदे-बहार में गुजरी,
बहार आई तो पैगाम मौत का लाई।

- नज़्म मुजफ्फरनगरी

•••

तवारीखों में कुछ ऐसे भी मंजर हमने देखे है,
कि लम्हों ने खता की थी, और सदियों ने सजा पाई।

तवारीख – इतिहास

तुझे ऐ ताइरे -शाखे –नशेमन क्या खबर इसकी,
कभी सैयाद को भी बागबाँ कहना ही पड़ता है।

-जगन्नाथ आजाद

1. ताइरे-शाखे–नशेमन - डाल पर बने घोसले में बैठी पक्षी 2. सैयाद –बहेलिया 3. बागबाँ - बाग की रखवाली करने वाला, माली

•••

दिल को बर्बाद किए जाती है गम बदस्तूर किये जाती है,
मर चुकी सारी उम्मीदें 'अख्तर' आरजू है कि जिये जाती है।

-अख्तर अंसारी

बदस्तूर - पहले की तरह, पूर्ववत्

•••

दौरे-खिजाँ से अब तो बहला रहे हैं दिल को,
कांटों में फँस गये हैं, फूलों की दोस्ती में।

-आरिफ बीकानेरी

दौरे-खिजाँ - पतझड़ का मौसम

•••

न थे चराग तो इक चाँदनी सी फैली थी,
जले चराग तो अब घर में रौशनी कम है।

-सहबा इटावी

•••

फलक के तारों से क्या दूर होगी जुल्मते-शब,
जब अपने घर के चरागों से रौशनी न मिली।

-आनन्द नारायण 'मुल्ला'

1. फलक - आकाश, आस्मान 2. जुल्मते-शब - रात का अंधकार

•••

बदनसीबी का मैं कायल तो नहीं मगर,
मैंने बरसात में जलते हुए घर देखे हैं।

•••

बफैजे - मस्लेहत ऐसा भी होता है जमाने में,
कि रहजन को अमीरे-कारवां कहना ही पड़ता है।

- जनगन्नाथ आजाद

1. बफैजे-मस्लेहत - दुनियादारी के कारण 2. रहजन - लूटेरा, डाकू 3. अमीरे-कारवां - कारवां का सरदार

बरसी वहीं वहीं पर समन्दर थे जिस जगह,
ऊपर से हुक्म था तो घटाएं भी क्या करें।

•••

बस ऐ बहार तेरी अब जरूरत नहीं रही,
बुलबुल ने कर दिया है निशेमन सुपूर्द-जाग।

सुपूर्द-जाग - कौए को सुपूर्द

•••

मिला न उम्र भर तन के लिए जिन्हें कपड़ा,
मरे तो उन्हीं के जनाजे सजाए जाते हैं।

•••

मुफलिसी और आशिकाना मिजाज,
नीदेने वाले ये क्या दिया तूने। -गोपाल मित्तल

मुफलिसी - गरीबी, निर्धनता

•••

मुफलिसी में मिजाज शाहाना,
किस मरज की दवा करे कोई। -यगाना चंगेजी

शाहाना - बादशाहों जैसा

•••

मैं जिसके हाथ में एक फूल देकर आया था,
उसी के हाथ का पत्थर मेरी तलाश में है। -कृष्ण बिहारी नूर

•••

यह इन्सां फूल भी है, खार भी है, यह मोम भी है तलवार भी है।
हर एक दिल में है इसकी हुकूमत, इसी से इक जहाँ बेजार भी है।

-साहिर लुधियानवी

1. खार – कांटा 2. बेजार – परेशान

•••

यह इन्किलाबे-दौरे-जमाना तो देखिए,
मंजिल पै वो मिले जो शरीके-सफर न थे। -अनवर साबरी

1. इन्किलाबे-दौरे-जमाना - जमाने का बदलाव, परिवर्तन या उलट-फेर, समय का उलट-फेर 2. शरीके-सफर - सफर में शामिल

•••

यह चलती-फिरती सूरतें जो देखते हैं आप,
कितने हैं इनमें वाकई इंसाँ न पूछिए। -कमर जाफरी

•••

यह दुनिया है यहां हर काम चलता है सलीके से,
यहां पत्थर को भी लाले-गरां कहना ही पड़ता है।

-जगन्नाथ आजाद

लाले-गरां - बहुमूल्य या बेशकीमती रत्न

यारब यह भेद क्या है कि राहत की फिक्र ने,
इन्साँ को और गम में गिरिफ्तार किया है।

•••

रहजनों से तो भाग निकला था,
अब मुझे रहबरों ने घेरा है।

1. रहजन- लुटेरा रास्ते में पथिकों को लूट लेने वाला, बाटमार 2. रहबर - पथप्रदर्शक, आगे-आगे चलने वाला,रास्ता बताने वाला

•••

राहबर रहजन न बन जाए कहीं, इस सोच में,
चुप खड़ा हूँ भूलकर रस्ते में मंजिल का पता।

-आरजू लखनवी

1. राहबर - रास्ता दिखानेवाला, पथप्रदर्शक 2. रहजन - लुटेरा, डाक, रास्ते में पथिकों को लूट लेने वाला, बाटमार

•••

वह बड़े खुशनसीब इन्साँ है,
जिनकी कश्ती को नाखुदा न मिला। -अब्दुल हमीद 'अदम'

नाखुदा - नविक, मल्लाह, कर्णधार

•••

वह काले कोस सहर की खुशी में काटे हैं,
सहर का रंग मगर रात से भी बदतर था।

1. सहर -सबेरा, प्रभात, भोर 2. बदतर -बहुत खराब

•••

वह की खुलूस की तौहीन अहले-दुनिया ने,
जबों पै लफ्जे–मुहब्बत गराँ गुजरता है।

- निहाल सेहरारवी

अहले-दुनिया - दुनिया वाले 2. गराँ - भारी

•••

वह फूल जिस पर जियादा निखार होता है,
किसी के दस्ते-हवस का शिकार होता है।

1. दस्त - हाथ 2. हवस - लोभ, लालच (ii) उत्कंठा, लालसा

वही इन्साँ जिसे सरताजे–मख्लूकात होना था,
वही अब सी रहा है अपनी अज्मत का कफन साकी।

-जिगर मुरादाबादी

1. सरताजे–मख्लूकात - सारी सृष्टि का शिरोमणि, संसार में जितनी चीजें हैं, उनका स्वामी
2. अज्मत - (i) बड़प्पन, महानता, अहमीयत, (ii) सम्मान, आदर, इज्जत

हजारों नग्मा -ए- दिलकश मुझे आता है ऐ बुलबुल,
मगर दुनिया की हालत देखकर चुप हो गया हूँ मैं। -आसी उल्दानी

•••

हम आह भी भरते हैं तो हो जाते हैं बदनाम,
वह कत्ल भी करते हैं तो चर्चा नहीं होती।

•••

हमको राहे-जिन्दगी में, इस कदर रहजन मिले,
रहनुमा पर भी गुमाने- रहनुमा होता नहीं। -अर्श मल्सियानी

1. रहजन - लुटेरा, रास्ते में पथिकों को लूट लेने वाला, बाटमार 2. रहनुमा -रास्ता दिखाने वाला, पथप्रदर्शक 3. गुमाने-रहनुमा -पथप्रदर्शक होने का आभास

•••

हमने कांटों को भी नरमी से छुआ है लेकिन,
लोग बेदर्द हैं फूलों को मसल देते हैं।

•••

हमारे अहद के इन्सान है जहीन बहुत,
जमीर बेचकर शोहरत खरीद लेते हैं।

1. अहद- युग,समय,जमाना 2. जहीन - अक्लमंद, होशियार

•••

हमीं से रंगे-गुलिस्तां, हमीं से रंगे-बहार,
हमीं को नज्मे-गुलिस्तां पर इख्तियार नहीं। - साहिर लुधियानवी

1. रंगे-. गुलिस्तां - उद्यान या बाग की शोभा और छटा 2. रंगे-बहार - हर तरफ फूलों की शोभा, वसन्त ऋतु की छटा 3. नज्म - प्रबन्ध, इन्तिजाम

•••

हर जीन्स के ख्वाहाँ मिले बाजारे-जहां में,
लेकिन न मिला कोई खरीदारे- मुहब्बत।

•••

1. जीन्स– चीज 2. ख्वाहाँ - चाहने वाला, ख्वाहिश रखने वाला

•••

हवाएं बदल गई हैं इस कदर जमाने की,
दुआएं माँग रहा हूँ होश में न आने की।

•••

है चमक तेरी जबीं पर जरा दिल भी देख जाहिद,
जो जगह है रौशनी के लिए वहीं रौशनी नहीं।

जबीं - माथा

विदाई (Parting)

अब के हम बिछड़े तो शायद कभी ख्वाबों में मिलें,
जिस तरह सूखे हुए फूल किताबों में मिलें।

-फराज अहमद

•••

अब तो चलते हैं बुतकदे से ऐ 'मीर',
फिर मिलेंगे गर खुदा लाया।

-मीरतकी मीर

बुतकदा - मंदिर, मूर्तिगृह, बुतखाना

•••

आये हो कल और आज ही कहते हो कि जाऊं, माना कि हमेशा नहीं अच्छा, कोई दिन और।
जाते हुए कहते हो कयामत को मिलेंगे, क्या खूब कयामत का है गोया कोई दिन और।

-मिर्जा गालिब

1. कयामत - महाप्रलय, सारी दुनिया का उलट-पुलट, हश्र का दिन 2. गोया - मानो, जैसे

•••

न भूलेगा वह वक्ते-रूखसत किसी का,
मुझे मुड़के फिर इक नजर देख लेना। -हसरत

•••

'फिराक' अब अहले-दुनिया से विदा-ए-आखिरी लेले,
वह देखो शायराने-रफ्त इस्तिकबाल को आये।

-फिराक गोरखपुरी

1. अहले-दुनिया से - दुनियावालों से 2. शायराने-रफ्त - शायर जो दुनिया से जा चुके हैं 3. इस्तिकबाल - स्वागत

•••

मायूसियों का दिल में वो आलम दमे-विद्अ,
बुझते हुए चराग की लौ जैसे थरथराए।

-अंदलीब शादानी

दमे-विद्अ - बिछुड़ते समय

•••

यूँ जा रहा हूँ जैसे फिर न आऊँगा कभी,
मुड-मुड के देखती है, तेरी रहगुजर मुझे।

-शाद अमृतसरी

रूखसत होते हैं तुमसे लो संभालो यह साज,
छेड़ों नये तराने कि मेरे नगमों को नींद आती है।

-फिराक गोरखपुरी

•••

रूखसत के वाकआत का इतना तो होश है,
देखा किये हम उनको जहाँ तक नजर गई।

-मिर्जा ग़ालिब

1. रूखसत - विदा, विदाई 2. वाकआत - हटना, हादिसा

•••

वक्ते-रूखसत तसल्लियाँ देकर,
और भी तुमने बेकरार किया।

-दिल शाहजहाँपुरी

––––––

शमा-परवाना (Candle and Moth)

आशिकों में और उसका नाम रौशन हो गया,
शम्अ ने सोचा था मिट जायेगा परवाने का नाम।

-बिस्मिल भरतपुरी

•••

इश्क क्या चीज है यह पूछिये परवाने से,
जिन्दगी जिसको मयस्सर हुई मर जाने के बाद। -साहिर लुधियानवी

•••

इस अंजुमन में आकर राहत नसीब किसको,
परवाना भी जलेगा और श्म्मा भी जलेगी,
जन्नत बना सकेगा हरगिज न कोई इसको,
दुनिया यूँ ही चली है 'अकबर' यूँ ही चलेगी।

-अकबर इलाहाबादी

अंजुमन - महफिल, बज्म

•••

उल्फत भी अजब शै है, जो दर्द वही दरमां,
पानी में नहीं गिरता जलता हुआ परवाना। -'आर्जू' लखनवी

दरमां - दवा, इलाज, उपचार

•••

जब शमआ हँसी तब परवाने मासूम शरारत कर बैठे,
छोटा-सा दिल और ये जुर्रअत, शोलों से मुहब्बत कर बैठे।

-हसरत मोहानी

जुर्रअत- साहस, हिम्मत

•••

जरा देख परवाने करवट बदलकर,
सती हो गई शम्अ महफिल में जलकर। -साकिब लखनवी

•••

जल भी जा बदनसीब परवाने,
शम्अ की जिन्दगी दराज नहीं। -अब्दुल हमीद अदम

दराज - लंबी, तवील

•••

जी भर के तड़प लेने दे उन्हें, रह-रह के उनको जलने दे,
ऐ शम्अ की लौ, ये परवाने, इक रात के मेहमाँ होते हैं।

-अलम मुजफ्फरनगरी

नजर में ढलके उभरते हैं दिल के अफसाने,
ये और बात है कि दुनिया नजर न पहचाने,
यह बज्म देखी है मेरी निगाह ने कि जहाँ,
बगैर शम्अ भी जलते रहते हैं परवाने।

-सूफी तबस्सुम (सूफी गुलाम मुस्तफा)

•••

फना होने में सोजे-शम्अ की मिन्नतकशी कैसी,
जले जो आग में अपनी उसे परवाना कहते हैं।

-नजर लखनवी

सोज - जलन, तपिश, ताप

•••

बिन जले शम्अ के परवाना जल नहीं सकता,
क्या करे इश्क अगर हुस्न ही सबकत न करे।

-अब्राहम जौंक

सबकत – आगे आने, आगे बढ़ना

•••

मंजिल में मुहब्बत की हस्ती ही रूकावट है,
कल बज्म में कहता था जलता हुआ परवाना।

-माहिर-उल-कादिरी

•••

मुहब्बत-आश्ना दिल मजहबो-मिल्लत को क्या जाने,
हुई रौशन जहाँ शम्अ, परवाना वहीं आया।

-नातिक लखनवी

1. **मुहब्बत-आश्ना** - मुहब्बत करने वाला 2. **मजहबो-मिल्लत** - धर्म और संप्रदाय

•••

यह कहके आख़िरे-शब, शम्अ हो गई खामोश,
किसी की ज़िन्दगी लेने से ज़िन्दगी न मिली।

-आनन्द नारायण मुल्ला

खिरे-शब - रात के खत्म होने पर, रात के अंतिम पहर मे

•••

रूखे-रौशन के आगे शम्अ रखकर वो ये कहते है,
उधर जाता है देखें या इधर परवाना आता है।

-मिर्जा 'दाग'

1. **रूखे-रौशन** - रौशन चेहरा 2. **परवाना** - (i) पतंगा, शलभ (ii) आदेश-पत्र, हुक्मनामा (iii) भक्त, फिदाई (iv) आसक्त, फरेफ्ता

शम्अ मे ताकत कहाँ, जो एक परवाने में है,
लुत्फ जलने में नहीं, ज़ल-जल के मर जाने में है।

•••

सितम है यह जौके-परफिशांनी, कहीं बुझ न जाये-शम्ए-महफिल,
कोई पतंगों से जाके कह दे कि यह हवस है, वफा नहीं है।

1. जौक -(i) लुत्फ, आनन्द (ii) स्वाद, मजा (iii) रूचि, शौक **2. परफिशानी** - पर फड़फड़ाना **3. हवस** - लोभ, लालच **4. वफा** - भक्ति, वफादारी, स्वामी या मित्र के साथ तन, मन, धन से निबाहना और कड़ से कड़े समय में उसका साथ देना।

•••

सुबह हुई और देखी लाशें, लाखों बेकफन परवानों की।
कोई शम्अ से यह पूछे, यही खातिर है रात के मेहमानों की।

1. खातिर - (i) सम्मान, सत्कार (ii) हृदय, मन, दिल (iii) लिए, वास्ते

•••

हुस्न और इश्क का नैरंग खुदा ही जाने,
शम्अ जलती है कि दिल जलता है परवाने का।

-साकिब लखनवी

नैरंग - फरेब, तिलिस्म, माया, जादू

•••

है शिद्दते–खुलूस भी इक जुर्मे - आशिकी,
परवाना जल के शम्अ को बदनाम कर गया।

-शकील बदायुनी

1. शिद्दत - बहुत अधिक, बेपनाह **2. खुलूस** - प्यार, मुहब्बत, लगाव, चाहत शकील बदायुनी

•••

हो गया ढेर वहीं आह भी निकली न कोई,
जाने क्या बात कहीं, शम्अ ने परवाने से।

– – – – – –

शम्‌ए-उम्मीद (Candle of hope)

'अख्तर' यह गम के दिन भी गुजर जायेंगे यूं ही,
जैसे वह राहतों के जमाने गुजर गए।

-'अख्तर' अंसारी

•••

अभी आस टूटी नहीं है खुशी की, अभी गम उठाने को जी चाहता है।
तबस्सुम हो जिसमें निहा जिन्दगी का वह आंसू बहाने को जी चाहता है।

-'अदीब' मालीगांवी

1. तबस्सुम - मुस्कान, मुस्कुराहट 2. निहा - छुपा हुआ

•••

आज तारीकिए-माहौल से दम घुटता है
कल खुदा चाहेगा 'तालिब' तो सहर भी होगी।

-'तालिब' बदेहलवी

1. तारीकिए-माहौल - माहौल का अंधेरापन 2. सहर - सुबह, सबेरा

•••

आज कांटें हैं अगर तेरे मुकद्दर में तो क्या,
कल तेरा भर जाएगा फूलों से दामन गम न कर।

-'निहाल' सेहरारवी

•••

इक नई बुनियाद डालेंगे तजस्सुम की 'शफा'
हर गुबारे-कारवां में कारवाँ ढूढेंगे हम।

-'शफा' ग्वालियरी

तजस्सुम - खोज, तलाश।

•••

इन्हीं गम की घटाओं से, खुशी का चांद निकलेगा,
अंधेरी रात के पर्दों में, दिन की रौशनी भी है।

•••

इन्हीं जर्रों से कल होंगे, नए कुछ कारवां पैदा,
जो जर्रे आज उड़ते हैं गुबारे –कारवां होकर। -'शफक' टौंकी

•••

उभरेंगे एक बार अभी दिल के वलवले,
गो दब गए हैं बारे-गमे-जिन्दगी से हम। -'साहिर' लुधियानवी

1. वलवला - उत्साह, हौसला, उम्मीद 2. बार - बोझ, भार, वजन

उम्मीद वक्त का सबसे बड़ा सहारा है,
गर हौसला है तो हर मौज में किनारा है।

-'साहिर' लुधियानवी

•••

उसके दामन में अगर शब हैं, सितारे भी तो हैं,
गर्दिशे - अफलाक से मायूस होना छोड़ दे।

गर्दिशे-अफलाक - दैवी प्रकोप, आसमान से आने वाली मुसीबत

•••

ऐ शम्अ सुबह होती है, रोती है किस लिए,
थोड़ी-सी रह गई है, इसे भी गुजार दे।

- अग्गाजान ऐस

•••

कफस में मुझसे रुदादे चमन कहते न डर हमदम,
गिरेगी जिसपै कल बिजली, वह मेरा आशियाँ क्यों हो।

1. कफस - पिंजड़ा, कारागार **2. रुदाद** - कहानी, दास्तान

•••

कल यही ख्वाब हकीकत में बदल जायेंगे,
आज जो ख्वाब फक्त ख्वाब नजर आते हैं।

-जानिसार 'अख्तर'

•••

कहने को लफ्ज दो हैं, उम्मीद और हरसत,
लेकिन निहां इसी में, दुनिया की दास्तां है।

-नातिक लखनवी

1. हसरत - (i) निराशा, नाउम्मेदी (ii) दुख, कष्ट, मुसीबत (iii) लालसा,इच्छा **2. निहां** - गुप्त, छिपा हुआ

•••

कारगाहे-हयात में ऐ दोस्त यह हकीकत मुझे नजर आई,
हर उजाले में तीरगी देखी, हर अंधेरे में रौशनी पाई।

-'जिगर' मुरादाबादी

1. कारगाह - कार्यालय, कार्य करने का स्थान **2. तीरगी** - अंधेरा, अँधियारा।

•••

कुछ उम्मीदे-करम में गुजरी है,
कुछ उम्मीदे-करम में गुजरेगी।

1. करम - मेहरबानी, इनायत, कृपा

कुछ कटी हिम्मते-सवाल में उम्र,
कुछ उम्मीदे- जवाब में गुजरी।

-फानी बदायुनी

●●●

खिजां अब आयेगी तो आयेगी ढलकर बहारों में,
कुछ इस अन्दाज से नज्मे-गुलिस्तां कर रहा हूँ मैं।

-'शफक' टौंकी

1. खिजां - पतझड़ की ऋतु 2. नज्म - प्रबन्ध, व्यवस्था

●●●

खिजां के लूट से बर्बादिए-चमन तो हुई,
यकीन आमादे -फस्ले-बहार कम न हुआ।

-'मजाज'

1. आमादे-फस्ले-बहार - वसन्त ऋतु का आगमन

●●●

गमे-हस्ती का 'असद' किससे जुज-मर्ग इलाज,
शम्अ हर रंग में जलती है सहर होने तक।

-मिर्जा गालिब

1. जुज-मर्ग - मौत के अलावा 2. सहर - सुबह, सबेरा

●●●

गुल अगर इक शम्अ होती हैं हवाए-दहर से,
सैकड़ों उसकी जगह होती हैं रौशन, गम न कर।

-'निहाल' सेहरारवी

1. गुल - बुझना 2. दहर – काल, समय, वक़्त, युग

●●●

गुलशन की तरफ मुंह किए बैठा हूँ कफस में,
शायद कोई दमसाज निकल जाए इधर भी।

-'साकिब' लखनवी

1. कफस – पिंजड़ा 2. दमसाज -(i) मित्र,सखा, दोस्त, हमदम(ii) गाने आदि में साथ देने वाला

●●●

घबरा न हिज्र में बहुत ऐ जाने-मुज्तरिब,
थोड़ी ही रह गई है, उसे भी गुजार दे।

-अमीर'

1. हिज्र - जुदाई, वियोग 2. जाने-मुज्तरिब - व्याकुल जान

जो गम हद से जियादा हो, खुशी नजदीक होती है,
चमकते हैं सितारे रात जब तारीक होती है।

-अपसर' मेरठी

तारीक - अंधेरी

•••

झूठी ही तसल्ली दो, उम्मीद तो बंध जाए,
धुंधली ही सही लेकिन इक शम्अ तो जल जाए।

-'फना' कानपुरी

•••

तबिअत जब नई उम्मीद से मानूस होती है,
तमन्नाओं में ताजा जिन्दगी महसूस होती है।

-अब्दुल हमीद 'अदम'

मानूस - आसक्त, आशान्वित

•••

तरके-उम्मीद बस की बात नहीं,
वरना उम्मीद कब बर आई है।

-'फानी' बदायुनी

1. तरके-उम्मीद - उम्मीद छोड़ना या त्यागना 2. बर - सफल, कामयाब

•••

तूले – गमे - हयात से घबरा न ऐ 'जिगर',
ऐसी भी कोई शाम है जिसकी सहर न हो।

-'जिगर' मुरादाबादी

1. तूल - (i) लम्बाई, दीर्घता, आयाम (ii) ढेर, अम्बार 2. हयात – जिन्दगी 3. सहर - सुबह, सबेरा

•••

दिल गवारा नहीं करता शिकस्ते-उम्मीद,
हर तगाफुल पै नवाजिश का गुमां होता है।

-'रविश' सिद्दकी

1. शिकस्त - हार, पराजय, पराभाव 2. तगाफुल - उपेक्षा, अनदेखी, परवा न करना 3. नवाजिश - मेहरबानी, कृपा, इनायत

•••

दिल नाउम्मीद तो नहीं नाकाम ही तो है,
लंबी है गम की शाम, मगर शाम ही तो है।

-फैज अहमद 'फैज'

नई सुबह पर नजर है मगर आह यह भी डर है,
यह सहर भी रफ्ता-रफ्त कहीं शाम तक न पहुंचे।

-शकील बंदायुनी

1. सहर - सुबह, प्रातः 2. रफ्ता-रफ्त - अहिस्ता-अहिस्ता, धीरे -धीरे

•••

पढ़े जो गौर से तारीख के वरक हमने,
आंधियों में भी जलते हुए चराग मिले।

वरक - पन्ने

•••

पत्थर तो रोज आते ही रहते हैं सहन में,
हल इसका यह नहीं है कि घर छोड़ दीजिए।

सहन - आंगन

•••

बिजलियां भी टूटेंगी, जलजले भी आयेंगे,
फूल मुस्कुराए हैं, फूल मुस्कुरायेंगे।

जलजला - भूकम्प

•••

मिल ही जाएगी ढूंढने वाले को बहार,
हर गुलिस्तां में खिजां हो यह जरूरी नहीं।

- 'इकबाल'

खिजां - पतझड़ की ऋतु 'इकबाल'

•••

मेरे दिले-मायूस में क्यों कर न हो उम्मीद,
मुरझाए हुए फूलों में क्या बू नहीं होती।

-'अख्तर' अंसारी

•••

मेरे दोस्तों की दिलआजारियों में,
मेरी बेहतरी की कोई बात होगी।

-अब्दुल हमीद 'अदम'

दिलआजारी- कोई ऐसी बात कहना या करना, जिससे किसी का दिल दुखे, सताना, कष्ट देना

•••

यह मुमकिन है कि लिखी हो कलम ने फतह आखिर में,
जो है अहबाबे-हिम्मत, गम नहीं करते शिकस्तों में।

अहबाबे-हिम्मत - हिम्मत वाले, हिम्मती

यह रात अंधेरी है, मगर ऐ गमे-फर्दा,
सीनों में अभी शम्ए-यकीं जाग रही है।

-'फिराक' गोरखपुरी

गमे-फर्दा - आने वाला गम (फर्दा-आगे आने वाला कल)

•••

यही कहकर अजल को कर्जख्वाहों की तरह टाला,
कि लेकर आज कासिद, यार का पैगाम आयेगा।

-शाद अजीमाबादी

1. अजल – मृत्यु **2. कर्जख्वाह** - कर्ज लेने वाला, ऋणेच्छुक **3. कासिद** -डाकिया, पत्रवाहक **4. पैगाम** - संदेश

•••

रहेंगे न ये दिन मल्लाह हमेशा,
थोड़े दिन में गंगा उतर जायेगी।

-'ख्वाजा' हाली

•••

हजार बर्क गिरें, लाख आंधियां उठें,
वह फूल खिल के रहेंगे, जो खिलने वाले हैं।

-'साहिर' लुधियानवी

बर्क - बिजली

•••

हर खिजाँ के गुबार में हमने कारवाने - बहार देखा है,
कितने पंशमीनापोश जिस्मों में रूह को तारतार देखा है।

-अफसर मेरठी

1. खिजाँ - पतझड़ ऋतु **2. गुबार** - धूल, रज, धुलि **3. कारवाने–बहार** - बहार का काफिला **4. पंशमीनापोश** - बेहतरीन ऊनी कपड़ों में छिपे या लिपटे **5. तारतार** - टुकड़े-टुकड़े, रेजा-रेजा

संवेदनशीलता (Sensitiveness)

जब तक दहाने-जख्म न पैदा करे कोई,
मुश्किल की तुमसे राहे-सुखन वा करे कोई।

-मिर्जा गालिब

1. दहाने – जख्म - घाव का मुंह (यानी संवेदनशीलता, हमदर्दी) **2. राहे-सुखन** - शाइरी का रास्ता **3. वा** - खोलना

•••

तमाम उम्र इसी एहतियात में गुजरी,
कि आशियाना कहीं शाखे-गुल पर बार नहीं।

-अंजुमन नाजिमी

1. शाखे-गुल - फूलों की डाली **2. बार** - बोझ, भार

•••

बकद्रे-होश हर इक को यहाँ रंज मिलता है,
सुकून से रहते है यहाँ सिर्फ दीवाने।

बकद्रे-होश - संवेदनशील

•••

हम सहने-गुलिस्ताँ में अक्सर, यह बात भी सोचा करते हैं,
यह आंसू है किन आंखों के फूलों पै जो बरसा करते हैं।

-नक्वी कासिम बशीर

•••

हमने कांटों को भी नरमी से छुआ है लेकिन,
लोग बेदर्द हैं फूलों को मसल देते हैं।

•••

हुस्ने-फरोगे-शमए-सुखन दूर है 'असद',
पहले दिले–गुदाख्ता पैदा करें कोई।

-मिर्जा गालिब

1. हुस्ने-फरोगे-शमए-सुखन - शाइरी या कविता की शम्अ की रोशनी का सौन्दर्य **2. गुदाख्ता** - पिघलने वाला या द्रवणशील (यानी संवेदनशील)

––––––

सितम (Unfairness)

इतना तो सोच जालिम जौरो-जफासे पहले,
यह रस्म दोस्ती की दुनिया से उठ जायेगी।

-'असर' लखनवी

जौरो-जफा - अत्याचार, अन्याय, जुल्मो-सितम

•••

उनकी बेजा भी सुनूं, आप बजा भी न कहूं,
आखिर इन्सान हूँ मैं भी, कोई दीवार तो नहीं।

-आर्जू लखनवी

1. **बेजा** - अनुचित, नामुनासिब 2. **बजा** - उचित, मुनासिब

•••

एक तेरे छुटने का गम, एक गम उनसे मिलने का,
जिनकी इनायतों से जी और उदास हो गया।

-फिराक गोरखपुरी

इनायत - मेहरबानी, कृपा, दया

•••

ऐ निगहे-दिलफरेब, यह क्या सितम कर दिया,
हौसले जब बढ़ गये, रब्त को कम कर दिया।

-'आर्जू' लखनवी

1. **निगहे-दिलफरेब** - निगाहों को फरेब देने वाली माशूक 2. **सितम** - जुल्म, अत्याचार, अन्याय, बेइन्साफी 3. **रब्त** - लगाव, तअल्लुक, मेल-जोल

•••

ऐ सितमगर मेरे इस हौसले की दाद दे,
सामने तेरे अगर फरियाद कर लेता हूँ मैं।

-अर्श मल्सियानी

सितमगर - अत्याचारी, जुल्मी

•••

कब मैं कहता हूँ तेरा गुनहगार न था,
लेकिन इतनी तो अकूबत का सजावार न था।

-काइम

अकूबत - सख्ती, कड़ाई

कभी नेकी भी उसके जी में गर आ जाये है मुझसे,
जफाएं करके अपनी याद शर्मा जाये है मुझसे।

जफा - जुल्मोसितम, अत्याचार

•••

कहते हैं जब रही न मुझमें ताकते-सुखन,
जानूं किसी के दिल की मैं क्यों कर कहे बगैर,
काम उससे आ पड़ा है जिसका जहान में,
लेवे न कोई नाम सितमगर कहे बगैर।

-मिर्जा गालिब

1. ताकते-सुखन - बात करने की ताकत 2. सितमगर - अत्याचार या जुल्म ढाने वाला

•••

कहाँ तक जफा हुस्न वालों के सहते,
जवानी जो रहती तो फिर हम न रहते।

-'साकिब' लखनवी

जफा - जुल्म, सितम, अत्याचार

•••

कहीं जवाब है इस हद के बदगुमानी का,
कि शुक्र भी जो करूँ आप इसे गिला कहिए।

-शाद अजीमाबादी

बदगुमानी - किसी की ओर से बुरा खयाल, कुधारणा

•••

कहीं मर न जाये सितम सहने वाले,
तगाफुल में थोड़ी-सी तख्फीफ फर्मायें।

-अब्दुल हमीद 'अदम'

1. तगाफुल - उपेक्षा, बेतवज्जुही 2. तख्फीफ - कमी

•••

काम आ सकी न अपनी वफायें तो क्या करें,
इक बेवफा को भूल न जायें तो क्या करें।
इक दिन की बात हो तो उसे भूल जायें हम,
नाजिल हों दिल पै रोज बलायें तो क्या करें।

-'अख्तर' शीरानी

1. नाजिल - गिरना, ऊपर से नीचे आने वाला 2. बलायें - विपत्तियाँ, मुसीबतें

•••

किसी में दम नहीं अहले-सितम से कुछ भी कहें,
सितमजदों को, हरेक आ रहा है समझाने।

अहले-सितम - सितम ढाने वाला 2. सितमजदा - जिस पर सितम हो, पीड़ित, अत्याचारग्रस्त

कुछ दिनों के वास्ते बनकर करारे-जिन्दगी,
क्या खबर थी उम्र भर इस तरह तड़पायेंगे।

-'फाखिर' टौंकी

करारे-जिन्दगी - जिन्दगी को सुकून या चैन देने वाला/वाली

●●●

कोई और तोहमत तो बाकी नहीं है,
बड़ी दिलनवाजी से पेश आ रहे हैं।

-अब्दुल हमीद 'अदम'

दिलनवाजी - मैत्री, दोस्ती, सान्तवना, ढाढस

●●●

क्या इससे भी पुरदर्द कोई होगा फसाना,
हम जान से जाते रहे और उसने न माना।

-'जलील' किदवई

पुरदर्द - दुखपूर्ण, गमनाक, कष्टपूर्ण

●●●

खाई हो कभी चोट तो दुख औरों का समझें,
वह हंस रहे हैं और यहाँ जान पै बनी है। -'आर्जू' लखनवीत

●●●

गिने जा रहे है मेरे जख्मे-जिगर,
कोई तीर शायद खता हो गया है। -'जिगर' मुरादाबादी

●●●

चोट देकर आजमाते हैं दिले-आशिक का सब्र,
काम शीशे से नहीं लेता, कोई फौलाद का।

-सालिक लखनवी

●●●

जफा उस पै करता है हद से जियादा,
जिसे यार अहले - वफा जानता है।

-मीरतकी मीर

1. **जफा** - जुल्म, अत्याचार 2. **अहले-वफा** - वफादार

●●●

जफा जो इश्क में होती है वह जफा ही नहीं,
सितम न हो तो मुहब्बत में कुछ मजा ही नहीं।

-मोहम्मद इकबाल

1. **जफा** - जुल्म, अत्याचार 2. **सितम** - जुल्म अत्याचार

जफा के नाम पर तुम क्यों संभलकर बैठ गये,
तुम्हारी बात नहीं, बात है जमाने की।

-मजरूह सुल्तानपुरी

जफा - जुल्म, अत्याचार, अन्याय, सितम

•••

जफाएं तुम किए जाओ, वफाएं मैं किए जाऊं,
तुम अपने फन में कामिल हो, मैं अपने फन में यकता हूँ।

-'बेखुद' देहलवी

1. जफा - जुल्म, अत्याचार **2. कामिल** - निपुण, दक्ष, होशियार **3. यकता** - अद्वितीय, अनुपम, बेमिस्ल

•••

जब तक तेरा सितम न गंवारा हुआ मुझे,
तेरा करम भी मेरे लिये दुश्वार था।

-दर्द सईदी

करम - मेहरबानी, कृपा

•••

जबाँ से गर किया वादा तूने तो यकीं किसको,
निगाहें साफ कहती है कि देखो यूं मुकरते हैं।

-मिर्जा 'दाग'

•••

जोर से बाज आये पर बाज आये क्या?
कहते हैं हम तुमको मुंह दिखलाये क्या?

-मिर्जा गालिब

जोर - जुल्म, अत्याचार

•••

जौर तो ऐ 'जोश' आखिर जौर था,
लुत्फ भी उनका सितम ढाता रहा।

-'जोश' मल्सियानी

1. जौर - जुल्मो-सितम, अत्याचार **2. लुत्फ** - इनायत, मेहरबानी

•••

झूठे वादे भी नहीं करते आप,
कोई जीने का सहारा भी नहीं।

-'जलील' मानिकपुरी

ता फिर न इन्तिजार में नींद आये उम्र भर,
आने का अहृद कर गये आये जो ख्वाब में।

-मिर्जा गालिब

अहृद – (i) वादा, वचन, कौल (ii) युग, काल

•••

तुम उनके वादे का जिक्र उनसे क्यों करो 'गालिब',
ये क्या कि तुम कहो और वो कहें कि याद नहीं।

-मिर्जा 'गालिब'

•••

तुम्हारी बज्म में हम संभल जाते यह मुश्किल था,
तुम्ही बेताब करते थे, तुम्हीं फिर थाम लेते थे।

-'जलाल' लखनवी

1. बज्म - महफिल **2. बेताब** - (i) व्याकुल, बेचैन, बेकरार (ii) अधीर, बेसब्र (iii) मुश्ताक, उत्कंठित

•••

तेरे सवाल पै चुप हैं इसे गनीमत जान,
कहीं जवाब न दे दें कि मैं नहीं सुनता।

-मिर्जा 'गालिब'

•••

दावर के सामने बुते–काफिर को क्या कहूँ,
दोनों की शक्ल एक है, किसको खुदा कहूँ।
मारो भी तुम, जिलाओ भी तुम तुमको क्या कहूँ,
तुमको खुदा कहूँ या खुदा को खुदा कहूँ।

-रियाज खैराबादी

1. दावर – ईश्वर **2. बुते-काफिर** - प्रेमिका, माशूक

•••

न आते हमें इसमें तकरार क्या थी,
मगर वादा करते हुए आर क्या थी।

-मोहम्मद इकबाल

1. तकरार-वाद-विवाद, बहस **2. आर** - लज्जा, लाज

•••

नजर जिसकी तरफ करके निगाहें फेर लेते हो,
कयामत तक उस दिल की परेशानी नहीं जाती।

-आनन्द नारायण 'मुल्ला'

नादानियों से अपनी आफत में फंस गया हूँ,
बेदादगर को मैंने बेदादगर न जाना।

-असर लखनवी

बेदादगर - अत्याचार करने वाला

•••

पास रहकर यह तकल्लुफ, साथ रहकर यह हिजाब,
मेरा उनका फासिला गोया कई मंजिल का है।

-'दिल' शाहजहाँपुरी

1. **हिजाब** – पर्दा 2. **गोया** - मानो, जैसे

•••

बन गया वो सह लिये जिसने तेरे जुल्मो-सितम,
मिट गया वो जिस पै तेरी मेहरबानी हो गई।

-शकील बदायुनी

•••

मिलने का वादा उनके तो मुंह से निकल गया,
पूछा जगह जो मैंने, कहा हंस के ख्वाब में।

-अमीर मीनाई

•••

मैं जानता था मेरी ही उल्फत की कोई हद नहीं,
लेकिन तुम्हारे जुल्म भी हद से गुजर गये।

-'हसन' बरेलवी

•••

यह भी कहते हैं कि अर्जे-तमन्ना बेसूद,
यह भी कहते हैं तेरे मुंह में जबाँ है तो सही।

-निहाल सेहरारवी

बेसूद - व्यर्थ, बेकार

•••

यह और बात है कि मैं शिकवा न कर सकूँ,
लेकिन तेरी निगाह को पहचानता हूँ मैं।

-'नाजिश' प्रतापगढ़ी

•••

यह कैसी दस्तूरे-जबाबंदी है तेरी महफिल में,
यहाँ तो बात करने को भी तरसते हैं हम।

-मोहम्मद इकबाल

1. **दस्तूर** - (i) विधान, नियम, काइदा (ii) परंपरा 2. **जबाबंदी** - बोलने पर पाबंदी

यह जन्नत मुबारिक रहे जाहिदों को, कि मैं आप का सामना चाहता हूँ।
न आते हमें इसमें तकरार क्या थी,मगर वादा करते हुए आर क्या थी?

-मोहब्बद इकबाल

1. जाहिद - विषय-विरक्त, जितेन्द्रिय, संयमी, जप-तप करने वाला व्यक्ति **2. तकरार** –वाद-विवाद, कहासुनी, बहस **3. आर** - लज्जा, शर्म

•••

यह जो सर नीचे किये हुए बैठे है,
जान कितनों की लिये बैठे हैं।

-'जलील' मानिकपुरी

•••

यह सताने की निकाली है अनोखी तरकीब,
जुल्म का नाम सितमगर ने हया रखा है।

-मुहम्मद अली जौहर

हया - लज्जा, शर्म

या न था दहर में उनके सिवा जालिम कोइ,
या सिवा मेरे कोई और गुनहगार न था।

-'साकिब' लखनवी

दहर - जमाना

•••

यूँ मुतमइन आये हैं खाकर जिगर पै चोट,
जैसे वहाँ गये थे इसी मुद्दआ के साथ।

-अर्शमल्सियानी

मुतमइन (i) संतुष्ट (ii) आनन्दपूर्वक, खुशहाल

•••

वह अपनी खू न छोड़ेंगे, हम अपनी वज्अ क्यों बदलें,
सुबकसर बन के क्या पूछें कि हम से सरगराँ क्यों हो।

-मिर्जा गालिब

1. खू -आदत, स्वभाव **2. वज्अ** -शैली, ढंग **3. सुबकसर** -सर नीचे करके, सर झुका कर
4. सरगराँ - नाराज, नाखुश, अप्रसन्न

•••

वह नादिम हुए कत्ल करने के बाद,
मिली जिन्दगी मुझको मरने के बाद।

-नूह नारवी

नादिम - लज्जित, शर्मिंदा

शायद मुझे निकालकर पछता रहे हों आप,
महफिल में इस खयाल से फिर आ गया हूँ मैं।

-अब्दुल हमीद अदम

•••

शिकवा–ए-जौर करे क्या कोई उस शोख से,
साफ कायल भी नहीं, साफ मुकरता भी नहीं। -'फिराक' गोरखपुरी

1. **शिकवा-ए-जौर** - जुल्मोसितम की शिकायत 2. **कायल** - (i) कहने वाला, बोलने वाला (ii) लाजवाब, निरूत्तर

•••

समझ के करते हैं बाजार में वह पुरसिशे-हाल,
कि यह कहें कि सरे-रहगुजर है क्या कहिए। -मिर्जा 'गालिब'

पुरसिशे-हाल - हाल पूछना

•••

सितम की कामयाबी पर मुबारिकवाद देता हूँ,
यह उनकी बदगुमानी है कि फरियादी समझते हैं।

-अकबर इलाहाबादी

1. **बदगुमानी** - गलत खयाल, कुधारणा 2. **फरियादी** - सहायता के लिए पुकारने वाला, न्याय याचना करने वाला, नालिशी, आर्तनादी, वादी, दावा करने वाला, किसी के अत्याचार की शिकायत करने वाला

•••

सितम पर सितम कर रहे हैं वह मुझ पर,
मुझे शायद अपना समझने लगे हैं।

-आनन्द नारायण 'मुल्ला'

•••

हम आह भी भरते हैं, तो हो जाते हैं बदनाम,
वह कत्ल भी करते हैं तो चर्चा नहीं होता। -'अकबर' इलाहाबादी

•••

हम उनके जौरे-मुसलसल की जाँगुदाजी से,
न मर सके तो हमें मुस्कुरा के मार दिया। -अब्दुल हमीद 'अदम'

1. **जौरे-मुसलसल** - लगातार जुल्म ढाना 2. **जाँगुदाजी** - जान लेने वाला होना, प्राणघातक होना

हमने वह सब कुछ सुना जो सुना न था आज तक,
तुमने वह सब कुछ कहा जो कुछ आया जुबान पर।

-दिल शहजहाँपुरी

सीरत (Conduct)

अच्छी सीरत को देखता है कौन,
अच्छी सूरत पै जान देते हैं सब।

-बिस्मिल भरतपुरी

1. सीरत - (i) स्वभाव, आदत, प्रकृति (ii) अख़्लाक, सुशीलता, सदाचार

•••

किसी का जौहरे-जाती कभी छुपता नहीं 'सालिक',
गले का हार बनकर, सामने किरदार आता है।

-सालिक

1. जौहरे-जाती - व्यक्तिगत गुण या सिफ्त **2. किरदार** - आचरण, व्यवहार, चलन

•••

जानवर, आदमी, फरिश्ता, खुदा,
आदमी की हैं सैकड़ों किस्में।

-ख्वाजा हाली

•••

जिन्हें जमीं पै भी चलने का शऊर नहीं,
उन्हीं का है यह तकाजा कि आसमाँ लेलो।

•••

न हो जिसमें अदब और हो किताबों से लदा फिरता,
'जफर' उस आदमी को हम तसव्वर में बैल कहते हैं।

-बहादुरशाह 'जफर'

1. अदब - (i) शिष्टता, सभ्यता, तमीज (ii) आदर, सत्कार **2. तसव्वर** - कल्पना, ख्याल

•••

बेगानावार ऐसे वो गुजरे करीब से,
जैसे कि उनको मुझसे कोई वास्ता न था।

-अजहर कादिरी

बेगानावार - बेगानों की तरह

•••

सोहबते– जाहिला जहन्नुम है, अह्ले-दिल हुस्ने-ख़ू पै मरते हैं,
शर्त यह है कि बेशऊर न हो, दोस्त क्या हम अदू पै मरते हैं।

1. सोहबत - (i) संगत, पास बैठना (ii) मित्रता, दोस्ती **2. जाहिला** - अज्ञानी, नादान, मूर्ख, बेवकूफ (ii) असम्य, नामुहज्जब, अशिष्ट (iii) निरक्षर, बेइल **3. हुस्ने–ख़ू**- स्वभाव की सुन्दरता, सीरत **4. अदू** - शत्रु, दुश्मन

हम कहीं भी हों बना लेंगे जगह अपने लिए,
हमको आता है हुनर दिल में उतर जाने का।

•••

हुस्ने-सीरत पर नजर कर, हुस्ने-सूरत को न देख,
आदमी है नाम का गर ख़ू नहीं इन्सान की।

-आर्ज़ू लखनवी

1. सीरत - स्वभाव, प्रकृति, आदत 2. ख़ू -स्वभाव, आदत

हुस्न (Beauty)

1. हुस्न-आँखें [Beauty-Eyes]

अदा परियों की, सूरत हूर की, आंखें गिजालों की,
गरज माँगे कि हर इक चीज हैं इन हुस्न वालों की।

-हाफिज जौनपुरी

1. हूर - स्वर्ग में रहने वाली सुन्दर स्त्री, स्वर्गांगना 2. गिजाल - हिरण का बच्चा, मृगशावक

•••

अदा निगाहों से होता है फर्जे - गोयाई,
जुबां की हद से जब शौके-बयां गुजरता है।

फर्जे-गोयाई- बात कहने का फ़र्ज़

•••

अश्क बनकर आई हैं वह इल्तिजाएं चश्म तक,
जिनको कहने के लिए होठों पै गोयाई नहीं।

-आनन्द नारायण मुल्ला

1. इल्तिजाएं - प्रार्थनाएं, दरखास्त 2. चश्म - आँख, नेत्र 3. गोयाई - बोलने की ताकत

•••

असर न पूछिए साकी की मस्त आंखों का,
यह देखिये कि कोई होशमंद बाकी है।

-हफीज जौनपुरी

•••

आँखों से हाल पूछा दिल का,
एक बूंद टपक पड़ी लहू की।

-मीरतकी 'मीर'

•••

उन आंखों की हालत कुछ ऐसी है,
जैसे उठे मैकदे से कोई चूर होकर।

-अब्दुल हमीद 'अदम'

मैकदा - शराबखाना, मदिरालय

•••

उस घड़ी देखो उसका आलम,
नींद में जब हो आंख भारी।

-असर लखनवी

आलम - स्थिति, दशा, हालत

उसकी कुदरत देखता हूँ तेरी आँखें देखकर,
दो पियालों में भरी है कैसे लाखों मन शराब।

कुदरत - ताकत, शक्ति

•••

एक-सी शोखी खुदा ने दी है हुस्नो-इश्क को,
फर्क बस इतना है वो आंखों में है,ये दिल में हैं।

-'जलाल' लखनवी

•••

कई बिजलियाँ बेगिरे गिर पड़ी हैं,
उन आंखों को अब आ गया मुस्कराना।

-'फिराक' गोरखपुरी

•••

कभी उन मदभरी आंखों से पिया था शराब,
आज तक होश नहीं, होश नहीं, होश नहीं।

-'जिगर' मुरादाबादी

•••

कयामत तक रहे साकी सलामत तेरा मैखाना,
पिलाई है कुछ ऐसी, कैफ जिसका कम नहीं होता।

-अजीज वारिसी

कैफ - हलकानशा, आनन्द, सुख

•••

करने का नहीं कद्र कोई इससे जियादा,
रखता हूँ कलेजे में तेरे तीरे-नीमकश को।

-बिस्मिल

तीरे-नीमकश - वह तीर, जो घाव में आधा खींचकर छोड़ दिया गया है।

•••

करने गये थे उनसे तगाफुल का हम गिला,
की एक ही निगाह कि हम खाक हो गये।

-मिर्जा गालिब

तगाफुल - उपेक्षा, ध्यान न देना, बेतवज्जुही

•••

कहर की लाख निगाह की जरूरत क्या है,
लुत्फ की इक निगाहे नाज न जीने देगी।

-'जिगर' मुरादाबादी

क्या पूछते हो शोख निगाहों का माजरा,
दो तीर थे जो मेरे जिगर में उतर गये।

-दिल शाहजहाँपुरी

•••

क्यों आज बेपिये ही बहकने लगा हूँ मैं,
अपनी नजर के मस्त इशारों से पूछ लो।

-आलम बस्तवी

•••

कुछ नहीं कहती निगाहें मगर,
मगर बात पहुँची है कहाँ से कहाँ।

-'फिराक' गोरखपुरी

•••

कुछ निगाहों से पिला साकी,
हमको नश्शा-ए-पाईदार चाहिए।

-गोपाल मित्तल

नश्शा-ए-पाईदार – देर तक रहने वाला नशा

•••

कैफियते-चश्म उसकी मुझे याद है 'सौदा',
सागर को मेरे हाथ से लीजे कि मैं चला।

-सौदा

1. कैफियते-चश्म - आँखों का नशा, आँखों की दशा **2. सागर** – पियाला

•••

कोई मेरे दिल से पूछे, तेरे तीरे- नीमकश को,
ये खलिश कहाँ से होती, जो जिगर के पार होता।

-मिर्जा 'गालिब'

1. तीरे-नीमकश - वह तीर जो घाव में आधा खींचकर छोड़ दिया गया हो **2. खलिश** - पीड़ा, दर्द

•••

गमजे भी हैं खूरेज, निगाहें भी हैं सफ्फाक,
तलवार के बांधे से तो कोई कातिल नहीं होता।

-मिर्जा दाग

1. गमजा - आँख का इशारा **2. खूरेज** - खून बहाने वाले, निर्दय, बेरहम **3. सफ्फाक** - रक्तपाती, खून बहाने वाला, निष्ठुर, संगदिल, अत्याचारी, जालिम

गुलों की गोद में जैसे नसीम आकर मचल जाए,
उसी अंदाज से उन पुरखुमार आंखों में ख्वाब आया।

-'असर' लखनवी

1. नसीम - ठंडी और धीमी हवा **2. पुरखुमार** - नशे में चूर, मस्त

•••

चारासाजों! तुम पहले उनकी नजर को देखो,
फिर मेरे दिल को देखो, मेरे जिगर को देखो।

-'दिल' शाहजहाँपुरी

चारासाज - चिकित्सक

•••

चाल मस्त, नजर मस्त, अदा में मस्ती,
जब वह आते हैं लूटे हुए मैखाने को

-जलील' मानिकपुरी

•••

छलकता भी रहे हमदम, रहे लबरेज भी साकी,
तेरी आंखों के सद्के हमने वो भी जाम देखे हैं।

-हज़ीं

लबरेज - ऊपर तक भरा हुआ, परिपूर्ण, लबालब

•••

जब मिली आंख होश खो बैठे,
कितने हाजिरजवाब हैं हम लोग।

-'असर' लखनवी

•••

जाहिद उन आंखों की टपकती हुई मस्ती,
पत्थर में गढ्ढा डाल के पैमाना बना दें।

-'आर्जू' लखनवी

1. **जाहिद** - संयमी, विषय-विरक्त, संयम, नियम और जप-तप करने वाला व्यक्ति
2. **पैमाना** - शराब का गिलास, पान-पात्र

•••

जिस तरह इक नसीम को झोंका डाल देता है झील में हलचल,
यूँ तेरी निगाह ने इस वक्त कर दिया है मेरी रूह को बेकल।

-'अख्तर' अंसारी

नसीम - धीमी हवा

जीना भी आ गया, मुझे मरना भी आ गया,
पहचानने लगा हूँ, तुम्हारी नजर को मैं।

-असगर गौण्डवी

•••

ढूँढा है अगर जख्मे – तमन्ना ने मुदावा,
इक नर्गिसे-बीमार की याद आ ही गई है।

-मजहर इमाम

1. जख्मे-तमन्ना - तमन्ना के पूरा न होने का जख्म **2. नर्गिसे-बीमार** -अधखुली आँख विशेषतः प्रेमिका की आँख के लिए बोलते हैं।

तिरछी नजर का तीर है यह मुश्किल से निकलेगा,
दिल उसके साथ निकलेगा, अगर ये दिल से निकलेगा।

-'फानी' बदायुनी

•••

तुम्हारी बेरूखी ने लाज रख ली बादाखाने की,
तुम आंखों से पिला देते तो पैमाने कहाँ जाते।

-'कतील' शिफाई

बादाखाना - शराबखाना, मदिरालय

•••

तेरा ये तीरे-नीमकश दिल के लिए अजाब है,
या इसे दिल से खींच ले या दिल के पार कर।

1. तीरे-नीमकश - धनुष को आधा खींचकर चलाया हूआ तीर, जो आधा अंदर हो और आधा बाहर हो, कम खींचकर चलाए हुए धनुष का तीर, जो शरीर में पार न हो सके **2. अजाब** - यातना, पीड़ा, दुख, तकलीफ

•••

तेरी निगाह से ऐसी शराब पी मैंने
फिर न होश का दावा किया कभी भी मैंने
वो और होंगे जिन्हें मौत आ गई होगी
निगाहे - यार से पाई है जिन्दगी मैंने।

•••

तेरी निगाह ने क्या कह दिया खुदा जाने,
उलट कर रख दिये बादाकाशों ने पैमाने।

1. बादाकश – शराबी **2. पैमाना**- शराब का गिलास, पान-पात्र

दिखा के मदभरी आंखें कहा ये साकी ने,
हराम कहते हैं जिसको यह तो शराब नहीं।

-'खुमार' बाराबंकवी

साकी - शराब पिलाने वाली

•••

दीवानावार दौड़ के कोई लिपट न जाये,
आंखों में आंखें डालकर देखा न कीजिए।

-यास और यगाना चंगेजी

दीवानावार - दीवानों की तरह, अदबदाकर

•••

देखा किये वह मस्त निगाहों से बार-बार,
जब तक शराब आई कई दौर चल गये।

-'शाद' अजीमाबादी

•••

देखा है मेरी नजरों ने, एक रंग छलकते पैमाने का,
यूँ खुलती है आंख किसी की, जैसे खुले दर मैखाने का।

-महेशचन्द नक्श

1. **पैमाना** - शराब पीने का गिलास, पान-पात्र (यानी माशूक की नशीली आँखें) 2. **दर** - दरवाजा 3. **मैखाना** - शराबखाना, मदिरालय

•••

देखो न आंखें भरकर किसी के तरफ कभी,
तुमको खबर नहीं जो तुम्हारी नजर में हैं।

-'असर' लखनवी

•••

देखो तो चश्मे – यार की जादूनिगाहियाँ,
हर इक को है गुमां कि मुखातिब हमीं से हैं।

-हसरत मोहानी

1. **चश्मे–यार** - माशूक की आँख 2. **मुखातिब** - सम्बोधन कर्ता, बोलने वाला, वार्ता करने वाला

•••

नजर जिसकी तरफ करके निगाहें फेर लेते हो,
कयामत तक उस दिल की परेशानी नहीं जाती।

-आनन्द नारायण 'मुल्ला'

नजर में ढलके उभरते हैं दिल के अफसाने ये और बात है कि दुनिया नजर न पहचाने
यह बज्म देखी है मेरी निगाह ने कि जहाँ बगैर शम्अ भी जलते रहते हैं परवाने।

-सूफी तबस्सुम (सूफी गुलाम मुस्तफा)

•••

निगाहे-मस्त से मुझको पिलाये जा साकी,
हसीं निगाह भी जामे-शराब होती है।

-सागर अजमेरी

•••

निगाहे-लुत्फ से इकबार मुझको देख लेते है,
मुझे बेचैन करना जब उन्हें मंजूर होता है।

निगाहे-लुत्फ - कृपादष्टि, मेहरबानी की निगाह

•••

पीते-पीते जब भी आया तेरी आंखों का खयाल,
मैंने अपने हाथ से तोड़े हैं पैमाने बहुत। -हुनर टौंकी

पैमाना - शराब पीने का गिलास, पान-पात्र

•••

पैगाम लिया है कभी पैगाम दिया है,
आंखों ने मुहब्बत में बड़ा काम किया है। -हफीज बनारसी

•••

बज्म में बर्के – नजर है, सद – तमन्ना आफ्रीं,
दिल में है महफिल कोई या दिल मेरा महफिल में है।

1. बज्म - महफिल **2. बर्के–नजर** - बिजली गिराने वाली नजर **3. सद** -शत, एक सौ **4. आफ्रीं** - धन्यवाद, शाबाश, साधु-साधु

•••

बस इक लतीफ तबस्सुम बस इक हसीन नजर,
मरीजे–गम की हालत सुधर तो सकती है

1. लतीफ - (i) कोमल, नर्म, मृदुल, नाजुक (ii) पवित्र, पाकसाफ **2. तबस्सुम** - मुस्कान, मुस्कुराहट, स्मित

•••

बात करने में फूल झड़ते हैं, बर्क गिरती है मुस्कराने में,
नजरें जैसे फराखदिल साकी खुम लुढाये मैखाने में।

-'अख्तर' अंसारी

1. बर्क - बिजली, तड़ित, चपला **2. फराखदिल** - दिल खोलकर खाने-खिलाने या पीने-पिलाने वाला, दरियादिल **3. खुम** - घड़ा, शराब रखने का मटका

मस्त आंखों पर घनी पलकों की छाया यूँ थी,
जैसे कि हो मैखाने पर घरघोर घटा छाई हुई।

-असर' लखनवी

मैखाना - शराबखाना

●●●

मस्ती निगाहे-नाज की कैफे-शबाब में,
जैसे कोई शराब मिला दे शराब में। -'सब्र' मख्दूमपुरी

1. **निगाहे-नाज** - नाजो-अंदाज की दृष्टि 2. **कैफे-शबाब** - जवानी या यौवन का नशा या सुरूर

●●●

'मीर' इन नीमबाज आंखों में सारी मस्ती शराब की-सी है,
खिलना कम-कम कली ने सीखा है तेरी आंखों की नीमबाजी है।

-मीरतकी मीर

1. **नीमबाज** - अधखुली, आधी खुली हुई आँख, नशीली आँख 2. **नीमबाजी** – अधखुलापन

●●●

मुखातिब हैं साकी की मख्मूर नजरें,
मेरे जर्फ का इम्तिहाँ हो रहा है।

1. **मुखातिब** - बोलने वाला, बात करने वाला 2. **मख्मूर** - नशीली, मदभरी, नशे में चूर 3. **जर्फ** - सहन-शक्ति, सहनशीलता, सब्र, धैर्य

●●●

मुझे जिस दम खयाले-नर्गिसे-मस्ताना आता है,
बड़ी मुश्किल से काबू में दिले-दीवाना आता है।

-जलील मानिकपुरी

1. **खयाले-नर्गिसे-मस्ताना** - मदभरी या नशीली आँखों का खयाल

●●●

मैकदे लाख बंद करें जमाने वाले,
शहर में कम नहीं आंखों से पिलाने वाले।

●●●

मैं उम्र भर 'अदम' न कोई दे सका जवाब,
वह इक नजर में, इतने सवालात कर गये। -अब्दुल हमीद 'अदम'

●●●

मैंने पी ली तेरी निगाहों से,
लोग कैसी शराब लाये हैं।

-'बेताब' अलीपुरी

यह दमकता हुआ चेहरा, यह नशीली आंखें,
चाँदनी रात में मैखाना खुला हो जैसे।

-'जौकी' रामपुरी

मैखाना - शराबखाना, मदिरालय

●●●

यह दिलफरेब तबस्सुम, यह मस्त मस्त नजर,
तुम्हारे दम से चमन में बहार बाकी है। - वाहिद प्रेमी

●●●

यह बात, यह तबस्सुम, यह नाज, यह निगाहें,
आखिर तुम्हीं बताओं क्यों कर न तुमको चाहे।

-'जोश' मलीहाबादी

1. **तबस्सुम** - मुस्कान, मुस्कुराहट, मंदहास, स्मित

●●●

यह मुस्कुराती हुई आंखें जिनमें रक्स करती है बहार,
शफक की, गुल की, बिजलियों की शोखियाँ लिये हुए।

-'फिराक' गोरखपुरी

1. **रक्स** - नृत्य 2. **शफक** - ऊषा, सबेरे या शाम की लालिमा जो छितिज पर दिखाई देती है

●●●

यह शर्मगीं निगाह, यह तबस्सुम निकाब में,
क्या बेहिजबियाँ है, तुम्हारे हिजाब में।

-जकी

1. **शर्मगीं** - शर्म से झुकी हुई 2. **तबस्सुम** - मुस्कान, मुस्कराहट, स्मित, मंदहास 3. **निकाब** - (i) घूँघट, मुखावरण, मुखपट (ii) ओट, आड़ 4. **बेहिजबियाँ** - घूँघट हटा देना 5. **हिजाब** - आड़, पर्दा

●●●

यह साकी ने सागर में क्या चीज दे दी,
कि तौबा हुई पानी - पानी हमारी।

-रियाज खैराबादी

सागर - शराब पीने का पियाला, पान-पात्र

●●●

रह गये लाखों कलेजा थामकर,
आंख जिस जानिब तुम्हारी उठ गई।

-मिर्जा दाग

रात हम पिये हुए थे मगर, आप की आंखे भी शराबी थी,
फिर हमारे खराब होने में, आप ही कहिए क्या खराबी थी।

-नरेश कुमार 'शाद'

शराबी - नशीली, नशा पैदा करने वाली

•••

वह नजर उठ गई जब सरे - मैकदा,
खुद -ब-खुद जाम से जाम टकरा गये।

-'इकबाल' शफीपुरी

सरे-मैकदा - शराबखाने में

•••

शबाब मैकश, खयाल मैकश, जमाल मैकश, निगाह मैकश,
खबर वो रखेंगे क्या किसी की, उन्हें खुद अपनी खबर नहीं है।

-जिगर मुरादाबादी

1. **शबाब** - युवावस्था, जवानी 2. **मैकश** – शराबी 3. **जमाल** - (i) सुन्दरता, सौन्दर्य (ii) मुखकांति, मुखाभा

•••

शिकन न डाल जबीं पर शराब देते हुए, यह मुसकुराती हुई चीज मुसकुराके पिला।
सरूर चीज के मिकदार पै नहीं है मौकूफ, शराब कम है साकी तो नजर मिला के पिला।

1. **शिकन** - सिलवट, सिकुड़न, बल 2. **जबीं** - माथा, भाल, ललाट 3. **सरूर** - नशा, हलका नशा 4. **मिकदार** - मात्रा, वजन, तोल 5. **मौकूफ** - निर्भर, आधारित

•••

साकी तेरे निगाह की क्या सियाहकारियाँ हैं
मैख्वार होश में हैं , जाहिद बहक रहा है।

-महेश चन्द नक्श

1. **सियाहकारियाँ**– पाप-कर्म, गुनाह 2. **मैख्वार**- शराबी 3. **जाहिद** -संयमी, विषय-विरक्त, संयम, नियम और जप-तप करने वाला व्यक्ति

•••

सौ तीर जमाने का इक तीरे – नजर तेरा,
अब क्या कोई समझेगा, दिल किसका निशाना है?

•••

सौ-सौ उम्मीदें बंधती है, इक-इक निगाह पर,
मुझको न ऐसे प्यार से देखा करे कोई।

-इकबाल

हट गई नजरों से नजरें मैकदा-सा लुट गया,
मिल गई नजरों से नजरें, मैकशी होने लगी। -कलीम वरनी

1. मैकदा - खराबखाना, मैखाना **2. मैकशी** - शराब पीना

•••

हम कैफे-नजर के आलम में, सरशारे-जमाले -मस्ती थे,
जब सामने जामे-मय आया, हम जाम उठाना भूल गये।

-'जेब' बरेलवी

1. कैफे-नजर - आँखों की मस्ती, ऑखों का नशीलापन **2. आलम** - स्थिति, हाल, दशा **3. सरशारे-जमाले–मस्ती** - सौन्दर्य के नशे में मदहोश **4. जामे-मय** - शराब से भरा हुआ पियाला

•••

होता है राजे-इश्को-मुहब्बत इन्हीं से फाश,
आंखें जुबाँ नहीं है मगर बेजुबाँ नहीं।

-असगर गौण्डवी

फाश - प्रकट, व्यक्त, जाहिर

---

2. हुस्न -ज़ुल्फें [Beauty-Locks]

आप के गैसुओं की साया है,
लोग जिसको बहार कहते हैं। -नरेश कुमार 'शाद'

•••

आया है कभी जिक्र अगर दारो - रसन का,
गैसू-व-कदे-यार की बात आ ही गई है।

1. दारो–रसन- फांसी का फंदा **2. गैसू-व-कदे-यार** - माशूक का डील-डौल और बाल

•••

इक न इक जुल्मत से जब वाबस्ता रहना है तो जोश,
जिन्दगी पर साया – ए - जुल्फे - परीशां क्यों न हो।

-'जोश' मलीहाबादी

1. जुल्मत - अंधेरा, अंधियारा **2. वाबस्ता** - जुड़ा हुआ **3. साया-ए-जुल्फे-परीशां** - बिखरी हुई जुल्फों का साया

•••

इजाजत हो तो मैं तस्दीक कर लूँ तेरी जुल्फों से,
सुना है जिन्दगी इक खूबसूरत दाम है साकी।

-अब्दुल हमीद 'अदम'

1. तस्दीक - प्रमाणित **2. दाम** - जाल, फंदा, पाश

इधर गैसू, उधर रू-ए-मुनव्वर है तसव्वर में,
कहाँ ये शाम आयेगी, कहाँ ऐसी सहर होगी।

1. गैसू - बाल, जुल्फें **2. रू-ए-मुनव्वर** - रौशन चेहरा या मुखड़ा **3. सहर** - सुबह, प्रातःकाल, प्रभात, भोर

•••

इलाही खैर हो उलझन पै उलझन बढ़ती जाती है,
न मेरा दम न उनके गैसुओं का खम निकलता है।
कयामत ही न हो जाये जो पर्दे से निकल आओ,
तुम्हारे मुंह छुपाने में तो ये आलम गुजरता है।

-सफी लखनवी

1. इलाही - हे खुदा **2. खम** - वक्रता, टेढ़ापन **3. आलम** - स्थिति, दशा, हालत

•••

उलझा है पाँव यार का जुल्फे-दराज में,
लो आप अपने दाम में सैयाद आ गया।

-मोमिन खाँ मोमिन

1. जुल्फे-दराज - लम्बी जुल्फें **2. दाम**-फंदा, जाल, पाश **3. सैयाद** -बहेलिया, चिड़ीमार, आखेटक, शिकारी, व्याध, शाकुनिक

•••

एक शब गुजरी थी तेरे गैसुओं के छाँव में,
उम्र भर बेख्वाबियाँ मेरा मुकद्दर हो गयीं।

-नरेश कुमार शाद

1. गैसू - बाल, जुल्फ **2. बेख्वाबी** - नींद न आना, अनिद्रा

•••

खुला यह राज जब आये वो बाल बिखराये,
कि रौशनी से जियादा हसीन हैं साये।

-अरशद काकवी

•••

गैसुओं का संवरना कयामत सही,
गैसुओं का बिखरना भी कुछ कम नहीं।

गैसू – बाल

•••

जुल्फें बिखरी हुई हैं आरिज पर,
बदलियों में चराग जलता है।

-'असर' लखनवी

आरिज - गाल, कपोल

नसीमे-सुबह बू-ए-गुल से क्या इतराती फिरती है,
जरा सूंघे शमीमे-जुल्फ खुश्बू इसको कहते हैं।

-'अनवर' इलाहाबादी

1. नसीमे-सुबह - सुबह चलने वाली ठंडी और धीमी हवा **2. शमीम** - सुगन्ध, खुश्बू, महक

•••

पूछ न ऐ दोस्त मुझसे मेरी उलझन का सबब,
मैंने देखा है तेरी जुल्फे-परीशाँ की तरफ।

-तस्कीन अजमेरी

1. सबब - कारण, वजह **2. जुल्फे-परीशाँ** - बिखरी हुई जुल्फें

•••

पूछा जो उनसे चाँद निकलता है किसत तरह,
जुल्फों को रूख पै डालके झटका दिया कि यूँ।

-आर्जू लखनवी

•••

बलखा रहे है चेहरे पर गैसू-ए-पुरशिकन,
मारे-सियाह खेल रहे हैं चराग से।

1. गैसू-ए-पुरशिकन - बल पड़े हुए बाल, बलखाए हुए बाल **2. मारे–सियाह** - काले साँप

•••

बहुत मुश्किल है दुनिया का संवरना,
तेरी जुल्फों का कोई पेचोखम नहीं है।

-मजाज लखनवी

पेचोखम - (i) टेढ़-मेढ़, चक्कर, जटिलता (ii) ऊंच-नीच

•••

बिजलियों ने सीख ली उनके तबस्सुम की अदा,
रंग जुल्फों की चुरा लाई, घटा बरसात की।

तबस्सुम - मुस्कान

•••

मैं न कहता था कि सुलझा लो ये जुल्फे-मुन्तशिर,
अब तुम्हीं देखो जमाना कितना उलझा जाये है।

-'सलाम' मछलीशहरी

जुल्फे-मुन्तशिर - बिखरी हुई

•••

यह उड़ी-उड़ी सी रंगत, ये खुले-खुले से गैसूँ,
तेरी सुबह कह रही है तेरी रात का फसाना।

-अहसन दानिश

गैसू - बाल, केश, अलक, ज़ुल्फ़

यह किसका ढल गया है आंचल तारों की निगाह झुक गई है,
यह किसकी मचल गई है जुल्फें, जाती हुई रात रूक गई है।

-जांनिसार अख्तर

•••

यह गैसुओं की घटाएं, यह लबों के मैखाने,
निगाहे - शौक खुदाया कहाँ - कहाँ ठहरे।

-आले अहमद सरूर

1. गैसू- बाल, केश **2. लब** - होंठ **3. मैखाना** - शराबखाना, मदिरालय **4. निगाहे-शौक** - चाहत की निगाह **5. खुदाया** - हे ईश्वर, हे खुदा

•••

वह जुल्फें दोश पै बिखरी हुई हैं,
जहाने - आरज़ू थर्रा रहा है।

-जिगर मुरादाबादी

दोश - कंधा

•••

सुबह दम जुल्फें न यूँ बिखराइये,
लोग धोखा खा रहे हैं, शाम का। -'शरर' बलियावी

सुबह दम - सुबह-सुबह

•••

हम हुए, तुम हुए कि 'मीर' हुए,
उनकी जुल्फों के सभी असीर हुए। -मीरतकी 'मीर'

असीर - बंदी, कैदी

3. हुस्न - नाज़-ओ-अदा

अदा परियों की, सूरत हूर की, आंखें गिजालों की,
गरज माँगे कि हर इक चीज हैं इन हुस्न वालों की।

-हाफिज जौनपुरी

1. हूर - स्वर्ग में रहने वाली सुन्दर स्त्री, स्वर्गांगना **2. गिजाला**- हिरण का बच्चा, मृगशावक

•••

अदा आई, जफा आई, गरूर आया, इताब आया,
हजारों आफतें लेकर हसीनों का शबाब आया।

-नूह नारवी

1. जफा - जुल्म, अत्याचार, सितम **2. इताब** - क्रोध, गुस्सा **3. शबाब** - जवानी, यौवन

अन्दाज अपना देखते हैं आइने में वह,
और यह भी देखते हैं, कोई देखता नहीं।

-निजाम जयपुरी

•••

अब क्या जवाब दूँ मैं, कोई मुझे बताये,
वह मुझसे कह रहे हैं, क्यों मेरी आर्जू की।

-जिगर मुरादाबादी

•••

अब तक वह चारासाजिए-चश्मे-करम है याद
फाहा वहाँ लगाते थे, चरका जहाँ न था।

1. चारासाजिए-चश्मे-करम - चिकित्सक (यानी माशूक) कीकृपादृष्टि रूपी इलाज 2. चरका - घाव, जख्म

•••

अभी कमसिन हैं जिदें भी हैं निराली उनकी,
इसपे मचले हैं कि हम जख्म-जिगर देखेंगे।

-फसाहत

•••

अल्लाहरे उस शोख की रफ्तार का आलम,
हर लम्हा संभलता हुआ मैख्वार हो जैसे।

-जगन्नाथ आजाद

1. आलम-(i)हालत, स्थिति (ii) दुनिया, जगत 2. मैख्वार-शराबी

•••

आइना देख अपना-सा मुंह लेकर रह गये,
साहब को दिल न देने पर कितना गरूर था।

-मिर्जा 'गालिब'

•••

आइने में हर अदा को देखकर कहते हैं वो,
आज देखा जाइए, किस-किस की है आई हुई।

-अमीर मीनाई

•••

इलाही क्या कयामत है कि जब वो लेते हैं अंगड़ाई,
मेरे सीने में सब जख्मों के टाँकें टूट जाते हैं।

-'अमीर' मीनाई

इश्क का जौके-नजारा मुफ्त को बदनाम है,
हुस्न खुद बेताब है जलवा दिखाने के लिए।

-मजाज लखनवी

जौके-नजारा - देखने की ख्वाहिश

•••

इस सादगी पै कौन न मर जाये ऐ खुदा,
लड़ते हैं और हाथ में तलवार भी नहीं।

-'मिर्जा' गालिब

•••

उनका तगाफुल उनकी तवज्जो,
एक दिल, उस पै लाख तहल्के।

-अदा जाफरी

1. तगाफुल - उपेक्षा, वेबवज्जुही 2. तवज्जो - विशेष ध्यान 3. तहल्का - (i) कोलाहल, कोहराम (ii) खलबली, हलचल

•••

उनको तो अपनी आइनाबीनी से है गरज,
उनकी बला से कोई अगर बेकरार है।

-'रजा' टौंकी

आइनाबीनी - सिंगार, सजावट

•••

एक-सी शोखी खुदा ने दी है हुस्नो-इश्क को,
फर्क बस इतना है कि वो आंखों में है, ये दिल में हैं।

-'जलाल' लखनवी

•••

और तड़पाता है उनका यह सवाल,
क्या तुम्ही हो मुब्तिला-ए-दर्दे-दिल।

-दिल' शाहजहाँपुरी

मुब्तिला-ए-दर्दे-दिल-दिल के दर्द से पीड़ित, मुहब्बत के दर्द सेग्रस्त

•••

कई बिजलियाँ बेगिरे गिर पड़ी हैं,
उन आंखों को अब आ गया मुस्कराना।

-'फिराक' गोरखपुरी

कभी यक-ब-यक तवज्जुह, कभी दफ्अतन तगाफुल,
मुझे आजमा रहा है कोई रूख बदल-बदल कर।

-शकील बदायुनी

1. दफ्अतन- सहसा, अकस्मात, अचानक 2. तगाफुल - उपेक्षा, बेतवज्जुही

कहूँ जो हाल तो कहते हो मुद्दआ कहिए,
तुम्हीं कहो कि जब तुम यूँ कहो तो क्या कहिए।

-मिर्जा 'गालिब'

•••

कौन लेता है अंगड़ाइयाँ,
आसमानों को नींद आती है।

-'फिराक' गोरखपुरी

•••

क्यों आज बेपिये ही बहकने लगा हूँ मैं,
अपनी नजर के मस्त इशारों से पूछ लो।

-आलम बस्तवी

•••

क्यों सादगी के तौर अब कुछ बाँकपन के है?
अब तक तो बाँकपन में अदा सादगी की थी।

-'फानी' बदायुनी

तौर - शैली, पद्धति, ढंग

•••

खुदा जाने करेगा चाक किस-किस के गिरेबां को,
अदा से उनका चलने में, वह दामन को उठा लेना।

गिरेबां-कुरते या कमीज़ का गला, दामन

•••

खूब पर्दा है कि चिलमन से लगे बैठे हैं,
साफ छुपते भी नहीं और सामने आते भी नहीं।

•••

खुशबू वही, वही है नजाकत, वही है रंग,
माशूक क्या है फूल है तू भी गुलाब का।

-मिर्जा दाग

•••

खूब इन्साफ तेरे अंजुमने-नाज में है,
शमअ का रंग जमे, खून हो परवाने का।

-'जलील' मानिकपुरी

अंजुमन - महफिल

•••

चाल मस्त, नजर मस्त, अदा में मस्ती,
जब वह आते हैं लूटे हुए मैखाने को।

-'जलील' मानिकपुरी

चाल वह दिलकश जैसे आये,
ठंडी हवा में नींद का झौंका।

-असर लखनवी

•••

जौर से बाज आये पर बाज आये क्या,
कहते हैं हम तुमको मुंह दिखायें क्या? -मिर्जा गालिब

जौर - जुल्म, अत्याचार, अन्याय

•••

तुम्हारी बज्म में हम ख़ुद संभल जाते यह मुश्किल था,
तुम्ही बेताब करते थे, तुम्हीं फिर थाम लेते थे।

-'जलाल' लखनवी

1. बज्म - महफिल 2. बेताब - (i) व्याकुल, बेचैन, बेकरार (ii) अधीर, बेसब्र (iii) मुश्ताक, उत्कंठित

•••

तेरी अदायें दिल को लुभायें तो क्या करें,
आंखें न मानें देख ही जायें तो क्या करें।

-'असर' लखनवी

•••

न शोले में यह करिश्मा, न बर्क में यह अदा,
कोई बताओ कि वह शोखे-तुन्द-खू क्या है।

-मिर्जा गालिब

1. बर्क - बिजली, सौदामिनी 2. शोखे-तुन्द-खू - तेज-तर्रार और चंचल स्वभाव वाली

•••

बैठे हुए देते हैं वह दामन से हवाएँ, अल्लाह करे हम न कभी होश में आयें
बेखुद यूँ ही रखेंगी हमें शोख अदायें, जब सामने हों आप तो क्या होश में आयें।

-नूह नारवी

•••

मुझी को सब कहते हैं रख नीची नजर अपनी,
कोई उनको नहीं कहता, न निकलो यूँ अयाँ होकर।

-अकबर इलाहाबादी

अयाँ - प्रकट, जाहिर, दृष्टिगोचर

•••

मुझे मैखाना थर्राता हुआ नजर आता है,
वह मेरे सामने शर्मा के जब पैमाना रखते हैं।

-'अख्तर' शीरानी

पैमाना - शराब पीने का पियाला, पान-पात्र

मैं जो कहता हूँ कि हम लेंगे कयामत से तुम्हें,
किस रऊनत से वो कहते है कि हम हूर नहीं।

-मिर्जा 'गालिब'

1. रऊनत - अदा, अंदाज 2. हूर - स्वर्ग में रहने वाली सुन्दर स्त्री, स्वर्गांगना, स्वर्ग वधू

•••

मैं बताऊँ मुझको तड़पाना अगर मंजूर है,
दिलनवाजी भी शरीके-नाज होना चाहिए।

-'असर' लखनवी

दिलनवाजी - (i) मैत्री, दोस्ती (ii) सान्तवना, ढाढस

•••

यह दिलबरी,यह नाज, यह अंदाज, यह जमाल,
इन्सां करे अगर न तेरी चाह तो क्या करे।

-अख्तर

1. दिलबरी - दिल उड़ा ले जाने वाली सुन्दरता या अदा

•••

यह बात, यह तबस्सुम, यह नाज, यह निगाहें,
आखिर तुम्ही बताओ क्यों कर न तुमको चाहें।

-जोश मलीहाबादी

तबस्सुम - मुस्कान

•••

यह मस्तियों का रंग है जोशे-शबाब में,
गोया कि वह नहाए हुए है शराब में।

-अनवर मिर्जापुरी

1. जोशे-शबाब-जवानी के जोश में, जवानी के जोर या युवावस्था के उमंग में

•••

लाखों लगाव, एक चुराना निगाह का,
लाखों बनाव, एक बिगड़ना इताब में।

-मिर्जा 'गालिब'

इताब - कोप, क्रोध, गुस्सा

•••

यह सताने की निकाली है अनोखी तरकीब,
जुल्म का नाम सितमगर ने हया रखा है।

-मुहम्मद अली जौहर

हया - लज्जा, शर्म

वस्ल की शब कौन देखेगा उन्हें,
हर अदा पर हम तो मर मर जायेंगे।

-'अब्र' जोधपुरी

1. वस्ल - मिलन, प्रेमी और प्रेमिका का संयोग **2. शब** - रात, निशा, रजनी, यामिनी, रात्रि

•••

वह कुछ मुस्कुराना, वह कुछ झेंप जाना,
जवानी अदाएं सिखाती है क्या - क्या।

-'बेखुद' देहलवी

•••

शर्मा के यूँ न देखिये लिल्लाह बार-बार,
ऐसा न हो कि प्यार के चश्मे उमड़ पड़ें।

-'साहिर' भोपाली

लिल्लाह - ईश्वर के लिए, ईश्वर के नाम पर

•••

हम उनके जौरे-मुसलसल की जाँगुदाजी से,
न मर सके तो हमें मुस्कुरा के मार दिया।

-अब्दुल हमीद 'अदम'

1. जौरे-मुसलसल - लगातार जुल्म ढाना **2. जाँगुदाजी** - जान लेने वाला होना, प्राणघातक होना

•••

हमारी जान सदके नौजवाँ कातिल के गुस्से पर,
कोई अन्दाज देखे आस्तीनों के चढ़ाने का।

-'शाद' अजीमाबादी

सदका - न्यौछावर

•••

हुस्न की हर इक अदा पै जानो-दिल सदके मगर,
लुत्फ कुछ दामन बचाकर ही गुजर जाने में है।

-'जिगर' मुरादाबादी

1. सदका - न्योछावर **2. लुत्फ** - आनन्द, खुशी

•••

हुस्न में कुछ शोखियाँ आने को है,
अब हया की पासबानी जायेगी।

-'दिल' शाहजहाँपुरी

1. शोखी- चपलता, चुलबुलाहट, चंचलता **2. हया** - लज्जा, शर्म, व्रीड़ा **3. पासबानी** - निगरानी

4. हुस्न-मुखड़ा (Beauty-Face)

अभी गुजरे हैं वह शायद इधर से,
बयाबाँ भी गुलिस्तां हो गया है। -परवाज कोटी

•••

अल्लारे उनके फूलों-से गालों की ताजगी,
धूप आइने की देखकर कुम्हलाये जाती है।

-हफीज जौनपुरी

•••

आ गया है कौन पसे - पर्दा,
नूर से झिलमिलाती है चिलमन।

1. पसे-पर्दा - पर्दे के पीछे

•••

आया है जिक्र अगर दारो–रसन का,
गैसू- व- कदे -यार की बात आ ही गई है।
जब सूर्खिए-गुलशन का कभी जिक्र हुआ है,
तेरे लबो - रूखसार की बात आ ही गई है

-मज्हर इमाम

1. **दारो–रसन** - फांसी का फंदा 2. **गैसू-व-कदे-यार** - माशूक का डील-डौल और बाल 3. **सूर्खिए-गुलशन** - गुलशन की लालिमा या लाली (यानी खूबशूरती) 4. **लबो-रूखसार** - ओष्ठ और गाल

•••

इधर गैसू, उधर रू-ए-मुनव्वर है तसव्वर में,
कहाँ ये शाम आयेगी, कहाँ ऐसी सहर होगी।

1. **गैसू**- बाल, जुल्फ 2. **रू-ए-मुनव्वर**- रौशन चेहरा या मुखड़ा 3. **सहर** - सुबह, प्रातःकाल, प्रभात, भोर

•••

इलाही कैसी – कैसी सूरतें तूने बनाई है,
कि हर सूरत कलेजे से लगा लेने के काबिल है।

-अकबर इलाहाबादी

•••

उनके रूखसार पै बहते हुए आंसू तौबा,
हमने शोलों पै मचलती हुई शबनम देखी।

1. **रूखसार** - गाल, कपोल 2. **शबनम** - ओस, आकाश-जल

उनको सोते हुए देखा था दमे- सुबह कभी,
क्या बताऊं जो इन आंखों ने समां देखा था।

-'अजीज' लखनवी

दमे-सुबह - सुबह के वक्त

•••

उसका सरापा मुझसे पूछो,
चेहरा ही चेहरा पाँव से सर तक।

-फिराक गोरखपुरी

1. सरापा - आपादमस्तक, सर से पाँव तक

•••

कब तक छुपाओगे रूखे-जेबां नकाब में,
बर्के - जमाल रह नहीं सकती हिजाब में।

-'दिल' शाहजहाँपुरी

1. रूखे-जेबा - सुन्दर मुखड़ा 2. बर्के-जमाल - सौन्दर्य की बिजली 3. हिजाब - पर्दा, ओट, आड़

•••

क्यों जल गया न ताब-ए-रूख-ए-यार देखकर,
जलता हूँ अपनी ताकत- ए –दीदार देखकर।

-मिर्जा गालिब

ताब-ए-रूख-ए-यार - माशूक या प्रेयसी के चेहरे की आभा या चमक

•••

गुलशन के दिलफरेब नजारों से पूछ लो, मेरा न हो यकीं तो बहारों से पूछ लो।
हर शै में रौशनी है तुम्हारे जमाल की, मेरा न हो यकीं तो सितारों से पूछ लो।

-आलम बस्तवी

1. शै –चीज 2. जमाल - (i) सौन्दर्य, खूबसूरती, हुस्न (ii) मुख्कान्ति, मुखाभा

•••

चौदहवीं के चाँद को देख जरा मेरी कसम,
हू-ब-हू गोया तुम्हारे नाज की तस्वीर है।

-सफी औरंगाबादी

•••

छनता है नूर आरिजे-गुलगूं से इस कदर,
हो जाती है सफेद भी उनकी निकाब सुर्ख।

-अमीर मीनाई

1. नूर - आभा, रौशनी 2. आरिजे-गुलगूं - गुलाबी गाल 3. निकाब - मुखावरण, मुखपट, बुर्का, ओट, पर्दा 4. सुर्ख - लाल रंग, लाल रँगा हुआ

जलवे की रोकथाम करेगा हिजाब क्या,
दरिया के आगे आबे-रवाँ की बिसात क्या?

-हसन बरेलवी

1, हिजाब - (i) आड़, पर्दा, ओट (ii) मुखावरण, बुर्का, पर्दा **2. आबे-रवाँ** - तेजी से बहता पानी

•••

तुम मुखातिब भी हो, सामने भी हो,
तुमको देखूँ कि तुमसे बात करूँ।

-'फिराक' गोरखपुरी

मुखातिब - सम्बोधन कर्त्ता, बोलने वाला, बात करने वाला

•••

तुमने देखी है वो पेशानी वो रूखसार, वो होंठ,
जिन्दगी जिनके तसव्वर में लुंटा दी मैंने।

- फैज अहमद 'फैज'

1. पेशानी - ललाट, भाल, माथा **2. रूखसार** - गाल, कपोल, आरिज **3. तसव्वर** - कल्पना, ध्यान, विचार, खयाल, तखैयुल

•••

देख कर हुस्न गुलइजारों का
रंग उड़ने लगा है बहारों का।

-नरेश कुमार 'शाद'

गुलइजार - गुलाबी गाल

•••

नकाब उनके चेहरे का सरका है शायद,
बड़ी दूर तक बर्क लहरा नहीं है।

-अब्दुल हमीद 'अदम'

1. बर्क - बिजली, सौदामिनी, चपला, तड़ित, चंचला

•••

नकाब कहती है मैं पर्दा-ए-कयामत हूँ,
अगर यकीं न हो तो देख लो उठा के मुझे।

-'जलील' मानिकपुरी

1. नकाब - मुखवरण, मुखपट, पर्दा, बुर्का

•••

नकाबे-रूख उलटने तक तो मुझको होश था लेकिन,
भरी महफिल मं उसके बाद क्या गुजरी खुदा जाने।

-सईद अहमद खां

काबे-रूख - मुखावरण, मुखपट, पर्दा

पास जायें तो होश खो बैठे,
दूर रहिए तो जाँ पै बनती है।

-'साहिल' मानिकपुरी

•••

पूछा जो उनसे चाँद निकलता है किसत तरह,
जुल्फों को रूख पै डालके झटका दिया कि यूँ।

-आर्जू लखनवी

•••

फैला है हुस्ने - आरिजे - रौशन नकाब में,
क्या-क्या तड़प रही है तजल्ली हिजाब में।

-साकिब लखनवी

1. हुस्ने-आरिजे-रौशन - उज्जवल गाल का सौन्दर्य **2. नकाब** - घूँघट, मुखावरण, मुखपट, बुर्का **3. तजल्ली** - प्रकाश, आभा, नूर

•••

बताइए रहेगी शम्अ किस तरह हिजाब में,
यह क्या समझ के हुस्न को छुपाया है निकाब में।

-'साकिब' लखनवी

1. हिजाब - (i)आड़, पर्दा, ओट (ii) लज्जा , लाज, शर्म**2. निकाब** - मुखावरण, मुखपट, बुर्का, घट, ओट, आड़

•••

बहारे-गुलिस्तां शर्मा रही है,
जमाले-यार तेरी सादगी से।

-नरेश कुमार 'शाद'

जमाल - (i) सौन्दर्य, खूबसूरती, रूप, सुन्दरता (ii) मुखकांति, मुखाभा, तल्अत (iii) शोभा, छटा, छवि

•••

मय में वह बात कहाँ जो तेरे दीदार में है,
जो गिरा फिर न उसे कभी संभलते देखा।

-मीरतकी 'मीर'

मय – शराब

•••

मैं समझता हूँ बर्क चमकती है,
लोग कहते हैं आप आये हैं।

-'असर' लखनवी

बर्क - बिजली, तड़ित, चपला, सौदामिनी

मैंने जो तुम्हें चाहा, क्या इसमें खता मेरी,
यह तुम हो, यह आइना, इन्साफा करो।

-'जलील'मानिकपुरी

•••

यह गैसुओं की घटाएं,यह लबों के मैखाने,
निगाहे - शौक खुदाया कहाँ - कहाँ ठहरे।

-आले अहमद सरूर

1. **गैसू** - बाल, केश 2. **लब** – होंठ 3. **मैखाना** - शराबखाना, मदिरालय 4. **निगाहे-शौक** - चाहत की निगाह 5. **खुदाया** - हे ईश्वर, हे खुदा

•••

यह दमकता हुआ चेहरा, यह नशीली आंखें,
चाँदनी रात में मैखाना खुला हो जैसे।

-'जौकी' रामपुरी

मैखाना - शराबखाना, मदिरालय

•••

यह न जाना था कि उस महफिल में दिल रह जायेगा,
हम ये समझे थे चले आयेंगे दम भर देखकर।

-ममनून

•••

रात को दरिया में मौजें किस तरह से चैन लें,
इक किनारे चाँद है और इक किनारे आप है।

•••

रूखसार उनके हायरे जब देखते हैं हम,
आता है दिल में आंखों को इनमें गिड़ोइए।

-मीरतकी 'मीर'

रूखसार - कपोल, गाल

•••

रूखे-रौशन के आगे शम्‌अ रखकर वो ये कहते है,
उधर जाता है देखें या इधर परवाना आता है।

-मिर्जा 'दाग'

1. **रूखे-रौशन** - रौशन चेहरा 2. **परवाना** - (i) पतंगा, शलभ (ii) आदेश-पत्र, हुक्मनामा (iii) भक्त, फिदाई (iv) आसक्त, फरेफ्त

लिल्लाह! यह तुम देखने वालों से न पूछो,
कि क्या चीज हो तुम देखने वालों की नजर में।

-अफसर मेरठी

लिल्लाह - ईश्वर के लिए, ईश्वर के नाम पर

•••

वह आये बज्म में इतना तो 'मीर' ने देखो,
उसके बाद चरागों में रौशनी न रही।

-मीरतकी 'मीर'

बज्म - महफिल

•••

वह बेनकाब कहीं बेनकाब होता है,
कि आफताब खुद अपना हिज़ाब होता है।

-'नातिक' लखनवी

1. **आफताब** - सूरज, सूर्य 2. **हिजाब** - (i) आड़, पर्दा, ओट (ii) लाज, शर्म

•••

शबाब मैकश, खयाल मैकश, जमाल मैकश, निगाह मैकश,
खबर वो रखेंगे क्या किसी की, उन्हें खुद अपनी खबर नहीं है।

-जिगर मुरादाबादी

1. **शबाब** - युवावस्था, जवानी 2. **मैकश** - शराबी 3. **जमाल** - (i) सुन्दरता, सौन्दर्य (ii) मुखकांति, मुखाभा

•••

हया बेहोश होकर गिर रही है,
किसी की बेहिजाबी तौबा-तौबा।

-अब्दुल हमीद 'अदम'

1. **हया** - लज्जा, शर्म, व्रीड़ा 2. **बेहिजाबी** - घूँघट उठाना 3. तौबा-तौबा-किसी बुरे काम से बाज रहने की दृढ़ प्रतिज्ञा

•••

है देखने वालों को संभलने का इशारा,
थोड़ी-सी नकाब वह सरकाये हुए हैं।

-अर्श मल्सियानी

नकाब - घूँघट, मुखावरण, पर्दा, बुर्का

•••

होश जाता नहीं रहा लेकिन,
जब वह आता है तब नहीं आता।

5. हुस्न -मुस्कान (Beauty-Smile)

अनमोल सजावट है, यह अनमोल हंसी भी,
बाजार में ऐसा कोई जेवर न मिलेगा।

●●●

आ गया था उनके होठों पर तबस्सुम ख्वाब में,
वर्ना इतनी दिलकशी कब थी, शबे-माहताब में।

-अब्दुल हमीद 'अदम'

1. **तबस्सुम** - मुस्कान, मुस्कुराहट, स्मित, मंदहास 2. **ख्वाब** – नींद 3. **दिलकशी** - मनोहरता, मनोज्ञता, सुन्दरता 4. **शबे-माहताब** - चाँदनी रात

●●●

इक तबस्सुम हजार शिकवों का,
कितना प्यारा जवाब होता है।

तबस्सुम - मुस्कान, मुस्कुराहट

●●●

उन लबों पै झलक तबस्सुम की,
जैसे निकहत में जान पड़ जाये।

-असर लखनवी

1. **तबस्सुम** - मुस्कान, मुस्कुराहट, मन्दहास 2. **निकहत** – खुश्बू , सुगन्ध

●●●

कई बिजलियाँ बेगिरे गिर पड़ी हैं,
उन आंखों को अब आ गया मुस्कराना। -'फिराक' गोरखपुरी

●●●

क्या मुस्तकिल इलाज किया दिल के दर्द का,
वह मुस्कुरा दिये मुझे बीमार देखकर।

-अब्दुल हमीद अदम

मुस्तकिल - पक्का, चिरस्थाई, पाइदार

●●●

जब बहारों ने पाया कोई भी अपना मुकाम,
तेरे होठों के तबस्सुम से लिपट कर सो गईं

- नरेश कुमार 'शाद'

तबस्सुम - मुस्कान, कुस्कुराहट, स्मित, मंदहास

●●●

जिस तरह से आप मुस्कुराए है,
ऐसे कोई कली नहीं खिलती।

-मुनव्वर लखनवी

तबस्सुम उनके लब पर एक दिन वक्ते-इताब आया,
उसी दिन से हमारी, जिन्दगी में इन्किलाब आया।

-'नातिक' लखनवी

1. **तबस्सुम** - मुस्कान, मुस्कुराहट, स्मित मंदहास 2. **लब** - होष्ट, होंठ 3. **वक्ते-इताब** - उस समय जब वह गुस्से में थे 4. **इन्किलाब** - बड़ा परिवर्तन

•••

परदा उठा, नजर उठी, वह मुस्कुरा दिए,
मरने का इससे और भी अच्छा समां है क्या?

•••

बस इम लतीफ तबस्सुम बस इक हसीन नजर,
मरीजे-गम की यह हालत सुधर तो सकती है

-'सलाम' मछलीशहरी

1. **लतीफ** - (i) कोमल, नर्म, मृदुल, नाजुक (ii) पवित्र, पाकसाफ 2. **तबस्सुम** - मुस्कान, मुस्कुराहट, स्मित

•••

बात करने में फूल झड़ते हैं, बर्क गिरती है मुस्कराने में,
नजरें जैसे फराखदिल सांकी खुम लुढाये मैखाने में।

-'अख्तर' अंसारी

1. **बर्क** - बिजली, तड़ित, चपला 2. **फराखदिल** - दिल खोलकर खाने-खिलाने या पीने-पिलाने वाला, दरियादिल 3. **खुम** - घड़ा, शराब रखने का मटका

•••

बिजलियों ने सीख ली उनके तबस्सुम की अदा,
रंग जुल्फों की चुरा लाई, घट बरसात की।

तबस्सुम - मुस्कान

•••

मुस्कुरा कर इक निगाह मसत सब पर डाल दो,
हम भी देखें अंजुमन में कितने अहले-होश हैं।

1. **अंजुमन**-महफिल 2. **अहले-होश**-होश वाले, होश में

•••

मुस्कराती हुई यूँ आई वह मैखाने में,
रूक गई साँस छलकते हुए पैमानों की।

-'जोश' मलीहाबादी

1. **मैखाना**- शराबखाना 2. **पैमाना** - शराब पीने का पियाला, पान-पात्र

यह दिलफरेब तबस्सुम, यह मस्त मस्त नजर,
तुम्हारे दम से चमन में बहार बाकी है।

-वाहिद प्रेमी

•••

यह बात, यह तबस्सुम, यह नाज, यह निगाहें,
आखिर तुम्हीं बताओं क्यों कर न तुमको चाहे।

-'जोश' मलीहाबादी

1. **तबस्सुम** - मुस्कान, मुस्कुराहट, मंदहास, स्मित

•••

यह मुस्कुराती हुई आंखें जिनमें रक्स करती है बहार,
शफक की, गुल की, बिजलियों की शोखियाँ लिये हुए।

-'फिराक' गोरखपुरी

1. **रक्स** – नृत्य 2. **शफक** - सबेरे या शाम की लालिमा जो छितिज पर दिखाई देती है

•••

यह शर्मगीं निगाह,यह तबस्सुम निकाब में,
क्या बेहिजबियाँ है, तुम्हारे हिजाब में।

-जकी

1. **शर्मगीं**-शर्म से झुकी हुई 2. **तबस्सुम**-मुस्कान, मुस्कराहट, स्मित, मंदहास 3. **निकाब**-(i) घूँघट, मुखावरण, मुखपट (ii) ओट, आड़ 4. **बेहिजबियाँ** - घूँघट हटा देना 5. **हिजाब** - आड़, पर्दा, ओट

•••

याद आती है जब तेरे तबस्सुम की हमें,
दिल में देर तक चरागों का समाँ रहता है।

-नरेश कुमार 'शाद'

1. **तबस्सुम** - मुस्कान, मुस्कुराहट, स्मित मंदहास 2. **समाँ** - मंजर, नजारा, दृश्य

•••

यूँ मुस्कुराये जान-सी कलियों में पड़ गई,
यूँ लबकुशा हुए कि गुलिस्ताँ बना दिया।

-'असगर' गौण्डवी

लबकुशा - बात करता हुआ, बात करने वाला, मुंह खोलना

•••

वह कुछ मुस्कुराना, वह कुछ झेंप जाना,
जवानी अदाएं सिखाती है क्या-क्या।

-'बेखुद' देहलवी

हम उनके जौरे-मुसलसल की जाँगुदाजी से,
न मर सके तो हमें मुस्कुरा के मार दिया।

-अब्दुल हमीद 'अदम'

1. जौरे-मुसलसल-लगातार जुल्म ढाना 2. जाँगुदाजी- जान लेने वाला होना, प्राणघातक होना

•••

हर कली मुस्करा के गुलशन में,
गमजदों की हँसी उड़ाती है।

-एहसनी अब्र

गमजदा - संतप्त, दुखित, रंजीदा, शोकाग्रस्त,

---

6. हुस्न - मुख्तलिफ़ (Beauty - Misscellaneous)

इरशाद हो तो मैं इसे आँखों पै फेर लूँ,
भीगा हुआ है आप का दामन शराब में।

-अब्दुल हमीद अदम

इरशाद - आज्ञा, इजाजत

•••

इशरते-सोहबते-खूबाँ ही गनीमत समझो,
न हुई 'गालिब' अगर उम्रे-तबीई न सही।

-मिजा 'गालिब'

1. इशरते-सोहबते-खूबाँ-हसीनों की सोहबत का आनन्द 2. उम्रे-तबीई - प्राकृतिक आयु

•••

उफ वह मरमर-सा तराशा हुआ शफ्फाफ बदन,
देखने वाले उसे ताजमहल कहते हैं।

-'कतील' शिफाई

शफ्फाफ - (i) स्वच्छ, उज्जवल, चमकदार (ii) निर्मल, साफ, शुद्ध

•••

उसने महशर यहीं देख लिया
जिसने तेरा शबाब देखा है।

-'अजीज' बीकानेरी

महशर - कयामत 2. शबाब - (i) जवानी, यौवन, युवावस्था (ii) किसी चीज की उत्तम अवस्था

•••

एक ऐसी भी तजल्ली आज मैखाने में है,
लुत्फ पीने में नहीं, बल्कि खो जाने में है।

-मिर्जा गालिब

1. तजल्ली - प्रकाश, आभा, नूर (यानी हसीन औरत) 2. मैखाना - शराबखाना, मदिरालय

किसी की निखरती जवानी का मंजर में, निगाहें मेरी किस तरह भूल जायें।
वह साड़ी से रंगीं बदन का झलकना, तहे - आब जैसे दिया झिलमिलाये।

-महेश चन्द 'नक्श'

तहे-आब - पानी के नीचे

•••

क्या जाने लिख दिया उसे क्या इज्तिराब में,
कासिद की लाश आई है खत के जवाब में।

-मोमिन खाँ मोमिन

1. इज्तिराब - (i) व्याकुलता, बेचैनी, बेताबी (ii) जल्दबाजी, व्यग्रता **2. कासिद** - (i) चिट्ठी ले जाने वाला, पत्र-वाहक, डाकिया (ii) दूत, एलची

•••

क्या हुस्न ने समझा है, क्या हुस्न ने जाना है,
हम खाकनशीनों के ठोकर में जमाना है।

-जिगर मुरादाबादी

खाकनशीन - (i) विनम्र या विनीत लोग (ii) दुखी या लाचार लोग

•••

खबर वो रखेंगे क्या किसी का,
उन्हें खुद अपनी खबर नहीं है।

-'जिगर' मुरादाबादी

•••

खयाल था तेरे पहलू में कुछ सकूं होगा,
मगर यहाँ भी वही इज्तिराबे-पैहम है।

-अहमद राही

इज्तिराबे-पैहम - न खत्म होने वाली बेचैनी या बेताबी या व्याकुलता या बेकरारी

•••

जब तक न देखा था कदे-यार का आलम,
मैं मोतकदे-फित्ना-ए-महशर न हुआ था।

-मिर्जा गालिब

1. कदे-यार - माशूक का डीलडौल **2. मोतकदे-फित्ना-ए-महशर** - कयामत के दिन होने वाले उथल-पुथल का विश्वास

•••

जिस्म की ऐसी सजावट, रंग का ऐसा निखार,
सर- ब-सर सांचे में गोया ढल गई रूहे- बहार।

-'फिराक' गोरखपुरी

ढूँढा है अगर जख्मे-तमन्ना ने मुदावा इक नर्गिसे-बीमार की बात आ ही गई है
छेड़ा है कोई तल्ख फसाना जो किसी ने शीरीनिए-गुफ्तार की बात आही गई है।

-मज्हर इमाम

1. **जख्मे–तमन्ना** - तमन्ना पूरा न होने का जख्म 2. **मुदावा** - इलाज, दवा 3. **नर्गिसे-बीमार** - चश्मे-बीमार, अधखुली आँख विशेषतः प्रेमिका की आँख के लिए बोलते हैं 4. **तल्ख** - कड़वा, कटु, अरूचिक 5. **शीरीनिए-गुफ्तार** - बात-चीत की मिठास

•••

तुम्हारा हुस्न आराइश, तुम्हारी सादगी जेवर,
तुम्हें कोई जरूरत ही नहीं बनने-संवरने की। -'असर' लखनवी

आराइश - सिंगार, सजावट, आभूषण

•••

तेरी आवाज ने बरसों मुझे मखमूर रखा है,
किया है मुद्दतों कानों से शग्ले-मैकशी मैंने।

1. **मखमूर**- नशे में चूर, मदोन्मत, मदभरी, नशीली 2. **शग्ले-मैकशी** - शराब पीने का काम

•••

दीवानावार दौड़ के कोई लिपट न जाये,
आंखों में आंखें डालकर देखा न कीजिए।

-यास और यगाना चंगेजी

दीवानावार - दीवानों की तरह, अदबदाकर

•••

नाजुकी उसके लब की क्या कहिये
पखुंड़ी इक गुलाब की–सी है।

-मीरतकी मीर

•••

पहलू-ए-गुल में खार भी हैं कुछ छुपे हुए,
हुस्ने-बहार देख तो दामन बचा के देख।

-'दिल' शाहजहाँपुरी

•••

पुरकैफ किस तरह है सितमगर की गुफ्तगू,
सागर छलक रहा है मये–खुशगवार का।

-'असर' लखनवी

1. पुरकैफ - नशे मे चूर, मस्त, मदभरी 2. सितमगर - नशीली, सितम ढाने वाला, जालिम 3. गुफ्तगू - वार्तालाप, बात-चीत 4. सागर - शराब पीने का गिलास, पान-पात्र 5. खुशगवार - जो मन को अच्छा लगे, मनोवांछित

बला है कहर है आफत है फित्ना है कयामत है,
हसीनों की जवानी को, जवानी कौन कहता है। -'अर्श' मल्सियानी

बला - मुसीबत, विपत्ति, आस्मानी मुसीबत

•••

बसा फूलों की नकहत में लिये मस्ती शराबों की,
महकता, लहलहाता एक काफिर का शबाब आया।

-असर लखनवी

1. नकहत-खुशबू, सुगन्ध, महक 2. काफिर-बेवफा प्रेमिका 3. शबाब-जवानी, युवावस्था, तारूण्य

•••

मुझी को सब कहते हैं रख नीची नजर अपनी,
कोई उनको नहीं कहता, न निकलो यूँ अयाँ होकर।

-अकबर इलाहाबादी

अयाँ - प्रकट, जाहिर, दृष्टिगोचर

•••

मौजे-निकहते-गुल में जेरो-बम का है आलम,
आज सहने - गुलशन में कौन ये खरामां है।

-गोपाल मित्तल

1. मौजे-निकहते-गुल - फूल की सुगन्ध की मौज (लहर) 2. जेरो-बम - उथल-पुथल 3. आलम - स्थिति, हाल 4. सहन - आँगन, अँगनाई 5. खरामां - मंदगति से या हल्की चाल से आना

•••

यह दस्तूरे-जबाबंदी है कैसी, तेरी महफिल में,
यहाँ तो बात करने को तरसती है जबाँ मेरी।

-मोहम्मद 'इकबाल'

दस्तूरे-जबाबंदी - बोलने की मनाही

•••

यहाँ के हुस्नवालों में बला की दिलनवाजी है,
कि जालिम रूठकर भी मेहरबाँ मालूम होते हैं।

1. बला - बहुत अधिक, मुसीबत ढाने वाली 2. दिलनवाजी - (i) दोस्ती, मैत्री (ii) सान्त्वना, ढाढस, दिल को तसल्ली देना

•••

वह तोड़ते हैं तो कलियाँ शिगुफ्ता होती हैं ,
वह रौंदते हैं तो सब्जा निहाल होता है।

-अकबर इलाहाबादी

1. शिगुफ्ता - खिलना 2. सब्जा - हरी घास, हरियाली 3. निहाल - प्रफुल्ल, प्रसन्न, खुश

सवाल उनका, जवाब उनका, सुकूत उनका, इताब उनका,
हम उनकी अंजुमन में सर न खम करते तो क्या करते।

-मजरूह सुल्तानपुरी

1. **सुकूत** - खामोशी, चुप्पी 2. **इताब** - गुस्सा, क्रोध, कोप 3. **अंजुमन** – महफिल 4. **खम** - (i) झुकाव (ii) वक्रता, टेढ़ापन

•••

हरदम नजर को ही न थी जल्वों की आरजू,
जल्वों ने भी नजर को पुकारा कभी-कभी।

जल्वा - अपने को बनाव-सिंगार करके दिखाना, सुन्दर या खूबसूरत व्यक्ति या चीजें

•••

हर शै हसीन होती है हुस्ने–निगाह से,
कुछ भी न हो हसीन, अगर हुस्ने-नजर न हो।

शै - चीज, वस्तु, पदार्थ

•••

हसीनों से फकत साहब-सलामत दूर की अच्छी
न उनकी दोस्ती अच्छी, न उनकी दुश्मनी अच्छी।

-'हफीज' जौनपुरी

•••

हर कदम पै बागे-आलम में छुपा है दामे-हुस्न,
कौन ऐसा है जिसे जौके-गिरिफ्तारी नहीं।

-'नजर' लखनवी

1. **बागे-आलम** - जगत रूपी गुलशन 2. **दाम** - जाल, फंदा, पाश 3. **जौक** - (i) रूचि, शौक (ii) स्वाद, मजा

•••

हुस्न खुद आये तवाफे-इश्क करने के लिये,
इश्क वाले जिन्दगी में हुस्न तो पैदा करें।

1. **तवाफ** - परिक्रमा, परिक्रमण, किसी चीज के चारो ओर फिरना 2. **इश्क** - (i) प्रेम, अनुराग, मुहब्बत (ii) कोई भी सुन्दर चीज, वस्तु आदि जिसकी चाहत दिल में हो 3. **इश्क वाले** - कामना या ख्वाहिश रखने वाले, ख्वाहिशमंद 4. **हुस्न** - सौन्दर्य, सुन्दरता, खूबसूरती

•••

हुस्न में कुछ शोखियाँ आने को है,
अब हया की पासबानी जायेगी।

-'दिल' शाहजहाँपुरी

1. **शोखियाँ** - चपलता, चुलबुलाहट, चंचलता 2. **हया** - लज्जा, शर्म, व्रीड़ा 3. **पासबानी** - निगरानी

हुस्न है ऐसे चराग की लौ,
इश्क का जिसमें खून जलता है।

-नरेश कुमार 'शाद'

•••

हुस्न हो क्या खुदनुमा जब कोई माइल ही न हो,
शम्अ को जलने से क्या मतलब जो महफिल न हो।

-मोहम्मद इकबाल

1. खुदनुमा - अपने सौंदर्य अथवा हुस्न का प्रदर्शन करने वाला, आत्मप्रदर्शी 2. माइल - (i) आकर्षित, प्रवृत्त (ii) आसक्त, आशिक

•••

है जवानी खुद जवानी का सिंगार,
सादगी गहना है इस सिन के लिये।

-अमीर मीनाई

सिन - आयु, उम्र

•••

है हुस्न भी इक आफत बागे-जहाँ में ऐ दिल,
किस-किस से तू बचेगा, गुलचीं है बागबाँ है।

-आनन्द नारायण मुल्ला

1. बागे-जहाँ - संसार रूपी गुलशन 2. गुलचीं - फूल चुनने वाला, माली, मालाकार 3. बागबाँ - उद्यानपाल, बाग की रखरखाव करने वाला, माली

हौसला (Fearlessness)

अगर ऐ नाखुदा तूफान से लड़ने का दमखम है,
इधर कश्ती को मत लाना, इधर पानी बहुत कम है।

1. **नाखुदा** - मल्लाह, केवट, नाविक, कर्णधार 2. **दमखम** - शक्ति, हिम्मत, उत्साह, उमंग, हौसला

•••

अगर शोलाजन आशियाँ है तो क्या है,
बना लूँगा ऐसे, हजार आशियाँ मैं।

-निहाल सेहरारवी

1. **शोलाजन** - जलता हुआ, जिससे शोले निकल रहे हो 2. **आशियाँ** - घोसला, नीड़

•••

अपना जमाना आप बनाते हैं अहले-दिल,
हम वो नहीं है जिसको जमाना बना गया।

-'जिगर' मुरादाबाद

अहले-दिल - दिलवाले, साहसी, हिम्मती

•••

अभी तो बहुत दूर है तुमको जाना, पुरपेच राहों से होकर गुजरना।
संभलकर है गिरना, है गिरकर संभलना, कहाँ तक चलोगे किसी के सहारे।

-अफसर मेरठी

•••

अभी मरना बहुत दुश्वार है गम की कशाकश से,
अदा हो जायेगा यह फर्ज भी फुर्सत अगर होगी।

-नजर लखनवी

1. **कशाकश** - (i) खींचतान, खीचा-खींची, संघर्ष (ii) चढ़ा-ऊपरी, स्पर्धा (iii) असमंजस

•••

अहले-हिम्मत ने हुसूले-मुद्दआ में जान दी,
और हम बैठे हुए रोया किये तकदीर को। -असर लखनवी

1. **अहले-हिम्मत** - साहसी, हिम्मती 2. **हुसूले-मुद्दआ** - उद्देश्य की प्राप्ति

•••

आशियाँ फूंका है बिजली ने जहाँ सौ मर्तबा,
फिर उन्हीं शाखों पै, तरहे-आशियाँ रखता हूँ मैं।

-निहाल सेहरारवी

1. **तरहे-आशियाँ** - घोसले की नींव या बुनियाद

आहन नहीं कि चाहे जिधर मोड़ दीजिए, शीशा हूँ मुड़ तो सकता नही, तोड़ दीजिए।
पत्थर तो रोज आते ही रहते हैं सहन में, हल इसका यह नहीं है कि घर छोड़ दीजिए।

1. आहन - लोहा, लौह **2. सहन** - आंगन, अँगनाई

•••

इन्सान मुसीबत में हिम्मत न अगर हारे,
आसाँ से वह आसां है, मुश्किल से जो मुश्किल है। -'सफी' लखनवी

•••

इरादे-कोहशिकन फौलाद जैसे दस्तोबाजू है,
मैं लंगर उठाने वाला हूँ तूफां को बता देना।

1. इरादे-कोहशिकन - पर्वत को तोड़ने वालाइरादा या संकल्प

•••

इसी दुनिया की अक्सर तल्खियों ने मुझको समझाया,
कि हिम्मत हो तो फिर है जहर भी इक चीज खाने की।

-'नैयर' अकबराबादी

तल्खी - कटुता, कड़वाहट, अरूचिकर बातें

•••

उन्हें सआदते-मंजिलरसी नसीब क्या होगी,
वह पाँव जो राहे-तलब में डगमगा न सके।

-जिगर मुरादाबादी

1. सआदत - प्रताप, तेज, इकबाल **2. मंजिलरसी** - मंजिल की प्राप्ति, मंजिल तक पहुंच **3. राहे-तलब** - रास्ते की खोज

•••

एक मौज मचल जाए तो तूफां बन जाये,
एक फूल अगर चाहे तो गुलिस्तां बन जाये।
एक खून के कतरे में है तासीर इतनी,
एक कौम की तारीख का उन्वान बन जाये।

-अब्दुल हमीद 'अदम'

1. तासीर - असर, प्रभाव **2. तारीख** - इतिहास **3. उन्वान** - विषय

•••

ऐ ताइरे-लाहूती, उस रिज्क से मौत अच्छी,
जिस रिज्क से आती हो, परवाज में कोताही।

-मोहम्मद इकबाल

1. ताइरे-लाहूती –आकाश में उड़ने वाला पंक्षी यापरिंदा **2. रिज्क** - जीविका, रोजी, अन्न **3. परवाज** - उड़ान **4. कोताही** - (i) कमी ii) त्रुटि, खामी (iii) भूल

ऐ देखने वाले साहिल से, मौजों से लिपट, तूफां से उलझ,
नज्जारा - ए- तूफां करने से, अन्दाजए - तूफां क्या होगा।

साहिल - किनारा, तट

•••

कनारों से मुझे ऐ नाखुदा तुम दूर ही रखना,
तहाँ लेकर चलो तूफां जहाँ से उठने वाला है।

1. नाखुदा - मल्लाह, नाविक, कर्णधार

•••

कफस में खींच ले जाए मुकद्दर या निशेमन में,
हमें परवाजे-मतलब है, हवा कोई भी चलती हो।

-सीमाब अकबराबादी

1. कफस - पिंजड़ा, कारागार **2. निशेमन** - घोंसला, नीड़ **3. परवाज** - उड़ान

•••

कभी मौत कहती है अलहजर, कभी दर्द कहता है रहम कर,
मैं वह राह चलता हूँ पुरखतर कि जहाँ फना का गुजर नहीं।

-असर लखनवी

1. अलहजर - बस करो, बचाओ **2. रहम** - दया, कृपा, मेहरबानी, इनायत **3. पुरखतर** - भीषण, भयानक, अत्यन्त खतनराक **4. फना** - (i) मृत्यु, मौत (ii) विनाश, बर्बादी

•••

कमाले – बुजदिली है पस्त होना अपनी नजरों में,
अगर थोड़ी-सी हिम्मत हो तो फिर क्या हो नहीं सकता।

-चकबस्त लखनवी

1. कमाले–बुजदिली - अव्वल दर्जे की नासमझी या डरपोकपन, नादानी की चरमसीमा **2. पस्त** - नीचा, हीन, छोटा

•••

कहा था सबने डूबेगी यह कश्ती,
मगर हम जानकर बैठे उसी में।

-खलीक बीकानेरी

•••

कहो नाखुदा से उठा दे वह लंगर,
मैं तूफां की जिद देखना चाहता हूँ।

नाखुदा - मल्लाह, नाविक, कर्णधार

कारवां चलते हैं मंजिल का सहारा लेकर,
और मंजिल की कशिश रहनुमा होती है।

1. रहनुमा - मार्गदर्शक, पथप्रदर्शक, रास्ता दिखाने वाला

•••

कुछ और बढ़ाओ अब लो मशाल हिम्मत की,
मंजिल के करीब आकर बढ़ती है थकन यारों।

•••

कुछ समझकर ही हुआ हूँ मौजे-दरिया का हरीफ,
वरना मैं भी जानता हूँ आफियत साहिल में है।

-वहशत कलकतवी

1. हरीफ– प्रतिद्वंद्वी, जिससे मुकाबला हो **2. आफियत**- सुकून, सुख, चैन, आराम **3. साहिल** - किनारा

•••

क्यों किसी रहबर से पुछूं अपनी मंजिल का पता,
मौजे - दरिया खुद लगा लेती है साहिल का पता।

-'आर्जू' लखनवी

1. रहबर - पथप्रदर्शक, रास्ता दिखाने वाला **2. साहिल** - तट, किनारा

•••

खा-खा के शिकस्त फतह पाना सीखो,गिरदाब में कहकहा लगाना सीखो,
इसे दौरे –तलातुम में अगर जीना है,खुद अपने को तूफान बनाना सीखो।

-नजीर बनारसी

1. शिकस्त - पराजय, पराभव, हार **2. फतह** - विजय, जीत, कामयाबी, सफलता **3. गिरदाब** - भंवर, जलावर्त **4. दौरे–तलातुम** - तूफानी दौर, पानी का मौजें मारना, बाढ़, तुग्यानी

•••

खाते रहे फरेब, संभलते रहे कदम,
चलते रहे जुनूं का सहारा लिये हुए।

-'शारक' मेरठी

1. जुनूं - उन्माद, पागलपन

•••

खुद यकीं होता नहीं जिनको अपनी मंजिल का,
उनको राह के पत्थर कभी रास्ता नहीं देते।

•••

खुदा और नाखुदा मिलकर डुबो दें यह तो मुमकिन है,
मेरी वजहे - तबाही सिर्फ तूफां हो नहीं सकता।

-सीमाब अकबराबादी

नाखुदा - मल्लाह, नाविक, केवट, कर्णधार

खेलना जब उनको तूफानों से आता ही न था,
फिर वो कश्ती के हमारे, नाखुदा क्यों हो गये।

-'अफसर' मेरठी

1. नाखुदा - मल्लाह, नाविक, केवट, कर्णधार

•••

खोला है किसने अपने सफीने का बादबां,
तूफां सिमट गये हैं कनारों की गोद में।

1. सफीना - नाव, नौका, कश्ती 2. बादबां - पोतपट, मस्तूपट, जहाज में लगाया जाने वाला पर्दा, जिसमें हवा भरने से जहाज चलता है।

•••

गुलों के साये में अक्सर 'रियाज' तड़पा हूँ,
करार कांटों पै कुछ ऐसा पा लिया मैंने।

-'रियाज' खैराबादी

•••

चला जाता हूँ हँसता-खेलता मौजे-हवादिस से,
अगर आसानियाँ हों जिन्दगी दुश्वार हो जाये।

-असगर गौण्डवी

मौजे-हवादिस – दुर्घटनाओं या हादसों की लहरें या तरंगें

•••

चलो एक मुश्किल तो आसाँ हुई,
सुना है रास्ता बहुत पुरखतर है।

-अब्दुल हमीद 'अदम'

पुरखतर - खतरनाक, भयानक, भीषण मुसीबतों और खतरों से भरा हुआ

•••

जब इश्क हो अपनी धुन में रवाँ,बे-खौफ-ओ- खतर मंजिल की तरफ,
वह राह की मुश्किल क्या जाने, वह दूरिए – मंजिल क्या जाने।

-जगन्नाथ 'आजाद'

1. रवाँ - प्रवाहित, बहता हुआ 2. बे-खौफ-ओ-खतर – बिना डर या निडर होकर

•••

जब कश्ती साबितो-सालिम थी, साहिल की तमन्ना किसको थी,
अब ऐसी शिकस्ता कश्ती पर, साहिल की तमन्ना कौन करे।

-मुइन अहसन 'जज्बी'

1. साबितो-सालिम - ठीकठाक 2. साहिल - किनारा, तट 3. शिकस्ता - टूटी हुई

जब वलवला सादिक होता है, जब अज्म मुसम्मम होता है,
तकमील का सामाँ गैब से खुद, उस वक्त फराहम होता है।

1. वलवला - साहस, उत्साह, हिम्मत, उमंग, जोश **2. सादिक** - सच्चा, सही **3. अज्म** - संकल्प, विश्वास, इरादा **4. मुसम्मम** - दृढ़, मजबूत, पक्का **5. तकमील** - काम का पूरा या समाप्त होना यानी कामयाबी, सफलता **6. गैब** - परोक्ष, परलोक **7. फराहम** - इकट्ठा, एक जगह

•••

जमाने से जो डरते हैं, जलीलो–खार होते हैं, बदल देते हैं जो माहौल वो खुद्दार होते हैं।
हजारों डूबते हैं नाखुदाओं के भरोसे पर, चलाते हैं जो खुद चप्पू वो अक्सर पार होते हैं।

1. जलीलो-खार - बर्बाद **2. नाखुदा** - मल्लाह, नाविक, कर्णधार

•••

जल भी जाये निशेमन तो परवा नहीं,
बिजलियों से मेरा दोस्ताना तो है।

निशेमन - घोसला, नीड़, आशियाना

•••

जहाँ खुद खिज़्रे-मंजिल, राहे-मंजिल भूल जाता है,
हमें आता है उन पुरपेच राहों से गुजर जाना।

-अब्र एहसनी

1. खिज़्रे-मंजिल - मंजिल का रास्ता दिखाने वाला, मार्गदर्शक, पथप्रदर्शक, रहनुमा **2. पुरपेच** - टेढ़ा-मेढ़ा, जटिल

•••

जहाँ जुल्मत का मंजर, आंधियों का आशियाना है,
वहाँ 'आजाद' पैगामे - चरागाँ ले के आया है।

-जगन्नाथ 'आजाद'

1. जुल्मत - अंधेरा, अंधिआरा **2. आशियाना** - (i) ठिकाना, स्थान (ii) घोसला, नीड़, कुलाय **3. पैगाम** - संदेश, समाचार **4. चरागाँ** - जलते हुए चरागों की कतारें, दीपावली

•••

जिन्दगी के जुल्म भी जिसको न हैराँ कर सके,
मौत की तकलीफ से वह लोग घबरायेंगे क्या।

-अब्दुल हमीद 'अदम'

•••

जिस किसी में हिम्मते-परवाज है,
वह फिजा-ए-वक्त का शहबाज है।

1. हिम्मते-परवाज - उड़ान की हिम्मत **2. शहबाज** - शिकारी बाज, श्येन

जिस गम से दिल को राहत हो, उस गम का मुदावा क्या मानी?
जब फितरत तूफानी ठहरी, साहिल की तमन्ना क्या मानी।

-अर्श मल्सियानी

1. **मुदावा** - दवा, इलाज 2. **फितरत** - आदत, स्वभाव 3. **साहिल** - किनारा, तट

•••

जुनूने-तामीर है सलामत तो बर्के-बाराँ का हमको क्या गम,
चमन की हर शाख पर बना लेंगे बहारों का आशियाना।

-सागर निजामी

1. **जुनूने-तामीर** - निर्माण की धुन 2. **बर्के-बाराँ** - कौंधती बिजली

•••

ठोकर अगर किसी पत्थर से खाई है,
मंजिल का पता भी उसी पत्थर से मिला है।

-बिस्मिलसईदी हाशमी

•••

ताइरे-जाँ! कितने ही गुलशन तेरे मुश्ताक है,
बाजुओं में ताकते–परवाज होना चाहिए।

-'असर' लखनवी

1. **ताइरे-जाँ** - हे प्राण-पंछी, हे जीव रूपी पंछी 2. **मुश्ताक** - ख्वाहिशमंद, लालायित, इच्छुक 3. **ताकते-परवाज** - उड़ने की ताकत

•••

ताबे–नाकामी नहीं तो आरजू करता है क्यों,
आरजू है मौत के साहिल से टकराने का नाम।

-आनन्द नारायण 'मुल्ला'

1. **ताबे-नाकामी** - नाकामी या नाकामयाबी बर्दाश्त करने की ताकत 2. **साहिल** - किनारा, तट

•••

तुन्दिए-बादे-मुखालिफ़ से न घबरा ऐ 'अकाब'
ये तो चलती हैं तुझे ऊँचा उड़ाने के लिये।

1. **तुन्दिए-बादे-मुखालिफ** - उल्टी दिशा यानी सामने से बहने वाली तेज़ हवा, वह तेज़ हवा जो नाव के विरुद्ध दिशा में चले जिससे नाव के चलने में बाधा उत्पन्न होती है

•••

तूने अच्छा किया ऐ दोस्त सहारा न दिया,
मुझको लग्जिश की जरूरत थी संभलने के लिये।

1. **लग्जिश** - (i) डगमगाना, फिसलना, फिसलन(iii) त्रुटि, भूल (iii) अपराध, कुसूर

तूफाँ बड़े गरूर से ललकारता रहा,
कश्ती बड़ी नियाज से जिद पर अड़ी रही।

-अब्दुल हमीद 'अदम'

नियाज - निष्ठा

•••

तूफाँ से खेलना अगर इन्सान सीख ले,
मौजों से आप उभरें, किनारे नये-नये।

-'असर' लखनवी

•••

तूफान कर रहा था मेरे अज़्म का तवाफ,
दुनिया समझ रही थी कश्ती भंवर में है।

1. **अज़्म** - संकल्प, साहस, दृढ़, निश्चय 2. **तवाफ** - परिक्रमा, चक्कर काटना

•••

तौहीने-जिन्दगी है कनारे की जुस्तजू, मझधार में सफीना-ए-हस्ती उतार दे।
फिर देख उसका रंग निखरता है किस तरह, दोशीजए-खिजां को खिताबे-बहार दे।

-अब्दुल हमीद 'अदम'

1. **जुस्तजू** - तलाश, खोज 2. **सफीना-ए-हस्ती** - जीवन नौका 3. **दोशीजा** -जवान और अल्हड लड़की, कुमारी 4. **दोशीजए–खिजां** - पतझड़ रूपी युवती 5. **खिताबे–बहार** - बहार का नाम या बहार की संज्ञा

•••

थपेड़े सह नहीं सकता जो अमवाजे-हवादिस का,
वह बहरे-जिन्दगानी का शनावर हो नहीं सकता।

1. **अमवाजे-हवादिस** - रोज-रोज की मुसीबतों का 2. **बहरे-जिन्दगानी** - जीवन-सागर 3. **शनावर** - मल्लाह, केवट, नाविक, कर्णधार

•••

दरिया की जिन्दगी पै सदके हजार जानें,
मुझको नहीं गवारा साहिल की मौत मरना।

-'जिगर' मुरादाबादी

1. **सदका** – न्योछावर 2. **साहिल** - किनारा, तट

•••

दुनिया की तरक्की है इस बात से वाबस्ता,
इन्सान के कब्जे में सब कुछ है अगर दिल है।

-'सफी' लखनवी

1. **वाबस्ता** - जुड़ी हुई, संबंधित 2. **दिल** - हिम्मत, जोश

धारे के मुआफिक बहना क्या, तौहीने-दस्तोबाजू है,
पर्रवर्दए-तूफाँ किश्ती को, धारे के मुखालिफ बहने दे।

-सागर निजामी

1. **मुआफिक** - अनुकूल 2. **पर्रवर्दए-तूफाँ** - तूफान में पले हुए या पली हुई

•••

न खौफे-तूफां, न शौके-साहिल, खुशामदे-नाखुदा करें क्यों?
जो इन थपेड़ों को सह गये हम, नई जिन्दगी मिलेगी।

-'महवी' लखनवी

1. **शौके-साहिल** - किनारे की ख्वाहिश 2. **नाखुदा** - मल्लाह, नाविक

•••

नाम से जिसके लरज उठते हैं साहिल वाले,
परवरिश पाई है हमने उन्हीं तूफानों में।

-'निहाल' रिज्वी

साहिल - किनारा

•••

निगाहे-शौक को शाखे-निहाले-गुल की तलाश,
हवाए-तुन्द की यह जिद कि आशियाँ न बने।

1. **निगाहे-शौक** - अभिलाशा, उत्कंठा या ख्वाहिश की निगाह (यानी तलाश) 2. **शाखे-निहाले-गुल** - फलों से सजी हुई डाली 3. **हवाए-तुन्द** - तेज या प्रचंड हवा

•••

निशेमन पर निशेमन इस कदर तामीर करता जा,
कि बिजली गिरते-गिरते आप खुद बेजार जो जाये।

1. **तामीर** - निमार्ण, बनाना 2. **बेजार** - परेशान

•••

पड़े हैं जो मुन्तशिर तिनके, उठा-उठा के सजा रहा हूँ,
खबर करे कोई बिजलियों को कि फिर निशेमन बना रहा हूँ।

-'नैयर' अकबराबादी

1. **मुन्तशिर** - बिखरे हुए 2. **निशेमन** - आशियाना, घोसला, नीड़

•••

पर्वर्द-ए-तूफां इंसां को कश्ती की नहीं हाजत,
मौजों के तलातुम में उनको, साहिल नजर आता है।

-जिगर मुरादाबादी

1. **पर्वर्द-ए-तूफां** - तूफान में पले हुए 2. **हाजत** - जरूरत, आवश्यकता इच्छा, ख्वाहिश 3. **मौज** - लहर 4. **तलातुम** - हलचल 5. **साहिल** - किनारा, तट